公益诉讼的理论与实践

施志源 等 著

厦门大学出版社
XIAMEN UNIVERSITY PRESS
国家一级出版社
全国百佳图书出版单位

图书在版编目（CIP）数据

公益诉讼的理论与实践 / 施志源等著. -- 厦门：厦门大学出版社，2024.10. -- ISBN 978-7-5615-9537-4

Ⅰ．D925.04

中国国家版本馆 CIP 数据核字第 2024BY9819 号

责任编辑　李　宁
美术编辑　蒋卓群
技术编辑　许克华

出版发行　**厦门大学出版社**
社　　址　厦门市软件园二期望海路 39 号
邮政编码　361008
总　　机　0592-2181111　0592-2181406（传真）
营销中心　0592-2184458　0592-2181365
网　　址　http://www.xmupress.com
邮　　箱　xmup@xmupress.com
印　　刷　厦门市明亮彩印有限公司

开本　720 mm×1 020 mm　1/16
印张　19.75
插页　1
字数　380 千字
版次　2024 年 10 月第 1 版
印次　2024 年 10 月第 1 次印刷
定价　88.00 元

本书如有印装质量问题请直接寄承印厂调换

厦门大学出版社
微信二维码

厦门大学出版社
微博二维码

目 录

第一章　公益诉讼的理论基础 …………………………………… 1
　第一节　公益诉讼的发展历程 ………………………………… 1
　第二节　公益诉讼的理论分析 ………………………………… 17
　第三节　公益诉讼的理论发展 ………………………………… 27

第二章　环境公益诉讼的证明责任 ……………………………… 36
　第一节　环境公益诉讼证明责任的基本理论 ………………… 36
　第二节　检察机关证明难的原因分析 ………………………… 41
　第三节　检察机关证明责任的域外立法经验与借鉴 ………… 52
　第四节　检察机关证明责任的制度完善 ……………………… 57

第三章　预防性环境公益诉讼 …………………………………… 69
　第一节　预防性环境公益诉讼概述 …………………………… 69
　第二节　预防性环境公益诉讼的司法现状 …………………… 72
　第三节　预防性环境公益诉讼的制度完善 …………………… 80

第四章　海洋环境民事公益诉讼 ………………………………… 93
　第一节　海洋环境民事公益诉讼的实践发展 ………………… 93
　第二节　海洋生态环境损害赔偿诉讼的性质 ………………… 98
　第三节　海洋环境民事公益诉讼的起诉主体 ………………… 102
　第四节　海洋环境民事公益诉讼的制度完善 ………………… 118

第五章　刑事附带民事公益诉讼 ………………………………… 120
　第一节　刑事附带民事公益诉讼概述 ………………………… 120
　第二节　刑事附带民事公益诉讼启动问题探讨 ……………… 126

第三节　刑事附带民事公益诉讼运行问题探讨……………… 132
  第四节　刑事附带民事公益诉讼的配套保障机制……………… 140

第六章　公益诉讼类检察建议…………………………………… 145
  第一节　检察建议的基础理论…………………………………… 145
  第二节　公益诉讼类检察建议的实践情况……………………… 164
  第三节　公益诉讼类检察建议的难点分析……………………… 175
  第四节　公益诉讼类检察建议的完善建议……………………… 188

第七章　文物保护纳入检察公益诉讼的路径探讨……………… 200
  第一节　文物保护纳入检察公益诉讼范围的意义……………… 200
  第二节　文物保护纳入检察公益诉讼范围的实践探索………… 202
  第三节　文物保护纳入公益诉讼范围的理论分析……………… 207
  第四节　文物保护纳入检察公益诉讼范围的制度路径………… 211

第八章　检察公益诉讼法的立法探讨…………………………… 217
  第一节　检察公益诉讼立法完善的总体思路…………………… 217
  第二节　检察公益诉讼立法的机遇与挑战……………………… 225
  第三节　检察公益诉讼法的立法建议…………………………… 235

附录………………………………………………………………… 258
  最高人民法院、最高人民检察院关于检察公益诉讼案件
    适用法律若干问题的解释………………………………… 258
  最高人民法院关于审理环境民事公益诉讼案件
    适用法律若干问题的解释………………………………… 263
  最高人民法院关于审理消费民事公益诉讼案件
    适用法律若干问题的解释………………………………… 268
  人民检察院公益诉讼办案规则…………………………………… 271
  最高人民法院、最高人民检察院关于办理海洋自然资源
    与生态环境公益诉讼案件若干问题的规定……………… 289

参考文献…………………………………………………………… 291
后记………………………………………………………………… 312

第一章
公益诉讼的理论基础

第一节
公益诉讼的发展历程

一、公益诉讼的缘起

在古罗马可以找到公益诉讼的雏形。[1] 古罗马在人类文明史上具有重要地位,其在政治、法律、科学、哲学、建筑等诸多领域都给后世留下了宝贵的财富。据史料记载,公元前753年,罗马人在罗慕洛斯的带领下建立了罗马城,此后,古罗马历经王政时期、共和国时期、帝政前期、帝政后期四个时期。[2] 公元395年,罗马帝国分裂为东罗马帝国和西罗马帝国,公元476年西罗马帝国覆灭。[3] 通常把西罗马帝国的覆灭作为西欧奴隶制时代结束的标志。[4] 在古罗马的奴隶制时代产生了《十二铜表法》《公民法》《万民法》等影响深远的法律,[5] 也孕育了早期的公益诉讼,包括民众诉权、民众令状、人民控告和检举四

---

[1] 周枏:《罗马法原论》,商务印书馆1996年版,第886页。
[2] 周枏:《罗马法原论》(上册),商务印书馆2001年版,第23页。
[3] [美]菲利普·范·内斯·迈尔斯:《罗马史》,卢东民、宋雪莹译,天地出版社2019年版,第130~136页。
[4] 王晋新:《古典文明的终结与地中海世界的裂变:对西方文明形成的重新审视》,载《东北师大学报(哲学社会科学版)》2020年第1期。
[5] 米健:《略论罗马万民法产生的历史条件和思想渊源》,载《厦门大学学报(哲学社会科学版)》1984年第1期。

项制度的罗马法公益诉讼制度群,是公益诉讼制度的起源。[①]

要理解古罗马的公益诉讼,离不开对古罗马的历史背景和法律发展历程的考察。在古罗马,一开始由习惯法调整社会关系。习惯法具有很强的不确定性。贵族把控对习惯法的解释权,当发生讼争的时候,法院袒护贵族,平民往往得不到公正的裁决,苦不堪言。古罗马高利贷行业盛行,贵族利用所拥有的财富发行高利贷,并且随意提高利率,对平民进行盘剥。由于缺乏法律明文规定,法院在裁判中肆意偏袒贵族,许多平民因为还不起高利贷而沦为奴隶。为了保护自身利益,反抗贵族的压迫,平民与贵族之间爆发了激烈的斗争,威胁到了古罗马政权的稳定。古罗马统治者为了巩固统治,采取了一系列缓和社会矛盾的措施,包括颁布遏制高利贷的法令,对贵族贪污勒索的现象进行打击等。为了限制贵族对习惯法的随意解释,平民与贵族之间达成协议,于公元前449年制定和公布了古罗马历史上第一部成文法——《十二铜表法》。[②] 以《十二铜表法》为起点,古罗马的成文法不断发展,对后世产生了巨大的影响。伴随着法律的发展,诉讼程序也经历了由复杂到简明,由注重形式主义到追求实事求是的转变过程,罗马法先后历经法律诉讼程序、程式诉讼程序和非常诉讼程序三个时期。在法律诉讼程序时期,诉讼受严格的形式主义支配,比如盖尤斯曾记载过这样一个案例:被告砍伐了原告的葡萄树,原告证据充分,将被告诉至法庭。《十二铜表法》规定不法砍伐他人树木的,每棵处以25阿斯罚金,但是由于原告在诉讼中的表述"葡萄树"与《十二铜表法》规定的"树"这个名词有出入,原告败诉。[③]

在成文法发展的早期,法律仍保留了大量原始、落后的习俗,诉讼程序僵硬机械,对平民利益的保护程度不足。但是以《十二铜表法》为标志的成文法的出现,是古罗马平民争取自身权利斗争胜利的标志,并激励着古罗马人探索建立更加完备合理的法律。强烈的权利观念促使他们一步步将对个人利益的保护以法律的形式固定下来,并且在此基础上将目光逐渐转移到对公共利益保护的领域。在诉讼程序上,深受严格的形式主义困扰的古罗马人开始寻求更加自由的方式,于是出现了更为简便灵活的程式诉讼程序。公益诉讼的首

[①] 徐国栋:《罗马法中的四大民众发动程序》,载《法学研究》2009年第1期。

[②] 陈可风:《〈十二表法〉制定和公元前5世纪中期罗马平民与贵族的斗争》,载《求索》2003年第4期。

[③] 丰霏:《诉权理论的发展路向》,载《中外法学杂志》2008年第5期。

次出现即在古罗马的程式诉讼程序时期。

程式诉讼指"当事人的陈述经过大法官审查认可后作为程式书状,交由承审员等根据程式所裁争点和指示而为审判的程序"[①]。程式诉讼产生于公元前2世纪左右,至公元294年地奥克莱体亚努斯帝明令废止。[②] 此时,古罗马正处于罗马共和国向罗马帝国过渡的阶段。在军事上,古罗马不断对外征战,版图进一步扩大,在经济上,由于对外征战获得的奴隶被大量投入劳动,带轮的犁、水磨等先进的生产工具出现,古罗马的农业和手工业得到极大的发展。古罗马地理位置优越,其位于亚洲、欧洲、非洲的交界处,强盛时濒临大西洋、印度洋、地中海、爱琴海、红海等多个海域,是沟通东西方的重要通道。发达的农业、手工业和优越的地理位置促进了古罗马商业贸易的繁荣,进一步推动了经济的发展。在当时世界上的几大强国中,罗马帝国成为人口仅次于汉朝的第二大强国。

强盛的国力、发达的贸易以及频繁的对外交流,为古罗马思想文化的发展提供了绝佳的条件,为法学之树的繁茂提供了肥沃的土壤。古罗马的公益诉讼就是在罗马全盛时期,在古罗马人追求权利的过程中产生的。在程式诉讼中,有私益诉讼和公益诉讼之分。私益诉讼旨在保护个人利益,只有特定的人可以发起;公益诉讼的目的是保护社会公共利益,只要没有法律的特别规定,市民都可以提起。[③] 根据所依据的规则,古罗马的公益诉讼可以分为依据市民法的公益诉讼和依据大法官谕令的公益诉讼。依据市民法的公益诉讼,起诉者不能获得被告所付罚金,罚金归国库,但是起诉者能够获得一笔奖励。该诉讼产生的原因是当时公立机构不完善,对公共利益的救济力量不足,因此引入市民力量加以补充。依据大法官谕令的公益诉讼,被告所付的罚金归起诉者。有学者将古罗马这种对社会公共利益的保护的诉讼称为罚金诉讼或者民众诉讼,彼德罗·彭梵得在其所著的《罗马法教科书》中指出:"人们称那些为维护社会公共利益而设置的罚金诉讼为民众诉讼,任何市民均有权提起它。受到非法行为损害(即使只是私人利益受损)的人或被公认较为适宜起诉的人

[①] 刘秀明、廖中洪:《民事缺席判决制度溯源:古罗马时期缺席判决制度考》,载《人大法律评论》2010年第1期。

[②] 周枏:《罗马法原论》(上册),商务印书馆2001年版,第949页。

[③] 于文轩、唐忠辉:《环境公益诉讼的规则要点与制度衔接》,载《中国环境法治》2009年第1期。

具有优先权"[1]。

在古罗马的程式诉讼时期,已经存在由不特定的市民提起的,以维护公共利益为目的的诉讼,这一制度的设计能够更大限度地对公共利益进行保护,特别是当公职人员因为疏忽或者贪腐等原因没有对损害公共利益的案件提起诉讼时,允许市民力量的加入能够更加全面和强有力地维护公共利益。同时,这一制度锻炼了古罗马普通市民的权利意识和民主意识,是古罗马民主制度的重要组成部分,也为后世公益诉讼制度的发展提供了宝贵的经验。但是古罗马的公益诉讼相对简单,其诉讼依据、受案范围、审理模式等都与今天的公益诉讼有着很大的差别。在后世,人们继承了古罗马人的智慧,制定了更加科学完备的公益诉讼制度。

二、现代公益诉讼的兴起

对于公益诉讼,域外部分国家和地区较早进行了研究和探索,美国、印度、日本等[2]是其中比较典型的代表,德国[3]、英国[4]等国的公益诉讼也具有启示价值。通过对域外公益诉讼的观察可以进一步对现代公益诉讼进行理解。

（一）美国公益诉讼的制度观察

对于现代公益诉讼制度的具体确立时间,主要存在两种观点,一种观点认为美国公益诉讼制度最早确立的标志是1863年《反欺骗政府法》的出台,[5]一种观点认为1890年的《谢尔曼反托拉斯法》是公益诉讼确立的标志。[6] 美国《反欺骗政府法》出台的直接原因在于19世纪60年代美国爆发内战,物资相对紧张,许多商人趁机发国难财,将腐烂变质的粮食、病残的动物等出售给政府,使政府蒙受了一定的损失。为了打击部分商人欺骗政府的行为,美国在

---

[1] ［意］彼德罗·彭梵得:《罗马法教科书》,黄风译,中国政法大学出版社1992年版,第92页。

[2] 胡云红:《比较法视野下的域外公益诉讼制度研究》,载《中国政法大学学报》2017年第4期。

[3] 陶建国:《德国环境行政公益诉讼制度及其对我国的启示》,载《德国研究》2013年第2期。

[4] 温其如玉:《英国公益诉讼不乏启示》,载《检察日报》2015年7月30日第3版。

[5] 伍玉功:《公益诉讼制度研究》,湖南师范大学出版社2006年版,第40页。

[6] 湖北省高院民事庭:《涉外民事诉讼管辖权问题研究》,武汉大学出版社2008年版,第446页。

1863年出台了《反欺骗政府法》，规定了告发人诉讼制度，激励私人在发现欺骗政府的行为后提起诉讼。出台《反欺骗政府法》的根本目的是维护政府的利益而不是维护公共利益，因此不应将《反欺骗政府法》作为美国公益诉讼开始的标志。

19世纪70年代，美国市场的自由竞争程度很高，除国内企业外，大量外国企业进入美国市场，自由竞争促进了市场的繁荣和经济的发展，但是也滋生了一些破坏市场竞争秩序的因子。受巨额利润的诱惑，一些企业联合起来操纵市场，排挤竞争对手，逐渐形成了垄断组织。垄断组织采用各种手段，破坏自由竞争，大肆敛财，以美孚石油为代表的垄断组织的行为严重破坏了公平自由的市场秩序，引起了公愤。为了改变这种局面，保证经济的健康发展，1890年，美国出台了《谢尔曼反托拉斯法》。① "这项法案的出台，不仅标志着现代经济法的诞生，同时也创造了一种新型诉讼，它规定了对于违反托拉斯法案的公司，司法部门、联邦政府、团体乃至个人都可以提出诉讼。"② 现代公益诉讼的序幕正式拉开。

美国公益诉讼制度的蓬勃发展是从对传统适格当事人理论进行突破后开始的。受传统的"诉之利益"理论的影响，没有直接利害关系的主体因为不享有诉权而被法院拒之门外，称之为不适格当事人。但是随着时代的发展，这种具有直接利害关系的当事人适格理论的局限性日益凸显，人们意识到由于"不具有直接利害关系"，在面对国有资产流失、环境污染等问题时，没有办法采取强力的手段加以制止，于是为适应现实需要，提出了新的理论观点。

对传统适格当事人理论的突破首先从行政领域开始。1940年，在桑德斯兄弟广播站控诉联邦电讯委员会一案中，最高法院承认竞争者具有起诉资格。③ 从此，行政诉讼的受案范围得到了扩大，原告的范围由原来的权利受损害者调整为利益受影响者，对那些权利没有受到行政行为的直接影响，但利益受到侵犯的利害关系人的保护正式进入美国司法审查的视野。④ 在这个案例不久后，美国出现了"私人检察官理论"，该理论认为，"国会可以制定法律授权私人团体提起诉讼，制止官吏的违法行为。宪法不禁止国会授权任何人，不论

---

① 赵莉：《美国反托拉斯法的历史演变以及对我国的启示》，载《法学杂志》2013年第7期。
② 颜运秋：《公益诉讼理念与实践研究》，法律出版社2019年版，第117页。
③ 季美君：《公民和社会团体的原告资格》，载《检察日报》2020年8月13日第7版。
④ 王名扬：《美国行政法》，中国法制出版社1995年版，第619～623页。

是官吏或非官吏提起这类争端的诉讼,即使这个诉讼的唯一目的是主张公共利益也可以。得到这样授权的人可以说是一个私人检察总长"。①

"私人检察官"理论的出现使具有原告资格的人的范围更加广泛,直接滋养了美国公益诉讼中最典型、影响最广的公民诉讼制度。② 19世纪70年代,第二次技术革命将人类带入了电气时代;20世纪50年代,微电子技术的发明和应用,开启了第三次技术革命的序幕。科学技术的进步一方面提高了社会生产力,促进了美国的化学、汽车、冶炼等工业的发展,为美国带来了大量的财富;另一方面,在工业生产过程中排放的各种毒害物质也带来了严重的环境问题,甚至一度对部分区域人们的生存造成了极大的威胁。20世纪上半叶,在美国出现了世界有名的公害事件:洛杉矶光化学烟雾事件和多诺拉镇烟雾事件。这两次事件都是人类大量向大气排放工业废气、汽车尾气等污染物造成的,导致大量的人出现眼痛、头痛等症状,数百人因此而死亡,成千上万人的正常生活因此受到影响。这两次惨痛的环境污染事件让美国人开始反思人与环境的关系,"环境公共财产论""环境公共委托论"等观点相继被提出。人们意识到,"环境资源就其自然属性和对人类社会的重要性来说,它应该是全体国民的'共享资源',是全体国民的'公共财产',任何人不能对其任意占有、支配和损害"。③ 在此背景下,1969年,美国出台了《国家环境政策法》,确定了公民享有环境权。次年,美国出台《清洁空气法》,规定联邦环境保护总署有权向污染排放源的经营者和拥有者提起民事诉讼,同时规定了公民、地方政府或非政府组织同样有权对违反环境保护法的行为提起诉讼。④ 由此,美国的公民诉讼制度正式确立。《清洁空气法》具有重要的意义,作为环境保护领域第一部涉及公益诉讼的法律,它不仅为空气污染公益诉讼提供了法律依据,还给今后对海洋、动植物、饮用水等的保护提供了可行的思路。自此之后,美国陆续出台的《海洋倾废法》《噪声控制法》《濒危物种法》《安全饮用水法》等环境保护法律,均对公民诉讼作了规定。⑤ 在确立了公民诉讼制度之后,美国的环境诉讼

---

① 王名扬:《美国行政法》,中国法制出版社1995年版,第627~628页。
② 刘艺:《美国私人检察诉讼演变及其对我国的启示》,载《行政法学研究》2017年第5期。
③ 陈泉生:《环境权之辨析》,载《中国法学》1997年第2期。
④ 巫玉芳:《美国联邦环境法的公民诉讼制度》,载《现代法学杂志》2001年第6期。
⑤ 李艳芳:《美国的公民诉讼制度及其启示——关于建立我国公益诉讼制度的借鉴性思考》,载《中国人民大学学报》2003年第2期。

案件数量大增,污染企业在诉讼的震慑之下,积极寻求降低污染的办法,美国的环境状况日益改善。

美国的公民诉讼具有原告范围广泛和举证规则、诉讼费用的交付规则有利于原告等特点。从原告范围看,1970年的《清洁空气法》几乎规定了一国范围内的所有个体和组织都拥有诉权。原告范围广泛一方面有利于更全面地对侵犯公共利益的行为进行监督,但另一方面也可能导致司法过载。20世纪90年代后,美国曾对起诉资格有所收紧,但进入21世纪,以2000年的地球之友诉雷德劳环境服务公司案件为标志,起诉资格又有了明显松动。总体而言,美国公益诉讼的原告范围相对广泛。从举证规则看,公民诉讼的举证规则有利于原告。在公民诉讼中,作为个体的原告在起诉污染环境的企业时,由于资金、专业技术等方面的限制,如果按照传统的"谁主张,谁举证"的原则,往往会存在举证困难,从而达不到对污染行为进行制裁的效果。为了避免这种窘境,在公民诉讼中,进行了有利于原告的举证规则设计。除环境团体提起的诉讼外,原告只需要证明有违法行为存在,被告需要证明违法行为和损害后果之间没有因果关系,如果被告不能举证证明,则推定原告的事实主张成立。从诉讼费用的交付规则看,它有利于原告。通常而言,诉讼费用由败诉方承担,但是在启动诉讼时,原告需要先行交付部分诉讼费。在公民诉讼中,由于案件一般牵涉利益众多,有的案件需要高额的诉讼费用,为了鼓励普通公民进行诉讼,美国对公民诉讼做了有利于原告的调整。由于相对原告而言,被告基本是有一定经济实力的企业或其他行政机关,依惯例由原告承担的诉讼费用可能由被告合理分担一部分。[①]这一系列有利于原告的制度设计,一方面有利于减轻普通公民提起公益诉讼的阻力,鼓励普通公民对破坏环境的不法行为提起诉讼,另一方面也存在滥诉的道德风险。为了降低滥诉的可能性,美国在立法中设置了一些限制性规定,比如原告在起诉前60日须通知违法行为的个人或组织,向其说明为什么要起诉。如果在通知期内,行政机关已经采取了相应的措施纠正违法行为,原告则不得起诉。

(二)英国公益诉讼的制度观察

英国对"直接利害关系人原则"的突破首先是从行政领域开始的。英国是典型的判例法国家,其行政公益诉讼制度是由判例构建起来的。在自由资本主义时期,人们认为管得少的政府才是好的政府,此时的政府担任"守夜人"的

---

① 王曦:《美国环境法概论》,武汉大学出版社1992年版,第299页。

角色,职权范围狭窄。进入垄断资本主义阶段后,政府的权力日益膨胀,人们察觉到出现了行政权损害公共利益的现象。但是由于传统的诉讼制度要求原告必须与被诉行政行为有直接的利害关系,所以在面对行政权力侵犯公共利益的时候,意图维护公共利益的主体往往有心无力。为了加强对行政权的约束,保护公共利益,有法官提出,"法律必须设法给没有利害关系的或没有直接利害关系的居民找到一个位置,以防止政府内部的行为,否则便没有人有资格反对这种不法行为"。①

"直接利害关系人原则"被突破的重要案件是布莱克本案。20世纪70年代,英国有一位议员名叫布莱克本,他发现某街区有许多商店出售色情杂志,但是警察没有及时进行处理,布莱克本先生欲起诉警察局不作为,但是英国1977年最高法院规则第53号命令中规定的起诉资格为申请人对于申请事项有足够的利益,同样,1978年的《法院规则》中对起诉权的规定是申请人必须与申请问题有充足的利益关系。警察局长认为布莱克本先生不具有"充分利益",无权起诉。但是,丹宁法官在此案中指出:"布莱克本先生是伦敦市民,他的妻子是纳税人,他的儿子是可能因看色情读物而受不良影响的人,如果他没有充分利益,那么,伦敦的任何其他公民也就没有这种利益,每个有责任感的公民都有权利确保法律得到实施,这本身就是他为确保法律得到实施而要求法院颁布调卷令、训令时的充分利益。"②这一解释使"充分利益"的内涵被扩宽,实质上代表着如布莱克本先生一样的无法律上的直接利害关系的普通主体享有了提起行政公益诉讼的资格。

英国的民事公益诉讼制度相对保守。在英国,民事公益诉讼主要由法务长官提起。法务长官又被称为检察长,一般情况下,只有法务长官才可以提起公益诉讼,但是也存在例外情况,其中最著名的是"检举人"诉讼。"检举人"诉讼是指法务长官能够注意到某种问题的存在,但是没有积极地提起诉讼,公民个人为了维护公共利益,经过法务长官同意,以法务长官作为名义上的原告,实则由公民个人督促诉讼的制度。在"检举人"制度中,法务长官居于绝对的主导地位,公民只有在获得法务长官同意的前提下才可以向法院提起诉讼,如果公民未能获得法务长官同意,其不仅无权向法院提起诉讼,也无法请求对法

---

① [英]威廉·韦德:《行政法》,徐炳等译,中国大百科全书出版社1997年版,第365页。

② [英]丹宁:《法律的训诫》,杨百揆等译,法律出版社1999年版,第130页。

务长官拒绝公民诉讼要求的救济。由于"检举人"制度中,对法务长官缺乏制约和监督,引起了一定的担忧,在后来的判例中,法官对这一状况进行了改变。1977年,上议院指出在检察长拒绝或不合理拖延涉及公共利益案例的起诉时,任何人都可以向法院起诉。[①] 为了避免"检举人"诉讼中法务长官主导性太强带来不利影响,损害公共利益,英国赋予了某些组织和个人特别诉权,可以不经过法务长官,直接提起诉讼。比如关系公平正义的组织和人员,如平等委员会、公平交易局局长等拥有特别诉权。除此之外,英国在《污染控制法》中还规定任何人都可以对公害提起诉讼。

（三）德国公益诉讼的制度观察

德国的行政公益诉讼制度被称为公益代表人制度。德国行政公益诉讼制度确立的标志是1960年《联邦德国行政法院法》的颁布。该法第一章第四节集中对公益代表人制度进行了规定。第四节一共有3条,从第35条至第37条。从《联邦德国行政法院法》的规定可以看出德国在联邦最高行政法院、州高等行政法院、地方行政法院中分别设置了一名检察官作为公益代表人,以维护公共利益。对于可以寻求行政诉讼救济的利益范围,可以从《联邦德国行政法院法》第六节对撤销之诉和课以义务之诉的规定探知,其规定的"权利"包括主观权利和宪法权利等。当原告值得保护的个人利益被忽略或属于基本权的权利受到严重侵害时,关系人即可提起行政诉讼。[②] 由此,行政公益诉讼的权利救济范围从法定权利扩展到事实上的利益。

在德国,有关民事公益诉讼的相关规定主要体现在《民事诉讼法》《反不正当竞争法》《不作为之诉法》等法律中。《民事诉讼法》规定了检察机关可以作为公共利益的代表,对涉及国家、社会公共利益的重大案件提起民事诉讼,这被称为"公共利益代表人制度"。德国最有名的民事公益诉讼制度是主要体现在《反不正当竞争法》等民事经济法律领域中的"团体诉讼制度"。团体诉讼最早出现在1896年出台的德国第一部《反不正当竞争法》中。在19世纪末,德国工商业迅速发展,同时人们高度崇尚个人自由,认为经济生活的主体是"自由的个人",但纯粹的个体无法满足经济生活的需要,于是人们走到一起,组成自治性组织,自治性组织逐渐演变成了团体。团体在经济组织、政党和议会之

---

① 谢小剑:《限制与激励我国民事公诉程序改革中的两个维度》,载《广西政法管理干部学院学报》2004年第3期。

② 王明远:《环境侵权法律救济制度》,中国法制出版社2001年版,第110页。

间穿插交流,极力促进保护工商业者利益的法律的形成。在多方努力下,以保护经营者为直接目的的《反不正当竞争法》出台。此时《反不正当竞争法》中的团体诉讼的适用范围十分狭窄,仅适用于欺骗性商业宣传,只有维护工商业利益的团体享有诉讼资格。由于1896年《反不正当竞争法》中团体诉讼的适用范围和原告范围十分狭窄,不能适应社会现实的需要,在此后的时间里,团体诉讼的相关规定经历了多次修改。1909年,《反不正当竞争法》加入了不正当竞争行为禁止的概括性条款,并且规定将第1条概括性的不正当行为和第3条的虚假宣传纳入团体诉讼的诉讼范围。1962年,消费者团体获得提起不作为之诉的资格,起诉范围是经营者误导消费者的行为或者经营者为竞争而采取的可能对消费者利益造成实质性影响的其他行为。从20世纪60年代开始,在实践中逐渐形成了这样的习惯:团体在起诉企业之前需要向企业发出警告,企业需要支付给团体警告的费用。于是,在社会上出现一批以获取警告费用为目的而欲起诉的团体,滥诉的风险提高。为了降低滥诉风险,《反不正当竞争法》引入了滥用不作为之诉的禁止条款,对经营者团体的诉讼资格进行了一定的限制,要求能够实际履行团体章程规定的维护工商业利益的经营者团体才能拥有诉讼资格。在20世纪70年代,德国还颁布了一部以保护终端消费者为主要目的的法律——《一般商业条款法》。该法为了防止经营者制定的格式条款侵害广大消费者的利益,引入了消费者团体诉讼,但是在实践中该法的实施效果不好。2001年,《一般商业条款法》被废除。同年,《消费者权益法及其他法上的不作为之诉法》出台,该法在之后的修改中加入了对著作权的团体诉讼保护。《商标法》《经济法》等法律中也有团体诉讼相关规定。在预防性环境民事公益诉讼中,德国对诉讼标的的二分支说进行了突破,通过发展诉讼标的理论等方式,扩大了停止侵害判决的辐射范围,进一步加强了对环境公共利益的预防性保护。[①]

(四)日本公益诉讼的制度观察

日本的行政公益诉讼主要体现在控告诉讼、民众诉讼中。根据日本《行政事件诉讼法》第3条第1项的规定,控告诉讼是指当事人对行政机关行使公权力的活动不服而提起的诉讼。控告诉讼中主要包括取消诉讼、无效等确认诉

---

① 王慧:《论预防性环境民事公益诉讼永久禁止功能的实现》,载《政法论丛》2022年第1期。

讼、不作为的违法确认诉讼、设定义务诉讼、请求停止诉讼等。① 民众诉讼一般涉及"选举人对选举无效等提出的诉讼、地方居民对地方行政机关公务人员的财务会计中的违法行为提起的居民诉讼"等。② 民众诉讼可以准用控告诉讼、当事人诉讼的程序。在原告资格方面,民众诉讼经历了"权利受伤害说"和"法律利益说"两个阶段。③ 就第二个阶段的"法律利益说"而言,其原告范围相对宽泛,可以是纳税人,也可以是利益受到普遍影响的选举人或者其他公众。民众诉讼中比较特殊的是居民诉讼,居民诉讼的原告不要求是纳税人,只要具有当地居民身份即可,诉由相对一般民众诉讼狭窄,只针对地方公共团体在财务会计上的违法行为,并且提起居民诉讼必须经过向监查委员提起监查请求的前置程序,当对监查请求的结果不服时,方可提起居民诉讼。民众诉讼比较典型的案例有 1990 年秋田县居民诉秋田县教育长案、高知县律师诉县政府要求公开招待费明细案等。

  日本的民事公益诉讼主要是通过集团诉讼实现。传统的集团诉讼一般要求原告必须与案件事实有一定的利害关系,其主要目的是保护原告的法定权利而不是保护公共利益。由于社会中屡屡出现损害公共利益的现象,为了适应现实需要,传统的集团诉讼的原告范围日益扩大,更多地参与到对公共利益的保护中。以消费者集团诉讼为例,在确立消费者集团诉讼之前,日本社会中侵害消费者权益的事件总体呈逐年上升的趋势。根据日本的统计数据,1991 年至 2001 年,有记录的消费者受害案件从 17 万件增加到 65 万件。由于消费者个人相对于经营者,特别是大企业而言,在时间、精力、金钱等方面都处于弱势地位,消费者个人维权难度大,维权成本高,因此消费者的维权意愿不强烈,许多消费者在权益受损后宁愿吃"哑巴亏"。这样的情况逐渐使立法者意识到需要构建相应的诉讼制度对消费者进行保护。在社会各界的热烈讨论和建言献策下,2006 年日本政府向国会提交了修改消费者合同法法律案。2006 年 5 月 31 日,《消费者合同法》修改完毕,修改的内容中包括新增消费者集团诉讼的规定。该法案于 2007 年 6 月 7 日正式实施,它标志着消费者集团诉讼

---

  ① 胡云红:《比较法视野下的域外公益诉讼制度研究》,载《中国政法大学学报》2017 年第 4 期。
  ② 胡云红:《比较法视野下的域外公益诉讼制度研究》,载《中国政法大学学报》2017 年第 4 期。
  ③ 马明飞:《自然遗产保护中的环境公益诉讼》,载《求索》2012 年第 2 期。

在日本正式确立。对于适格消费者,《消费者合同法》是这样规定的:为了不特定多数人的利益,对于行使该法规定的停止请求权具有必要的适格性,并依法获得内阁总理大臣认定的消费者团体法人。如此一来,扩大了具有原告资格的主体范围,有利于更好地保护不特定的消费者的利益,加大对公共利益保护的力度。但是日本在其他领域一般还是依据与案件是否存在"法律上的关系"来作为原告资格的判断标准,与行政公益诉讼相比,民事公益诉讼仍然处于一个相对保守的状态。

(五)印度公益诉讼的制度观察

印度是亚洲第一个推动公益诉讼制度的国家,[1]同时也是第一个将公益诉讼的起诉权赋予全体公民的国家。公益诉讼在印度被称为社会行动诉讼,"是司法机关发明的一种新的救济途径,以方便那些不知道或者缺乏渠道利用司法程序的人启动司法程序"。[2] 印度公益诉讼制度以司法能动主义为理论依据,[3]司法能动主义主张追求实质正义,强调通过法官造法对社会问题给予积极回应。[4] 印度属于英美法系国家,英国的法律制度对其影响十分深远。和英国一样,印度的公益诉讼制度主要是由判例建构起来的。印度的公益诉讼制度产生于20世纪70年代末80年代初。根据目的不同,印度的公益诉讼制度的发展主要可以分为两个阶段:从20世纪80年代初到20世纪90年代初,公益诉讼主要是为了对公民基本权利进行保护;从20世纪90年代至今,公益诉讼的关注点主要是环境保护和政府权力的运行。在恒河污染案中,新德里居民起诉市政当局不作为,法院认为"原告的目的在于保护所有使用恒河水的人的生命和健康,他的起诉权是无可争议的,恒河污染损害的是公共利益,该损害范围广,且针对不特定多数群体,因此,允许任何人通过公益诉讼阻止该损害的发生是合理的"。[5] 该案正式确认了公民可以通过公益诉讼的方式对行政机关的行为进行监督,这也是印度环境公益诉讼第一案。

---

[1] 蒋小红:《通过公益诉讼推动社会变革——印度公益诉讼制度考察》,载《环球法律评论》2006年第3期。

[2] 程洁:《司法能动主义与人权保障——印度故事》,载《清华法学》2020年第1期。

[3] 何兵、王轩:《印度的公益诉讼制度》,载《行政法学研究》2007年第3期。

[4] 吴卫星:《印度环境公益诉讼制度及其启示》,载《华东政法大学学报》2010年第5期。

[5] 曹明德、王凤远:《美国和印度ENGO环境公益诉讼制度及其借鉴意义》,载《河北法学》2009年第9期。

在公益诉讼的审理模式上,印度具有两项独具特色的制度:书信管辖权制度和调查委员会制度。[①] 书信管辖权制度指公民可以通过向法院寄送书信的方式来启动诉讼,这种方式几乎不需要起诉人负担任何成本,极大地便利了普通公民,特别是社会底层。调查委员会制度指当最高法院通过书信启动公益诉讼程序时,会指派相应的法官、专家组成调查委员会,对与案件有关的事项进行调查,法院根据调查委员会的报告作出裁判。

三、新中国的公益诉讼探索历程

新中国成立后,1949 年 12 月 20 日毛泽东主席批准了《中央人民政府最高人民检察署试行组织条例》,这是新中国第一部有关检察制度的单行法规。[②] 该条例的第 5 条第 3 款规定检察院"对于全国社会与劳动人民利益有关的民事案件及一切行政诉讼均得代表国家公益参加之"。1950 年 1 月 29 日,中共中央《关于中央人民检察署四项规定的通报》明确检察机关"对于社会劳动人民利益有关之民事案件及行政诉讼,得代表国家参与之"。1951 年 9 月 4 日公布的《中央人民政府最高人民检察署暂行组织条例》第 3 条规定:"最高人民检察署受中央人民政府委员会之直辖,直接行使并领导下级检察署行使下列职权:……(六)代表国家公益参与有关全国社会和劳动人民利益之重要民事案件及行政诉讼。"同日公布的《各级地方人民检察署组织通则》第 2 条规定:"各级地方人民检察署之职权如下:……(六)代表国家公益参与有关社会和劳动人民利益之重要民事案件及行政诉讼。"可以看出,从新中国成立到 1951 年,法律文件中对检察机关保护公益的表述基本都是检察机关"参与"相关诉讼。1954 年 9 月 21 日通过的《中华人民共和国人民检察院组织法》第 4 条第 6 项规定,人民检察院"对于有关国家和人民利益的重要民事案件有权提起诉讼或者参加诉讼"。这是我国第一次在正式法律文件里明确表明检察机关对于涉及公益的案件有权"提起"诉讼。20 世纪 50 年代,我国对公益诉讼进行了大量的探索实践。在《中华人民共和国人民检察院组织法》及相关规定的指导下,四川、山东、山西、北京等 9 个省市的检察机关以提起诉讼或参与诉讼的方式办理了多件民事案件,其中不乏涉及公共利益的案件。

[①] 李傲:《法官引领下的印度公益诉讼制度》,载《环球法律评论》2010 年第 4 期。
[②] 岳强:《新中国检察制度第一个单行法规——〈中央人民政府最高人民检察署试行组织条例〉》,载《检察日报》2021 年 5 月 31 日第 4 版。

1982年的《中华人民共和国民事诉讼法(试行)》前后共易七稿,前六稿都有检察机关提起公益诉讼的内容,比如第六稿中规定"人民检察院有权代表国家提起或者参加涉及国家和人民重大利益的民事诉讼",还有一些关于检察机关参与民事诉讼的规定。① 但是遗憾的是,对于这些规定,检察机关内部发生了分歧,由于反对的声音占了主导地位,最终正式通过《中华人民共和国民事诉讼法(试行)》的时候,删除了相关的内容。1991年修改的《中华人民共和国民事诉讼法》仍然没有对公益诉讼进行规定。虽然在法律层面没有对公益诉讼进行规定,但是社会各界对公益诉讼的探索和呼吁仍在继续。1996年,福建省龙岩市人丘×东起诉当地电信部门,②拉开了我国公民提起公益诉讼的序幕。虽然案件最后以撤诉告终,但是从社会对这个案件的关注以及后来人对案件的评价,可以看出我国公民对公共利益进行保护的热情以及对相应制度的期待。

除了公民之外,社会组织也在为公益诉讼的司法实践助力。2009年,中华环保联合会诉江苏江阴港集装箱公司排污案开启社会组织提起公益诉讼的"破冰"之旅。③ 中华环保联合会等社会组织将环境公益诉讼引入了大众的视野,不仅是对环境污染企业的震慑,也进一步增强了社会组织对利用司法手段解决损害公共利益现象的问题的信心。1997年,河南省方城县人民检察院起诉该县独树镇工商所国有资产流失一案获得胜诉。这个案件的胜诉给了各地

---

① 杨立新:《新中国民事行政检察发展前瞻》,载《河南省政法管理干部学院学报》1999年第2期。

② 1996年1月3日晚,龙岩市居民丘×东到龙岩市街头一公用电话亭打长途电话,在结账时他发现电话亭没有按照邮电部门"节假日和晚21时后半价收费"的规定执行。丘×东以电话亭侵犯其合法权益为由,于1月4日将电话亭和龙岩市邮电局告上了法庭。由于首次遇到这种官司,龙岩市邮电局在震惊之余迅速约见了原告丘×东,并且承诺会立即整改,丘×东遂撤诉。1月12日,即撤诉的当天晚上,丘×东分别到龙岩市3家公用电话亭打长途电话,但是在结账时,这3家电话亭均按原价对其收费,仍然没有执行"晚21时后半价收费"的规定,丘×东遂再次提起诉讼。按照龙岩市邮电局的标准,公用电话亭应当收取丘×东的费用为:代办费1元+附加费0.2元+电话费(1/2×0.6元)=1.5元/每次。但是实际上四次在电话亭打电话的收费都是1.8元,电话亭一共多收了丘×东1.2元。丘×东提出了3项诉讼请求:被告向其赔礼道歉,赔偿其多支付的费用1.2元,立即在公用电话亭执行"节假日和晚21时后半价收费"的规定。该案件引起了社会各界的广泛关注,由于各方阻力大,丘×东再次撤诉。

③ 张建伟、朱晓晨:《检察机关提起环境公益诉讼若干问题研究》,载《中国环境法治》2011年第1期。

的检察机关极大的鼓舞,从这个案件开始,更多的地方检察院开始尝试提起公益诉讼,为公益诉讼制度的建立积累了宝贵的经验。① 2003年,四川省人民检察院首开先河,设立了"公益诉讼人"制度,将公益诉讼的实践推向了一个新的高度。② 但是遗憾的是,2007年最高人民法院的一纸批复将检察院的公益诉讼叫停。③

学界普遍认为,2012年修订施行的《中华人民共和国民事诉讼法》是我国民事公益诉讼制度正式确立的标志。该法第55条规定:"对污染环境、侵害众多消费者合法权益等损害社会公共利益的行为,法律规定的机关和有关组织可以向人民法院提出诉讼。"这一规定使我国公益诉讼进入有法可依的时代。2015年1月1日,修订后的《中华人民共和国环境保护法》正式实施,根据该法第58条的规定,具备一定条件的社会组织获得了环境公益诉讼的原告资格。④ 2017年修订的《中华人民共和国民事诉讼法》在2012年版《中华人民共和国民事诉讼法》第55条的基础上增加了一款,允许人民检察院在一定的条件下提起公益诉讼,从而正式确立了人民检察院在公益诉讼中的原告资格。⑤ 现行《中华人民共和国海洋环境保护法》第114条第2款赋予了行使海洋环境

---

① 沈开举、邢昕:《检察机关提起行政公益诉讼诉前程序实证研究》,载《行政法学研究》2017年第5期。

② "公益诉讼人"制度是四川省检察机关在总结公益诉讼的经验的基础之上提出的。该制度明确细化了检察机关支持公益诉讼的范围,让检察官以"公益诉讼人"身份保护国家和集体公共利益,并出庭为弱势群体撑腰。"公益诉讼人"制度的职能主要有两个,一是追回流失国有资产,二是对处于弱势地位的特定或者不特定多数人的合法权益进行保护。该制度对公共利益的保护起到了积极作用,仅追回国有资产一项而言,2003年上半年,四川省检察机关办理了相关案件30余件,涉案标的额600余万元,这些案件大多与国家和集体的公共利益有关。

③ 沈彬:《立法应明确,谁有权提起公益诉讼》,载《东方早报》2011年12月13日第A22版。

④ 《中华人民共和国环境保护法》第58条规定:"对污染环境、破坏生态,损害社会公共利益的行为,符合下列条件的社会组织可以向人民法院提起诉讼:(一)依法在设区的市级以上人民政府民政部门登记;(二)专门从事环境保护公益活动连续五年以上且无违法记录。"

⑤ 2017年修订的《中华人民共和国民事诉讼法》第55条第2款规定:"人民检察院在履行职责中发现破坏生态环境和资源保护、食品药品安全领域侵害众多消费者合法权益等损害社会公共利益的行为,在没有前款规定的机关和组织或者前款规定的机关和组织不提起诉讼的情况下,可以向人民法院提起诉讼。前款规定的机关或者组织提起诉讼的,人民检察院可以支持起诉。"

监督管理权的部门提起海洋环境公益诉讼的资格。①

  党的十八届四中全会之后,行政公益诉讼也开始"破冰"之旅。在这次会上,《中共中央关于全面推进依法治国若干重大问题的决定》首次提出"探索建立检察机关提起公益诉讼制度"。2015 年 7 月 1 日,全国人大常委会授权最高人民检察院在北京、吉林等 13 个省市开展行政公益诉讼试点工作,将中共中央的要求付诸实践。最高人民检察院于 2015 年发布了《检察机关提起公益诉讼试点方案》,2016 年发布了《人民检察院提起公益诉讼试点工作实施办法》。2016 年,最高人民法院发布了《人民法院审理人民检察院提起公益诉讼案件试点工作实施办法》。在全国人大常委会的授权以及 3 个司法解释的支持下,检察机关提起行政公益诉讼的阻力被极大减轻。山东省庆云县人民检察院诉庆云县环保局案是试点期间提起的第一个公益诉讼案件。② 在试点期间行政公益诉讼案件数量"井喷",试点工作取得了良好的反响。③ 在成功试点的基础上,2017 年 7 月 1 日施行的《中华人民共和国行政诉讼法》第 25 条对行政公益诉讼正式进行了规定,④这标志着行政公益诉讼在我国无法可依的状态自此成为历史。2018 年 3 月 2 日最高人民法院和最高人民检察院发布《最高人民法院、最高人民检察院关于检察公益诉讼案件适用法律若干问题的解释》,其中增加了刑事附带民事公益诉讼的诉讼类型,自此我国民事公益诉讼、行政公益诉讼、刑事附带民事公益诉讼三足鼎立的局面形成。2021 年 6 月 15 日《中共中央关于加强新时代检察机关法律监督工作的意见》出台,明确指出要"积极稳妥拓展公益诉讼案件范围,探索办理安全生产、公共卫生、妇女及残疾人权益保护、个人信息保护、文物和文化遗产保护等领域公

---

  ① 《中华人民共和国海洋环境保护法》第 114 条第 2 款规定:"对污染海洋环境、破坏海洋生态,给国家造成重大损失的,由依照本法规定行使海洋环境监督管理权的部门代表国家对责任者提出损害赔偿要求。"

  ② 徐盈雁:《山东省庆云县检察院提起全国首例行政公益诉讼》,载《检察日报》2015 年 12 月 22 日第 1 版。

  ③ 王地:《检察机关提起公益诉讼案件数量"井喷"的背后》,载《检察日报》2017 年 2 月 26 日第 2 版。

  ④ 《中华人民共和国行政诉讼法》第 25 条第 4 款规定:"人民检察院在履行职责中发现生态环境和资源保护、食品药品安全、国有财产保护、国有土地使用权出让等领域负有监督管理职责的行政机关违法行使职权或者不作为,致使国家利益或者社会公共利益受到侵害的,应当向行政机关提出检察建议,督促其依法履行职责。行政机关不依法履行职责的,人民检察院依法向人民法院提起诉讼。"

益损害案件,总结实践经验,完善相关立法",为公益诉讼案件范围的拓展提供了依据。

第二节
公益诉讼的理论分析

对于什么是公益诉讼,不同的人从不同的角度出发得出的结论不同。理论界和实务部门,大陆法系和英美法系等对公益诉讼进行研究的文献不计其数。有的学者认为公益诉讼是一种由特定主体根据法律,通过司法程序捍卫公共利益的法律制度,[①]也有的学者认为公益诉讼可以依据法院的裁决提起。[②] 有的学者认为公益诉讼制度是由国家、社会组织或者公民个人对侵犯社会公共利益的行为提起民事或者行政诉讼的诉讼制度,[③]也有的学者认为公益诉讼可以根据其性质分为行政公益诉讼、民事公益诉讼和宪法公益诉讼。[④] 有的学者认为公益诉讼的主体只能是国家机关,[⑤]公益诉讼审查的是国家机关的作为和不作为,[⑥]公益诉讼的原告主要是检察院,也有的学者认为公益诉讼的主体是动态的,公益诉讼是由不断扩大的原告群体就一系列危害到不特定公共利益的决策或行为进行起诉的法律实践,[⑦]还有的学者认为任何组织和个人都可以根据法律的授权提起公益诉讼。[⑧] 除此之外,还有观点认为公益诉讼可以做广义和狭义之分。"广义的公益诉讼包括所有为维护公共利益的诉讼,既包括国家机关以国家名义提起的诉讼,也包括法人、公民个人等主体以个人的名义提起的诉讼。狭义的公益诉讼则特指国家机关代表国

[①] 张艳芯:《民事公益诉讼制度研究:兼论民事诉讼机能的扩大》,北京大学出版社2007年版,第26页。
[②] 宋朝武:《论公益诉讼的十大基本问题》,载《中国政法大学学报》2010年第1期。
[③] 赵许明:《公益诉讼模式比较与选择》,载《比较法研究》2002年第2期。
[④] 杨海坤:《中国公益诉讼的基本理论和制度》,载《法治论丛》2005年第6期。
[⑤] 马守敏:《公益诉讼亟待开放》,载《人民法院报》2001年6月15日第B01版。
[⑥] 梁慧星等:《关于公益诉讼》,载《私法研究》2022年第1期。
[⑦] 朱晓飞:《公益诉讼语境下的"公益"涵义解析》,载《环球法律评论》2008年第3期。
[⑧] 韩志红、阮大强:《新型诉讼——经济公益诉讼的理论与实践》,法律出版社1999年版,第27页。

家,以国家的名义提起的诉讼。"①对公益诉讼的理解有的大同小异,有的存在较大差别。从目前的研究来看,学者都承认公共利益是公益诉讼的保护对象,但是在公益诉讼的主体、公益诉讼的性质、公益诉讼的保护对象是否包括国家利益等方面存在分歧。

一、公益诉讼的目的

以公益诉讼所保护的具体利益为基点,有的学者认为公益诉讼保护公共利益,②有的学者认为公益诉讼保护社会公共利益,③有的学者认为公益诉讼保护国家利益和社会公共利益。④究竟何种观点更为科学呢?要解决这个问题,首先要理解何为公共利益。对于什么是公共利益,中外的思想家进行了大量的讨论,形成了众多观点。比如,边沁认为"共同体是个虚构体,由那些被认为可以构成其成员的个人组成。那么共同体的利益是什么呢?是组成共同体的若干成员的利益的共和;不理解什么是个人利益,谈共同体的利益便毫无意义"⑤。从这个表述中可以看出,边沁倾向于认为共同体的利益(公共利益)是个人利益的总和。我国部分学者持类似观点,他们认为"公共利益在本质上是个人利益的加总"⑥。德国的学者阿尔弗莱德·弗得罗斯认为公共利益是"一

---

① 韩志红:《公益诉讼制度:公民参加国家事务管理的新途径》,载《中国律师》1999年第11期。

② 参见王福华:《公益诉讼的法理基础》,载《法制与社会发展》2022年第2期;高志宏:《公共利益:行政公益诉讼的价值目的及其规范构造》,载《学术界》2022年第7期;张建伟:《公益诉讼视野内的公共利益》,载《检察日报》2020年8月27日第5版。

③ 参见李卫国:《教育公益诉讼的法理解析与制度完善》,载《广西社会科学》2022年第2期;唐玉富:《英烈保护民事公益诉讼的程序保障》,载《西南政法大学学报》2018年第4期;周晓:《侵犯公民个人信息犯罪刑事附带民事公益诉讼案件的审理困境和规范应对》,载《法律适用》2023年第2期。

④ 参见黄忠顺:《检察民事公益诉讼的基本界定》,载《国家检察官学院学报》2023年第3期;张嘉军:《论检察民事公益诉讼的"刑事化"及其消解》,载《河南财经政法大学学报》2021年第3期;杨雅妮:《刑事附带民事公益诉讼诉前程序研究》,载《青海社会科学》2019年第6期。

⑤ [英]边沁:《道德与立法原理导论》,时殷弘译,商务印书馆2000年版,第58页。

⑥ 李增刚、董丽娃:《土地征收中的公共利益:程序、补偿和效率》,载《财经问题研究》2014年第7期。

个社会通过个人的合作而生产出来的事物的价值总和"[1]。除了这些观点外，西方语境下的公共利益还有伦理说、虚无说、共识说等表述。[2] 我国学者张方华认为"公共利益是指在特定的社会历史条件下，从私人利益中抽象出来能够满足政治共同体中全体或大多数社会成员的公共需要，经由公共程序并以政府为主导所实现的'共同善'"[3]。此观点的特点主要在于认为公共利益是社会成员的"共同善"，提出公共利益的实现需要政府主导。梁上上则认为公共利益是指不特定社会成员的利益。[4]

公共利益是不特定多数人共有的利益，它包括国家利益的一部分，其实质与社会公共利益相同。公共利益之所以难以确定，最关键的原因是"公共利益"中的"公共"的范围具有模糊性。有的观点认为应该以地域为标准判断"公共"的范围，[5]有的观点认为应以"一定的圈子"，比如相同的国籍、相同的职业等为标准进行判断，[6]但是这些标准在逻辑上都存在问题。比如在一定地域内的某项基础设施，该地域的人可以使用，当其他地域的人到此处旅游、出差时，同样会用到相应的设施，所以以地域为标准来划定公共的范围不合适。以"一定的圈子"为标准来认定"公共"的范围在逻辑上同样不能自洽，一定的圈子可大可小，比如部分从事相同行业的人，他们同样可以作为"一个圈子"，但是他们圈子的范围显然不能称为公共的范围。因此将不特定多数人作为"公共利益"中"公共"的范围更加科学。不特定多数人是一个立体的概念，它既可以包括现在的人，也可以包括未来的人；既可以包括本国的人，也可以包括外国人和无国籍人，还可以吸纳不同宗教信仰、不同职业、不同种族等的人。就如同对三江源地区的保护，其保护的不仅是三江源地区的人的利益，还会惠及发源于三江源地区的河流的中下游的人，不仅惠及现在的人，还会惠及子孙后代。此种界定，更符合对"公共利益"进行保护的根本目的。

公共利益与社会公共利益是同一语。观察我国现行有效的法律，可以看

---

[1] ［美］博登海默：《法理学——法律哲学与法律方法》，邓正来译，中国政法大学出版社1998年版，第298～316页。
[2] 张方华：《公共利益阐释困境的突围与达成》，载《教学与研究》2019年第3期。
[3] 张方华：《国家治理与公共利益的达成》，载《中共福建省委党校学报》2019年第5期。
[4] 梁上上：《公共利益与利益衡量》，载《政法论坛》2016年第6期。
[5] 陈新民：《德国公法学基础理论（上）》，山东人民出版社2001年版，第184页。
[6] 高志宏：《公共利益：界定、实现及规制》，东南大学出版社2015年版，第31页。

出公共利益和社会公共利益在相关法律中均有使用,比如《中华人民共和国水法》第28条规定:"任何单位和个人引水、截水、排水,不得损害公共利益和他人合法权益。"《中华人民共和国环境保护法》第58条规定:"对污染环境、破坏生态,损害社会公共利益的行为,符合条件的社会组织可以向人民法院提起诉讼。"除此之外,《中华人民共和国海域使用管理法》《中华人民共和国土地管理法》《取水许可和水资源费征收管理条例》《中华人民共和国濒危野生动植物进出口管理条例》《最高人民法院关于审理矿业权纠纷案件适用法律若干问题的解释》《最高人民法院、最高人民检察院关于检察公益诉讼案件适用法律若干问题的解释》等法律、行政法规、司法解释中对于公共利益和社会公共利益也是交替使用的。在学界,部分学者也对公共利益与社会公共利益同时使用,比如王轶等在《认真对待民法总则中的公共利益》一文中也同时使用公共利益和社会公共利益的表述。[①]江必新在《新民事诉讼法理解适用与实务指南》一书中将社会公共利益解释为"法理上通常所说的利益,它是指社会全体成员的利益"[②]。再比如沈宗灵认为"在当代学术词汇中,并不存在社会利益与公共利益的分野,公共利益已经吸收了社会利益的概念"[③]。因此无论是法律层面的表述还是学理的支撑都可以将公共利益等同于社会公共利益。

  公共利益与国家利益是交叉关系。回答公共利益和国家利益的关系,首先要明晰市民社会和国家的关系,对此古今中外学者进行了大量的讨论:古罗马法学家西塞罗认为"市民社会不仅指单一国家,也指已经发达到出现城市的文明政治体的生活状态"[④]。在古罗马,"市民"指的是拥有公民权的城市居民,此时的市民社会与国家基本属于同一概念。根据学界的普遍看法,洛克仍然是在"政治社会"的同一语上使用"市民社会"这一概念,[⑤]但是洛克的"国家是手段,市民社会决定国家,先于国家"等理论,以及后来孟德斯鸠提出的"君主受制于法制,市民社会限制政府权力"等思想为社会与国家的分野奠定了理

[①] 王轶、关淑芳:《认真对待民法总则中的公共利益》,载《中国高校社会科学》2017年第4期。

[②] 江必新:《新民事诉讼法理解适用与实务指南》,法律出版社2015年版,第226页。

[③] 沈宗灵:《现代西方法理学》,北京大学出版社1992年版,第292页。

[④] 赵入坤、曹海洋:《市民社会论:概念演进与现实意义》,载《求索》2008年第9期。

[⑤] 李虹、项松林:《在洛克、孟德斯鸠与黑格尔之间——苏格兰启蒙思想家论市民社会与国家》,载《湖南师范大学社会科学学报》2012年第2期。

论基础。黑格尔是首位在政治哲学史上将市民社会与国家做出明确区分的学者。[1] 黑格尔在《法哲学原理》一书中阐释了其观点,他认为市民社会是私人生活领域及其外部保障构成的整体,而国家是普遍性原则的体现者,国家在伦理上包含家庭和市民社会。[2] 在批判地吸收黑格尔理论的基础上,进一步对市民社会和国家的关系进行了探讨,马克思认为阶级社会中的利益分化是市民社会和政治国家分离的基础,市民社会和政治国家的分离为代议制民主提供了土壤,市民社会的活动在国家生活的范围内,政治国家的基础是市民社会的成员。[3] 随后的学者对国家和社会的关系进行了更多的讨论,提出了国家—社会—经济的三分法等,但不论何种观点,学者基本都沿袭了黑格尔或者马克思对国家和社会既分离又耦合的基本思想。国家和社会既分离又耦合的关系为国家利益和社会公共利益的关系的讨论提供了土壤。

查尔斯·比尔德在《国家利益的概念》一书中指出,在古希腊和古罗马的城邦国家中,国家利益的思想就已经存在。文艺复兴时期,意大利学者盖奇阿丁尼提出"国家的理由"的术语,将其阐释为"善良的目的证明国家的手段的正当性",这被认为是国家利益在西方的最初表述。[4] 1532年,尼可罗·马基雅维利的《君主论》出版,马基雅维利在该书中对"国家的理由"进行了更加深入的论证,"国家的理由"最基本的内核即政府行为的合法性来自国家的利益,君主可以为了国家的利益为任何行为。[5] 从1618年开始,欧洲进行了为期30年的战争,在战争中,传统的社会秩序被打乱,教皇走下神坛,国家利益至上的观念日益强烈。以战后《威斯特伐利亚和约》的签订为标志,欧洲各国正式作为独立的主权国家存在,国家利益取代教皇利益作为主权国家行动的准则,自此,国家利益一词被广泛承认。对于国家利益的内涵,不同的人站在不同的立场会进行不同的解读:在军事学家眼中,国家利益可能指国家的主权和领土完整。在政治学家眼中,国家利益指"一定的社会历史条件和国内外政治经济环

---

[1] 朱渝阳:《"伦理悲剧"与等级重构:黑格尔耶拿早期"市民等级"理论起源探析》,载《世界哲学》2022年第4期。
[2] 何增科:《市民社会概念的历史演变》,载《中国社会科学》1994年第5期。
[3] 俞可平:《马克思的市民社会理论及其历史地位》,载《中国社会科学》1993年第4期。
[4] 俞可平:《国家利益与政府行为》,载《社会科学》1992年第2期。
[5] 岳成浩:《"国家理由"的现代意蕴》,载《西北大学学报(哲学社会科学版)》2011年第3期。

境所规定的客观实在,是国家内外政策的基本目标和评价国家内外政策的客观尺度"[1]。在社会学家眼中,国家利益是通过社会互动构建的,在国际社会的无政府状态与国内政治需求的共同作用下产生的具体的、历史的范畴。[2]在法学界,对于什么是国家利益也存在诸多观点:有学者认为"国家利益是基于公共信托而由国家代表不特定多数人持有的重要利益"[3]。有学者认为国家利益应当是国家在整体上的经济利益、政治利益和安全利益。国家利益着眼于国家的整体性,承担着国家的历史使命,体现了国家整体上的需求,并具有宏观性和神圣性的特点。[4] 有学者认为国家利益表现为法律、法规中的强制性规定所保护的国家安全、基本社会价值、基本社会秩序等利益。[5] 有学者认为"国家利益是根据法律(公法)的直接规定产生,来源于政治国家并属于'公权'的范畴,国家利益具有优位于个人利益的特殊地位"[6]。有学者认为国家利益的内涵是随时代的变化不断发展的。[7]

在人类社会早期,并不存在国家。那时我们的祖先面临的首要问题是生存。由于生产力极低,靠个体的能力无法保证生存,我们的祖先便紧密团结在一起,共同寻找物资,共同分配物资,各个成员之间地位平等。那时,并不存在私的概念。随着生产力的提高,能够获取的物资越来越多,逐渐产生了私有制,并出现了相对富裕的氏族贵族。氏族贵族利用多余的生产资料和特殊地位对战俘和其他氏族成员进行压榨,由此分化出奴隶主和奴隶两个对立的阶级。奴隶主寄生于广大奴隶,两个阶级之间产生了尖锐的不可调和的矛盾和冲突。为了维护秩序,保证自身不在冲突中走向毁灭,奴隶主建立了军队、监狱等暴力机器,国家由此产生。因此,国家是统治阶级进行阶级统治的工具,

---

[1] 俞可平:《略论"国家利益"》,载《天津社会科学》1992 年第 5 期。

[2] [美]玛莎·芬妮莫尔:《国际社会中的国家利益》,袁正清译,上海人民出版社 2012 年版,第 1~4 页。

[3] 肖建国:《利益交错中的环境公益诉讼原理》,载《中国人民大学学报》2016 年第 2 期。

[4] 王轶、董文军:《论国家利益——兼论我国民法典中民事权利的边界》,载《吉林大学社会科学学报》2008 年第 3 期。

[5] 张平华:《恶意串通法律规范的合理性》,载《中国法学》2017 年第 4 期。

[6] 张平华、候圣贺:《环境民事公益诉讼中的利益结构问题探讨》,载《山东警察学院学报》2018 年第 2 期。

[7] 陈延辉:《国家利益与社会公共利益的认定——以环境公益诉讼为视角》,载《人民检察》2020 年第 1 期。

国家利益归根到底是统治阶级的利益,"掌握国家政权的统治者在将自己的政治行为上升为政府行为的同时,也把自己的阶级利益上升为国家利益"[①]。比如在奴隶制国家,国家利益归根到底是奴隶主的利益,古罗马的万民法对异邦公民的保护至今为人称道,但是即使包容如斯,纵览整部法律也不能找到作为被统治阶级的奴隶的立足之地。我国曾经历漫长的封建统治阶段,彼时的国家利益是封建统治者的利益,作为被统治者的农民辛苦劳作,为国家创造财富,但"遍身罗绮者,不是养蚕人"。作为被统治者,无论是奴隶制国家的奴隶还是封建制国家的农民,都不能享有国家利益。

不可否认的是,国家利益具有公共利益的色彩,比如稳定的秩序会惠及不特定的人。但是统治阶级存在自己独特的利益,比如统治阶级共有的意识形态、国家的组成机器的权威等,这也是国家利益的组成部分,但并不是不特定多数人的利益。所以,国家利益与公共利益是交叉关系,国家利益的部分内容属于公共利益。当统治阶级的范围越广时,其与公共利益的重合范围就越大。奴隶社会和封建社会的统治者只是社会中的极少部分人,彼时的国家利益与公共利益的重合范围相对较小。新中国成立后,人民开始当家作主,人民这个概念非常广泛,包括千千万万的普通劳动者,包括你我他。因此人民当家作主的国家的利益与公共利益的重合范围最大。

公共利益和社会公共利益的本质相同。通常观点认为社会分为政治国家和市民社会,社会公共利益是政治国家和市民社会共有的利益。特殊的私人利益关系的总和构成市民社会,普遍的公共利益关系的总和构成政治国家。[②] 社会公共利益主要包括:"(1)公共秩序的和平与安全;(2)经济秩序的健康,安全与效率化;(3)社会资源与机会的合理保存与利用;(4)社会弱者利益(如市场竞争社会中的消费者利益、劳动者利益等)的保障;(5)公共利益的维护;(6)人类朝文明方向发展的条件(如公共教育、卫生事业等的发展)等方面。"[③]

市民社会包罗万象,不仅涉及个体,还关系到各种团体、组织等,市民社会的成员遍布各个领域,是不特定多数人的一部分,大部分市民社会的成员是社会中最普通的一员,他们的利益诉求最朴素,市民社会成员共有的利益诉求是

---

① 俞可平:《国家利益与政府行为》,载《社会科学》1992年第2期。
② 赵震江:《法律社会学》,北京大学出版社1998年版,第253页。
③ 孙笑侠:《论法律与社会利益》,载《中国法学》1995年第4期。

所有不特定多数人共有的利益诉求的公约数。因此，公共利益和社会公共利益在本质上是相同的，它们的范围完全重合。综上所述，公益诉讼的保护对象是公共利益，也可以表述为社会公共利益。具体而言，公益诉讼的保护对象是不特定多数人共有的利益，包括国家利益的部分内容。

二、公益诉讼的原告资格

以公益诉讼的原告为基点，有的观点认为公益诉讼的原告仅包括检察机关。检察机关作为法律监督机关，任务繁重，承担着监督侦查活动，对有错误的判决、裁定提出抗诉，办理贪污渎职案件等职责。我国人口众多，幅员辽阔，在经济快速发展的过程中出现了相当数量的损害公共利益的现象，仅仅依靠检察机关一个主体，并不能及时有效地对这类损害公共利益的现象做出反应。实际上，无论是放眼世界还是聚焦国内，目前公益诉讼的原告都不止检察机关一个主体，比如我国2015年施行的《中华人民共和国环境保护法》实质上赋予了相关环保组织民政部门提起环境公益诉讼的原告资格。

有的观点认为公益诉讼的原告具有多元性，国家机关、社会团体、公民个人都可以作为公益诉讼的原告，[①]甚至有观点指出国家也可以作为公益诉讼的原告。[②]一定的国家机关、社会团体作为公益诉讼的原告，这点在理论界和实务界基本不存在争议。但是当前我国法律并没有明确赋予公民个人公益诉讼原告的资格，学界对此也没有形成统一意见。反对将公民纳入公益诉讼原告范围的理由主要是担心公民滥用诉权，加重司法机构的负担，造成司法资源的浪费。而赞成者认为赋予公民原告的资格是公民参与国家治理和社会治理的体现，有利于公民理性地表达诉求，这是符合"法治"精神的。从长远来看，赋予公民原告资格并不会导致司法机构工作量的大幅上升，反而有利于减轻司法机构的工作量。首先，公民个人散布在社会的各个角落，是收集各种社会信息最灵敏的"触角"，也是对社会上各种不法行为进行最全面监督的监督者。赋予公民个人原告资格，让更多主体对侵害公共利益的现象进行监督、纠错，有利于减少社会上损害公共利益的现象的"存

[①] 李亚菲：《环境公益诉讼中的诉权分析》，载《西南民族大学学报（人文社会科学版）》2019年第3期。

[②] 江永平：《公益诉讼中原告主体资格探究》，https://www.chinacourt.org/article/detail/2013/02/id/895135.shtml，最后访问日期：2020年5月7日。

量"。其次,更多的违法现象被发现,更多的违法主体受到制裁,社会总体的违法成本会更高,这会对潜在的违法者产生震慑作用,从而在一定程度上抑制其违法意愿,从长远来看有利于减少公益诉讼案件数量。最后,提起诉讼需要消耗一定的时间、精力以及金钱,中国的老百姓自古就有"厌讼"观念,主张"闾里不讼于巷,老幼不讼于庭",又有多少个体愿意滥用诉权,将自己置身于会对正常生活产生一定影响的诉讼中呢?以担心公民滥用诉权为理由拒绝赋予公民原告资格,无异于"因噎废食"。为了避免公民滥用诉权,造成司法资源的浪费,更合理的做法是提高公民的法治素养,科学设置相应的责任承担机制,而不是粗暴地将公民阻挡在法院的门外。在实践中,我国曾出现以个人名义提起诉讼并且胜诉的案例[详见贵州省清镇市人民法院(2012)清环民初字第3号民事判决书],这对打击企业排污乱象,保护当地环境起到了正面作用。但可惜的是,在此之后司法部门以不具有原告资格为由关闭了公民个人起诉的通道。

对于公益诉讼的原告还应包括国家的观点,应该具体到国家的某个机关或者职能部门。国家是一个整体的概念,包括军队、警察、法庭、监狱。国家的运行需要立法机关、司法机关、行政机关等的分工协作。如果将国家作为原告,原告的范围会非常复杂,作为国家组成部分的各机关职责、专长各不相同,笼统言之势必会产生混乱。在实践中,相关主体以国家的名义进行诉讼,实际上是该主体获得了国家权力机关的授权。

三、公益诉讼的案件范围

以公益诉讼所针对的行为为基点,学界对于公益诉讼是否针对行政行为以及所针对的行政行为的范围存在一定争议。公益诉讼的案件范围涵盖行政行为,包括行政作为和不作为,并且所针对的具体行政行为的范围有待进一步扩大。我国在2017年修订的《中华人民共和国行政诉讼法》明确了人民检察院有权对生态环境资源保护、食品药品安全、国有财产保护、国有土地使用权出让等领域负有管理职责的行政机关导致公共利益受损的违法或不作为提出检察建议,在行政机关不依法履行职责时,有权向人民法院起诉。这项规定为我国的行政公益诉讼提供了法律依据。2021年《中共中央关于加强新时代检察机关法律监督工作的意见》对探索公共卫生、文化遗产保护等领域公益损害案件的要求,也为公益诉讼案件范围的扩大指明了方向。

公益诉讼的根本目的是对公共利益进行保护,行政机关肩负着社会管理的重要职责,其相应行为会对社会公共利益产生重大影响。比如在处理某项突发公共卫生事件时,由于行政机关的不作为可能导致众多社会主体受到损害。再如在安全生产方面,现实中还存在出于经济效益、政绩等的考虑或是由于行政机关的疏忽和不作为而对当地企业存在的安全隐患问题"睁一只眼闭一只眼",以及引进某些安全隐患较大的企业的现象。2015年8月12日,天津滨海新区塘沽开发区瑞海公司发生特别重大安全事故,造成大量人员伤亡和重大财产损失。2019年3月21日,江苏省盐城市响水县生态化工园区内江苏天嘉宜化工有限公司发生特大爆炸事故,导致78人死亡,逾600人受伤。[①] 事后调查发现,这两家涉事公司都存在多项安全隐患,但是由于政府对安全生产的监管工作不到位,其在有重大安全隐患的情况下仍然正常开展生产经营活动,以致发生事故,对公共利益造成重大损害。允许检察机关等主体对政府在安全生产监管方面损害公共利益的失职和不作为提起诉讼,拓展对行政机关进行监督和纠错的渠道,在行政机关对企业安全"放水"的时候及时制止,有助于将这类惨痛的事故扼杀于摇篮之中。目前我国法律允许在生态环境资源保护、食品药品安全等领域提起行政公益诉讼,这是法治的进步,但是目前诉讼的范围仍然相对狭小,逐步扩大行政公益诉讼的范围是现实需要。

除了行政主体之外,现实中存在相当数量的民事主体损害公共利益的现象。比如,一些企业、个体为了追求私利,违法将废气、废水排入环境中或者违法蚕食国有资产,破坏市场经济秩序。对于个体而言,每个人受到的损害可能并不大,甚至不存在直接利害关系,但是长此以往,生态环境会逐渐被破坏,国有资产会日益减少,市场经济秩序会失衡,最终会影响每个人的利益。因此,为了对社会公共利益进行保护,防止国有资产流失、防止自然环境等遭到破坏,有必要建立民事公益诉讼制度,通过赋予符合特定条件的主体原告资格,对损害公共利益的行为予以追究。[②] 2014年修订的《中华人民共和国环境保护法》实施后,我国对于部分不法企业、个体等破坏环境的行为提起诉讼的案件大量增加,对公共利益保护的力度明显加强,这是我们取得的进步。除此之外,当侵害公共利益的主体涉嫌犯罪时,出于民事赔偿、举证责任、节约诉讼资

---

① 薛海燕等:《江苏响水"3·21"事故善后工作全面展开》,载《经济日报》2019年3月26日第4版。

② 邓思清:《论建立公益诉讼制度的必要性和可行性》,载《西南政法大学学报》2007年第1期。

源等方面因素的考虑,建立刑事附带民事公益诉讼制度有利于保护公共利益。

基于以上对公益诉讼的目的、原告资格、案件范围等内容的讨论,公益诉讼是指"法律规定的机关和有关组织对污染环境、侵害众多消费者合法权益等损害社会公共利益的行为,向人民法院提起的诉讼"[①]。公益诉讼保护的社会公共利益与公共利益在本质上相同,并且涵盖了国家利益的部分内容。在类型上,公益诉讼包括民事公益诉讼、行政公益诉讼和刑事附带民事公益诉讼。

第三节
公益诉讼的理论发展

在公益诉讼的理论研究方面,我国学者对公益诉讼的受案范围、举证责任、诉前程序、证明标准、诉权行使以及"不履行法定职责"的认定规则等多方面进行了热烈的讨论,对公益诉讼的理论和实践发展极具启发意义。

一、关于公益诉讼受案范围的研究

目前,不少学者认为我国法律规定的公益诉讼的受案范围狭窄,主张扩大公益诉讼的受案范围。温辉在《行政公益诉讼"等外"刍议》[②]中指出通过法意解释可以归纳出《中华人民共和国行政诉讼法》第25条第4款所规定的"等"的领域的共同要素,即存在群众反映强烈的侵害国家利益或者公共利益的行政违法行为或不作为。黄学贤、李凌云在《论行政公益诉讼受案范围的拓展》[③]中指出公共利益的范围是动态且普遍的,未来应遵循利益衡量、法定主义、司法统一的理念,从立法模式、受案标准、起诉人资格等方面完善公益诉讼制度体系。王春业、王娟在《行政公益诉讼范围的"等外"解读》[④]中指出基于检察机关的法律定位以及行政公益诉讼的目的,行政公益诉讼范围中的"等"应该是"等外等",行政公益诉讼的范围是开放的,最高人民法院、最高人民检察院应出台相关的司法解释,对"等"字的含义进行明确。关保英在《行政公益

---

① 最高人民法院立案庭:《诉讼指南1500问》,人民法院出版社2023年版,第127页。
② 温辉:《行政公益诉讼"等外"刍议》,载《河北法学》2020年第9期。
③ 黄学贤、李凌云:《论行政公益诉讼受案范围的拓展》,载《江苏社会科学》2020年第5期。
④ 王春业、王娟:《行政公益诉讼范围的"等外"解读》,载《浙江学刊》2019年第6期。

诉讼中的公益拓展研究》①中指出《中华人民共和国行政诉讼法》对行政公益诉讼的受案范围进行列举式规定会带来诉讼片面化、问题导向、形象化、无序化等弊端,有必要围绕公共利益的维度、时空、类型、公共利益的考量方式等方面对公共利益的范围进行扩展,通过行政公益诉讼机制化、诉权主体自行选择、公共利益判定宽路径、公共利益作为最终依据等进路予以拓展。杨雅妮在《检察民事公益诉讼制度研究》②中对目前民事公益诉讼的受案范围及存在的问题进行了分析,并借鉴域外做法,对公益诉讼的受案范围进行了讨论。顾向一在《受司法保护的公共利益界定标准及完善——基于环境民事公益诉讼判决的分析》③中提出公共性和利益内涵范围的二阶构造,以此为基础判定受司法保护的公共利益的范围,从而明确环境民事公益诉讼的受案范围。关保英在《行政公益诉讼受案范围类型化的缺陷及理性回归》④中指出《行政诉讼法》第25条对行政公益诉讼受案范围的规定存在不周延等问题,当前需要在"包括对公益概念作法律上的阐释、对公益作抽象解释、对公益作概括规定、对公益作公众选择性处理、对公益由诉权主体作出判定"等角度做出相应的制度设计,从而推动行政公益诉讼的受案范围的理性回归。杨柳在《论检察公益诉讼受案范围的拓展》⑤中指出在拓展检察公益诉讼受案范围的同时要注意从实体和程序两个角度进行合理的限缩。刘琳在《"蓝碳"在环境公益诉讼中的规范化适用》⑥中指出要明确将"蓝碳"纳入环境行政公益诉讼受案范围。以上对于如何扩大公益诉讼受案范围的建议,为我国进一步完善公益诉讼制度提供了理论基础。

二、关于公益诉讼的证明责任的研究

我国目前没有对公益诉讼的举证责任分配进行明确的规定。在理论中主

---

① 关保英:《行政公益诉讼中的公益拓展研究》,载《政治与法律》2019年第8期。
② 杨雅妮:《检察民事公益诉讼制度研究》,社会科学文献出版社2020年版,第36~78页。
③ 顾向一:《受司法保护的公共利益界定标准及完善——基于环境民事公益诉讼判决的分析》,载《学海》2019年第6期。
④ 关保英:《行政公益诉讼受案范围类型化的缺陷及理性回归》,载《江淮论坛》2022年第4期。
⑤ 杨柳:《论检察公益诉讼受案范围的拓展》,载《政法论坛》2023年第6期。
⑥ 刘琳:《"蓝碳"在环境公益诉讼中的规范化适用》,载《中国软科学》2024年第2期。

要存在"谁主张,谁举证"和"举证责任倒置"两种不同的声音,同时有学者主张应针对行政机关作为行为和不作为行为设置不同的举证规则,对于是否加重被告行政机关的举证责任也有讨论。章剑生在《论行政公益诉讼的证明责任及其分配》[①]中指出除涉及行政机关"不作为"或"不依法履行职责"的情形外,行政公益诉讼的证明责任适用"谁主张,谁举证"的原则,若根据此原则不足以保护公益,则由法院在个案中裁量分配证明责任。王秀卫在《我国环境民事公益诉讼举证责任分配的反思与重构》[②]中对环境民事公益诉讼的举证责任问题进行了研究,他认为环境民事公益诉讼不应再适用举证责任倒置,有必要对海洋自然资源与生态环境损害赔偿纠纷案件举证责任倒置范围进行适当限缩。郭颂彬、刘显鹏在《证明责任减轻:环境民事公益诉讼证明责任分配之应然路径》[③]中指出在环境民事公益诉讼中应用更加符合公益诉讼程序定位与价值追求的证明责任减轻替代证明责任转换,应具体探讨不同主体提出的、不同类型的环境民事公益诉讼证明责任减轻的方式。同时,刘显鹏在其所著的《环境民事公益诉讼证明责任分配研究》[④]中详细论述了如何以不同诉讼类型、不同起诉主体为出发点构建证明责任的分配规则,完善相应的配套制度。毋爱斌在《环境民事公益诉讼中因果关系要件的证明》[⑤]中指出在环境民事公益诉讼案件中应当按照证明责任分配的一般规则,由原告承担因果关系构成要件的证明责任。包冰锋在《环境民事公益诉讼中初步证明的理论澄清与规则构建》[⑥]中指出要根据诉讼阶段的不同区分原告所应承担的证明责任。赵

[①] 章剑生:《论行政公益诉讼的证明责任及其分配》,载《浙江社会科学》2020年第1期。

[②] 王秀卫:《我国环境民事公益诉讼举证责任分配的反思与重构》,载《法学评论》2019年第2期。

[③] 郭颂彬、刘显鹏:《证明责任减轻:环境民事公益诉讼证明责任分配之应然路径》,载《学习与实践》2017年第8期。

[④] 刘显鹏:《环境民事公益诉讼证明责任分配研究》,中国社会科学出版社2019年版,第101~191页。

[⑤] 毋爱斌:《环境民事公益诉讼中因果关系要件的证明》,载《中州学刊》2022年第9期。

[⑥] 包冰锋:《环境民事公益诉讼中初步证明的理论澄清与规则构建》,载《行政法学研究》2023年第3期。

祖斌在《论野生动物保护公益诉讼的建构》[①]中对野生动物保护公益诉讼的证明责任进行了论述。刘本荣在《行政公益诉讼的要件分析——以要件事实理论为视角》[②]中通过要件事实理论和要件分析方法为行政公益诉讼举证责任的分配提供了新的视角。樊华中在《检察公益诉讼的调查核实权研究——基于目的主义视角》[③]中提出调查核实权服务于举证责任，应当根据检察机关举证责任的轻重配置调查核实权。牛向阳、王瑞霞在《检察机关提起行政公益诉讼举证责任分配辨析》[④]中对行政公益诉讼举证责任的分配进行了探讨，提出从程序性举证事项和实体性举证事项两个方面完善举证责任分配机制。潘剑锋、郑含博在《行政公益诉讼证明责任分配的理论阐释与规则构建》[⑤]中指出"检察机关发出检察建议前行政主管机关已经作出的行政职权形成违法的要件事实，由检察机关在诉讼中负担证明责任"。这些讨论为构建公益诉讼证明责任分配制度提供了思路。

三、关于诉前程序的研究

公益诉讼的诉前程序是一项重要的制度创新，在节约司法资源，提高解决纠纷的效率等方面具有积极的作用。目前，《中华人民共和国民事诉讼法》和《中华人民共和国行政诉讼法》已经在法律层面明确规定了公益诉讼的诉前程序，但是诉前程序只是在相关法律文件中被概括性地提及，并没有专门的细化的规定，在具体实践中也暴露出诸多问题。对于诉前程序存在的问题和完善方向，学界进行了大量的讨论。赵俊在《环境行政公益诉讼诉前程序与诉讼程序衔接机制研究》[⑥]中指出要从确立"类型化"行政不作为认定标准，提升检察

---

① 赵祖斌：《论野生动物保护公益诉讼的建构》，载《干旱区资源与环境》2020年第10期。

② 刘本荣：《行政公益诉讼的要件分析——以要件事实理论为视角》，载《北方法学》2020年第4期。

③ 樊华中：《检察公益诉讼的调查核实权研究——基于目的主义视角》，载《中国政法大学学报》2019年第3期。

④ 牛向阳、王瑞霞：《检察机关提起行政公益诉讼举证责任分配辨析》，载《人民检察》2018年第5期。

⑤ 潘剑锋、郑含博：《行政公益诉讼证明责任分配的理论阐释与规则构建》，载《北京大学学报（哲学社会科学版）》2022年第1期。

⑥ 赵俊：《环境行政公益诉讼诉前程序与诉讼程序衔接机制研究》，载《学习与探索》2023年第3期。

机关调查取证能力,明确检察建议与诉讼请求内容衔接转换的界限,合理配置检察机关的举证责任等四个方面实现诉前程序与诉讼程序的顺畅衔接。欧元捷在《检察公益诉讼诉前程序研究》[1]中指出诉前程序要回归到审查起诉的本位。李燕林在《行政公益诉讼诉前程序的检视与完善——以检察机关干预行政事务为视角》[2]中指出对诉前程序的规定不全面是检察机关不当干预行政事务的原因之一,因此要以行政行为的成熟性作为提起诉讼程序的前提,采用多种标准对行政机关是否履职进行审查,从而对诉前程序进行优化。王春业在《论行政公益诉讼诉前程序的改革——以适度司法化为导向》[3]中指出推动诉前程序适度司法化有利于改变检察建议的单向性结构和检察监督行政化的错位格局,要推动诉前程序的司法化需要在推动检察权能司法化和检察权运行方式司法化两个方面着力,保持检察机关的中立,检察人员独立办案,确立对审听证程序。余敏、宋国强也主张对诉前程序进行司法化改革,其在《行政公益诉讼诉前程序的司法化》[4]中详细阐述了这一观点。胡婧、朱福惠在《论行政公益诉讼诉前程序之优化》[5]中对我国诉前程序的规则设计及其运行对立法逻辑的偏离进行了论述,主张应围绕立法逻辑优化和明确诉前程序的规则体系,优化检察建议的内容,调整诉前程序和诉讼程序的衔接机制。奚要武在《优化行政公益诉讼诉前程序》[6]中分析了诉前程序存在的刚性不足,证据证明标准适用不明确等问题,提出加大对诉前程序的监督力度、提升诉前检察建议质效等一系列完善措施。王炜在《检察机关提起公益诉讼的理论与实践》[7](2018年)一文中指出诉前程序存在督促建议的范围狭窄、形式单一、行政机关回复期限过短等问题,主张以多样化建议督促的方式,延长诉前程序的回复期限,建立支持起诉和督促起诉的有效对接机制等方面进行改进。王春

---

[1] 欧元捷:《检察公益诉讼诉前程序研究》,载《安徽大学学报(哲学社会科学版)》2022年第4期。

[2] 李燕林:《行政公益诉讼诉前程序的检视与完善——以检察机关干预行政事务为视角》,载《求索》2021年第1期。

[3] 王春业:《论行政公益诉讼诉前程序的改革——以适度司法化为导向》,载《当代法学》2020年第1期。

[4] 余敏、宋国强:《行政公益诉讼诉前程序的司法化》,载《人民检察》2020年第9期。

[5] 胡婧、朱福惠:《论行政公益诉讼诉前程序之优化》,载《浙江学刊》2020年第2期。

[6] 奚要武:《优化行政公益诉讼诉前程序》,载《人民检察》2019年第24期。

[7] 王炜:《检察机关提起公益诉讼的理论与实践》,载《中国青年社会科学》2018年第1期。

花在《公益诉讼诉前程序的功能定位与制度完善——以民事公益诉讼为例》[①]中对民事公益诉讼诉前程序的理论基础、功能定位等问题进行了分析,提出扩大督促、建议起诉的案件范围,建立面向全国的建议起诉机制、支持起诉与诉讼帮助相结合的完善措施。从以上观点可以看出,我国学者普遍认为公益诉讼的诉前程序制度规定相对粗放,在程序设计上不够合理,要让诉前程序发挥理想的效果,需要学者进一步研究,并且在实践中更好地落实学者的研究成果。

四、关于证明标准的研究

对公益诉讼证明标准的把握是新时代公益诉讼改革和创新必须直面的问题。为了合理掌握公益诉讼的证明标准,学者对此进行了讨论。张佳华在《刑事附带民事环境公益诉讼的经验反思与重塑》[②]中指出刑事附带民事环境公益诉讼在实践中存在证明标准模糊等问题,因此需要通过构建刑民二元性的诉讼证明标准等方式加强顶层设计。高星阁在《论刑事附带民事公益诉讼的程序实现》[③]中指出刑事附带民事公益诉讼宜采用民事诉讼的证明标准,因为刑事附带民事公益诉讼在本质上属于民事侵权之诉,采用民事诉讼中的高度盖然性标准更有利于对公共利益进行保护。张嘉军在《环境民事公益诉讼阶段性、多元化证明标准建构研究——基于私益诉讼与公益诉讼比较的视角》[④]中指出要构建多元化的环境民事公益诉讼证明标准体系。洪浩、朱良在《论检察公益诉讼的证明标准》[⑤]中指出由于检察机关提起民事公益诉讼和行政公益诉讼的目的和任务不同,因此证明标准也应有所差异,要与控辩双方的举证能力和法律技能相适应,构建多元化和多层次的证明标准体系。张熏尹也赞同构建多元化的行政公益诉讼证明标准体系,其在《多元化行政公益诉讼证明

[①] 王春花:《公益诉讼诉前程序的功能定位与制度完善——以民事公益诉讼为例》,载《东南大学学报(哲学社会科学版)》2018年第A1期。

[②] 张佳华:《刑事附带民事环境公益诉讼的经验反思与重塑》,载《学术界》2022年第6期。

[③] 高星阁:《论刑事附带民事公益诉讼的程序实现》,载《新疆社会科学》2021年第3期。

[④] 张嘉军:《环境民事公益诉讼阶段性、多元化证明标准建构研究——基于私益诉讼与公益诉讼比较的视角》,载《河北法学》2023年第11期。

[⑤] 洪浩、朱良:《论检察公益诉讼的证明标准》,载《山东社会科学》2019年第7期。

标准体系的构建》①中指出要从诉讼主体、性质、效率、目的和诉讼权利等方面综合考虑,根据案件的办理阶段和种类构建多元化的行政公益诉讼证明标准体系。张硕在《论行政公益诉讼证明标准》②中提出要综合考虑相关因素,通过格次划分技术和情景化处理技术对各类待证事实分别设定不同的证明标准。孙洪坤、翁如强在《论环境公益诉讼证明标准的认定——以"天价环境污染赔偿案"为例》③中提出要结合环境污染案件的特性,建立多元化、多样性的证明标准体系。此外,还有部分学者主张要降低环境公益诉讼的证明标准。包冰锋在《环境民事公益诉讼中初步证明的理论澄清与规则构建》④中指出在环境民事公益诉讼中,应当根据初步证明所适用对象的不同,适当降低对社会公共利益受到损害以及关联性等初步证明事项的证明标准。李声高、钭晓东在《我国海洋环境民事公益诉讼证明制度及其完善路径——证明责任分层与证明标准降格的契合》⑤中指出海洋环境民事公益诉讼中"一刀切"的证明标准没有关涉到海洋环境民事公益诉讼的诉讼主体与诉讼性质的特殊性,导致了立法和司法的脱节,影响了证明价值的实现,为了解决这一难题应当对海洋环境民事公益诉讼的证明标准进行分层降格适用。

五、对公益诉权的研究

对于公益诉权,我国学者给予密切的关注。肖峰在《论我国行政机关环境公益诉权配置的困境与优化》⑥中指出行政机关公益诉权存在请求权基础与民事诉讼程序不契合,请求权基础与诉求内容不匹配的问题,应当对行政机关环境公益诉权进行优化,依诉权分授不同部门的思路,对行政机关的国家所有

---

① 张薰尹:《多元化行政公益诉讼证明标准体系的构建》,载《人民检察》2019年第23期。
② 张硕:《论行政公益诉讼证明标准》,载《哈尔滨工业大学学报(社会科学版)》2018年第4期。
③ 孙洪坤、翁如强:《论环境公益诉讼证明标准的认定——以"天价环境污染赔偿案"为例》,载《环境保护》2016年第10期。
④ 包冰锋:《环境民事公益诉讼中初步证明的理论澄清与规则构建》,载《行政法学研究》2023年第3期。
⑤ 李声高、钭晓东:《我国海洋环境民事公益诉讼证明制度及其完善路径——证明责任分层与证明标准降格的契合》,载《学海》2022年第4期。
⑥ 肖峰:《论我国行政机关环境公益诉权配置的困境与优化》,载《中国行政管理》2021年第3期。

权、执法权、民事诉权的角色进行区分,优化其公益诉权设计。刘艺在《检察公益诉讼的诉权迷思与理论重构》①中指出检察公益诉讼的诉权存在实体化、私法化、主观化的误区,应当从正当性、客观化和实质化三个方面对检察公益诉权进行制度建构。蔡虹在《检察机关的公益诉权及其行使》②中指出在公益诉讼实践中,检察机关在行使法律监督权和诉权,以及在同行政机关共同维护公共利益时,要坚持诉权谦抑的原则,在检察机关的公益诉权和其他公益诉权的关系中,要坚持其他公益诉权优先,检察公益诉权补位的原则。李亚菲在《环境公益诉讼中的诉权分析》③中指出环境公益上的受案范围涉及诉权的客体问题,应当尽量扩大"诉的利益"的范围,实现环境公共利益的整体性保护。邓辉、张满洋在《中国环境民事公益诉讼起诉权的冲突与重置》④中指出,目前环境民事公益诉讼制度起诉权的配置会导致司法权对行政权的僭越和环境民事公益诉讼的周期迟滞,主张适度引入行政执法前置程序,取消环保社会组织和人民检察院起诉权的顺位安排。李华琪在《环境公益诉权理论及其实践展开》⑤(2022年)一书中,对我国环境公益诉权的发展方向、生成背景、构成要素,以及我国环境公益诉权的调适和保障等内容进行了详细的论述。这些研究为我们理顺公益诉权的行使提供了理论支撑。

除此之外,我国学者还对起诉主体,诉讼法中规定的"不履行法定职责"的认定,公益诉讼的起诉期限等方面进行了讨论。比如,杨雅妮在《论刑事附带民事公益诉讼的起诉主体——基于"身份"与"范围"的分析》⑥中指出应当将"法律规定的机关和有关组织"纳入起诉主体的范围。李浩在《民事公益诉讼起诉主体的变迁》⑦中梳理了我国民事公益提起者的变化,指出公益诉讼发展过程中出现的检察机关对行政机关不磋商、不起诉的应对方式不清,惩罚性赔

---

① 刘艺:《检察公益诉讼的诉权迷思与理论重构》,载《当代法学》2021年第1期。
② 蔡虹:《检察机关的公益诉权及其行使》,载《山东社会科学》2019年第7期。
③ 李亚菲:《环境公益诉讼中的诉权分析》,载《西南民族大学学报(人文社会科学版)》2019年第3期。
④ 邓辉、张满洋:《中国环境民事公益诉讼起诉权的冲突与重置》,载《江西财经大学学报》2018年第3期。
⑤ 李华琪:《环境公益诉权理论及其实践展开》,中国社会科学出版社2022年版,第131~167页。
⑥ 杨雅妮:《论刑事附带民事公益诉讼的起诉主体——基于"身份"与"范围"的分析》,载《求索》2022年第6期。
⑦ 李浩:《民事公益诉讼起诉主体的变迁》,载《江海学刊》2020年第1期。

偿金是否可以用于公益诉讼不明等新问题,呼吁通过合理的制度设计解决这些问题。周杰普、姜彩云在《环境行政公益诉讼中"不依法履行职责"之认定》[①]中指出由于法律规定不明确,在司法实践中存在对环境行政公益诉讼"不依法履行职责"的认定标准不统一,认定规制不一致,对于什么是法定职责的认识存在分歧等问题。建议通过树立权责一致理念,严格区分监管职责与管理职责的方式对"是否具有法定职责"的认定进行完善;通过明确将"是否具有履行法定职责可能"的认定纳入审查范围,科学合理地确定履职期限的方式对"是否具有履行法定职责可能"的认定进行完善;通过采用行为主义标准进行判断,将回复诉前检察建议排除在认定标准之外的方式对"是否业已履行法定职责"的认定进行完善。李明超在《论行政公益诉讼中"不履行法定职责"的认定规则》[②]中指出不履行法定职责主要包括履职程序违法或存在瑕疵、履职内容不合法、公共利益受损状态未消除三种类型,并在此基础上提出"三层次裁判结构"的审查思路。张旭勇同样对行政公益诉讼中"不履行法定职责"的问题进行了论述,其在《行政公益诉讼中"不依法履行职责"的认定》[③]中主张受职权法定、程序法定以及自然条件的限制等因素的影响,应以行为标准作为"不依法履行职责"的认定依据。施立栋在《论行政公益诉讼的起诉期限》[④]中指出起诉期限的规则具有承接前置程序和诉讼程序的重要作用,为了平衡公益保护和法秩序安定之间的关系,未来应在完善公益诉讼制度时对起诉期限作出合理的明文规定。这些学术上的研究成果为我们进一步完善公益诉讼制度提供了宝贵的理论资源。

[①] 周杰普、姜彩云:《环境行政公益诉讼中"不依法履行职责"之认定》,载《学习与探索》2023年第3期。
[②] 李明超:《论行政公益诉讼中"不履行法定职责"的认定规则》,载《社会科学战线》2020年第3期。
[③] 张旭勇:《行政公益诉讼中"不依法履行职责"的认定》,载《浙江社会科学》2020年第1期。
[④] 施立栋:《论行政公益诉讼的起诉期限》,载《浙江社会科学》2020年第1期。

第二章 环境公益诉讼的证明责任

尽管现有司法解释及规范性文件对相关证明责任的分配已做出一定的阐述,但是,在待证事实处于"真伪不明"的情况下,相关法律制度并不完善。考虑到检察机关作为法律监督机关的特殊地位,本章将主要研究检察机关提起环境民事公益诉讼的证明责任问题。

第一节 环境公益诉讼证明责任的基本理论

一、证明责任的内涵

环境公益诉讼的证明责任分配,包括下列三个要件:污染行为、损害后果以及因果关系。此外,在环境民事公益诉讼中,被告往往主张诸如第三人过错、被害人过错、不可抗力等免责事由以排除己方承担相应责任。对此,将免责与减责事由同上述证明责任分配三要件一并剖析。

学术界对于证明责任的含义通常存在三种论断:行为责任说、危险负担说和双重责任说。[1] 行为责任说主要指出了谁承担证明责任,即应当由哪一方在待证事实真伪不明的前提下对事实予以证明。《中华人民共和国民事诉讼法》第 67 条第 1 款规定的"谁主张,谁举证"原则即体现了这一说法。但遗憾的是,该说法未明确在待证事实模糊不清时由谁承担不利的后果,故存在一定缺陷。第二种学说即危险负担说或客观证明责任说,该学说起源于德国并逐

---

[1] 李浩:《民事诉讼法学》,法律出版社 2014 年版,第 133~137 页。

渐成为多国所认可的主流学说。该学说将待证事实处在真伪不明情况下一方所负担之不利诉讼后果相联系,意即负有证明责任一方在待证事实处于真伪不明时所面临的败诉风险。随着理论研究的深入,第三种学说即双重责任说逐渐在我国司法实践中得以普遍运用,该学说把证明责任分为两重含义进行理解,将行为责任说作为主观上应当由谁承担证明的责任,将危险负担说作为责任人客观上因举证不能并且事实仍旧真伪难辨时所应承担的不利后果。故而,从二者的关系来看,二者互为表里。本书亦支持第三种学说,如此,在司法实践中将两者结合起来,前者在诉讼的过程中可能发生转移,而后者不会产生变化。明确这一概念内涵,有助于法官在面对此类案件时理解原被告双方的证明责任。

二、检察机关的法律地位

针对由检察机关提起的公益诉讼,研究其作为原告应当承担的证明责任,探讨检察机关的法律地位,仍具有现实意义。

检察机关作为国家司法机关,《中华人民共和国刑事诉讼法》等相关的立法已经赋予其法律监督机关的地位、保护国家利益的职责、提起附带民事诉讼的权力以及向社会公众甚至于对方当事人调查取证的权力。对于检察机关的诉讼主体资格,也由《中华人民共和国民事诉讼法》的相关条文予以确立。结合《最高人民法院、最高人民检察院关于检察公益诉讼案件适用法律若干问题的解释》《中华人民共和国人民检察院组织法》《中华人民共和国检察官法》的规定,检察机关在公益诉讼中的地位被定义为"公益诉讼起诉人",这也意味着检察机关的诉讼权利及义务都应当遵守《中华人民共和国民事诉讼法》的相关规定,但法律以及司法解释等能够规定一定的除外情形。①

值得注意的是,在环境民事公益诉讼的证明方面,检察机关不仅拥有其他诉讼主体所欠缺的调查取证权,而且在实践经验以及专业素养方面都远优于其他的公益诉讼主体。虽然立法给予检察机关原告的地位,但对于其在环境

---

① 《最高人民法院、最高人民检察院关于检察公益诉讼案件适用法律若干问题的解释》第4条明确规定了检察机关身份的同时,对其享有的诉讼权利义务,也应当遵循相关法律,此外,明确法律及司法解释等可以设定除外情形。《中华人民共和国人民检察院组织法》第12条赋予检察机关依照法律规定提起公益诉讼,《中华人民共和国检察官法》第7条也将开展公益诉讼工作作为检察官的职责。

民事公益诉讼中所享有的权利仍存在争论,较为常见的有当事人说[1]、法律监督者说[2]、公益代表人说[3]以及双重身份说[4]。在这些学说中,本书支持将公益代表人说与法律监督者说相融合的双重身份说。首先,由于检察机关提起环境民事公益诉讼时所代表的是社会公众的环境利益,而其自身往往并非直接受害人,虽然其处于原告的诉讼地位,但是从诉讼的标的来看公益代表人说优于当事人说。其次,在检察机关承担证明责任时,除《中华人民共和国人民检察院组织法》赋予检察机关一定的调查取证权外,过去探索阶段试行的《人民检察院提起公益诉讼试点工作实施办法》也给予检察机关一定的调查核实权。可见,相关法律法规在制度构建上通过赋予一系列权力的方式明确了检察机关对公益诉讼进行监督的职责,所以法律监督者说在此同样适用。综上,看待检察机关在该类诉讼证明中的法律地位时,兼采公益代表人说与法律监督者说的双重身份说更为适宜。

三、环境公益诉讼特殊性对证明责任的影响

环境公益诉讼代表的是公共利益,其在诉讼主体、诉讼目的等方面与代表个体利益的私益诉讼存在较大差异,比较来看,环境民事公益诉讼与传统的环境民事私益诉讼具有以下区别:

(一)原告主体具有广泛性与法定性

根据《中华人民共和国民事诉讼法》的规定,凡是民事权利或民事法律关系的主体,以该权利或法律关系为诉讼标的进行诉讼时,一般都是适格当事人。[5] 可以看出环境私益诉讼在诉讼主体方面,法律并没有强制性规定。与此不同,环境民事公益诉讼的原告往往与诉讼案件没有直接的利害关系,其常常不是直接受损害人,但是为了社会长远利益而提起环境民事公益诉讼,并且其范围限于法律规定的机关和有关组织,因此,其主体具有法定以及多元的特点。

---

[1] 肖建华:《民事诉讼当事人研究》,中国政法大学出版社2002年版,第26页。
[2] 马秀梅:《从民事公诉看检察机关的法律地位》,载《检察日报》2002年11月12日第6版。
[3] 齐树洁:《我国公益诉讼主体之界定——兼论公益诉讼当事人适格之扩张》,载《河南财经政法大学学报》2013年第1期。
[4] 朱汉卿:《检察机关的行政公益诉讼原告人的资格探讨——以民事诉讼法修正案的颁布、公益诉讼的确立为契机》,载《汉江大学学报(社会科学版)》2013年第1期。
[5] 李浩:《民事诉讼法学》,法律出版社2014年版,第97页。

从原告广泛性及法定性的特点可以看出两类诉讼由于当事人存在差异,因此可能导致原被告在承担证明责任的能力方面存在差别,诉讼中证明责任的分配也会受到该因素的影响。例如最高人民法院于2019年12月26日发布的指导案例136号[(2016)吉06民初19号]吉林省白山市人民检察院诉白山市江源区卫生和计划生育局、白山市江源区中医院环境公益诉讼案中,由于白山市江源区中医院违法排放医用污水,造成周围的地下水以及土壤存在重大污染的风险,检察机关在履行诉前程序确认没有其他合法的适格主体起诉后,遂对江源区中医院提起了环境民事公益诉讼,请求判令其停止损害行为并消除不利后果。

(二)诉讼目的具有公益性

所谓"民事诉讼目的",是"立法者基于其客观需要和对民事诉讼本质属性及规律的认识,而预先设定的民事诉讼活动的理想目标"。[1] 环境民事公益诉讼的目的是保护自己在内的多数人的整体生态利益,其保护对象既包括已经受损害的环境利益,也包括使环境存在重大受损害风险的利益,具有抽象性及宏观整体性特点。环境民事私益诉讼的目的则限于调整普通的民事主体之间的环境纠纷,其范围限于保护个体经济及人身利益,具有微观个体性特点。

从公益性特点可以看出两类诉讼存在目的性差异,公益诉讼由于着眼于更加宏观的"生态整体性利益",其保护请求的提起往往较私益诉讼更为提前,故证明责任的分配规则更应当权衡双方证明能力。例如来宾市人民检察院诉博罗县加得力油料有限公司、刘尾环境污染责任纠纷案中,检察机关正是代表公共环境权益对被告提起诉讼,通过其诉讼请求能够看出检察机关不仅要求被告对已经造成的污染予以赔偿,同时对将来可能导致的后续污染也要求被告消除危险。因此,来宾市人民检察院在提交证据方面,也提交了相关部门出具的监测评估等报告,共同对被告违法堆放并转移废弃物的相关污染情况予以佐证。[2]

(三)程序上职权主义色彩浓重

环境民事公益诉讼由于参与主体的广泛以及多元等特点,在有限的司法

---

[1] 江伟:《民事诉讼法》,中国人民大学出版社2001年版,第7页。
[2] 参见(2018)桂13民初39号,http://wenshu.court.gov.cn/website/wenshu/181107ANFZ0BXSK4/index.html?docId=98c04f85100d4c7689a9a9e6003263ae,最后访问日期:2024年3月9日。

资源面前如何充分了解各方需求就显得捉襟见肘,加之环境公益诉讼对社会生态利益的整体性保护的目的,都使得司法机关的介入更有利于维护社会公共利益。鉴于此,法院拥有更大的职权,相关法律文件也予以明确。① 而对于环境私益诉讼往往是按照传统的当事人合力对抗,法官居中裁判的方式运作的,因此司法能动性较弱。

职权主义特点下法院与检察机关可以加大发挥司法能动作用,在证明环节不仅能够依职权调查取证以及采取证据保全等措施,还可以对影响案件审理并有必要鉴定的事实主动委托具有专门鉴定资质的单位或个人进行鉴定。比如汕头市人民检察院诉汕头市潮阳区谷饶耿鸿织造厂环境污染责任纠纷案中,汕头市人民检察院对于被告排污情况的取证等专业性问题,运用了公权力机关的优势,请到了广东省环境保护厅以及汕头市潮阳区环保局共同配合,完成了对污染的采样及分析,同时法院对污染情况的部分待证事实予以主动确认并推动案件审理进程,也是其发挥司法能动性的表现。② 由于司法机关在取证等环节具有较为突出的优势,因此,对于环境民事公益诉讼而言,除了更能保护社会整体的环境利益外,在证明责任分配方面也应当权衡被告方的证明能力,以期做到合理分配。

(四)当事人处分权利具有限制性

环境民事公益诉讼中,追求的往往是多数人的环境权益,除了对被告反诉权作出禁止性规定,对于原告的撤诉甚至于当事人双方达成的调解协议,法院都会对其内容依职权进行审查,以维护公共利益。而环境私益诉讼采取自由处分原则,即当事人在不违背法律法规的强制性规定以及社会公序良俗的前提下,原则上可以自由处分自己的权利,而法院往往被动性裁判。

处分权限制是由于环境公益诉讼涉及多数人的利益,如果采取私益诉讼那样的权利处分原则,可能会导致公共利益由于控辩双方的交易而荡然无存。这一点在案件证明方面有利于运用司法的力量监督原告积极履行证明责任,从而维护社会环境整体性利益。例如内蒙古自治区呼和浩特市人民检察院诉

---

① 参见最高人民法院、民政部以及环保部共同发布的《关于贯彻实施环境民事公益诉讼的通知》,其赋予法院对公益诉讼取证鉴定等协助的权能。

② 参见(2018)粤 51 民初 127 号,https://www.itslaw.com/detail?judgementId=ec49861d-6ce8-4f78-8939-ae4ccf54f1a2&area=0&index=1&sortType=1&count=1&conditions=searchWord%2B,最后访问日期:2023 年 12 月 4 日。

内蒙古阜丰生物科技有限公司大气污染民事公益诉讼案中,检察机关申请撤诉,法院在审查原告诉求基本实现并且撤诉对环境公益无碍的前提下作出准予撤诉的裁决。根据相关数据显示,2023年全国检察机关共立案办理公益诉讼案件189885件,提起公益诉讼案件共12579件,可见检察机关通过诉前程序解决的案件数占总量的大多数。[①] 高比例的调解率要求法院除了对检察机关在《检察日报》上刊登公告的真实性予以查明,还应当要求检察机关对调解协议的真实性以及调解后消除环境污染的可能性等因素予以充分的证据证明,在追求案结事了的同时充分考虑环境公共利益。

第二节 >>>
检察机关证明难的原因分析

一、检察机关证明难之体现

检察机关在环境民事公益诉讼的证明过程中存在诸多困境,下面将从检察机关参与环境民事公益诉讼的典型案例入手,分析检察机关在环境民事公益诉讼证明过程中的疑难症结。

(一)基本案情[②]

2010年上半年至2014年9月期间,被告人许×惠及许×仙夫妇于江苏省常州市一农村租用他人厂房,在没有取得任何行政许可及经营证件的前提下,私自从事废树脂桶以及废油桶的清洗业务。根据公安机关的调查笔录可知其至少清洗废桶24万个。根据专家评估,清洗过程中产生的废水至少约500吨,上述废水未经任何处理直接排放到厂房附近无防渗漏设施的污水沉淀池中。洗桶产生的废渣也被随意丢弃在污水池周边,对当地环境造成了严重的破坏。至2014年9月,公安机关在厂房附近查获大量未清洗的废桶,并在附近水体及土壤中检测出多种致害重金属及有机物(如苯系物等危险废物)

[①] 最高人民检察院:《2023年全国检察机关共提起公益诉讼12579件》,https://mp.weixin.qq.com/s/fx8OgyLNxCOJe1mn8mfslw,最后访问日期:2024年4月13日。

[②] 参见(2015)常环公民初字第1号民事判决书,http://www.spp.gov.cn/jczdal/201701/t20170104_177552.shtml,最后访问日期:2024年3月8日。

的成分,在对二人追究刑事责任后,两被告并未妥善处理污染源。由于现场的废桶、废渣以及污水池中的污水、污泥等依然存在,并且污水仍不断渗透进地表污染土壤与地下水,检察机关鉴于此对二被告提起环境民事公益诉讼。

检察机关提出了三项诉讼请求:清理现场遗留的废物、恢复受损害土壤、按虚拟治理成本的倍数缴纳罚金作为环境修复基金。诉讼过程中常州市检察院为支持己方主张,除对《中华人民共和国民法典》第七编侵权责任以及《中华人民共和国民事诉讼法》等相关法律法规予以释明外,对于有争议的事实提供了专业机构出具的检测报告与技术报告、公安机关出具的讯问笔录、现场拍摄的照片等材料以及申请专家辅助人提出专门意见等,且对被告的污染行为、污染后果以及二者之间的因果关系进行佐证。通过上述证据材料证明被告实施了污染环境的行为,当地污染后果是被告造成的以及污染行为与污染结果间存在因果联系,从而形成完整的证据链条。

对方当事人也提出了质证意见,包括主张其洗桶行为不属于严重危害环境的行为;洗桶排放的废水未达到检察机关所主张的危险程度;洗桶行为与污染后果之间并不存在显著的因果关系等;对检察机关所主张的污染行为认定、损害后果、因果关系、虚拟成本的计算方式以及原告主体资格等主张一一反驳。

法院通过比对双方所提交的证据以及质证意见,将案情的争议焦点大致归纳为五项:常州市检察院是否具备原告资格、两被告是否实施了排放污水的行为、被告对土壤地下水以及周边环境的污染后果和范围、被告洗桶行为与上述损害后果之间是否存在因果关系、环境修复费用的计算问题。值得注意的是,在本案上述五项争议焦点中,囊括了证明责任分配三要件:污染行为、损害后果及因果关系。此外,被告通过提出周边企业亦存在污染行为的质疑而主张己方免责的诉讼事由,也涉及了《中华人民共和国民法典》免责与减责事由中利用"第三人过错"的抗辩。对此,宜将免责与减责事由同上述证明责任分配三要件一并剖析。

最终法院经过审理,基本支持常州市检察院的诉讼主张,裁判如下:(1)两被告在判决生效之日起15日内委托有专门资质的单位对上述污染予以清理并且消除继续污染的风险。(2)两被告委托专门单位制订土壤修复方案,在相关部门审核通过的前提下限期予以实施。(3)两被告在判决生效后30日内赔偿环境损失150万元至公益基金专用账户中。案件受理费亦由两被告共同负担。

作为全国首例检察机关在全国人大常委会授权下提起的环境民事公益诉讼,本案在围绕侵权责任构成要件开展调查等方面无疑具有多重示范性作用。[①] 通过分析此案的争议点会发现,其不仅包含了证明责任分配三要件,还结合了检察机关承担证明责任时应当证明到何种程度的问题,其蕴含的证明责任分配以及证明标准相关理论值得我们深入探讨。本案的典型意义不言而喻,后文将以本案的争议焦点为切入点,结合证明责任与证明标准等具体问题逐一展开。

(二)案件焦点:检察机关证明责任之困

第一,污染行为的证明责任。公共环境利益损害行为包括已造成的损害及可能发生的损害,因而公益诉讼的提起也应当具有预防性的特点。有学者将其称为事前防范,侵权行为包括造成损害的危险,其属于可诉范围。[②] 在典型案例中检察机关主要围绕已造成的损害范围进行论证,被告否认其存在排放废水的行为,并围绕污染物以及排放量等问题展开抗辩。

公益诉讼人主张被告在没有处理废水资质的前提下从事洗桶业务,清洗超过24万个旧桶并向周围排放约500吨废水。对此,被告否认其存在对外排放过污水的行为,并主张其通过将废水引入两个沉淀池后再利用的方式,实现了对水的循环使用,属于清洁生产的行为。

检察机关为了完成其初步证明责任,提供了有检验资质的单位出具的检验报告、危险物质及有毒物质的认定表等材料证明两被告的洗桶行为确实使周围环境遍布有毒物质;委托常州环科公司出具技术报告证明洗桶行为已排放至少500吨废水;举出常州市公安局对相关人员的讯问与询问笔录,证实被告方组织洗桶的数量共计不少于24万个。被告未提交相关材料对其主张予以证实。鉴于此,法院认为常州市检察院主张的被告排污行为具有法律依据,即常州市检察院已经完成了初步证明责任,其提交的证据达到了《中华人民共和国民事诉讼法》中的高度盖然性标准。两被告主张己方未排放废水的行为缺少客观依据予以证明,其洗桶行为对环境产生恶劣影响,排污程度采用常州

---

① 参见《中华人民共和国人民检察院第八批指导性案例》(检例第28号),http://www.spp.gov.cn/jczdal/201701/t20170104_177552.shtml,最后访问日期:2023年8月28日。

② 傅贤国:《环境民事公益诉讼证明责任分配研究》,载《甘肃政法学院学报》2015年第3期。

市检察院提出的方式计算。本案对被告造成损害的危险方面在污染行为的主张上不甚明显,这也折射出在现实中很多类似案件对环境造成危险的污染行为难以发现,即使发现此类行为也难以完成初步的举证,导致检察机关往往错过最佳诉讼时机。

第二,损害后果的证明责任。由于损害环境公益的行为方式多种多样,如大气污染、深层土壤污染等,具有长期性及隐蔽性的特点,与前述行为相对应,对于危害的预防,有学者提出了用"危害结果"代替"损害结果"的说法,更能实现维护环境公共利益的目的。[①] 本案即属于对危害结果提起诉讼的典型案例,常州市检察院不仅对被告洗桶导致的土壤、地下水以及周围环境的损害结果起诉,还对上述污染存在长期损害地下水与土壤乃至周边环境的危险提交了证据。

常州市检察院为完成其对于被告洗桶产生污染后果的初步证明责任,提交了18张现场照片证明被告排放了大量的废水废渣;委托环科公司做出的技术报告证明被告对当地土壤、地下水以及周边环境造成的具体损害后果。为了证明被告的排污事实存在长期损害的危险,常州市检察院结合检测结果予以说明:对于比较明确的地下水遭受污染的事实,通过比对发现地下水与地表水的污染物成分基本一致,说明地下水的污染是由废水池内的污水下渗所致,并存在长期扩散的特点;对于地下的土壤污染,由于种种原因没有取样检验,但是常州市检察院通过证明位于土壤下部的地下水已然遭受污染,污染物必然穿过土壤渗透下来,以此论证土壤遭受了污染,若不清理,污染势必会持续扩大;对于周围环境的污染,常州市检察院除了指出被告排放的大量废水势必影响周边环境,还具体说明洗桶厂旁的宋剑湖水域在流动过程中将受到被告排污行为的影响。综合以上污染隐患,常州市检察院还提出环境的自我净化以及自我修复能力有限性的说法,证明两被告造成的土壤污染很难降解,地下水通过不断流动使得污染还将长期扩散,污水池内废水的不断渗透也将继续对周围环境造成污染。另外,专家辅助人也通过一系列论证,支持了评估报告中对土壤遭受污染论证的科学性。被告质证意见提出的检测指标不合格、土壤污染推理不成立以及技术报告证明效力存疑等主张由于缺乏相应证据予以证明而未被法院采纳。

通过对法院认定部分的解读,原告的主张获得法院的支持,被告造成环境

---

① 宋宗宇:《环境民事责任研究》,重庆大学出版社2005年版,第110页。

损害及损害危险的后果得以确认。对于较难证明的"危险后果"方面，常州市检察院做到了检测数据、专家意见以及科学说理的结合，最终完成了己方的初步证明责任，对被告洗桶造成的环境损害危险的证明，大致达到了高度盖然性标准。从以上能够看出，检察机关想要将损害危险后果证明到《中华人民共和国民事诉讼法》中的高度盖然性程度还是存在较大难度的，如果法院将损害危险后果的初步证明标准定位过高，可能导致检察机关起诉滞后等消极后果。

第三，因果关系的证明责任。典型案例中常州市检察院证明的难点即因果关系，其中对于被告行为与环境损害危险后果的因果关系证明责任成为核心争议点。虽然相关法律并未对环境公益诉讼中因果关系证明责任作进一步明确，但是《中华人民共和国民事诉讼法》《中华人民共和国水污染防治法》等法律确立的环境侵权的原则可适用于此，相关司法解释对检察机关提交的因果关系证明材料要求达到初步证明标准，也是考虑到检察机关相比于一般的诉讼主体具有较强取证能力等优势而作出的规定。那么，所谓的初步证明责任需要达到何种标准才算完成？这也是一个现实的难题。结合法律中的高度盖然性标准，初步证明责任的完成是否也应当符合高度盖然性标准？有观点认为，环境损害具有长期性以及因果关系复杂性等特征，若将因果关系完全交给原告来承担，势必会对原告起诉的积极性造成沉重打击。[①] 带着上述问题并结合案情，对该案涉及的因果关系初步证明责任中两种难以证明的情形——多因一果的认定问题以及对潜在因果关系的证明问题展开论述。

首先，在典型案例中存在多因一果的认定问题。被告主张洗桶厂周围存在很多污染企业，这些企业的排污行为也能够造成土壤及地下水的污染，因此拒绝承担相应责任。尽管《中华人民共和国民法典》等法律对多因一果的行为有所规制，若被告的行为共同导致了污染的发生，则应当承担相应责任，并且如果被告的污染达到了单独可以造成全部污染后果的程度，则可以主张其承担全部（连带）责任。检察机关针对这些情形，是否完成初步证明责任势必对案情进展造成影响。本案中常州市检察院为了完成相应的证明责任，通过提交污染物浓度范围表及相关机构出具的检测报告等，说明污染区域检测出的化学元素等与被告洗桶行为产生的污染物一致，这就说明被告方应当承担洗

---

① 吕忠梅：《超越与保守：可持续发展视野下的环境法创新》，法律出版社2003年版，第418页。

桶行为导致的相应后果。在认定其是否应当承担全部(连带)责任方面,除了相关机构的检测报告外,通过常州市检察院委托的专家辅助人出具的意见,不仅证明被告清洗旧桶产生的污染物与地下水检测出的超标物质成分一致,而且证明了污染现场周边都是机械厂等非化工企业,这就阻断了被告提出的第三方造成污染的可能性。以上便是常州市检察院针对多因一果等情形进行的初步证明,由于被告并未提供相应的证据证明与其他企业共同造成水土污染,因而法院支持了常州市检察院的主张,认定该区域内地下水等污染物与洗桶行为产生化学物质完全对应,其他非化工企业的生产行为不可能造成相应化学物质的全系列超标,被告行为单独导致了污染的发生,判定行为与结果具备因果关系。

其次,典型案例中的潜在损害因果关系也是证明时的一大难点。与即时损害相对应,潜在损害指的是损害结果经历较长时间才会逐渐发生或凸显出来,例如"癌症村"的形成过程。也正因为如此,由于其形成需经历日积月累,导致了潜在损害中因果关系要素呈现出彼此关联性较弱、证据采集难度较大以及极难证明等特点。该案中常州市检察院针对两被告遗留在现场的废水、废渣等污染物存在继续渗漏进而影响地下水及土壤的可能性提出的诉讼请求,即需要对潜在损害的因果关系进行证明。对于被告行为是否对周边环境、地下水、土壤等造成潜在危险,常州市检察院通过委托相关机构以及专家辅助人出具报告证实了周边环境以及地下水等取样检测结果与洗桶行业产生的污染物成分相吻合,具备因果关系。对于土壤的污染物,检察机关由于条件限制未提供相关材料,但通过上述两组数据说明了污水下渗必然与被告的洗桶行为相关而完成了初步证明,最终法院支持了该诉讼主张。综上,常州市检察院完成了因果关系的初步的证明责任,法院对其意见予以采纳。常州市检察院对被告行为造成地下水、土壤以及周边环境污染的因果关系大致符合《中华人民共和国民事诉讼法》中对于高度盖然性的要求,基本完成了原告的因果关系初步证明责任。而两被告在承担后续因果关系时未提供相应证据,则应当承担举证不利的后果,因此法院认定因果关系存在。不过本案属于个案,如若在其他环境下,检察机关难以完成初步证明责任,则需要一个更为普适的初步证明责任认定标准,帮助检察机关保护环境公共利益的同时还能够防止法官权力滥用。

二、检察机关证明难之原因

(一)证明责任规则存在争议

第一,法官对证明责任分配理解存在偏差。前文所述案件的争议点涉及证明责任分配中的行为、后果、因果关系以及免责与减责事由等四个方面。证明责任的适用难在一定程度上可以归结为法官对其概念的理解存在偏差,这也导致一些环境民事公益诉讼案件出现同案不同判的现象。证明责任分配包含两个层面:一方面,按照法律法规既有的规定划分出原被告之间所应承担的证明责任,当待证法律事实处于真伪不明时,一方当事人主张的事实不能为法院所适用而承担的不利法律后果。另一方面,体现在证明责任分配的主观层面,即随着环境民事公益诉讼的审判过程不断推进,相关证据的证明责任在各方当事人之间不断地发生转移。对于检察机关提起的环境民事公益诉讼而言,证明责任分配的客观层面较之主观层面更为重要。因为法律法规规定较为明确的证明责任分配规则不仅对败诉风险由谁承担具有决定性作用,更是直接关系到检察机关与民事被告方在诉讼中所处的地位以及双方所受到的法庭待遇。正如罗森贝克所言,引导法官在重要事实的真实性无法确认的情况下而作出案件的判决,此即证明责任规范的本质与价值所在。[①]

第二,法官对适用证明责任制度理解存在偏差。法院审判遵循"以事实为依据,以法律为准绳"的基本原则,而当待证事实处于真伪不明的状态时,如何对证明责任进行分配便显得至关重要。如意大利诉讼法学家基奥文达所述,在民事诉讼中,由于分配正义原则和当事人平等原则的要求,证明责任必须在原告和被告之间进行分配。[②] 这也直接体现了民事诉讼中证明责任分配的复杂性。检察机关在损害行为以及损害结果的证明方面负担较重,对因果关系的证明方面归责原则尚不明晰,并且在个案中的分配规则适用混乱。

结合此类环境民事公益诉讼中适用较为频繁的举证责任制度即倒置制度的运用,主要存在两方面问题:首先,由于缺乏法律的明确规定,法官在审理案件中对证明责任分配往往会采用"自由心证"原则,可能出现权力滥用的现象。并且,环境民事公益诉讼作为近几年才逐渐兴起的"舶来品",很多制度是直接

[①] [德]莱奥·罗森贝克:《证明责任论》,庄敬华译,中国法制出版社2002年版,第2~3页。

[②] 胡东海:《民事证明责任分配的实质性原则》,载《中国法学》2016年第4期。

照搬外国的,此类诉讼的证明责任在国外存在危险领域说、表见证明说以及大致推定说等学说,由于所处的政治经济环境不同,司法机关以及诉讼参与人在理解上很难对应到我国国情。其次,由于种种原因,举证责任倒置的规定适用面并不广。通过有关学者对裁判文书的整理分析,司法实践中"倒置"的适用情形只占到49.4%。① 因此需要对相关的制度加以完善。

从概念上看,举证责任倒置,即对待证事实的因果关系方面存在争议时,"谁主张,对方举证"。由于目前《中华人民共和国民法典》《中华人民共和国民事诉讼法》等法律对环境民事公益诉讼证明责任分配的规定尚不完善,而环境公益诉讼在司法实务中采用的是前述法律中的无过错责任原则,对污染行为及污染事实等采用的是初步证明责任。在缺少现有专门立法的前提下,除《中华人民共和国民法典》规定外,《中华人民共和国固体废物污染防治法》《中华人民共和国水污染防治法》等单行法律,以及《最高人民法院关于审理环境侵权责任纠纷案件适用法律若干问题的解释》等司法解释规定的环境污染侵权适用的举证责任倒置制度对此类诉讼具有一定的指导意义。通过法条理解,被告若想证明自己未污染环境,需要对环境损害的因果关系不存在承担证明责任,而原告需要对环境损害行为及损害后果承担证明责任。除此之外,在因果关系的证明上,原告还需要做充分准备应对被告主张的因果关系不存在的抗辩。由此可见,举证责任倒置背景下原告并非高枕无忧,其还应当对因果关系的证明做准备。同理,环境民事公益诉讼中,检察机关也应当对因果关系提供初步证据。有学者认为机械性地适用完全倒置理论,将因果关系的证明责任完全推给被告承担,会加剧证明规则适用时的混乱性。② 因此,环境民事公益诉讼中的证明责任倒置并非完全"倒置"给被告。

(二)证明标准适用存在争议

第一,初步证明责任的判断标准不明确。所谓初步证明责任,即原告需要对其主张的某些事实承担一定"量"的证明责任,在原告完成初步证明责任后,

---

① 吕忠梅、张忠民、熊晓青:《中国环境司法现状调查——以千份环境裁判文书为样本》,载《法学》2011年第4期。

② 行军安、李婧:《环境民事公益诉讼证明责任倒置规则探讨》,载《中国律师》2016年第10期。

后续的证明义务交由被告方承担。① 这种模式来源于对《中华人民共和国民法典》等法律法规的长期实践,虽然采取绝对的举证责任倒置制度在很大程度上考虑到了处于弱势地位的原告的证明能力,以降低其败诉率,但是适用这种"一边倒"的证明方式难免因个案差异有违公平原则。因而,这种在环境侵权无过错框架下建立的"初步证明"模式不仅减轻了原告的举证责任,同时还兼顾公平原则,在证明因果关系方面要求原告适当地承担一部分。在该类诉讼中,如《最高人民法院关于适用〈中华人民共和国民事诉讼法〉的解释》第284条第3款以及相关司法解释与实施办法等,通过专门条款将检察机关提起环境民事公益诉讼时提交的环境损害行为、事实以及因果关系分别作了规定,其中的因果关系初步证明责任无疑是重中之重。

如前文所述,检察机关对初步因果关系的证明完成与否,对环境公益诉讼影响甚巨。② 因而,上述法律规范中提及的"初步证明材料"规定值得深究。那么,在相关法律规定模糊的前提下证明因果关系的初步证明材料大致为何,检察机关举出的证据究竟达到何种程度才算完成对案件初步的证明? 对此,相关司法解释也缺乏明确界定。例如《最高人民法院、最高人民检察院关于检察公益诉讼案件适用法律若干问题的解释》要求检察机关起诉时要提供初步证明材料,但是,这也仅仅是起诉时的立案标准,在诉讼庭审中检察机关要达到多因一果的高度盖然性证明标准,从而说服法官,这对检察机关来说证明难度较大。③

第二,高度盖然性标准的适用不明确。环境民事公益诉讼归根到底属于《中华人民共和国民事诉讼法》调整的范畴,根据《中华人民共和国民事诉讼法》对证明程度的要求,负有证明义务一方应当将事实证明到"高度盖然性"的程度才更能够使法官信服,这便涉及对民事诉讼证明标准的研究。《中华人民共和国民事诉讼法》将证明标准分为高度盖然性及较高盖然性等,高度盖然性要求达到使法官从内心形成事实非常有可能发生的认识程度,而较高盖然性只要求达到事实可能如此的程度。换言之,较高盖然性仅要求证明到法官形

---

① 郭颂彬、刘显鹏:《危害型环境公益诉讼证明责任分配探析》,载《大连海事大学学报》2017年第6期。
② 包冰锋:《环境民事公益诉讼中初步证明的理论澄清与规则构建》,载《行政法学研究》2023年第3期。
③ 樊华中:《检查公益诉讼的调查核实权研究——基于目的主义视角》,载《中国政法大学学报》2019年第3期。

成事实存在的可能性大于不存在的可能性程度即可。① 证明标准是证明制度的核心和灵魂,同时也是还原案件客观真实的样板,可见其对于证明责任的影响重大。②

根据外国学者著名的"刻度盘理论",将证明的可能性分类,达到90%～100%为刑事诉讼法排除合理怀疑的程度,80%～90%为高度可能性,50%～80%为较高可能性,低于50%为基本不可能。国内亦有学者赞成此观点,将上述百分比解释为当事人证明待证事实实际存在的最低程度。③ 例如,某待证事实达到了70%的证明程度,该程度低于高度盖然性所需要的80%,因此可以认定该事实仅证明到了较高可能性的标准。明确这一理论,有助于司法实践中对盖然性标准予以量化,方便法官掌握。

高度盖然性标准受主观因素影响较大,有学者指出由于证明标准在适用方面因个案特殊性而各不相同,很难通过一个外在的法规作出规范,实际上需要依靠法官根据原则与良心具体问题具体把握。④ 尽管对于一般主体而言,鉴于其证明能力有限,对因果关系的证明应否适用高度盖然性标准,学界仍存在较大争议,但是检察机关由于人力、物力、经验以及地位等优势,对于待证行为、事实等要素,要求其承担高度盖然性标准的证明责任并无不当,在对因果关系初步证明材料进一步细化后,对于法院要求检察机关提交的证明材料也应当符合高度盖然性的标准。本案虽为个案,亦反映出了主审法官对于盖然性标准的灵活适用。在环境民事公益诉讼的司法实践中,常常面临着检察机关因其提供证据的证明标准不达标而被法院驳回部分诉讼请求的情形,抑或是部分证据不被法院采纳的情形。对于上述情形,可否适用变通的盖然性标准问题,值得商榷。鉴于此,有必要结合证明责任规则体系的健全部分对盖然性的证明标准予以细化。

(三)证明责任相关配套制度存在缺失

第一,检察机关诉讼监督制度尚不完善。检察机关作为法律监督机关,宪法已赋予其监督权,但是在该类诉讼中其监督权的适用状况不佳。首先,对于

---

① 李浩:《民事诉讼法学》,法律出版社2014年版,第235页。
② 裴苍龄:《论证明标准》,载《法学研究》2010年第3期。
③ 孙洪坤、翁如强:《论环境公益诉讼证明标准的认定——以"天价环境污染赔偿案"为例》,载《环境保护》2016年第10期。
④ 张卫平:《证明标准建构的乌托邦》,载《法学研究》2003年第4期。

法院的调查取证缺乏监督权。《最高人民法院关于审理环境民事公益诉讼案件适用法律若干问题的解释》第11条赋予法院在一些情形下主动调查取证的权力,尽管该项权力产生的初衷是支持法院参与到环境民事公共利益的保护中来,并且相对模糊的规定给予法院一定的自由裁量权,但是在积极性欠缺的背景下很难保障法院的有效参与。对此,相关司法解释也未赋予检察机关对法院的调查取证进行监督的权力。因此证明责任之困也体现在了检察机关的监督权方面,其原因亦包括法律文件欠缺明确性,对此后文将予以详细阐释。

其次,对污染的监督开始较晚。《中华人民共和国民事诉讼法》第58条第2款对检察机关的起诉权作了规定,例如要求检察机关在起诉时提交相关公益组织等不具备起诉能力或是不起诉的证据等。在收集到的法院作出的由检察机关提起的环境公益诉讼判决书中都有"当地无具备相关资质的公益组织"等说明,这也符合法律法规的规定,体现了司法机关对于民事权利的尊重。对于上述条文在此做如下理解:首先是从检察机关的角色定位考虑,有学者认为检察机关在环境公益诉讼中行使监督权及控诉权会出现其既是法律监督者又是当事人的角色混淆。[①] 值得肯定的是,相关司法解释已将检察机关定位为"公益诉讼起诉人",这也在很大程度上扭转了检察机关在诉讼时地位不明的尴尬局面。尽管在其承担证明责任时是否仍具备上述身份存在疑问,但让其享有普通原告的证明权限更为有利于环境公共利益的维护。其次是当事人及公益组织相较于检察机关更清楚损害事实,法律需要通过设置前置程序保障二者的诉权,以体现公权对私权的尊重。虽然前述理由的出发点是好的,但是由于前置程序的限制,检察机关行使监督权,介入调查取证相对较晚,可能造成证据的灭失,从而导致检察机关举证困难。

最后,由于缺乏相关法律对检察机关的起诉行为进行监督,在缺乏制度督促的前提下检察机关会滋生不作为现象,在一些不易取证的案件中容易出现选择性起诉的情形,其消极不作为也不利于案件证据的还原。因此,对于如何克服上述检察机关诉讼监督制度的不足,下文将进行详细讨论。

第二,部门间缺乏证据联动制度。由于检察机关的业务范围更多集中于刑侦方面,对于环境污染的取证并不见长,其环境检测等职权也不及一些专门的行政机关。公安机关有侦查讯问、扣押违法物品以及采取行政强制措施的权力,环保部门等行政部门具备更为专业的环境监测设备及人员,但现实中这

[①] 龙宗智:《中国法语境中的检察官客观义务》,载《法学研究》2009年第4期。

些部门往往各司其职,在环境公益诉讼案件中与检察机关间缺乏必要的证据共享,联动性较差。本案中公安机关以及环保部门等行政机关无疑对污染行为的证明起到了很大作用。为打通举证各环节,更好地发挥行政机关在取证方面的专业性优势,是否可以将本案中多部门间通过有效联动,最终使证据有效衔接的行为予以推广适用。

第三,专家与鉴定人制度有待完善。本案中常州市检察院在对被告环境损害事实以及因果关系的证明过程中,专家辅助人的意见对于强化其诉讼主张的可信度帮助甚大。但同时笔者发现诉讼中对鉴定机构的运用情况并不理想,由于专家与鉴定人均有证明案件事实并推动诉讼顺利进行的作用,因此一并展开论述。通过对案件的分析,可大致将该类制度存在的缺陷归为三点:首先,二者中立性存在瑕疵。这也是因为二者往往由当事人一方聘请出庭说明待证事实,"受人之托"的情况下会偏向雇主,影响证明的公正性;其次,高昂的"出场费"使得鉴定意见在诉讼中的运用并不普遍,本案中未出现鉴定人可能也是由于鉴定费承担的问题;最后,鉴定意见的法律效力欠佳,专家辅助人意见的效力已经得到法律确认,[①]但鉴定意见"无此待遇",这也是导致鉴定意见在公益诉讼中适用率偏低的又一原因。上述原因在一定程度上阻碍了环境民事公益诉讼举证环节的顺利进行。

第三节
检察机关证明责任的域外立法经验与借鉴

他山之石,可以攻玉。放眼国外,无论是理论上还是立法上乃至司法实践中,一些国家的先进经验都有值得借鉴之处,因此在相关法律还未完善的前提下可以进一步深入探究两大法系典型国家公益诉讼的证明责任经验,以期更好地促进我国相关制度完善。

一、美国检察机关证明责任的相关立法与实践

美国"私人检察长"在进行环境民事公益诉讼时,其证明责任的承担方式

---

① 参见《最高人民法院、最高人民检察院关于检察公益诉讼案件适用法律若干问题的解释》第15条,该条文明确规定专家证人的意见经过法庭质证后能够作为认定案件事实的根据。

值得我国检察机关借鉴。在原告资格中比较有代表性的"卢汉案"中，对于私人检察总长所要证明的事实损害的规定还是比较宽泛的，并且在因果关系的证明层面，要求原告提供证据证明损害行为和损害结果满足"实质可能性"即可，这就契合了美国普遍采用的因果关系推定说。由于美国是判例法国家，并没有统一的标准对举证责任的分配进行界定，权衡个案的影响因素不同往往需要具体问题具体分析。进行证明责任分配时主要考虑高度盖然性、政策考量以及实质公平三个影响因素，其中最重要的还是实质公平因素。鉴于环境民事公益诉讼的"公益性"特点以及被告相对于私人检察总长的优势，将因果关系证明的主要责任交于被告来承担吻合了实质公平的考量因素。比较有代表性的立法是《密歇根州环境保护法》第 3 条的规定：原告只需要提供所掌握的表面证据证明被告的行为已经对水、空气、土壤等自然资源造成了损害，抑或是可能导致这些自然资源受到污染，就完成了自己的证明责任，更深层次的因果关系证明责任交由被告承担，被告若否认自己的污染行为，就必须提供反证证明自己未采取抑或不可能采取该污染行为，或者没有其他方法替代而必须采取上述的行为，并且自己的行为还必须符合保护公共环境利益免遭污染的要求。① 通过对该法条的解读能够看出，作为环境直接破坏人的被告对污染情况更为了解，法律出于实质公平的考虑，只要求原告证明被告已然或者可能造成污染后果即可，对因果关系的证明责任则交由被告方承担。② 我国《中华人民共和国民事诉讼法》中的举证责任推定与之类似，被告若提供证据证明自己的行为与损害结果无因果关系，从而排除自己是污染人的可能性后，因果关系的证明责任就要转由原告承担。综上，美国的环境公益诉讼在因果关系证明方面通过加重被告证明责任，减轻原告证明责任，倒逼污染者减少自己的污染行为从而维护公共环境利益。以美国为代表的英美法系国家在证明责任方面不拘泥于单一学说，控辩双方证明责任的承担往往因个案的区别而有所不同，但是这些综合多重因素考量后分配的证明责任理论与实践对我国的此类研究将大有益处。③

---

① 刘冰、董萍萍：《关于民事举证责任分配原则的研究》，载《学习与研究》2005 年第 4 期。

② 王胜男：《环境民事公益诉讼证明责任研究》，西南政法大学 2016 年硕士学位论文。

③ 王以真：《英美刑事证据法中的证明责任问题》，载《中国法学》1991 年第 4 期。

二、德国检察机关证明责任的相关立法与实践

德国通过《民事诉讼法》的相关规定将检察机关纳入了环境民事公益诉讼的原告范围,即检察机关有权依照"社会公益"原则的要求对已出现或将要出现的损害,追究环境污染者的民事责任。[①] 检察机关在承担证明责任时,较多地依据《环境保护法》确立的因果关系推定说,同时参照规范要件说的内容。

德国的证明责任分配理论较为成熟,其长期以来坚持的是罗森贝克的规范要件说,即把公益诉讼双方的举证分为发生规范以及对立规范,也就是原告对自己所主张的损害公益行为的发生事实予以举证,被告则对前述事实的妨碍或消灭事实予以佐证。考虑到环境民事公益诉讼的特殊性,并且从环境公共利益保护的角度出发,德国在《环境责任法》[②]中确定了因果关系推定说,原告方只需要指出公益侵害人存在公益损害的设备、对公共环境利益已经造成损害以及该设备具有造成环境破坏的可能性即可,完成上述的证明责任,因果关系即推定存在。证明责任转移至被告方后,除非被告方提出相反事实证明该因果关系不存在,否则法官可推定被告行为与公益损害后果间存在因果关系。可以看出,德国通过立法形式确定的因果关系推定理论融合了"危险责任"的思想,明确因果关系认定标准以及形成完整的配套制度体系,这对我国在检察机关对环境污染举证方面正处于完善阶段的立法起到很好的示范作用。[③]

随着对德国公益诉讼理论研究的深入,逐渐产生了许多新的学说,比如危险领域说更加注重实质公平,通过论证前述规范要件说中对原告举证责任要件的规定,事实上加重了原告证明负担,原告往往不具有证明三大规范要件的能力,因而对规范要件说的公平性足以产生怀疑。危险领域说在证明责任分配上注重的是证据的距离以及当事人获取证据的难易程度,由于公共环境利益的加害人往往是环境损害的知情者并且掌握更多信息,从公平的角度来看将证明责任更多地分配给被告方更加合理。此观点与环境民事公益诉讼适用

---

① 张旭东:《环境民事公私益诉讼并行审理的困境与出路》,载《中国法学》2018年第5期。
② 德国《环境责任法》第6条第1款规定:"根据特定案件之状况,如果某设备可以引起相应之损害,应推定损害是由该设备造成的。"
③ 晋海、周龙:《德国环境责任法因果关系推定制度及对我国环境立法的启示》,载《东南学术》2014年第2期。

的背景极为相似,环境公共利益的侵害者往往掌握"一手资料",其对于环境损害的知情度以及获取证据的能力明显优于原告。因此,该学说对我国的环境民事公益诉讼举证责任的公平分配有着一定参考意义。但是该学说对证明责任的分配又显得过于模糊,往往不能运用到个案中。有学者指出该学说除了缺乏确定力外,也很难界定危险领域的空间范围,鉴于此,危险领域说不宜作为独立的裁判标准。① 因此,该学说在实践中仍有待完善。表见证明说则更加注重法官的自由心证,即法官通过经验法则与间接经验对待证事实形成内心的确信,从而相信一方当事人的主张,对方当事人若想使法官因怀疑提出反证,则必须论证事实的发生存在其他可能性。② 表见证明说突出的是主观证明责任,因此不会使证明责任方承担完全的不利后果。盖然性说属于对规范要件说的全面批判,该学说更注重通过盖然性的高低来分配证明责任,同时也融合了生活常识以及一些数计理论,当待证事实真伪不明时法院往往取信盖然性更高的主张,除非当事人提出反证。该理论也将正义作为衡量因素之一。但是,该学说同样具有模糊性,有学者指出这种证明责任分配模式缺乏稳定性,由于盖然性的大小认定因个案而不同,难以保证法院判决的统一性。③

总的看来,规范性说对我国的环境民事公益诉讼证明责任分配借鉴意义较大,在做到立法的明确性的同时,可以考虑在个案中引入危险领域说追求判决的实质公平,表见证明说对于我国环境民事公益诉讼中法官能动作用的发挥具有借鉴意义,而盖然性说由于其自身模糊性的缺点对我国司法实践的借鉴意义不大。

三、日本检察机关证明责任的相关立法与实践

由于近些年水俣病、重金属中毒等人为灾害层出不穷,日本俨然成为一个环境公害大国,在环境民事公益诉讼的长期实践中,该国形成了较为完备的证明责任分配体系。

受德国法律规范说等多种学说的影响,除了在《日本民法典》中规定了一般的环境公害受害方的举证责任外,随着实践的发展,无过错责任原则的适用

---

① [德]汉斯·普维庭:《现代证明责任问题》,吴越译,法律出版社2006年版,第308页。
② 毕玉谦:《民事证明责任研究》,法律出版社2007年版,第383页。
③ [德]汉斯·普维庭:《现代证明责任问题》,吴越译,法律出版社2006年版,第274页。

范围也逐渐拓展,大致推定说、优势证据说以及利益衡量说等学说百花齐放。大致推定说是指在环境公益诉讼中,当控辩双方力量出现不平衡时,赋予法官根据经验法则推断环境损害行为与结果的因果关系大致存在的裁量权,有些类似于德国法学界中的表见证明理论,赋予法官一定的变通权。[①] 被告在这种推定下需要提供证据证明因果关系不存在,否则可能承担诉讼上的不利后果。通常在环境民事公益诉讼实践中,原告只需证明加害方的环境污染事实达到了没有加害行为就没有损害后果的程度,形成初步的证据链,即完成己方的证明责任。大致推定说减轻了原告的证明负担,对控辩双方因果关系证明责任进行了大致合理的分配,该学说也成为日本环境民事公益诉讼的主流学说。但法官据以推论的经验法则存在一定的主观性,对于法官的自由裁量权容易滥用的情形也受到一些争议。优势证据说由加藤教授借鉴美国的环境公益诉讼优秀经验得出,他认为环境公益诉讼的证明责任分配不必按照严苛的科学划分,只要加害人与受害人一方提供的证据优于另一方即可。[②] 此种观点使得证明责任的分担具有更多不确定性,虽然对一方当事人证明责任的要求降低,但是在受害一方处于证据劣势的情形下不利于公共环境利益的救济。利益衡量说吸收了德国危险领域说的优势,首先通过制定法详细规范证明责任分担,在制定法缺乏规定的前提下,法官通过权衡控辩双方取得证据的难易程度、证据距离,以及经济状况等因素合理分配双方的证明责任。该学说对证明责任分配更加突出实质正义的因素,通过对多种因素的综合考虑追求个案正义。当然,其也暴露出了因法官拥有过多裁量权所导致的司法不确定性。

总之,由于环境民事公益诉讼中普遍存在的控辩双方信息持有、证据获取能力、专业知识水平等因素的不对称性,尽管日本将大致推定说作为通说,但是司法实践中为了实现实质的公平正义以及对公共环境利益的维护等目的,往往兼采其他几种学说。

四、域外经验启示

通过对比两大法系对于环境民事公益诉讼证明责任的分配,以美国为代表的英美法系国家更加注重判例的作用,责任分配时更多地考虑个案相关利

---

① [日]谷口安平:《程序的正义和诉讼》,王亚新、刘荣军译,中国政法大学出版社2002年版,第75页。

② 杨素娟:《论环境侵权诉讼中的因果关系推定》,载《法学评论》2003年第4期。

益因素,因此在规范性立法方面稍有欠缺,从而存在司法的不确定性及法官滥用裁量权的隐患,但是从美国的私人检察总长制度能够看出,其对于降低原告证明标准门槛以及发挥法院在维护公共环境利益的司法能动性作用等方面具有积极意义。大陆法系证明责任分配的法律规范说尽管存在一些瑕疵,但是相较于其他学说,法律规范说保证了法律的可预见性,在司法实践中可操作性强,更适合我国检察机关作为"公益诉讼人"的司法实际。我国可以借鉴日本的立法模式,当法律规范说存在不足时以其他学说作为补充,保障控辩双方的平等对抗,适当发挥法院的能动作用,权衡检察机关作为原告时的力量对比,从实质正义的角度保证环境民事公益诉讼证明责任合理分配。无论是英美法系还是大陆法系,对于检察机关在公益诉讼中的证明责任分配上很难看到某一学说独霸天下的状况。代之,以某一学说为主要代表,出于个案差异的考虑兼采其他学说已成为一种趋势。正如学者所言,各学说的融合并非按照一定比例进行,而是确定某一学说为通说,在特殊情况下对多种学说取长补短以实现公益诉讼的目的。[①] 可见,对上述国家优秀实践经验加以归纳总结,进而结合我国具体国情吸收借鉴,具有很强的现实意义。

第四节
检察机关证明责任的制度完善

完善相关证明责任制度,应先明确现有立法、规范性文件以及司法实践中存在的问题,对症下药。由于环境公益诉讼目的、功能等方面不同于环境私益诉讼,因此需要对其分类讨论:在法律位阶上,尽管相关司法解释对检察机关承担公益诉讼证明责任分配有一定的探索,但未上升到法律层面;在证明标准上,现有司法解释规范到了"初步证明"的程度,却未具体细化,导致实践中标准不一,司法缺乏明确性;在配套制度上,检察机关在承担证明责任时举步维艰,对此亟须完善。

[①] 毕玉谦:《民事证明责任研究》,法律出版社2007年版,第243页。

一、健全证明责任规则体系

(一)污染行为证明的规则完善

根据《中华人民共和国民事诉讼法》举证责任分配的一般原则"谁主张,谁举证",检察机关需要对被告实施违法行为承担证明责任,这一点在学术界争议不大。区别于一般的民事诉讼,检察机关提起的环境民事公益诉讼具有预防性的特点,即为了维护环境公共利益,在污染结果出现"征兆"时,检察机关进行诉讼,并通过专业技术对被告的侵权行为进行调查举证符合法律法规的规定。但在诉讼中以下几点值得注意:

首先,环境污染行为的认定本身具有较强的专业性,加之环境损害的隐蔽性等特点,势必对检察机关的证明造成一定程度上的困难。应对这种情形,本章案例中的常州市检察院先后通过专业机构出具的检验报告、相关机构的鉴定意见以及公安机关的讯问笔录等证据支持了己方的主张。对此,加强多部门间的联动制度以及完善相关鉴定制度的重要性便不言而喻。

其次,对于被告采取相对隐蔽的方式处理废物的行为,如本案中被告倾倒废水废渣的行为已结束,导致的"现行"难抓局面,应当考虑被告对证据的掌握程度以及检察机关取证的难易程度,对取证确有困难的情形引入"结果不法"说,即只要求被告的污染行为造成了一定危害后果,即可根据实际危害推定出被告存在污染行为。[①] 例如湖北省人民检察院汉江分院诉利川市五洲牧业有限责任公司民事公益诉讼案中,检察机关为了举证五洲牧业公司的侵权行为仍在持续,便运用到了"结果不法"说的理论,即结合当地的地质条件,对周围污水的污染成分进行分析,从而得出被告公司违法排污行为已经对周围造成现实损害并且周围水质的恶化仍处于持续状态的结论。[②] 简而言之,适度地运用"结果不法"有利于认定损害行为和减轻检察机关的证明负担,更好地维护环境公共利益。

最后,借鉴美国的相关司法实践,对个案予以分类讨论。本章案例中检察机关对于被告排污行为的论证可以分为两类:一类是已然造成污染的行为,另

[①] 胡学军:《环境侵权中的因果关系及其证明问题评析》,载《中国法学》2013年第5期。

[②] 最高人民检察院民事行政检察厅:《检察机关提起公益诉讼实践与探索》,中国检察出版社2018年版,第325页。

一类是仍在持续扩大损害的行为。对于第一类被告已然污染了地下水及周边环境的行为,检察机关提供了较为充足的证据;对第二类被告先前的洗桶行为在停止后仍然对地下水及土壤造成持续性破坏,常州市检察院的证据就略显单薄,这也反映出了检察机关对被告危害行为的证明难度较大这一现状。因此,法官应当发挥自由裁量权的作用,结合具体案情对两类行为的证明标准予以区别对待。对第一类取证较为容易的行为,要求检察机关达到高度盖然性的证明标准才可认定其完成了初步证明责任。而对第二类可能造成危险的行为,可以参考美国的因果关系推定标准,检察机关只要证明被告行为具有"实质可能性"的危险程度即可完成其初步证明责任,在证明标准方面达到"较高盖然性"即可。需要注意的是,此类情形应当慎用低标准,否则容易造成实质不公。

(二)损害后果证明的规则完善

对于环境污染后果方面的证明责任,支持适用法律的一般性规定,由原告承担证明责任。但就损害危险而言,出于环境公益诉讼的目的,检察机关对于公共利益损害事实的证明,亦会存在前述行为证明方面所遇到的困难,即对于未发生的损害事实需要证明其危险性的存在。有学者提出对于尚未发生的损害,如若原告能够在危险事实尚处于摇篮期时,证明其对公共利益存在安全隐患,便可以达到公益诉讼防患于未然的目的。[1] 检察机关在损害未发生的情形下进行举证的难度较大,这也成为检察机关出于败诉考虑而消极起诉抑或是滞后性起诉等现象的诱发原因。对于以上难题,在此提出两个方面意见予以参考。

首先,通过完善相关证明辅助制度,更多地吸纳专家、鉴定人参与案件事实证明。有学者指出,对公益诉讼原告由于自身专业知识水平等原因难以对危险事实举证时,法院可以允许其申请鉴定人与专家辅助人等诉讼请求,并为诉讼顺利进行提供便利。[2] 本章案例中常州市检察院的做法具有一定借鉴意义,即提供专家辅助人以及有相关鉴定资质的机构出具的意见报告,这些证据在佐证被告产生的废水、废渣对土壤的影响还将持续扩大这一危险事实有着

---

[1] 张艳蕊:《民事公益诉讼制度研究——兼论民事诉讼技能的扩大》,北京大学出版社 2007 年版,第 154 页。

[2] 田海鑫:《论环境民事公益诉讼证明责任之分配》,载《民事程序法研究》2013 年第 2 期。

重大的作用。同为此类诉讼的陕西省西安市人民检察院与刘×强、随×攀土壤污染责任纠纷环境民事公益诉讼一案中,检察院即申请了专家辅助人黄某等,对被告造成土壤污染物超标的相关数据进行佐证,协助检察院完成了对被告损害事实的举证责任,对同类案件具有一定示范作用。[①] 对此,建议法院可拓宽渠道,允许更多的掌握专门知识的人出庭证明案情,给予检察机关更多的财政拨款用于其聘请相关机构与相关人员,共同将专家证人制度落到实处。

其次,借鉴外国相关经验,适当降低证明标准。上文的专家辅助人以及鉴定机构的引入能起到一定的辅助作用,但是,面对存在安全隐患且尚未发生的损害事实,由于科学水平的制约,现有技术有时也难以证明危险事实的客观存在。[②] 此时,尽管《最高人民法院关于适用〈中华人民共和国民事诉讼法〉的解释》规定了原告的初步证明责任,但是缺乏一定的证明标准,实际运用上效果欠佳并且容易给被告以抗辩的理由。可参照美国《密歇根州环境保护法》的做法,检察机关只需要证明被告可能造成了污染该地区环境的后果,余下的证明责任则交由被告承担,这里可以对被告的证明程度采取更高的要求,即被告的行为不得与保护环境的初衷背道而驰。同时,德国的危险领域理论以及日本的大致推定理论也意在降低原告的证明标准,维护环境公共利益,在完善检察机关对损害后果的初步证明责任时可视案件情况予以采纳。

(三)因果关系证明的规则完善

由于立法上对环境公益诉讼因果关系证明责任仍未明确,实务中常常会依据环境侵权方面的单行法适用举证责任倒置制度。但是,通过一定时间的司法实践,尤其是前文所述检察机关参与诉讼时,基于其特殊地位、调查取证权以及出色的取证能力等因素,原被告间的取证实力对比正在发生转变,一般公益诉讼原告"举证难"的状况也在一定程度上消失,因而,有必要对检察机关因果关系的证明规则予以重新解读。

首先,需要对举证责任倒置规则进行重新认识。前述提及法院在处理相关环境诉讼时并非经常适用举证责任倒置规则,其主要原因可以归为三类:第

---

① 参见(2017)陕71民初4号,https://www.itslaw.com/detail?judgementId=7e6b3db-cc7a-4edd-80b3-921b80a746d0&area=1&index=1&sortType=1&count=1&conditions=searchWord%2B,最后访问日期:2024年3月8日。

② 刘英明:《环境侵权证明责任倒置合理性论证》,载《北方法学》2010年第4期。

一,举证责任倒置规则在司法实践中,很大程度上规避了法官对案件的自由裁量。① 在待证事实处于真伪不明的情况下,正需要法官运用自由心证原则居中裁判,判断出优势证据从而对案件作出裁判。但是举证责任倒置规则直接让被告方承担证明责任,使法官对案件的参与程度降低,从而影响案件的客观审理。第二,举证责任倒置规则使被告承担沉重的证明责任,要自证其不承担或减轻承担民事责任,同时因果关系不存在也难以证明,被告的败诉风险陡然增加,在相对"强势"的检察机关面前有些无能为力,从根本上说这与民法上的公平原则相违背。第三,适用《中华人民共和国民事诉讼法》中的"高度盖然性"证明标准也使被告难以承受,在本就难以证明的因果关系方面仍要求被告达到高度盖然性标准无异于雪上加霜。

此外,一些学者对于举证责任倒置规则的适用呈批判态度,通常"举证责任倒置"规则仅解决因果关系证明责任主体的问题,对于应该证明到何种程度为止并未明确。② 有关证明标准的问题值得研究,将在后文证明标准中予以讨论。也有学者将因果关系倒置的适用情形根据具体案件予以细分,例如根据过错程度,在原告提供证据证明被告有过失的情形下才可适用举证责任倒置。③ 还有学者进一步指出,在举证责任分配问题上,由过去"一刀切"的简单做法改以案件类型为主要依据,综合考量各种情况以及证明难度,从而确定举证责任是否存在倒置或是减轻的必要。④ 对于学者将因果关系的证明责任由个案切入具体问题具体分析的方法,笔者在此持赞同态度。法官视具体案情及控辩双方证明能力,对因果关系进行再划分也符合法律追求实质公平的要求。从诉讼公平性的视角看,由于检察机关在证明责任中的种种优势,考虑到当事人地位平等以及风险平等,从保障被告的正当性利益角度出发,传统的环境民事公益诉讼中的举证责任倒置规则也不宜继续适用。⑤ 有学者进一步指

---

① 徐淑琳、冷罗生:《反思环境公益诉讼中的举证责任倒置——以法定原告资格为视角》,载《中国地质大学学报(社会科学版)》2015年第1期。
② 张颖、曾罡吉:《环境公益诉讼的举证责任分配规则》,载《文史博览(理论)》2016年第10期。
③ 郑世保:《环境民事诉讼举证责任分配之重构》,载《求索》2008年第7期。
④ 王秀卫:《我国环境民事公益诉讼举证责任分配的反思与重构》,载《法学评论》2019年第2期。
⑤ 徐淑琳、冷罗生:《反思环境公益诉讼中的举证责任倒置——以法定原告资格为视角》,载《中国地质大学学报(社会科学版)》2015年第1期。

出,由于公益诉讼缺乏相关的证明责任立法,传统的环境侵权诉讼救济的仅仅是部分人的"环境私益",因此,在环境公益诉讼中继续适用倒置规则明显不合时宜。① 从上述理论看,在检察机关提起的环境民事公益诉讼中,适用传统的举证责任倒置存在诸多弊端,需要结合因果关系推定理论综合考虑。

其次,从因果关系的推定概念看,因果关系推定指原告要对被告污染行为与污染结果承担基础的举证责任,在证明到一定标准时可以推定因果关系存在,同时被告可提出反证证明因果关系不存在。② 以对因果关系推定说进行解析可以看出,相较于传统的举证责任倒置说其有以下不同:一是,原告需要提供一定的证据证明因果关系存在后,再由被告证明其不存在,这就在一定程度上实现了程序上的公平正义,从而让原告也需要承担部分证明责任。二是,因果关系推定说提出了原告对因果关系的证明需要达到一定的标准,具体操作由法官视案件情况自由裁量。三是,因果推定说使被告的证明责任有所降低,依照推定的方法降低了被告的因果关系证明难度。从美国等相关国家的司法实践看,运用因果关系推定说已成为趋势,因此,引进因果关系推定说似乎具有实际意义。

对比以上说法,本书更倾向于举证责任倒置规则,但此处是指修正的"倒置"。原因如下:第一,我国相关司法解释等已经确立检察机关对因果关系需要承担初步证明责任,尽管"初步"的标准还未确定,但是这也给了法官一定的自由裁量权,借鉴美国的判例法实践,法官能够根据具体案情分配证明责任。第二,在新的倒置规则下检察机关仍应当承担因果关系的证明责任,"初步"的证明责任规定即说明了这一点,并且初步的证明责任也可采用较高的认定标准,这也体现了公益诉讼中追求实质的公平。第三,检察机关在完成初步证明责任后也并非高枕无忧,在被告提供充足证据完成对于因果关系不存在的证明后,检察机关仍需要准备反驳对方的理由。第四,在检察机关完成相应的证明责任后,由被告承担标准较高的证明责任有利于环境公共利益的维护。上文提及的美国等相关国家的"私人检察官"制度的适用背景也是考虑到了公民作为原告时证明能力的有限性等特点,而我国检察机关则与之不同,无论是举

---

① 张式军、田捷:《环境公益诉讼基本概念、范围的界定与原告类型的设定》,载《生态文明与环境资源法——2009年全国环境资源法学研讨会论文集》,2009年版。
② 薄晓波:《倒置与推定:对我国环境污染侵权中因果关系证明方法的反思》,载《中国地质大学学报(社会科学版)》2014年第6期。

证能力还是取证经验方面都很大程度上强于作为诉讼主体的个人,在此背景下让检察机关先承担部分证明责任也是出于公平性的考量。第五,结合证明责任分配的其他要件来看,在立案阶段检察机关就需要提供被告环境损害行为与环境损害后果的证据,法官在此基础上结合专业知识判断两者之间是否存在关联性。若二者没有关联性法官即可作出驳回原告诉讼请求的决定。若二者存在关联性,则此后的法庭审理阶段法官再根据原告提供的因果关系初步证明材料,判断其与环境污染行为以及事实之间能否形成相对完整的证据链。若二者之间关系紧密,再要求被告承担因果关系的证明责任,这种做法具备较强的可操作性同时也兼顾了诉讼的公平。

综上所述,法官恰当分配检察机关的初步证明责任以及证明标准更符合我国国情。例如,铜仁市人民检察院与贵州玉屏湘盛化工有限公司土壤污染责任纠纷案中,检察机关通过对被告排放重金属的污染行为以及周边土壤中检测到的有害物质与被告排放废弃物具有同源性的特点完成了对案件因果关系的初步证明责任,后续对不存在因果关系的证明责任即倒置给被告承担。[①] 最高人民法院于 2019 年 12 月 26 日发布的指导案例 135 号江苏省徐州市人民检察院诉苏州其安工艺品有限公司环境民事公益诉讼案也对上述观点进行了正面回应,在该案中检察机关对被告运输硫酸废液行为以及被告丢弃硫酸桶并造成土壤污染的事实之间存在因果关系进行了初步证明,由于被告不能在后续的诉讼活动中证明其行为与损害后果不存在因果关系,法官据此认定原告主张的污染事实成立。接下来,对"初步"证据的证明标准进行解读与进一步细化便成为完善举证责任倒置规则的关键,下文将予以阐释。

二、完善证明标准的相关制度

(一)明确初步证明标准

根据相关法律规定,检察机关在环境民事公益诉讼中对证明要素提供的证据要符合初步证明的标准。依据举证责任倒置制度的相关规定,检察机关提交的证据需要被法庭初步采信,之后被告可以提出反证推翻检察机关所主张的事实。但法庭是否支持检察机关的诉讼主张,很大程度上取决于其对初

---

① 参见(2016)黔 03 民初 520 号,https://www.itslaw.com/detail？judgementId=3bfe2c57-aedb-4aa2-951a-c4a7bb13300f&area=1&index=1&sortType=1&count=1&conditions=searchWord%2B,最后访问日期:2024 年 3 月 8 日。

步证明材料的认定标准。可见,初步证明责任完成与否与证明责任的承担结果乃至案件的最终审理结果有着密切的联系。① 通过上述对证明责任的展开分析以及本案对证明标准的适用问题能够看出,由于相关法律及司法解释对于初步证明标准尚缺乏统一的规定,导致证明责任在适用时出现一定的困境。

通过对检察机关在取证能力、法律地位以及专业水平等优势进行归纳,对于一般的污染行为以及结果较为明朗的案件,可以将初步证明责任的标准适当提高。同时,也要考虑到检察机关的取证难度、证据距离远近以及污染的隐蔽性等因素,对一些损害环境的危险行为以及潜在因果关系等特殊情况,适当降低检察机关的初步证明标准。通过适当变通的做法灵活运用初步证明标准有助于维护公共利益,更好地实现诉讼中的实质公平。例如,在吉林省吉林市人民检察院与吉林市双嘉环保能源利用有限公司、吉林市洪郡运输有限公司固体废物污染责任纠纷案中,检察机关对于被告非法处理飞灰螯合物造成周边环境损害的事实进行证明;② 在山东省烟台市人民检察院与王×殿、马×凯环境污染责任纠纷案中,检察机关对被告化工厂的酸洗池导致的土壤污染后果以及地下水污染处置费用的估算等进行证明;③ 在湖北省江陵县人民检察院与钟祥市丰登化工厂土壤污染责任纠纷案中,检察机关对被告化工厂周围农田污染不存在免责事由进行证明时,只达到了较高可能性的证明程度即完成初步的证明责任。④ 上述案例中能够看出,受案法院综合上述多重因素,适当降低了检察机关证明的盖然性标准,从而支持了其诉讼主张。

(二)变通适用盖然性证明标准

通过案例中常州市检察院对被告污染进行举证能够看出,在被告污染的

---

① 叶锋:《新司法解释视域下环境侵权责任因果关系的反思与重构——以120份民事判决书为分析样本》,载《法律适用》2016年第4期。

② 参见(2017)吉02民初32号,http://wenshu.court.gov.cn/content/content? DocID=1b9b554a-8810-4dbb-a0ee-a7b4009af394&KeyWord=2017%E5%90%8902%E6%B0%91%E5%88%9D32%E5%8F%B7,最后访问日期:2024年3月8日。

③ 参见(2017)鲁06民初8号,http://wenshu.court.gov.cn/content/content? DocID=85210109-1c07-4b3e-a390-a7af008aeb54&KeyWord=2017%E9%B2%8106%E6%B0%91%E5%88%9D8%E5%8F%B7,最后访问日期:2024年3月8日。

④ 参见(2017)鄂1024民初58号,http://wenshu.court.gov.cn/content/content? DocID=ee187d49-55a6-492c-bee1-a7e4012df1a3&KeyWord=%EF%BC%882017%EF%BC%89%E9%84%821024%E6%B0%91%E5%88%9D58%E5%8F%B7,最后访问日期:2024年3月8日。

行为与事实方面,都存在潜伏性的污染,常州市检察院尽管采纳了专家辅助人的意见,利用相关机构对污水池以下受到污染等情况的一些论证,以及法院的检验报告等证据强化己方主张,但仍然难以达到高度盖然性的证明标准。例如对于该案中 500 吨不知去向的废水对周边流域的可能造成重大破坏的案情,虽然在周边河流中未提取到有害物质(与河水流动性相关)的情况下,但是检察机关通过证明被告污水池与河流相距较近以及污水易于扩散等事实,使法庭采纳了其意见。由此看来,检察机关对上述案情的证明程度勉强达到较高盖然性标准,证据即被采纳。这其中的缘由,除了与被告未提供相反证据有关外,法院变通适用《中华人民共和国民事诉讼法》中盖然性标准也是原因之一。

法院的相对变通性做法也契合了大陆法系国家的大致推定理论或表见证明理论,在检察机关证明到一定程度时法官运用经验法则对其证明标准予以判断,当然,允许对方提出反证。以上实践虽引入了因果关系推定的理论,但由于我国司法解释中对"初步"证明责任的规定正好弥补了举证责任倒置的适用困境,给予法官更多的自由裁量权,法官可以根据经验法则进行演绎推理,视具体案情适当降低检察机关的证据盖然性标准。

通过对相关案例以及学说的分析,应建议完善证明标准,即采用变通的盖然性学说。具体而言,由于检察机关的种种优势,出于公平原则的考虑,面对被告环境损害行为以及事实采取高度盖然性的标准,损害事实与行为包括已经造成的损害以及尚未发生的危险。对于一些确实难以取证的损害危险以及危险行为时,可慎用法官的自由裁量权适当降低检察机关证明标准。关于因果关系的适用,此处应分类讨论:对于已经发生环境损害因果关系的证明仍应当适用高度盖然性的标准;对于还未造成实际损害的环境危险因果关系的证明,法官应考虑实际情况谨慎适用较高盖然性标准,这就需要法官灵活运用自由心证原则,根据经验法则判断检察机关证明的难易程度,遵循环境公益诉讼目的,在检察机关由于现有技术难以企及等特殊原因难以证明时,转而采取较高的盖然性标准。在判断较高盖然性方面,可以参照以下标准:将较高的盖然性理解为很大的可能性,即根据大众的一般经验就能够判断行为与结果之间存在因果关系。[①] 符合上述几项要求的,法院即可认定检察机关完成初步证明责任,初步判断被告行为、结果以及因果关系存在。

---

① 杨立新:《侵权责任法》,北京大学出版社 2014 年版,第 332 页。

三、完善相关配套制度

完善相应的配套制度,主要从以下三个方面入手:通过对相关法规的重新规制以及限缩性解释,更好地应对检察机关监督制度的不完善;通过加强部门间的证据联动制度,解决检察机关证据收集难的困境;通过对专家与鉴定人制度予以完善,帮助检察机关更好地履行保护环境公共利益的职责。

第一,健全检察机关诉讼监督制度。检察机关在公益诉讼中缺乏监督权以及相关法律对自身的监督。由于检察机关提起公益诉讼的前提是缺乏公益组织或是机关提起诉讼,在环境公益诉讼损害的长期性、隐蔽性等特点的影响下,较晚介入可能会使证据收集更为艰难,这也使得检察机关法律监督者的权力不能有效发挥。而证据收集的效果直接影响公益诉讼的成败,在证据无法有效收集的前提下检察机关出于败诉风险的考虑,其提起诉讼的积极性会大打折扣,并且检察机关对公益诉讼被告的选择上"挑肥拣瘦"的现象也会进一步加剧,而目前对这一现象又缺乏相关制度予以制约。对于上述难题,有学者建议将检察机关的取证机制予以完善,对于具体的取证标准进一步细化,在不违背法律法规的强制性规定的前提下针对个案赋予其一定的查封、扣押等具有强制性的权力。[①] 在此基础上,建议相关法规赋予检察机关提前收集证据的权力,这样方便检察机关在经过前置程序后的起诉阶段可以拿出"一手资料",更好地履行法律监督者的职责。有学者将民事诉讼法与行政诉讼法进行比较后发现立法者在确定检察机关提起民事诉讼时使用"可以"的措辞,而提出检察建议时使用"应当"的措辞,可见检察机关对行政机关提出检察建议等措施,不仅是行使监督的权利,更是一种义务和责任,不能轻易放弃。[②] 因此,可以借鉴行政诉讼法的相关规定对检察机关"可以"起诉的条款通过司法解释予以限缩,通过法律法规的监督,更多地强调检察机关对环境公共利益进行维护的义务,遏制其消极怠诉或选择性起诉的势头,同时通过对相关制度予以完善,允许检察机关提前对环境损害进行取证,以保证诉讼的顺利进行。

第二,加强部门间证据联动制度。通过对典型案例的分析,常州市检察院

---

① 王炜:《检察机关提起公益诉讼的理论与实践》,载《中国青年社会科学》2018年第1期。

② 沈岿:《检察机关在行政公益诉讼中的请求权和政治责任》,载《中国法律评论》2017年第5期。

在证明被告排放废水行为时出示了公安机关的讯问笔录,这在很大程度上帮助了其完成对两被告污染行为的证明。行政部门对于案件的侦破有着丰富的经验,并且与检察机关的业务活动联系紧密,这也为加强二者在取证方面进行合作打下了坚实的基础。公安部门具有调查取证权,其在扣押违法物品及保护现场等方面具有重大作用,并且环保部门及公安机关在收集证据方面拥有更专业的设备和专业素质的人员。检察机关由于其法律监督者的职责限定,在诉讼中往往表现得消极被动,而行政机关由于其行政权力,在行政执法过程中更加积极主动。结合二者的最后一道防线以及第一道防线的特征,在环境侵害分散性的背景下更需要二者加强合作。[①] 例如福建省泉州市人民检察院与市国土局联合签订的《关于联合开展督促收取矿山生态环境恢复治理保证金专项活动的通知》便是加强部门间联动制度的成功尝试。再例如,抚州市人民检察院与时×、黄×生环境污染责任纠纷案的审理过程也是一次成功的尝试。该案中,公安机关出具的询问、勘验、检查以及辨认笔录等,以及环境规划部门提供的《环境损害评估报告》等材料对还原案件事实有着非常积极的作用,同时也体现了加强部门间的证据联动制度的重要性。[②] 因此,检察机关在提起环境公益诉讼中应当与相关行政机关加强配合,打通证据衔接之路。比如内蒙古自治区呼和浩特市人民检察院诉内蒙古阜丰生物科技有限公司大气污染民事公益诉讼案。[③] 检察机关在办案过程中,面对大气污染类民事公益诉讼案件证据固定难、损害评估难以及修复治理难等问题,在提起民事公益诉讼的同时,向呼和浩特市环保局也发出了行政诉前检察建议,通过双方共同发力,解决了民事公益诉讼不能实现的目标(如停产、限产),制止了恶臭气体的排放,最终提前实现诉讼目的,检察机关撤诉。本案中行政机关的介入不仅维护了公共利益,也降低了诉讼成本,节约了公共资源。

[①] 梅宏:《由新〈民事诉讼法〉第 55 条反思检察机关公益诉讼的法律保障》,载《中国海洋大学学报(社会科学版)》2013 年第 2 期。

[②] 参见(2017)赣 10 民初 142 号,https://www.itslaw.com/detail? judgementId=4aed0908-7f96-451c-96e9-b7210b4483da&area=1&index=1&sortType=1&count=2&conditions=searchWord%2B%E6%97%B6%E5%86%9B%2B1%2B%E6%97%B6%E5%86%9B&conditions=searchWord%2B%E9%BB%84%E4%BB%BB%E7%94%9F%2B1%2B%E9%BB%84%E4%BB%BB%E7%94%9F,最后访问日期:2023 年 11 月 20 日。

[③] 最高人民检察院:《最高检通报公益诉讼检察工作暨"保障千家万户舌尖上的安全"专项监督活动情况》,https://www.spp.gov.cn/spp/zgrmjcyxwfbh/zgjqmtjgyssjcgz/index.shtml,最后访问日期:2024 年 2 月 17 日。

第三,完善专家与鉴定人制度。首先,建立鉴定人委员会,在诉讼需要时随机抽取,并且规定其只对法官负责而非直接面对当事人,在鉴定费用方面由败诉的一方承担,切断鉴定人与当事人的利益关系,从而在保持鉴定人公正性的基础上解决鉴定费用难题。① 这个举措有利于维护鉴定人的中立性以及解决鉴定费用的负担问题,在专家证人制度的司法实践方面也同样适用。其次,鉴定意见的法律效力问题需要通过今后的立法予以增强,对此可以借鉴专家证人制度在司法解释中的相关规定。人民法院也需积极借鉴英美法系中的专家证人制度,规范当事人委托专家辅助人的方式,探索拓宽专家辅助人职责,最大限度地发挥专家辅助人的制度功能。② 最后,法院应充分履行司法解释所赋予其参与调查取证的职权,从环境公共利益的角度出发,在检察机关因特殊原因未聘请专家辅助人及鉴定人的情况下,为还原案件事实,法院在一定条件下可帮助检察机关聘请相关人员出庭。

---

① 杜建勋、王永祥:《我国环境民事公益诉讼中证据收集制度研究——以证据收集方法为视角》,载《西部法学评论》2016年第5期。
② 江必新:《中国环境公益诉讼的实践发展及制度完善》,载《法律适用》2019年第1期。

第三章
预防性环境公益诉讼

第一节 预防性环境公益诉讼概述

一、预防性环境公益诉讼的意义

环境公益诉讼的目的不仅仅是挽回环境危害行为带来的损失,更应该在消除潜在的环境危害的风险上,及早预防以避免环境损害结果的发生。具言之,即使尚未发生损害结果也能启动环境公益诉讼,出现损害结果并不是提起公益诉讼的必要条件。只要能够提出证据初步证明存在危害社会公共环境利益的可能性,达到法律规定的"重大环境风险"程度,便可向法院提出要求被告方承担责任的请求。如此一来,能够更好地维护国家公共利益,维持社会秩序,将违法侵害行为扼杀在初始状态。这种预防功能在环境公益诉讼中尤为重要。环境破坏带来的危害具有难以恢复的特点,因此,当环境侵害行为尚未出现或者还未完全发生时,相关主体有权提起公益诉讼,进行环境维权,及时有效地防止出现重大的环境污染事件,达到环境危险预防的目的。

最高人民法院发布的关于公益诉讼的司法解释中规定,可以针对"具有损害社会环境公共利益重大风险的"行为,向人民法院提起诉讼。该类诉讼活动即预防性环境公益诉讼。司法解释中还规定了预防性环境侵权责任:"为防止生态环境损害的发生和扩大,原告有权向人民法院提出要求被告停止侵害、排除妨碍、消除危险的请求。"与事后补救型的恢复性责任不同,预防性公益诉讼体现了保护优先、预防为主的原则,可以避免环境损害的重大风险,更好地维护环境公共利益。

二、预防性环境公益诉讼的特征

预防性环境公益诉讼与事后救济性环境公益诉讼相比,其核心区别在于实施救济的时间点不同。尽管当前我国的环境公益诉讼制度、法律条文及司法解释均着重强调其预防性特点,但在实际操作中,事后救济的原则依然占据主导地位。预防性环境公益诉讼的突出之处在于其预防性责任的承担。一旦环境公共利益面临严重威胁或已受损,原告为阻止损害发生或遏制其进一步加剧,可发起此类诉讼,要求被告采取必要的预防或制止措施,承担起相应的预防性责任。这样的诉讼方式不仅体现了法律对环境保护的前瞻性,也符合当前环境保护的迫切需求。

第一,预防性环境公益诉讼的初衷在于救济社会公共环境利益,这是公共利益的体现。"法律不是为了创造利益,而是为了确认和维护新出现的利益,最终通过设定权利和义务来实现对社会的控制。"[①]随着环境危机的日益严重,环境公益作为一种新型利益逐渐显现。预防性环境公益并非针对个体私利的保护,而是致力于维护个体私益得以存在的公共平台——生态公益,在面临损害或潜在风险时的安全与稳定。

第二,预防性环境公益诉讼主要解决的是环境侵害和生态损害问题,其核心目的在于维护社会公共环境及生态利益。这一诉讼形式主要涉及公法领域,其法律依据涵盖了《中华人民共和国环境保护法》等多元法律体系。

第三,预防性环境公益诉讼的适用条件比普通诉讼更为严苛。普通诉讼的提起往往以实际损害的发生为前提,而预防性环境公益诉讼的启动则不以损害的实际发生为必要条件。因此,其所涉及的利益面更为广泛,判断标准也更为多元,这就要求在责任的承担和诉讼的提起上更加谨慎。特别是预防性责任的承担,必须慎之又慎,不能轻易提出。在决策过程中,必须全面考虑污染情况、污染标准、利益衡量以及社会容忍度等关键因素。此外,由于预防性环境公益诉讼旨在防止损害即将发生或扩大,其保护的迫切性更为突出,涉及的利益范围更广,利益冲突也更为激烈,因此责任承担的机会成本和经济成本也相应提高。这进一步强调了在适用预防性环境公益诉讼时需保持高度谨慎。

---

① [美]罗斯科·庞德:《法理学》,廖德宇译,法律出版社2007年版,第246页。

第四,预防性环境公益诉讼的效果显著,它有助于维护社会公共环境利益,保护生态环境免受损害威胁,或防止损害后果进一步恶化。相较于普通环境公益诉讼,预防性环境公益诉讼在生态保护方面的作用更为突出,更为全面,更贴合环境治理的初衷。预防优于治理的理念在应对环境风险时更为适用。

第五,预防性环境公益诉讼具有鲜明的公益性特征,其诉讼利益应归属于社会公众,任何私人或组织均无权独占。这一特性确保了预防性环境公益诉讼的公正性和社会责任感。

三、预防性环境公益诉讼的立法概览

在《中华人民共和国环境保护法》、《中华人民共和国民事诉讼法》以及最高人民法院发布的关于公益诉讼的司法解释等中,对预防性环境民事公益诉讼都有了初步的规定。《中华人民共和国环境保护法》第5条中规定了环境保护的5条基本原则,其中"预防为主"的原则是作为环境政策,指导环境公益诉讼要具有预防性的原则。《最高人民法院关于适用〈中华人民共和国民事诉讼法〉的解释》第282条特别规定了证明标准,不同于普通的民事诉讼,只要原告能够提出初步的证据,证明存在环境危害的风险,或者存在污染环境和生态破坏的行为,就能提起环境公益诉讼,不过缺憾是并未规定具体的证据规则。《最高人民法院关于审理环境民事公益诉讼案件适用法律若干问题的解释》中也规定了关于环境公益诉讼中的预防性责任,第19条中的"停止侵害、排除妨碍、消除危险"三种责任承担方式则属于承担预防性责任的范畴,但其是否包含"目前只存在造成损害结果的潜在危险"的情况,并未有明确的解释。

目前实施的环境民事公益诉讼制度,其责任承担机制主要依据《中华人民共和国民法典》侵权责任编相关规定而设定。尽管对于特殊情况如因果关系的举证责任倒置等方面有所规定,然而这些规定尚不足以完全实现环境预防的目标。在我国,民事侵权行为的认定通常涉及损害行为、损害结果、因果关系及过错这四个基本要素。而在环境侵权责任的判定中,因果关系的举证责任被特别规定为由被告方承担,这种举证责任的倒置,旨在更好地应对环境侵权案件的复杂性。《中华人民共和国民法典》侵权责任编主要是解决私益纠纷,简单地将其适用于环境公益诉讼程序中,不仅缺乏法理依据,而且与环境保护的特殊性要求相悖。[①] 因此,将损害结果作为追责的核心依据,在环境损害预防方面难以发挥有效作用。

综上,尽管当前的立法为环境公益诉讼的启动以及环境事前预防保护提供了一定的法律支撑,但是预防性环境民事公益诉讼在程序规定方面尚存显著不足,且责任承担机制也存在一定的缺陷。

第二节 >>> 预防性环境公益诉讼的司法现状

一、典型案例分析

案例一:全国首例濒危动物预防性公益诉讼——云南绿孔雀案

2017年7月12日,为了保护绿孔雀在中国最后一片完整、连续的栖息地,避免其遭受戛洒江一级水电站建设的毁灭性破坏,北京市朝阳区自然之友环境研究所(以下简称"自然之友")向云南省楚雄彝族自治州中级人民法院提起全国首例濒危野生动物保护预防性环境民事公益诉讼,请求判令两被告立即停止项目建设,禁止改变地貌,堵截流水,不得乱砍滥伐,共同消除其对绿孔雀等珍稀动植物的危害。2017年8月14日,楚雄彝族自治州中级人民法院依法立案受理。之后,该法院将此案报请云南省高级人民法院指定其他中级人民法院审理。

2018年8月28日,云南省昆明市中级人民法院环境资源审判庭开庭审理该案。在此之前,该案已于3月7日进行了一轮证据交换,并于27日进行了庭前会议,长达六个半小时。8月28日该案正式开庭审理,庭审长达三个半小时,最后,法院宣布庭审结束,将择日宣判。

本案的争议焦点是两被告为水电站建设项目所实施的一系列施工行为是否会破坏绿孔雀的栖息地,是否存在破坏生态的重大环境风险。讼争双方对此各执一词。原告方向人民法院提供了一系列证据,包括书证、物证、视听资料、证人证言、鉴定意见等,以此证明侵权人的行为具有危害绿孔雀生存条件

[①] 张旭东:《预防性环境公益诉讼程序规则思考》,载《西北政法大学学报》2017年第4期。

的重大风险。质证过程中,两被告都对原告所提供的专家意见、证人证言持怀疑态度。被告一辩称,该区域并不是绿孔雀的栖息地。被告二辩称,该项目已经进行了环境影响评价工作,环评报告中并未显示会给生态带来重大风险,就算在今后的项目建设过程中,将会出现危害生态环境的因素,他们也会遵守法律法规,积极采取措施,保护生态平衡。

2020年3月20日上午,云南省昆明市中级人民法院对该案作出一审判决:被告公司立即停止基于现有环境影响评价下的戛洒江一级水电站建设项目,不得对该水电站淹没区内植被进行砍伐。待被告公司按生态环境部要求完成环境影响评价,采取改进措施并报生态环境部备案后,由相关行政主管部门视具体情况依法作出后续处理。根据本案一审判决书,戛洒江一级水电站目前只是暂时停工,并非永久停工。此工程项目未来是否会继续建设,取决于被告公司是否按照生态环境部要求完成环境影响评价。

从庭审内容来看,该案作为预防性环境公益诉讼第一案,在诉讼中存在一些难题。首先,原被告的举证责任问题。举证责任在预防性环境公益诉讼中是相当重要的一个因素。《中华人民共和国民事诉讼法》《最高人民法院关于审理环境民事公益诉讼案件适用法律若干问题的解释》中并未对环境侵害举证责任分配作出清晰的专门性规定。因此在本案中原被告所提交的证据是否应予采纳、证明责任应如何分配,法律并没有明确的规定。两被告分别质疑了专家证人的专业性,预防性环境民事公益诉讼中由于损害尚未发生,那么如何认定专家证人证言,判断标准尺度如何,对于此案至关重要。其次,本案中两被告的行为是否会对生态构成重大风险,这种潜在的环境损害程度标准尚未在我国的现行法律中明确规定。《最高人民法院关于审理环境民事公益诉讼案件适用法律若干问题的解释》第1条虽明确说明了"重大性"是启动预防性环境公益诉讼的必要前提,但并未对"重大性"以及"风险"的内涵和判断标准作出明确的解释。因此,在该案的审理中,法官将如何判断争议焦点,也是处理该案的一大难题。

案例二:全国首例濒危植物预防性公益诉讼——五小叶槭案

2015年9月17日,中国生物多样性保护与绿色发展基金会(简称"中国绿发会")提起了全国首例濒危植物预防性环境公益诉讼。作为我国四川的特有物种,五小叶槭堪称植物中的"大熊猫"。中国绿发会为保护这一珍稀物种,提起了环境公益诉讼,要求判令被告立即采取适当措施,确保被告的开发计划的实施不会导致野生植物五小叶槭的生存遭受破坏。此次诉讼与以往环境遭受破坏之后方才提起的公益诉讼不同,其属于预防性公益诉讼,将会成为公益诉讼的发展过程中一起标志性的案件。

此案自2015年12月21日立案后,历时四年,于2019年10月30日在四川甘孜中级人民法院开庭审理。庭审结束后,原被告当庭均未接受调解。此案于2020年12月17日宣判,判决第一项:被告应当将五小叶槭的生存作为牙根水电站项目可研阶段环境评价工作的重要内容,环境影响报告书经环境保护行政主管部门审批通过后,才能继续开展下一步的工作。纵观此案的审理过程,可见案件较为疑难复杂。首先,五小叶槭虽然是濒临灭绝的植物,但并未列入国家和地方保护名单,可见相关名录与法律的滞后性。此外,该案中,行政公益诉讼是处于尴尬境地的,若因五小叶槭不在保护名录之中,据此在环评过程中没有予以考虑,环保部门进而通过并审批了该环评报告,此种行为尽管有不合理之处,但是并不违法。但如果依据《中华人民共和国行政诉讼法》第70条的规定,对合法但"明显不当"的行政行为提起行政公益诉讼,对此种行为进行司法审查,便可以由此推动环评报告的合理制定。可见,预防性公益诉讼存在民事责任承担方式、传统侵权责任有限性、重大损害风险认定困难、预防与事后救济的顺序不当、法律与预防性的行政监管措施衔接不到位等问题。

案例三:中石油云南炼油项目环境公益诉讼案

2015年10月27日,自然之友为保护螳螂川的生态环境,向昆明中级人民法院提起环境公益诉讼。诉讼请求:1.中石油云南炼油项目立即停止,禁止继续实施排放污水的行为。2.要求撤回环评文件。3.公开道歉等。该案件直至2017年1月3日,被裁定不予受理该起诉。整个过程耗时长达14个月。其间自然之友陆续提交了多份证据,以证明被告的项目建设具有重大环境安全风险,但最终都未能被一审法院采纳。法院经过严谨的审查和考证,认为原告提交的证据无法证明被告的行为存在重大风险。第二个诉讼请求也不属于环境民事公益诉讼的受案范围,若对环评报告的相关事宜有异议,应该另外提起行政诉讼。

该案历经一审、二审,耗时之久,体现出预防性环境公益诉讼在实践中困难重重:首先,预防性环境公益诉讼的启动条件、立案标准是什么?其次,在预防性环境公益诉讼中的环评报告应如何采用?本案中,环保组织自然之友认为中石油云南违背了规划环评法定程序,无视国家法律,擅自变更环评,未批先建,主观恶意明显,后果较为严重。法院则认为该项不属于民事公益诉讼受理的范围,应是行政法调整的范畴。因此,预防性环境公益诉讼中行政公益诉讼与民事公益诉讼之间的顺位与衔接问题显得至关重要,现行的法律尚未有明确规定来解决此问题。最后,该案也反映出如何有效识别、控制和防范"环境风险"的问题。"环境风险"应该认定在何种程度、判断标准尺度,都尚未有明确的标准。这些问题使得预防性环境公益诉讼深陷困境。

二、预防性环境公益诉讼的现存问题

通过"云南绿孔雀案""五小叶槭案""中石油云南炼油项目案"三个案例的简单分析,可以发现预防性环境民事公益诉讼在程序上还存在着重大的缺失,现有的权利救济途径尚不完善,还面临着很多的挑战,主要体现在以下几个方面。

(一)预防的内容不明确

《最高人民法院关于审理环境民事公益诉讼案件适用法律若干问题的解释》第 1 条规定:"具有损害社会公共利益重大风险的……行为提起诉讼……人民法院应予受理。"法条只高度概括地表述为"重大风险",然而诉讼中所要预防的重大风险如何确定,立法上并未给出清晰的答案。司法实践中也未能得出统一的判断标准。在上文案例三中,自然之友诉中石油云南炼油项目环境公益诉讼未能获得受理,自然之友上诉被驳回后申请再审。该案中的"重大风险"如何认定,预防的内容是否明确,是否达到启动预防性环境公益诉讼的标准,都有待进一步的调查考证。再如案例一中,"云南绿孔雀案"的争议焦点就是两被告的行为是否会对生态构成这种大风险。而对这种"风险"的认定,法庭虽已给予认定,但相关的立法仍然缺位,该案的后续进展仍需关注。因此,我国的预防性环境公益诉讼中所要预防的内容尚需进一步明确规定。

(二)对潜在环境损害缺乏合理的判断标准

我国现行环境立法中,尚未对潜在的环境损害的判断标准作出清晰的规定。环境污染侵权中预防性责任的适用分为两个层次:第一层次是判断是否成立预防性责任,判断是否存在侵害、妨碍、危险的事实;第二层次是法院在确认侵权行为之后,决定预防性责任是否能够适用的价值判断。[①] 这两个层次的判断,对于预防性环境公益诉讼都是至关重要的。由于环境污染侵权的特

---

① 王明远:《环境侵权救济法律制度》,中国法制出版社 2001 年版,第 56 页。

殊性,预防性公益诉讼并不要求有实际的损害结果,具有潜在的环境损害同样适用。在尚未发生任何实际损害的前提下要求行为人承担侵权责任,如果没有确定合理的判断标准,则可能会造成权利的滥用,不能达到救济权利的初衷。

在上述的案例三中,关于被告的行为是否构成重大风险的判断,环评报告虽取得了环保部的批复,这只是符合了行政法的规定。判断是否存在侵害行为与判断行为是否违法是两个截然不同的概念,被告行为是否构成侵害或具有重大危险,是对结果的一种事实判断,不能混淆概念。承担预防性责任并不以具有违法行为为前提。司法实践中法官过多地将鉴定意见、鉴定结果、环评报告等作为判断损害结果的依据,忽略了其他因素的判断,可能会导致司法出现偏差。

(三)原告主体范围狭窄

在民事环境私益诉讼中,原告主体的范围较为宽泛,只要符合《中华人民共和国民事诉讼法》的起诉条件的规定,公民或法人、社会组织都有资格提起诉讼。这样可以更大程度地保障主体的合法权益,也能使得侵害人为破坏行为付出相应的代价。这也是普通民事私益诉讼能够作为解决环境纠纷的重要方式的原因。而在预防性民事环境公益诉讼中,原告的主体却受到了许多限制。我国现行的多部法律中对该类诉讼的原告主体范围作了相关的规定。在环境公共利益遭受损害或即将遭受损害时,法律规定的机关、社会团体有权向法院提起环境公益诉讼。《中华人民共和国环境保护法》中规定提起环境公益诉讼的主体必须满足四个条件:(1)组织要根据该法规定进行合法登记;(2)设立组织的目的是从事环境公益事业;(3)该组织必须从事环境公益事业满五年,且无违法记录;(4)组织不得为了牟取经济利益而提起诉讼。预防性环境民事公益诉讼制度可以防止环境公共利益遭受损害,及时制止生态破坏行为,防范环境风险,进而保障公民的人身安全,财产安全等权利,是一种对生态环境和资源保护的长效机制。在这种公益诉讼的背景之下,该类诉讼具有典型的利他性质,权益的归属也不可能归于环保组织,环保组织等提起预防性环境公益诉讼是要依赖其自身的强烈环保意识和道德支撑,并且在此类耗时长、花费高的诉讼中,环保组织的自身财务能力、专业水平等也可能无法支撑其坚持到诉讼结束。因此,合理规范此类诉讼的原告主体范围是实现诉讼目的的重要前提。

据统计,全国行政部门登记的环境保护相关社会组织有6000多个,但是提起环境公益诉讼案件的社会组织寥寥无几。由此可见,司法实践中环境公益诉讼的提起情况并未达到预期,环境公益诉讼的提起尚有艰难的"破冰之旅"。依据当前的立法,公民本身没有资格作为原告主体提起环境公益诉讼,其只能在作为受害人时,就其所遭受的损害提起私益诉讼。这样就大大限制了公民参与环境保护的途径,削弱了公民提起环境诉讼的积极性。预防性环境公益诉讼中,可能不存在特定的直接受害人,只发生了损害公共环境利益的行为,此时如何积极地保护公益,赋予哪些主体作为原告的权利,是值得探究的。例如在上文三个预防性环境公益诉讼案例中,案件发生地位置偏僻、信息更新慢,环保组织不能及时准确地发现是否存在环境损害的重大危险,而当地的居民身处这种环境之中,与环境权利息息相关,可能会更早地发现环境损害的危险,因此原告主体应该扩大。

(四)诉讼时效规定差异大

有关环境污染请求权的诉讼时效在我国现行的法律中的规定差异较大。《中华人民共和国环境保护法》中规定,提起污染损害赔偿的诉讼时效为3年,并没有具体规定预防性责任提起的诉讼时效。《中华人民共和国民法典》规定普通诉讼时效为3年;物权编中规定的物上请求权,不适用诉讼时效。预防性环境公益诉讼保护的对象是社会公共利益和公众的生命健康,价值远高于物权,因此是否应该适用诉讼时效、如何适用,是值得研究的问题。

法律规定从当事人知道或应当知道其受损害时开始计算诉讼时效。然而,由于环境损害和生态破坏往往具有潜伏期,复杂易变,经常需要强大的技术支持。在环境侵权案件中,通常在很长时间之后才会出现损害现象或者才发现损害已经发生,如"云南绿孔雀案""中石油云南炼油项目案"需要科技手段判断损害是否存在,并且危险物质具有较强的迁移性,很难发现污染侵害的过程,很可能已经过了普通诉讼时效之后损害后果才表现出来。若超过诉讼时效,被害人就无法通过诉讼来维护自己的合法权益,这样不符合立法的目的,有失公平正义。

同时,若是对预防性环境公益诉讼的诉讼时效进行了合理的规定,那么将会有助于司法实践中法官作出具体判断,也可以防止污染者利用法律的漏洞,进而逃避预防性责任,有利于及时救济环境权利,达到预防性公益诉讼的目的。

(五)预防性执行措施单一

"执行乃法律之终局及果实。"①阻止环境危险行为,防止损害发生,是预防性环境公益诉讼的目的。规定多样化的执行措施,将会有利于促进诉讼目的的实现。《最高人民法院关于审理环境民事公益诉讼案件适用法律若干问题的解释》第18条、第19条对此有相关的规定,但从条文内容来看,预防性环境民事公益诉讼的执行基本上是沿用了传统的民事诉讼的执行措施。如采取禁止令等否定措施要求被告停止损害环境的行为,以此实现预防环境危害发生或扩大的目的。②但实质上,预防性诉讼针对的是尚不明确或尚未发生的事实状态,欠缺具体与明确的预见性,与传统的执行措施有实质上的区别,如果僵硬地套用传统的单一否定的方式,如采取关、停、罚等措施,难免会影响司法公正,也可能会影响社会经济的发展。这种单一的、消极的执行措施难免会影响到执行效果,很难获得广泛的、理性的支持。因此,应该积极、主动、全面地考虑预防性环境公益诉讼的实施措施。目前预防性环境公益诉讼的一项重要内容就是寻找最适当的执行措施,从而最大限度地防止环境危害的发生,达到预防性的最终目的。

(六)后续监督不足

预防性环境民事公益诉讼生效裁判执行后的后续监督措施在我国现行法律中尚存缺憾。作为司法程序的重要一环,生效裁判的执行必须受到法院的监督。实践中,通常的做法主要是法院向行政部门提出监督的司法建议,或者委托相关机关、单位进行监督,该做法表面上看是占据主动地位的,实际上在执行过程中往往是被动的。当企业不配合治理环境问题时,环保部门要么继续责令整改,要么罚款;而后,企业再不配合,环保部门则继续责令限期整改、继续罚款、追究负责人的责任等。如此往复,环境问题并不能得到真正的解决。

实践中,在裁判生效之后,执行过程往往会遇到很多难题,被告的履行情况也很少受到后续监督,环境问题并没有得到实际上的解决。预防性环境公益诉讼中针对的环境损害是潜在的,具有重大环境损害风险的,即使法院判决

---

① 张旭东:《预防性环境公益诉讼程序规则思考》,载《西北政法大学学报》2017年第4期。

② 胡中华:《论美国环境公益诉讼中的环境损害救济方式及保障制度》,载《武汉大学学报》2010年第6期。

原告胜诉,后续执行措施没能受到严格监督,也不能达到预防性的目的,环境权益亦不能得到有效的救济。因此,实现预防性环境公益诉讼的重要一环就是完善裁判生效执行后续监督程序。

(七)检察机关的风险预防作用发挥不充分

从目前的司法实践来看,检察机关提起环境公益诉讼大多以已经发生损害结果为受案标准,属于明显的事后救济,不能充分体现环境治理的预防性。以 2017 年 7 月至 2019 年 9 月《最高人民检察院关于开展公益诉讼检察工作情况的报告》为例,全国检察机关共立案生态环境和资源保护领域公益诉讼案件 118012 件,占立案总数的 54.96%。通过办案督促治理被污染、损毁的耕地、湿地、林地、草原 321 万亩(约 21.4 万公顷),督促清理固体废物、生活垃圾 3104 万吨,追偿修复生态、治理环境费用 34.5 亿元。[1] 由此可见,检察机关提起公益诉讼更多是以发生损害结果作为督办案件的标准。与此同时,如上文中提到的"五小叶槭案"中,因其尚未列入国家重点保护野生动物植物名录,而在诉讼中受到阻碍。此名录作为行政机关保护濒危物种的执法依据,也是检察机关办理此类案件的司法依据,但在过去二十多年里并未进行全面更新,这也体现检察机关尚未完全发挥监督作用。在探索开展预防性环境公益诉讼时,检察机关尚有可为。

当前预防性环境民事公益诉讼所面临的困境,首先是存在于制度的构建上,其次是传统的司法理念对其也有一定的影响。从立法上来看,有很多法律法规鼓励预防性环境公益诉讼的提起,但司法实践中往往更倾向于事后救济。特别是在预防性内容不明确且重大性判断标准不清的情况下,法院难免需要考虑到是否应该过早地干预,并作出法律判断。例如,全国有不少的法院认为仅仅依据"具有环境损害的重大风险"就提起公益诉讼,并不能达到启动诉讼的标准。司法实践中,就算此类案件进入诉讼程序后,实体审理、判决过程也会延后,如"云南绿孔雀案""五小叶槭案"的诉讼过程跨度之久。可见司法实务中对预防性环境公益诉讼的保守态度,也是此类案件面临困境的重要原因之一。

---

[1] 最高人民检察院:《最高人民检察院关于开展公益诉讼检察工作情况的报告》,http://www.npc.gov.cn/npc/c30834/201910/936842f8649a4f088a1bf6709479580e.shtml,最后访问日期:2024 年 3 月 10 日。

第三节
预防性环境公益诉讼的制度完善

一、完善预防性环境公益诉讼制度的必要性分析

（一）环境问题特殊性的要求

环境侵权不同于一般的民事侵权，环境问题一旦造成，后果极为严重，往往要花费巨大的人力、物力和财力，其负担之重恐怕无单位可以负担得起。当风险影响达到严重不可逆的程度之时，就应该启动危险预防。司法实践中，更多呈现的是在生态环境已经遭受严重损害后，环境公益诉讼才被启动。但由于环境问题的特殊性，很多环境损害是不可逆的，一旦被破坏，将无法弥补损失，影响巨大，传统的救济性理论明显不能满足环境保护的要求，与环境问题的特殊性不能相适应。预防性环境公益诉讼正是针对环境侵权问题的特殊性进行的，环境公益诉讼中体现合理的预防性，是符合环境保护顺位的。面对环境问题，首先应当考虑预计环境影响的重大风险，做好预防措施，切不可本末倒置。环境侵权案件的损害结果往往都是严重不可逆的，及时事后采取补救措施，往往也要付出巨大的代价，即便如此，也不一定能够挽救损失。[①] 采用预防的方式应对环境问题不仅是事实判断，更是规范要求，是符合我国环境法与环境司法的基本原则与理念的。环境问题的特殊性要求环境公益诉讼必须重视事先预防。由此可见，事后补救的方式并不是解决环境污染问题的最佳途径，其与环境问题的特殊性和环境的自身属性存在不符之处。反之，采取预防性的公益诉讼更能满足环境的需求，与我国的环境政策和司法理念一脉相承。

（二）实现环境法治的必要手段

自改革开放以来，社会主义法治建设阔步前进，全面依法治国取得重大成就。自党的十九大以来，中央成立全面依法治国委员会，加强对法治中国建设

[①] 李艳芳、李斌：《我国环境民事公益诉讼制度的构建与创新》，载《法学家》2006年第5期。

的统一领导。2019年3月5日,习近平总书记在参加十三届全国人大二次会议内蒙古代表团审议时强调:"在'五位一体'总体布局中生态文明建设是其中一位,在新时代坚持和发展中国特色社会主义基本方略中坚持人与自然和谐共生是其中一条基本方略,在新发展理念中绿色是其中一大理念,在三大攻坚战中污染防治是其中一大攻坚战。"①因此,贯彻落实法治精神,是符合国家环境政策和发展理念的。法治应包含两重意义:全民守法,制定良法。在亚里士多德的法律思维下,②环境法治的基本要求就是行为要受到"良法"的制约。除了法律本身属性的善恶以外,良法的认定还应该考虑到其是否具有完善的外延。因此,在生态文明建设的现阶段,环境公益诉讼制度的发展已是大势所趋,而在这其中,作为预防生态恶化最有效的制度,完善预防性环境公益诉讼制度的必要性已不言而喻。

环境法治的实现途径包括:一是英美法系倡导的程序上的保障,二是大陆法系关注的实体性保护。无论采取何种保护措施,环境法治应该包括:行为的做出必须基于明确的法律规定,任何违法行为都必须承担其相应的法律责任。预防性环境公益诉讼制度正是实现环境法治的必要手段,该制度的完善是保护环境权利的最佳途径。

(三)环境风险预防的要求

随着社会的不断进步,经济的迅速发展,人类在创造物质财富的同时,也引发了资源、生态和环境的全球危机,生态环境资源问题逐渐受到关注。尝试通过立法来防范风险,是各国通常采取的解决办法。近几十年来我国的粗放式经济发展模式造成了严重的环境问题,环境风险日益加剧,生态环境也遭受严重的破坏,给人民群众的生命健康和幸福生活带来了诸多威胁。环境风险是指由于人类活动、自然原因等引起的,降低环境质量以及造成生态破坏,进而使得人体健康、自然环境和生态平衡产生损坏的可能性。风险预防便是应对环境风险危害的一个重要手段。风险预防原则是由德国的预防原则演变而来,是国家为了规避风险和潜在的有害行为,而通过严密的规划部署来保护生

---

① 《在内蒙古代表团,习近平着重讲了这个问题》,https://mp.weixin.qq.com/s/o6dJB-Hwl4geAv8VHX67xg,最后访问日期:2024年9月6日。

② [古希腊]亚里士多德:《政治学》,吴寿彭译,商务印书馆1965年版,第199页。

态环境,避免其遭到损害。① 风险预防的核心是积极采取措施,防止生态环境恶化。由于环境损害、对人类的身体健康的威胁都是不可逆转的,提前采取措施避免损害发生,及时有效地处理可能存在的危害,符合生态环境保护的初衷。

我国一直致力于生态环境保护,并积极加入了多个含有风险预防性原则的国际条约,风险预防原则符合我国环境保护政策的要求。鉴于此,预防性环境公益诉讼制度的建立是符合风险预防原则的制度。防患于未然,为避免公共利益遭受或者即将遭受可能面临的损害,完善预防性环境公益诉讼制度势在必行。

(四)环境问题事前救济的需求

现阶段环境公益诉讼的司法实践具有明显的事后救济性特征。在大部分案件中,都是在环境本身已经遭受损害或生态已经遭受破坏以后,环境公益诉讼才被提起,因此无法发挥其预防性功能。在福建南平生态破坏案(该案被称为新环保法实施后全国首例环境公益诉讼案)中,四被告于2008年7月29日未经行政审批扩大采矿范围,严重毁坏林地28.33亩。2014年7月28日,被告方被判处刑罚。直到2015年1月1日,自然之友、福建省绿家园环境友好中心才对被告提起了公益诉讼。而在此之前,被告的生态破坏行为早已结束,带来的生态破坏结果也早已无法挽回,虽最终判令被告承担了赔偿责任,但与生态破坏预防性目的相去甚远。这并不符合环境法的基本理念。环境恶化结果的发生具有滞后性和不可逆性,因此,环境问题的解决需要事前预防,需要在环境侵害尚未发生之前,就能够通过法律途径处理,如此不仅能够大大减轻诉讼的压力,节省司法资源,还可以更大限度地实现保护环境公共利益的目的。显然,"亡羊补牢"式的救济方式已不能满足环境保护的需求。

随着国家政策对生态文明建设的要求日益提高,完善预防性环境公益诉讼制度必将是大势所趋。该制度是符合环境侵权特点的一种诉讼制度。环境问题中,应当首先考虑如何预防,预防性保护是第一顺位的,而不应首先考虑对环境造成实质损害后再进行事后救济。预防性环境公益诉讼不仅治标,还能治本,为我国生态文明建设,打好污染防治攻坚战提供了良好的司法手段。

---

① 张志勋、郑小波:《论风险预防原则在我国环境法中的适用及完善》,载《江西社会科学》2010年第10期。

二、预防性环境公益诉讼制度的可行性分析

(一)预防性环境公益诉讼制度的法理根据

目前,我国关于环境保护的相关法律条款中已经明确体现了预防性环境民事公益诉讼制度。《中华人民共和国环境保护法》作为环境保护的专门性法律,是我国保护环境的重要法律依据。该法第 5 条规定了环境保护的五项基本原则,其中预防性原则正是预防性环境公益诉讼所遵循的立法原则和法律依据。依据环境政策的基本原则,预防性环境公益诉讼是符合该环保理念的良好制度。《最高人民法院关于审理环境民事公益诉讼案件适用法律若干问题的解释》第 1 条是提起预防性环境公益诉讼的法理依据;第 19 条为预防性公益诉讼的责任承担、执行方式、费用承担等作了初步的规定。最高人民法院发布的环境审判的相关司法意见中提出要注重源头保护制度的建立和完善,并将该思想运用于实务审判之中。《最高人民法院关于适用〈中华人民共和国民事诉讼法〉的解释》第 282 条规定环境公益诉讼的启动,只需提供初步证据,说明其对预防性环境公益诉讼的举证责任也作出初步规定。

由此可见,在我国的相关立法领域,已经对预防性环境公益诉讼的原则、定义、启动、责任承担方式、举证责任等作了初步的规定,虽然没有统一的法律文件作为统筹,但已经通过各个相关的法律文件、司法解释作了一系列规定,体现了预防性环境公益诉讼制度的精神。

(二)预防性环境公益诉讼的司法经验

自 2015 年以来,环境公益诉讼案件逐年增多。上文提到的自然之友、绿家园提起的福建南平生态破坏案,作为新环保法实施后的全国第一例环境公益诉讼案件,具有借鉴意义。"泰州 1.6 亿元天价环境公益诉讼"案、公益诉讼人广东省广州市人民检察院与被告李×来污染海洋环境责任纠纷民事公益诉讼案等案例,都为预防性环境公益诉讼制度的完善提供了一定的借鉴经验。通过对这些环境公益诉讼案件资料进行数据分析和案例分析,可以归纳总结出完善预防性环境公益诉讼的实证资料。

三、完善预防性环境公益诉讼制度的具体建议

(一)设置预防性环境公益诉讼制度的原则

生态文明建设应当强调事前预防,加强风险防范。面对环境问题的"不确

定性",与传统的事后救济性环境公益诉讼相比,预防性环境公益诉讼将提起诉讼的时间点提前到存在潜在的重大环境风险之时。因此,为了规范预防性责任的承担,预防性环境公益诉讼制度需要遵循以下两个原则。

首先,是预防原则。通说认为,预防原则是开发和利用环境行为所产生的环境质量下降或破坏等后果的事前预防。[①] 预防胜于治疗。预防性环境民事公益诉讼的实体法与程序法规定都应该遵循预防原则。从上文的分析来看,我国仅在环境实体法中强调了预防原则,程序法上缺乏预防原则。程序上的漏洞将会使得诉讼程序变得困难重重,仅仅基于存在环境风险就提起的预防性诉讼更显得不堪一击,如此便无法通过诉讼来完成对环境的预防性保护。同时正因为预防原则程序上的缺失,导致了司法实践中大多数环境公益诉讼案件都具有明显事后救济性特征,预防性环境公益诉讼案件举步维艰,这将不利于环境公益诉讼的进步与发展。因此,应当将预防原则纳入环境公益诉讼程序立法之中,作为一个法律原则来弥补法律上的漏洞。

其次,是比例原则。预防性环境公益诉讼的启动要件之一是存在重大环境风险,而环境风险又具有一定的不确定性,因此,如何合理地判断是否属于重大风险的范畴,平衡好各方利益,需要比例原则作为指导。过度预防,则可能会影响经济的发展;预防不到位,可能使环境问题得不到改善。比例原则的中心在于通过平衡各方法益,选择出最佳的解决办法。完善预防性环境公益诉讼程序制度,要平衡好法理和情理的关系,既不能过度预防,限制自由,又不能纵容不作为,而让潜在风险变成现实,最终造成不可逆的环境问题。因此在制度的设置上,不仅要考虑环境风险问题,还要适当权衡经济发展的需要,用科学严谨的态度,规制好环境风险预防和经济发展的关系,既要采取及时有效的措施实现环境保护的目的,又不能制约经济自由高效的发展。

(二)明确预防性环境公益诉讼的启动标准

预防性环境公益诉讼的启动是由于存在某种潜在的危害环境的重大风险,这种潜在的危险具有不确定性,使得预防性环境公益诉讼的提起需要更加严谨。为避免因滥用权力而提起预防性环境公益诉讼,需要明确预防性环境公益诉讼的启动标准:预防的内容、标准和潜在风险的损害程度。

首先需要将该类诉讼所要预防的内容予以明确,以规范其适用范围。现

[①] 唐瑭、王普:《生态环境风险预防原则的法律构造及其功能阐释》,载《浙江工商大学学报》2024年第1期。

代社会是一个"风险社会"。[①] 其中,重大环境风险就是一种特殊的现代社会风险。如今,环境风险尤为突出。由于环境问题的不确定性和不可逆性,要求面对环境风险时,做到未雨绸缪,防患于未然。然而从重大环境风险引起的一系列案件来看,我国尚未对重大环境风险规制的理论和实践进行明确的规定。因此,应明确预防性环境民事公益诉讼的启动标准,对现有的重大环境风险进行法理上的规制,建立健全环境风险法规体系;健全多层次环境风险评估制度,加强规划环境风险评估政策;通过生态环境重大风险的智能识别,集中抓住预防为主、防控在先,及时解决环境问题。

环境公益诉讼更要改变普通诉讼的思维,不要只着眼于已经遭到损害的事实,更要关注可能会带来损害的风险。所谓风险,是指在特定的情形下,某种危害发生的可能性,有广义和狭义之分。广义的风险包含危险、风险(狭义)和剩余风险。所谓"危险"是指具有充分盖然性,通常会发生的损害。"风险(狭义)"指有造成损害的风险,通常不会发生。"剩余风险"的程度更低,几乎不会发生。作为启动预防性环境公益诉讼的基础要件,"重大环境风险"需要达到"危险"的程度。此处的"危险",要有事实依据,要有实现的最低可能性,要符合依法治国的理性。[②] 确定环境风险,需要依据可靠的科学依据和逻辑说理。预防性公益诉讼的启动,尽管存在事实上的损害结果并非必备要件,被告仍需依法提供具有"科学证据"意义上的鉴定意见、专门性问题报告等作为初步证据并予以证明。因此,可依据科学技术来设定可以预见危险的特定最低限值,设定明确的环境危险标准门槛,设立专门的环境危险评估机制,智能识别环境危险程度。此标准要与"环境损害"标准之间确定一定的安全值,环境危险标准要达到能够将环境危险预先排除的限度,能够满足环境保护、生态平衡、人与自然和谐相处的标准,同时还要具有科学性、专业性。预防性环境公益诉讼的危险预防,不仅是量的增加,更是质的飞跃,要严格把控。

在确定环境风险标准门槛之后,另一项需要考虑的因素就是潜在风险的损害程度。危险预防的标准一定要符合比例原则。重大、持续、不可逆转的风险是适用危险预防的基础要件。不是所有的环境危险都可纳入预防性环境公益诉讼的风险预防范围,作为启动预防性环境公益诉讼的前提,"严重""不可逆"的风险如何判断,达到合法客观的标准是十分必要的。社会发展程度的

---

① [德]乌尔里希·贝克:《风险社会》,何博闻译,译林出版社2004年版,第2页。
② 刘刚:《风险规制:德国的理论与实践》,法律出版社2012年版,第264页。

不同,所面临的环境问题也不同,导致这一标准的认定也可能会有所区别。因此,判断风险的程度对于此类诉讼意义重大。在认定潜在风险损害程度时,要考虑到环境的不可修复性、损害的不确定性、持续的危害性、潜伏期的长久性等因素,还需要科学技术的支撑。风险量化的评估是认定潜在危险的损害程度的必要程序,其不仅可以反映出潜在风险的大小,更可以将重大风险以及严重、不可逆的损害以更加直观的数据、调研报告等形式呈现。如此一来,潜在危险的损害程度更加直观明确,司法实践操作也将更加便捷,有利于实现司法的公平正义。

(三)扩大预防性环境公益诉讼的原告范围

环境侵权诉讼中的一个特例就是预防性诉讼,其侧重于环境风险的预防,在危害结果尚未发生时,发现污染源头,遏制危险出现,及时有效地保障环境利益不被侵害。由于环境侵权产生的危害结果具有一定的潜伏期,这种潜在的危害可能暂时没有显现出来,或者当时的技术尚未检测出来,就无法确认存在危害的风险,但这可能会造成更大的环境隐患,最终可能会影响到社会公共利益,损害公众的生命健康。所以,全面地发挥预防作用,需要更加广泛的主体参与进来,全方位地守护生态环境和资源可持续利用。我们可以借鉴一些国外经验,例如,在发达国家有关环境公益诉讼的设立中有"公民诉讼""团体诉讼""民众诉讼"等,美国1970年《清洁空气法》中规定,环境公民诉讼是一项"任何人都可以起诉任何人的诉讼"。从这些国外经验里,给了我们很多很好的启示,我们也可以扩大原告范围,将公民纳入预防性环境公益诉讼的原告主体,其只需要提供合理的初步证据证明具有发生潜在损害的重大的危险,无须发生一定的损害事实,就可以提起预防性环境公益诉讼。如此一来,可以更好地监督环境破坏行为,防止造成不可挽回的环境公共利益损害。法律应该确认并保护公民的环境权,环境权是宪法中规定的公民最基本的权利之一。[①]《中华人民共和国环境保护法》中规定能够提起诉讼的原告必须是"专门从事环境保护公益活动连续5年以上且无违法记录"的组织。法律并没有规定普通公民可以提起公益诉讼,只规定了其拥有检举和控告的权利。然而,公民作为社会的成员之一,既有享受美好环境的权利,又有保障环境友好的义务。环境公共利益事关每一个公民的幸福美好生活,每个人都在享受自然环境的权利,所以任何人都应该有义务保护我们共同的环境公共利益。公民的日常生

---

① 王灿发:《环境与自然资源法案例教程》,知识产权出版社2006年版,第415页。

活与自然环境和生态资源息息相关,一旦环境遭受污染,公民作为社会舆论监督的主要群体,会是其中最先发现的主体,当与自身利益相关时,便会更加关注,更积极地想办法去解决环境问题。基于保护个人利益的同时,公民也将会考虑到倘若环境公共利益遭受损害,必将会影响到自身私益,这也会促使公民更加积极地参与环境保护的诉讼,更利于实现预防环境风险的目的。

因此,为了更全面地保护环境公共利益,提高预防性功能,应该将公民纳入提起预防性环境公益诉讼的主体范围。在立法中将公民确定为预防性环境民事公益诉讼原告主体,更加符合预防性诉讼的特殊性,更全面地保护环境。

(四)明确立案、审限和诉讼时效规定

1.立案

《中华人民共和国民事诉讼法》第126条规定,当事人具有起诉权,对符合民事诉讼法规定的起诉,法院必须受理。如果满足起诉条件,应当在七日内立案,并通知当事人;不符合起诉条件的,应当在七日内作出裁定书,不予受理;原告对裁定不服的,可以提起上诉。《中华人民共和国行政诉讼法》第51条规定,如果无法当场确定是否应予受理,可在七日内给出决定。环境危害结果往往具有难以恢复,甚至不可挽回的特征,预防性环境公益诉讼的提起,就是为了避免此种危害后果的出现,及早预防,排除重大的环境危害风险。因此,对于此类诉讼,时效性是相当关键的。若是依照普通的案件立案程序,可能会出现立案难的问题,当诉讼被提起之后,法院无法当即判断是否应予立案,七日之后作出不予立案的裁定,原告不服,提起上诉,这样一来一往,将会耗费大量的时间,最终是否能够被立案也不得而知,即使得到受理,此时有可能已经错过环境保护的最佳时机,预防环境风险的目的就无法实现。如上文案例三"中石油云南炼油项目案"中,起初未获立案,倘若原告所列举的一系列证据证明被告即将会给当地带来的重大环境危险是存在的,那么即将要造成的环境损害将是不可估量的,不可逆转的。

预防性环境公益诉讼面临的是即将可能会造成环境损害的重大风险,此阶段是保护生态、消除环境风险的黄金时间段,如果法院不能及时把握时机,作出立案的决定,允许案件进入司法程序,则很有可能错失环境预防的良机。因此,关于预防性环境民事公益诉讼案件的立案程序,需要针对诉讼的特殊性,进行特别规定,例如缩短审查期限等。

2.审限

案件如果不能及时结案,不仅会造成司法资源的浪费,还会使得环境公共利益的保护处于不确定的状态,不利于环境预防性保护。依据我国程序法的规定,民事诉讼案件的审限一般为:一审六个月、二审三个月。此外,还存在审限延长的特殊规定。我国实行两审终审制度。也就是说,一个普通的民事诉讼经过一、二审,一般需要九个月的时间。若预防性环境民事公益诉讼的审限按照一般诉讼审限规定,将会耗费大量的时间。由于环境风险的不确定性,导致可能造成的环境公共利益损害后果也不明朗,过长的审理时间可能会造成一些未知的后果,例如,在诉讼过程中,判决结果尚未最终确定之前,被告没能及时采取措施消除存在的环境危害风险,生态便有可能遭受破坏,那么诉讼的意义将无法实现。与此同时,由于环境问题的不确定性,在如此长久的审限过程中,环境问题可能会发生变化,提交的证据、评估报告、科技测评数据等都有可能已经发生改变,需要重新取证,如此一来,诉讼负担也将会增加,不利于诉讼的顺利进行,司法的权威性也将会遭受挑战。所以,在此类预防性诉讼中,应该考虑到环境问题的自身属性,顺应规律作出特别规定,制定合理的审限,最大限度地保护环境公共权益。例如,分别缩短一审和二审的审限,将其设置在合理的限度范围之内。

同时,我国程序法中还规定了讼争当事人具有上诉权,即其可以在合理期限范围内,提起上诉。但生态环境的损害可能不会在这么短的时间里直接呈现出来,若是十天或十五天的上诉期一旦超过,根据一事不再理原则,隐藏的后果将无法获得救济。因此,在预防性环境民事公益诉讼中,除了规定十五天的上诉期限之外,还应当允许规定其例外情况。

3.诉讼时效

我国程序法中规定的起算诉讼时效的时间点,在民事侵权案件中,是指知道或应当知道权利遭受侵害时,且仅适用于请求权,但并非所有的请求权,如物上请求权。预防性环境公益诉讼针对的环境风险危害具有持续性,并且提起诉讼的主体并不一定是特定的被害人,而是公益性组织或检察机关等,此时如何计算诉讼时效的起始点便会出现争议。诉讼时效具体应该如何适用也缺乏明确规定。此外,环境侵权的特点之一是具有很长的潜伏期,环境危害的结果可能在超过最长诉讼时效期之后才会显现出来,如广西镉污染案中,污染的潜伏期长达半个世纪,严重威胁了公众的生命健康,破坏了生态平衡,但因超过诉讼时效,加害方便会因此逃过法律的制裁,逍遥法外,有失社会公平正义。

关于预防性环境公益诉讼是否应该适用诉讼时效,学术界也存在不同的声音。大多数学者认为,预防性环境公益诉讼中要求承担的预防性责任应当属于一种法定之债,适用民法中的债权请求权的时效规定。但因为预防性环境公益诉讼中,危害结果尚未出现或一直处于持续的状态之中,尚未开始或结束的状态,无法计算诉讼时效的起算点,适用诉讼时效也就失去了意义。另一种观点认为,预防性环境公益诉讼中规定的排除妨碍、恢复原状等责任的承担等同于《中华人民共和国民法典》物权编中物上请求权,不应受诉讼时效的限制。预防性环境公益诉讼保障的是社会公共利益和人民群众的生命健康权,远高于物权保障的范围,不应该适用诉讼时效。因此,关于预防性环境民事公益诉讼是否应当适用诉讼时效尚未有定论,笔者在此粗浅地认为应当统一立法,规定其不应当适用诉讼时效。

(五)明确预防性环境公益诉讼的执行措施

预防性环境公益诉讼的目的是防患于未然,将可能存在的重大环境风险遏制在初始阶段,避免发生不可逆转的环境损害后果。因此,把握预防性执行措施的时效性至关重要,必须在发生或即将出现环境损害时,立即执行防御措施,而不能耽误最佳时机,否则后果将难以估量。但由于环境风险的不确定性,采取有效的执行措施需要全方位考虑到各方利益,平衡好各种因素。

预防性环境公益诉讼的执行措施,应保证措施实施的灵活性、必要性、适当性、合理性以及时效性。首先,需要经过科学的评估,以及全程监督跟踪,确定执行措施实施的必要性和适当性。其次,应密切关注科技发展资讯,并在出现新的鉴定意见、检测报告等"科学证据"时,动态调整既有的实施措施。遵循这些要件,虽然在短期会有较烦琐的资讯收集,但从长远来看,这是符合比例原则的。通过价值衡量,合理分配各方的合法权益,可以有效地促进社会公平正义,进而也可以减少争议,促进社会和谐发展。预防性环境公益诉讼的宗旨是达到有效预防,治理污染与经济发展并驾齐驱,做到治理与发展两不误。上文多次提到了环境危险具有自身的特殊属性,因此要求在诉讼裁判作出之后,及时地采取执行措施。法院执行措施的选择和实施,应立足于防控重大风险,基于案件本身的特殊性,充分考虑执行手段和执行目的之间的相互关系,妥善处理执行措施的妥当性、必要性与执行目的的均衡性之间的关系。此外,由于环境问题的特殊性,造成的危险往往是不可逆的,所以在诉讼被法院受理之后进入诉讼程序尚未最终裁判之前,就需要考量执行计划,进入准备阶段,以便灵活应变诉讼过程中环境问题的不确定性,在有效裁判作出之后能够及时采取合理的执行措施。①

(六)完善预防性环境公益诉讼判决执行的后续监督机制

完善法院对生效判决执行的后续监督有助于保障诉讼的目的实现。预防性环境公益诉讼中面临的环境威胁属于尚未发生的状态,此时判决被告及时采取预防性措施,将存在重大环境风险的危害行为消除,加大执行的后续监督,会促使被告及时有效地履行义务,提高诉讼完成的质量。相反,如果后续执行不到位,被告没有及时排除重大的环境风险,最终将会造成不可预计的损失,如此就无法达到预防的目的。此外,"执行难"的问题,也是目前法院需要集中解决的难题。执行不到位,对当事人来说,不仅会造成直接的损害,预防环境公益不被侵害的目的也无法达成;对法院来说,也会有损其司法公正和权威尊严,进而会影响到公众对法律的信任感,造成社会问题。为了避免出现这些情况,完善判决执行的后续监督机制是十分有必要的。

首先,应当确定生效裁判执行的后续监督主体。我国目前关于诉讼判决执行情况的监督的一般做法是法院委托其他相关机关代为监督执行,或者向相关行政部门提出监督的司法建议等。法院当然对判决的后续执行情况具有监督的义务。法院为了加强绿色司法,加强生态文明建设司法保障,不仅在环境资源司法理论上不断地推陈出新,还专门在业务庭中增设了生态保护庭。环境生态庭的设立为生效裁判执行的后续监督提供了良好的司法资源。检察机关、行政机关也应当被赋予监督主体资格。检察机关本身就具有监督诉讼程序的义务,此外,其还被赋予公益诉讼的起诉人的身份,对公益诉讼的判决执行的后续监督势在必行。宪法赋予公民具有环境权,其作为社会监督的群体之一,是一个相当庞大的群体,也应当积极行使监督权,积极配合预防性环境公益诉讼的预防宗旨的实现。因为环境公共利益与每个公民的自身私益息息相关,公民最易感知到环境的变化,监督积极性高,其对生效判决的履行情况也会十分关心,能够及时了解并更新执行情况,对环境司法具有重要的作用。

其次,作为环境公益诉讼的原告主体,一些公益性环境保护组织,具有一定的专业知识和科技水平支持,其也可以作为监督被告后续执行情况的主体之一。

最后,由于当今新媒体的发展如火如荼,新闻媒体、微博、直播等方式已成

---

① 赵卫民:《环境民事公益诉讼的比较研究》,载《人民法院报》2014年10月15日第8版。

为一类新的社会监督方式。法律中也规定了新闻媒体具有宣传环境保护的义务。如今互联网相当便捷,庭审直播、裁判文书上网等方式,使得公众拥有更多的了解诉讼具体情况的渠道。将媒体纳入后续监督主体之中,跟踪报道案件,从案件受理情况到作出生效裁判之后的执行情况都可以依法公之于众,共同监督诉讼的进度,及时了解执行情况,督促被告承担责任。如此一来,能够促使侵权人积极履行义务,保障预防性责任及时履行。

法院作出有效的生效判决,并不是预防性环境公益诉讼所追求的最终目的。其主要是要求被告实际履行判决,排除可能造成重大环境污染的风险,达到预防的真实效果。所以,完善后续监督机制是十分有必要的。

(七)检察机关可探索开展预防性环境公益诉讼

人民检察院在环境公益诉讼中,以环境治理的基本理念为出发点,应当满足以下三个基本要求:(1)实现生态环境保护的价值;(2)体现生态环境保护的预防性;(3)保障环境治理的全面性。

首先,鉴于目前检察机关提起公益诉讼大多以出现损害结果为受理标准,应当扩展受案范围,将起诉条件扩大至以损害行为正在发生或即将发生的标准。与此同时,建议检察机关充分发挥监督职能,协调督促有关部门尽快更新国家重点保护野生动物植物名录,以便为保护此类濒危物种提供科学准确的依据。

其次,建议检察机关在环评报告存在突出问题时,及时开展预防性环境公益诉讼。正如上文提到的"云南绿孔雀案"中,一旦发现环评报告内容存在重大缺陷或者严重失实的情况,要依法督促审批机关及时撤销环评批复,并依据实际情况作出是否重新进行环评的决定。对于行政机关的不作为、懒政怠政导致有可能造成环境风险的行为,检察机关应及时提起预防性环境公益诉讼。此外,检察机关在发挥监督职能时,要经常开展回头看专项活动,对于诉讼判决裁定执行的结果进行回访,例如是否有企业因此而停工停产或者倒闭、行政机关的整改行为是否存在一刀切的情况,广泛听取环保组织、行政机关、企业及公民的意见和建议,努力做到在平衡国家利益和社会利益以及民营企业利益的基础上,开展预防性环境公益诉讼,确保生态环境保护力度。

完善预防性环境公益诉讼制度,还可以从行政公益诉讼,环保组织、检察机关、行政机关与审判机关等协调机制的衔接,专家辅助人制度的健全,消费税的"绿色化"改革等方面考虑。

预防性才是环境保护的第一顺位,预防优先于救济,预防至关重要。应对环境风险,需要完善预防性环境公益诉讼制度,规制出一整套合法、合情、合理的预防性程序法律规则,以期将环境危害消灭于无形。我们也将会继续关注"云南绿孔雀案""五小叶槭案""中石油云南炼油项目案"的后续进展,期望每个案件都能得到妥善的解决,让每个案件都能使人民群众感受到司法的公平正义。

第四章
海洋环境民事公益诉讼

第一节 >>>
海洋环境民事公益诉讼的实践发展

自1985年全国各海事法院成立以来,审理了大量涉海环境资源民事案件,在近40年的实践历程中,各级海事审判系统积累了大量的经验,形成了一整套较为成熟的做法。通过"北大法宝"数据库、"无讼案例"数据库和"中国裁判文书网"进行以"海洋环境保护法第八十九条""海洋环境保护法第九十条""海洋环境污染"等为关键词的检索,以及通过"船舶污染损害责任纠纷""海上、通海水域污染损害责任纠纷"等检索,并对海洋民事私益纠纷案件进行排除,本书整理了部分海洋环境民事诉讼案件(如表4-1所示)。2013年最高人民法院通过《人民法院在互联网公布裁判文书的规定》,在此之前,由于信息技术等各方面的原因,各级法院裁判文书没有全部公开上网,因此,以下整理的案件并非全部海洋环境民事公益诉讼案件,且基于论题的旨趣,排除了刑事附带民事海洋生态环境公益诉讼案例。但由小见大,窥得海洋环境民事公益诉讼案件的全貌。2020年5月6日、2021年12月27日、2023年10月13日,生态环境部分别公布的三批生态环境损害赔偿磋商十大典型案例,未涉及海洋环境生态领域。

表 4-1 我国海洋环境民事诉讼案件部分一览表(截至 2023 年)

年份	案号	起诉方（上诉人）	被告方（被上诉人）	审理法院	判决要点
2003	（2003）津海法事初字第 184 号	天津市渔政渔港监督管理处	英费尼特航运有限公司、伦敦汽船船东互保协会	天津海事法院	被告赔偿渔业资源损失 1465.42 万元、调查评估费 48 万元
2003	（2003）沪海法海初字第 4 号	东海区渔政渔港监督管理局	世况航运有限公司、大望航运有限公司	上海海事法院	裁定准许原告撤诉
2006	（2006）大海事外初字第 4 号	大连市渔政监督管理局	昂迪玛海运有限公司等	大连海事法院	裁定准许原告撤诉
2007	（2007）青海法烟确字第 1 号	山东省海洋与渔业厅	联合远洋运输公司、西英船东互保协会	青岛海事法院	两被告连带赔付船舶油污污染损害损失人民币 1431.09 万元
2007	（2007）津海法事初字第 3 号	天津市汉沽区水产局	天津国际游乐港有限公司	天津海事法院	被告赔偿天然渔业资源损失 188.362276 万元
2009	（2009）甬海法事初字第 32 号	东海区渔政局	印度航运有限公司（THE SHIPPING CORPORATION OF INDIA LTD.）	宁波海事法院	被告赔偿因燃油溢油事故造成的渔业资源损失人民币 120 万元
2009	（2009）甬海法事初字第 31 号	宁波海事局	杰斯航运有限公司	宁波海事法院	被告支付原告船舶清污和清障费用 3357.5396 万元
2013	（2013）厦海法事初字第 55 号	海沧区人民政府	厦门港务船务有限公司、厦门千和船务有限公司	厦门海事法院	被告厦门千和船务有限公司赔偿原告厦门市海沧区人民政府清污费用 44.940515 万元

续表

年份	案号	起诉方（上诉人）	被告方（被上诉人）	审理法院	判决要点
2014	（2014）鲁民四终字第193号	利海有限公司	威海市海洋与渔业局	山东省高级人民法院	撤销青岛海事法院（2012）青海法海事初字第169号民事判决，利海有限公司赔偿燃油溢出对海洋渔业资源以及生态环境所产生的和可能产生的一切性质的损害、损失和费用损失合计人民币3336.99万元
2015	（2015）武海法立字第00001号	镇江市渔政监督支队	韩国开发银行投资公司	武汉海事法院	法院认为通海水域环境民事公益诉讼起诉主体需为法律规定有海洋环境监督管理权的部门，或有关社会组织，原告是事业法人组织，不具备起诉资格，裁定不予受理
2016	（2016）粤09民初122号	重庆两江志愿服务发展中心、广东省环境保护基金会	广东世纪青山镍业有限公司、阳江翌川金属科技有限公司、广东广青金属科技有限公司	茂名市中级人民法院	原告不具有作为提起海洋环境污染公益诉讼的主体资格，裁定驳回起诉
2017	（2017）粤72民初541号	中山市海洋与渔业局	彭×权、冯×林、何×生、何×森、袁×胜	广州海事法院	被告赔偿生态修复费用372.558978万元，赔偿因环境污染产生的各项经济损失353.174850万元，赔偿鉴定评估费35万元、检测费19.28万元、律师代理费2万元

续表

年份	案号	起诉方（上诉人）	被告方（被上诉人）	审理法院	判决要点
2017	（2017）粤72民初432号	广州市人民检察院	王×富	广州海事法院	被告赔偿环境污染损失57.7539万元
2017	（2017）粤72民初431号	广州市人民检察院	李×来	广州海事法院	被告李×来赔偿环境污染损失22.9918万元
2017	（2017）粤72民初1144号	珠海经济技术开发区（高栏港经济区）管理委员会（南水镇）海洋和农业局	东莞市中堂镇人民政府等	广州海事法院	裁定准许原告撤诉
2018	（2018）鲁72民初741号民事裁定	北京市朝阳区自然之友环境研究所	荣成伟伯渔业有限公司、王×波、何×青	青岛海事法院	自然之友环境研究所不是提起本案诉讼的适格主体，驳回起诉
2018	（2018）闽72民初152号	中国生物多样性保护与绿色发展基金会	福建省平潭县流水镇人民政府、平潭县龙翔房地产开发有限公司	厦门海事法院	起诉人系基金会、慈善组织，不具备起诉的主体资格，裁定不予受理
2022	（2022）津72民初226号	唐山市人民检察院	广东某航运公司	天津海事法院	判决某航运公司于判决生效之日起九十日内完成打捞案涉沉船的全部作业
2022	（2022）沪72民初1573号	上海市人民检察院第三分院	王×明等4人	上海海事法院	判令王×明等九被告公开向社会赔礼道歉，连带赔偿生态环境损害费用675.8万元，连带支付生态环境损失鉴定费用0.4万元

续表

年份	案号	起诉方（上诉人）	被告方（被上诉人）	审理法院	判决要点
2022	(2022)苏72民初1863号	南京市检察院	周×等3人	南京海事法院	被告共同承担生态环境损害修复费用24.744万元。其中,10.341万元用于修复被损害的海洋生态环境,剩余部分以劳务代偿的方式履行,在江苏省盐城市滨海县公安局、浙江省温州市海洋与渔业执法支队的监督下实施
2021	(2021)琼72民初319号	海口市人民检察院	周×雄	海口海事法院	周×雄自判决生效之日起十日内支付海洋生态环境损害赔偿金21.0595万元,该款项上交国库用于支付案涉15只活体海龟的寄养、放生费用或用于其他海洋生态环境修复;周×雄应在判决生效之日起十日内在海南省级以上媒体公开赔礼道歉;周×雄自判决生效之日起十日内支付评估费用0.64万元

可见,检察机关和公益组织在海洋环境民事公益诉讼方面进行有力探索,打破了海洋环境监管机关作为唯一起诉主体的局面。海洋环境监管机关根据《中华人民共和国海洋环境保护法》相关规定提起的诉讼,明确包含了环境损害赔偿要求。山东省海洋与渔业厅诉联合远洋运输公司、西英船东互保协会为我国海洋环境污染生态损害索赔第一案,在我国环境公益诉讼中具有里程碑意义。

第二节
海洋生态环境损害赔偿诉讼的性质

在我国目前的相关法律条文中,并未直接使用"海洋环境公益诉讼"概念,而是使用"海洋生态环境损害赔偿诉讼",但是不同学者对相关条文的诉讼性质认知存在争议。有的观点认为,海洋环境监管机关代表着国家利益,其代表国家向污染者提出赔偿损失的诉讼请求,根据民事诉讼法"直接利害关系"原则,此种诉讼本质上属于私益诉讼,而不是公益诉讼。有的观点认为,由于海域所有权与海洋环境容量拥有同一客体,即海洋水体,因此,可以将海洋环境损害认定为海域所有权遭受损害,海洋环境监管机关向损害者提出损害赔偿要求是因为国家利益遭受损害,而不是因为社会公共利益遭受损害,因此,也不应认定该诉讼为公益诉讼。[①] 有的观点认为,海洋环境具有公共利益性质,海洋环境监管机关提起损害赔偿要求是为了维护公共利益,该诉讼属于公益诉讼。[②] 可见,如何认定该类损害赔偿诉讼的性质是一个重要的理论命题。

一、"海洋生态环境损害赔偿诉讼"与"生态环境损害赔偿诉讼"本质上属于相同的诉讼类别

中共中央《关于全面深化改革若干重大问题的决定》指出,建设生态文明,要建立系统完整的生态文明体系,用最严格的损害赔偿制度保护生态环境。随后中央《关于加快推进生态文明建设的意见》《生态文明体制改革总体方案》相继印发,对生态文明建设进行全面部署。2015年年底,《生态环境损害赔偿制度改革试点方案》出台,在吉林、山东等7个省(市)开展改革试点工作,为逐步建立生态环境损害赔偿制度积累经验。2017年年底,为期两年的试点工作结束,《生态环境损害赔偿制度改革方案》正式出台,生态环境损害赔偿制度在全国范围铺开,进一步加快推进生态文明建设。最高人民法院分别于2017年

---

① 邓海峰:《海洋油污损害之国家索赔主体资格与索赔范围研究》,载《法学评论》2013年第1期。
② 段厚省:《海洋环境公益诉讼四题初探——从浦东环保局诉密斯姆公司等船舶污染损害赔偿案谈起》,载《东方法学》2016年第5期。

年底和 2019 年发布的《最高人民法院关于审理海洋自然资源与生态环境损害赔偿纠纷案件若干问题的规定》《最高人民法院关于审理生态环境损害赔偿案件的若干规定(试行)》,是在习近平生态文明思想指导下、响应党的十九大和二十大报告关于"加快生态文明体制改革,建设美丽中国"的部署要求所制定的两部司法解释,分别为省、市级政府及其指定的部门和海洋环境监管机关提起诉讼提供了具体的操作指南。

《生态环境损害赔偿制度改革方案》《最高人民法院关于审理生态环境损害赔偿案件的若干规定(试行)》都排除了海洋生态环境损害赔偿案件的适用,认为该类案件适用《中华人民共和国海洋环境保护法》等法律及相关规定。《最高人民法院关于审理生态环境损害赔偿案件的若干规定(试行)》与《最高人民法院关于审理海洋自然资源与生态环境损害赔偿纠纷案件若干问题的规定》属于"一般规定"与"特殊规定"的关系,二者是同一机关针对"一般情况"与"特殊情况"所制定的不同规定,《最高人民法院关于审理海洋自然资源与生态环境损害赔偿纠纷案件若干问题的规定》是专门针对海洋这个特殊事项进行规定。

海洋生态环境损害赔偿诉讼和普通的生态环境损害赔偿诉讼本应同根同源,应具有相同的诉讼性质。但是,最高人民法院内部对两种诉讼的性质有了不同的见解。2017 年年底,最高人民法院民四庭负责人在接受记者采访中明确指出,"海洋环境损害赔偿诉讼具有公益性,其性质是民事公益诉讼";2019 年 6 月在"生态环境损害赔偿诉讼司法解释及典型案例新闻发布会上",时任最高人民法院党组副书记、副院长江必新在发言中指出,"生态环境损害赔偿诉讼与民事公益诉讼和普通环境侵权诉讼均不同,是新的诉讼类型",但是他未明确指出该种诉讼的性质是什么。而学界对生态环境损害赔偿诉讼也有不同的认定,暂未达成共识。

二、海洋生态环境损害赔偿诉讼属于广义的公益诉讼范畴

学界主要有以下两种理由否认生态环境损害赔偿诉讼的公益诉讼性质。第一种观点认为这是"私益诉讼"。这种观点认为生态环境损害赔偿诉讼的理论基础是自然资源国家所有权,"自然资源国家所有权根本上来说是全民所有

制"①,政府部门代表国家利益,向损害生态环境的责任人提出损害赔偿要求,行政机关担任了私法上的民事主体,与责任人直接具有直接利害关系,因此这种诉讼应当属于民事私益诉讼。第二种观点认为这是"国益诉讼"。该观点以吕忠梅教授为主要代表,其在"2018年度中国环境资源法治高端论坛会议"上所作主旨发言,从自然资源国家所有权观点出发,认为生态环境损害赔偿诉讼是行政机关为维护国家利益、履行职责而提起的诉讼。②

从诉讼目的来看,在目的与手段的关系上,目的是动因,决定着行为主体活动的手段和性质;而手段是目的实现的途径。③ 鲁道夫·冯·耶林曾经指出:"法律是人类意志的产物,受到'目的律'的支配,目的是全部法律的创造者,每条法律规则的产生都源于一种目的。"④诉讼目的决定诉讼本质。在生态损害赔偿制度中,"赔偿"应当是手段,其最终目的在于修复受损的环境,维护环境公共利益。而目前的环境公益诉讼保护的也是环境公共利益。因此,生态环境损害赔偿诉讼和环境公益诉讼的诉讼宗旨和目的是一致的。

从适用的范围来看,《最高人民法院关于审理生态环境损害赔偿案件的若干规定(试行)》要求发生较大以上环境事件、破坏特殊区域生态环境或者其他严重影响生态环境的行为,也即需要有损害结果,属于事后救济;《中华人民共和国民事诉讼法》和《中华人民共和国环境保护法》明确环境公益诉讼的适用范围既包括具有损害后果也包括存在会损害社会公共利益重大风险的行为,是事先预防和事后预防相结合。前者诉讼对污染行为的程度有要求,而后者则没有这方面的要求。可以说,环境公益诉讼的适用范围更广。

从救济方式来看,公益诉讼是要求污染环境的责任人停止侵害、排除妨碍、消除危险、恢复原状、赔偿生态环境修复费用和损失、公开赔礼道歉以及支付律师费和诉讼费等。生态环境损害赔偿诉讼的手段在于"赔偿",其诉讼请求在于让责任人支付生态损害修复费用和律师费及诉讼费用。由此可见,环境民事公益诉讼要求责任人承担的除了财产责任还有非财产责任,而生态环境损害赔偿诉讼则只有财产责任。

---

① 郭海蓝、陈德敏:《省级政府提起生态环境损害赔偿诉讼的制度困境与规范路径》,载《中国人口·资源与环境》2018年第3期。
② 吕忠梅:《生态环境损害赔偿诉讼中的问题与对策》,http://www.riel.whu.edu.cn/index.php/index-view-aid-11051.html,最后访问日期:2024年3月8日。
③ 聂凤峻:《论目的与手段的相互关系》,载《文史哲》1998年第6期。
④ 钱鹏:《耶林权利哲学思想述论》,南京师范大学2006年博士论文。

从原告主体来看,环境民事公益诉讼的原告主体包括法律规定的机关和有关组织,目前主要是检察机关和在市级以上政府登记、连续从事环境保护满五年的公益组织。而生态环境损害赔偿诉讼的起诉主体是省市级政府以及其指定的部门或机构。《中华人民共和国民事诉讼法》第58条的规定没有采用列举的方式指明"法律规定的机关"包括哪些,这也为公益诉讼的起诉主体保留了一定空间。

吕忠梅教授的"国益诉讼说"看到了自然资源的生态价值和经济价值,她认为"公益诉讼是保护不特定多数人的环境利益""国益诉讼是保护由国家代表不特定多数人持有的环境利益"[①],认为生态环境损害赔偿诉讼和环境公益诉讼保护的都是不特定多数人的环境利益,区别在于"不特定多数人的环境利益"是否由国家代表。"国家代表不特定多数人持有的环境利益"仍然属于"不特定多数人的环境利益"范围。"不特定多数人的环境利益"范围更广一些,既包括了海洋、水等由国家代表的环境利益,也包括了如大气等不由国家代表的环境利益。

国益诉讼说和狭义环境公益诉讼说认为环境公益诉讼只能由环保组织、检察机关提起一样,都存在对《中华人民共和国民事诉讼法》第58条的误读。在我国,没有明确关于何谓公益诉讼的法律规定。《中华人民共和国民事诉讼法》第58条回答的是"什么是公益诉讼"的问题。"什么是公益诉讼"和"公益诉讼是什么"是两个完全不同的问题。"什么是公益诉讼"是对该种诉讼案件的归类,这是一个开放性的规定,也意味着除了该类型的案件外,还有其他案件也属于公益诉讼,而"公益诉讼是什么"则意味着公益诉讼仅为该类型案件,其他案件不属于公益诉讼。《中华人民共和国民事诉讼法》第58条没有采取"公益诉讼是什么"的立法表述,不能以"某一类案件属于公益诉讼"表述来否定"其他类型案件也是公益诉讼",因此应当宽泛地界定公益诉讼。我国目前的民事诉讼法律框架将诉讼分为公益诉讼和私益诉讼二元并立结构,如果引入国益诉讼,设立私益诉讼、公益诉讼和国益诉讼三元并立结构,三者的诉讼分别保护个人利益、社会公共利益和国家利益,意味着三种利益的绝对分割。在我国,国家利益和社会公共利益并不是完全对立,而是侧重点不同,在大部分上是重合的。因此,关于生态环境损害赔偿诉讼不是公益诉讼和私益诉讼

---

① 吕忠梅:《生态环境损害赔偿诉讼中的问题与对策》,http://www.riel.whu.edu.cn/index.php/index-view-aid-11051,最后访问日期:2024年3月8日。

的观点,并不是对该类诉讼的性质界定,而是强调其与目前由检察机关和公益组织提起的典型公益诉讼的区别,是为了便于识别该类诉讼特殊性。

综上,生态环境损害赔偿诉讼可以看作是一种特殊形式的公益诉讼。海洋环境监管机关提起诉讼是为了全体人民的利益,不是为了自身利益,这是一种"高尚的诉讼",实际上是海洋环境监管机关(政府)对公民所承担的一种责任。建议在立法层面正式将生态环境损害赔偿诉讼纳入公益诉讼的范畴,从技术规范、诉讼程序等方面做好不同主体提起环境民事公益诉讼的衔接工作,提高司法效率,以更好地保护环境公共利益。

第三节
海洋环境民事公益诉讼的起诉主体

2015年之后,环保组织和检察机关开始在海洋环境民事公益诉讼领域进行积极探索。在司法实践中,法院承认检察机关具有提起海洋环境民事公益诉讼的起诉主体资格,同时否认了环保组织的起诉主体资格,但是学术界主流观点认为需要赋予环保组织提起海洋环境民事公益诉讼的起诉主体资格。在环保组织、检察机关、海洋环境监督管理机关三者均可以提起海洋环境民事公益诉讼的情形下,三者的起诉顺位需要进一步厘清。

一、环保组织无法依据现行规定提起海洋环境民事公益诉讼

《中华人民共和国民事诉讼法》赋予有关组织提起公益诉讼的权利。《中华人民共和国环境保护法》对可以提起环境公益诉讼的社会组织的条件作了限定,同时该组织不得通过公益诉讼来"牟取经济利益"。《最高人民法院关于审理海洋自然资源与生态环境损害赔偿纠纷案件若干问题的规定》对环保组织进行了更为细致的规范,"在设区的市级以上人民政府民政部门登记的社会团体、民办非企业单位以及基金会等"可以认定为环保组织。

1.环保组织提起海洋环境公益诉讼在司法实践中多不被认可

在海洋环境案件中,环保组织向法院起诉屡屡"碰壁"。2018年1月,中国生物多样性保护与绿色发展基金会向厦门海事法院对平潭县流水镇人民政府、平潭县龙翔房地产开发有限公司破坏平潭县山门湾区域生态行为进行起诉,要求其承担停止侵害、排除危害和赔偿损失等法律责任。厦门海事法院依据《中华人民共和国海洋环境保护法》(2017修正)第89条第2款、《最高人民法院关于审理海洋自然资源与生态环境损害赔偿纠纷案件若干问题的规定》第3条规定,认为海洋自然资源与生态环境损害索赔的权利应当由海洋环境监管机关享有,基金会、慈善组织不具备起诉资格,裁定不予受理。随即,中国生物多样性保护与绿色发展基金会向福建省高级人民法院上诉。福建省高级人民法院认为《中华人民共和国海洋环境保护法》(2017修正)第89条第2款、《最高人民法院关于审理海洋自然资源与生态环境损害赔偿纠纷案件若干问题的规定》第3条规定赋予海洋环境监管机关对破坏海洋渔业水域生态环境的责任者提出损害赔偿请求的权利,是审理海洋自然资源与生态环境损害赔偿纠纷案件的特别规定,《中华人民共和国环境保护法》第58条是一般规定,基于特殊法优于一般法原则,认定作为基金会的中国生物多样性保护与绿色发展基金会不具有起诉资格,裁定驳回上诉,维持原裁定。

无独有偶,北京市朝阳区自然之友环境研究所向青岛海事法院起诉,要求伟伯渔业、王×波、何×青共同承担禁渔期间非法捕捞所造成的海洋渔业资源修复费用等。青岛海事法院认为:本案系针对破坏海洋渔业水域生态环境提起的公益诉讼,2017年修正的《中华人民共和国海洋环境保护法》第5条、第89条规定赋予海洋环境监管机关对破坏海洋渔业水域生态环境的责任者提出损害赔偿请求的权利,也同时排除了社会组织提出该类请求的资格。其与福建省高级人民法院一样,基于特殊法优于一般法原则,认定案件应适用2017年《中华人民共和国海洋环境保护法》第89条,不适用《中华人民共和国环境保护法》第58条,因此,自然之友环境研究所不能作为提起诉讼的适格主体,起诉被驳回。随后,自然之友环境研究所向山东省高级人民法院提起上诉。山东省高级人民法院也基于同样的理由驳回了自然之友环境研究所的上诉,维持原裁定。同样的,大连市环保志愿者协会就中石油"7·16"原油泄漏向大连海事法院提起海洋环境公益诉讼,要求索赔6.45亿元人民币用于环境修复,大连海事法院以大连市环保志愿者协会不具备海洋环境公益诉讼主体资格为由裁定不予受理。重庆两江志愿服务发展中心、广东省环境保护基金会起诉广东世纪青山镍业有限公司等3个公司非法倾倒、堆填废渣环境污染责任纠纷公益诉讼一案同样也被认定不具有海洋环境污染公益诉讼的主体资格,被裁定驳回起诉。实践中,也有部分案件获得法院立案,如中国绿色发展与生物多样性保护基金会就康菲溢油事件提起海洋环境公益诉讼。

在上述几个环保组织提起海洋生态环境损害赔偿未获得法院认可起诉主

体资格的案件中,几个法院均承认依据2017年《中华人民共和国海洋环境保护法》第89条的海洋生态环境损害赔偿诉讼的性质是海洋环境公益诉讼,但同时认为根据相关的法律、司法解释,海洋民事公益诉讼的起诉主体为海洋环境监管机关,排除了社会组织的起诉主体资格。因此,海洋环境公益诉讼中,环保组织是否具备起诉主体资格,是接下来要讨论的关键。

2.环保组织应当有权提起海洋环境公益诉讼

上述几个法院的判决理由均以2017年《中华人民共和国海洋环境保护法》第89条为特殊规定,而《中华人民共和国环境保护法》第58条为一般规定,根据特殊法优于一般法的原则否定了环保组织的起诉主体资格。在这里,需要讨论当时法院所依据的《中华人民共和国海洋环境保护法》(2017修正)第89条,即《中华人民共和国海洋环境保护法》(2023修订)第114条"对污染海洋环境、破坏海洋生态,给国家造成重大损失的,由依照本法规定行使海洋环境监督管理权的部门代表国家对责任者提出损害赔偿要求"的规定与《中华人民共和国环境保护法》第58条是否构成特殊规定与一般规定的关系。有学者指出,在识别特殊法与一般法的过程中,要采取三步走策略[①]:第一步,两个法律规范由同一机关制定,《中华人民共和国海洋环境保护法》《中华人民共和国环境保护法》均是由全国人大常委会制定;第二步,看两个法律规范的事实构成要件是否存在包容关系,《中华人民共和国环境保护法》第2条规定了环境包括大气、水、海洋、土地等自然因素的总体,环境公益诉讼针对的对象是污染环境、破坏生态的行为,《中华人民共和国海洋环境保护法》的针对对象仅为海洋,环境公益诉讼的事实构成要件包含了海洋环境公益诉讼的事实;第三步,看两个法律所规定的法律后果要件是否相互排斥,《中华人民共和国环境保护法》第58条是对符合条件提起环境公益诉讼的社会组织形式要件的进一步规范,其并不是针对环境公益诉讼起诉主体范围的限定,《中华人民共和国海洋环境保护法》的相关规定只提及海洋环境公益诉讼由海洋环境监管机关提起,没有明确指出"只能由"其提起,因此《中华人民共和国环境保护法》第58条与《中华人民共和国海洋环境保护法》(2023修订)第114条的规范对象不一致,法律效果并不是互斥的,而是相互补充,它们之间并不构成一般法与特殊法的关系。相关法院如果从特殊法优于一般法的规范否认环保组织的起

[①] 曹晓凡:《200多部生态环保法规中,一般法与特别法,如何区别适用?》,https://mp.weixin.qq.com/s/C6mDCQrMJaqf_5sAzGcI4Q,最后访问时间:2024年9月10日。

诉主体资格,势必会违反"上位法优于下位法"的法律位阶关系。

从法理来看,法律位阶确定统一的法律体系内不同法律规范的效力等级和适用顺序,确保法律体系内部的和谐统一。不同的法律规范存在效力等级之分。"一个法律只有与上位阶法协调一致的时候才是有效的,换句话说,一个法律只有找到上位阶法律来源,它才是合法的。"[1]我们通常以法律规范的制定机关的权力等级作为判断不同法律规范的位阶高低。立法主体地位高低是确定一部法律的位阶的标准之一。[2] 根据《中华人民共和国宪法》第 62 条、《中华人民共和国立法法》第 97 条的规定,全国人大制定的法律的效力等级高于全国人大常委会制定的法律。我国《中华人民共和国民事诉讼法》是由全国人大制定的基本法律,《中华人民共和国环境保护法》《中华人民共和国海洋环境保护法》均是由全国人大常委会制定的非基本法律,《中华人民共和国民事诉讼法》的效力等级要高于《中华人民共和国环境保护法》和《中华人民共和国海洋环境保护法》。

《中华人民共和国民事诉讼法》第 58 条对公益诉讼的起诉主体进行了明确规定,《中华人民共和国环境保护法》第 58 条和《中华人民共和国海洋环境保护法》(2023 修订)第 114 条均是在《中华人民共和国民事诉讼法》第 58 条的基础之上进行细化规定。相关法院在解释《中华人民共和国海洋环境保护法》相关条款时,将海洋环境公益诉讼的起诉主体范围限定于海洋环境监管机关,明确排除了环保组织的起诉主体资格,则缩小了权利的范围,与作为"上位法"的《中华人民共和国民事诉讼法》第 58 条"相抵触"。而且,法院如果认定海洋环境公益诉讼的起诉主体只能是海洋环境监管机关,那么无法解释为什么在实践中检察机关可以提起海洋环境公益诉讼。此外,如果将海洋环境公益诉讼的起诉资格仅仅赋予海洋环境监管机关,无法更好地维护海洋公共利益。海洋环境监管机关也是行政机关,归属当地政府管理。在现实中,部分地区为了追求财政收入的增长、实现自己的政绩,在保护环境和短期经济增长的权衡下,他们通过招商引资引入高污染、高收益的企业,也有的官员收受企业赠送"好处",对当地企业的污染行为"睁一只眼闭一只眼",政府与污染企业站在一起,存在行政不作为或者行政乱作为,也给海洋环境造成极大危险。

环保组织作为独立于政府和企业的第三方中立力量,其主要由一批对保

---

[1] 周永坤:《法理学——全球视野》,法律出版社 2000 年版,第 108 页。
[2] 张根大:《法律效力论》,法律出版社 1999 年版,第 169 页。

护环境有极大热情、拥有对"自然环境的积极态度和价值认可"以及"慈善与普遍主义的价值观"[①]的社会人士组成,与政府和企业没有利益纠葛,能够代表广泛的社会公众的利益。因此,要明确环保组织提起海洋环境民事公益诉讼的原告主体资格,着力监督行政机关不作为、乱作为,做好行政机关没有提起海洋环境民事公益诉讼时的有力补充,更好发挥其在海洋环境保护事业中的生力军作用。

二、检察机关多元方式参与海洋环境民事公益诉讼

近年来,检察机关成为公益诉讼中的一支中坚力量。根据近年最高人民法院工作报告,法院每年审理的公益诉讼案件中,绝大多数是由检察机关提起的。早在公益诉讼制度确立以前,各地就有检察机关提起公益诉讼的积极尝试。党的十八届四中全会提出了"探索建立检察机关提起公益诉讼制度"的要求。2015年,最高人民检察院在全国人大授权下,在全国13个省份部署开展检察公益诉讼试点工作。2017年6月,检察公益诉讼正式确立。检察公益诉讼制度从顶层设计到边试边行到立法授权再到全面覆盖,目前已经逐步完善,累积了大量经验。检察公益诉讼制度是我国全面依法治国战略布局中的重要组成部分。习近平总书记在十八届四中全会上深刻指出:"由检察机关提起公益诉讼,有利于优化司法职权配置、完善行政诉讼制度,也有利于推进法治政府建设。"[②]

在海洋环境保护事业上,全国各级检察院主动出击、积极开展"守护海洋"检察公益诉讼专项监督活动,积极探索制度创新,拓展办案空间,努力将检察公益诉讼制度优势服务于海洋生态安全保护,用"检察蓝"守护"海洋蓝"。在检察机关参与海洋环境民事公益诉讼中,主要有:督促起诉、支持起诉、直接起诉、刑事附带民事公益诉讼四种模式。[③]

1.督促起诉模式

督促起诉是指当海洋环境污染事实发生后,海洋环境监管机关应当提起诉讼却没有起诉时,检察机关以法律监督者身份督促海洋环境监管机关起诉

[①] 陶传进:《中国环境保护民间组织:行动的价值基础》,载《学海》2005年第2期。
[②] 习近平:《关于〈中共中央关于全面推进依法治国若干重大问题的决定〉的说明》,载《人民日报》2014年10月29日第2版。
[③] 许国庆、李文军、王秀梅:《检察机关参与环境公益诉讼的构想》,载《中国检察官》2014年第4期。

的模式。例如,中山市人民检察院发现冯×林、彭×权等人将800立方废弃胶纸倾倒于位于中山市横门东出海航道12号灯标北堤的用于水产养殖的围垦中,造成渔业重大损失,也危害人体健康。该检察院于2016年12月7日向中山市海洋与渔业局发出《督促起诉意见书》,督促其对污染责任者依法提起环境公益诉讼。

2.支持起诉模式

支持起诉是指环保组织或者海洋环境监管机关如果存在取证困难或者欠缺相关专业能力等情况下,可以向检察院申请支持起诉。例如上述中山市海洋与渔业局诉冯×林、彭×权等人海洋环境公益诉讼案件中,中山市海洋与渔业局请求中山市检察院在调查取证、出庭应诉等方面予以支持。在广东省环境保护基金会诉焦云水污染环境民事公益诉讼一案中,广州市天河区人民检察院也以支持起诉人的身份向法院提交书面意见,并派员出庭支持起诉。

3.直接起诉模式

《中华人民共和国民事诉讼法》第58条和相关司法解释明确了检察机关在环境民事公益诉讼中"公益诉讼起诉人"的身份,检察机关只能在没有环保组织、海洋环境监管机关起诉或者它们不起诉的情况下,检察机关才有资格进行起诉。于是,在这种情况下,检察院需要进行诉前程序,以公告的方式通知适格机关或环保组织起诉。在诉讼过程中,检察院与被告享有同等的诉讼权利和义务。例如,2016年8月,被告王×富租赁"粤清远货6243"轮将约200吨生活垃圾倾倒入海。2017年3月,广州市南沙区人民检察院建议该区海洋与渔业局提起海洋环境民事公益诉讼。该局以"无具备相关知识和能力的专职人员"为由,恳请检察院进行起诉。广州市检察院以公益诉讼人的身份向广州海事法院起诉。

4.刑事附带民事诉讼模式

刑事附带民事公益诉讼是检察机关在对污染环境责任人提起刑事诉讼时,一并向法院提起附带民事诉讼,要求责任人承担民事责任。例如,2018年海南省检察院第一分院就符×良等人在禁渔区内违法作业向海南省第一中级人民法院起诉,追究其刑事责任的同时要求其承担民事赔偿责任。

提起海洋环境民事公益诉讼是检察机关法律监督职能的要求。《中华人民共和国人民检察院组织法》第2条规定了检察机关"维护国家利益和社会公共利益,保障法律正确实施"的义务,其拥有"公共利益代表人"的身份。正如习近平总书记在第二十二届国际检察官联合会年会暨会员代表大会的贺信中指出:"检察官作为公共利益的代表,肩负着重要责任。"①面对海洋环境遭受破坏,如果有海洋环境监管机关不作为或者环保组织均不提起诉讼的情况下,势必无法维护社会公共利益。可见,检察机关提起公益诉讼依法审理、纠正损害海洋环境公共利益的行为,弥补和恢复受损海洋生态环境,维护海洋环境公共利益,是其义不容辞的职责。

三、海洋环境监管机关可以弥合和救济海洋生态环境执法的不足

我国在修订《中华人民共和国海洋环境保护法》的过程中重视根据时代需求调整对海洋环境污染行为的罚款数额,比如对于向海域排放海洋环境保护法所禁止排放的污染物或者其他物质的行为,2017年《中华人民共和国海洋环境保护法》规定的罚款数额是3万元以上20万元以下,2023年修订后的《中华人民共和国海洋环境保护法》将其调整为20万元以上100万元以下。按照亚当·斯密的人性自利论观点,在经济社会中,人天生就有利己倾向,追求自身利益的最大化,只要有利可图,就会有人乘险抵巘。根据法经济学"认识自利的理性最大化者"基本假设,人们对于法律的遵守并不是因为对法律的尊重,而是利益衡量的结果,当遵守法律能带来更大好处时,人们才会选择遵守。②

对于污染企业而言,如果违法行为的罚款低于其带来的利益,污染企业便会在"守法成本"和"违法成本"之间进行博弈,为了追求利润最大化,以身试法,宁愿"受罚"也不"守法",环境污染问题也愈演愈烈。例如,发生于2011年夏天的渤海蓬莱19-3油田溢油事故,根据国家海洋局的统计数据,海洋污染面积高达5500平方千米,约等于渤海面积的7%,其中有840平方千米的海水更是由一类降为了劣四类海水。渤海是半封闭的内海,据计算,渤海海水要与外部海水进行一次完全交换,需要30年,也就是该溢油事故的污染影响至少为30年。但是最后,本次事故的行政罚款仅为20万元,究其原因,则是受限于当时法律规定的罚款总额不超过20万元的限定。渤海之殇,刺痛无数国人的神经,更是成为《中华人民共和国海洋环境保护法》进行相关修改的直接

---

① 曹建明:《牢记定位使命 坚持"四个自信" 更好地发挥检察机关在全面依法治国中的独特作用》,载《人民检察》2017年第18期第1版。

② [美]理查德·波斯纳:《法理学问题》,苏力译,中国政法大学出版社1994年版,第297页。

原因。2023年海洋环境保护法的修改进一步加大了对污染海洋生态环境行为的惩罚力度,提高了污染企业的违法成本,能够进一步加大对相关企业的震慑力度。

有学者指出行政机关掌握着行政处罚、行政强制等一系列职权,可以确保环境修复工作的顺利开展。然而,如果赋予行政机关申请司法救济主体的角色,容易导致行政机关监管权和索赔权的混淆。[①] 也有学者提出环境机关可以通过行使行政权力达到维护环境公共利益的目的,没有必要赋予环保组织提起公益诉讼的权力。[②] 以上观点混淆了违法主体行政责任和民事责任的性质。民事责任是指民事主体违反民事法律规范中规定的民法义务而应承担的不利法律后果。其目的和功能是通过民事侵权人承担一定财产责任(如返还财产、赔偿损失、支付违约金等)或者非财产责任(如消除危险、消除影响、恢复名誉等),恢复被侵权行为改变了的权利义务关系。民事责任以弥补被侵权人的损失为目标,具有突出的补偿和恢复原状性质,遵循"无损害就无救济"原则。《中华人民共和国民法典》第179条规定了包括"停止损害""排除妨碍""消除危险"等在内的十一种承担民事责任的方式。行政责任是指个人或者单位违反行政管理方面的法律规定所应当承担的不利法律后果。行政责任属于公法责任,虽然具备救济功能,但其最重要的特征在于惩罚性,通过处罚,预防纠纷和损害的发生。由于行政法属于公法,行政机关必须按照依法行政原则,严格遵循"法无明文规定不可为",一旦行政行为牵涉公民权利义务,只要法律没有明确授权,行政机关就不得为相应的行政行为。《中华人民共和国行政处罚法》第8条规定了包含"警告""罚款""责令停产停业"等在内的七类行政处罚。《中华人民共和国海洋环境保护法》(2023修订)第93条至第119条对法律责任作了规定,包含违反该法所应当承担的刑事责任、行政责任和民事责任。其第114条规定,海洋环境污染责任人需要承担赔偿损失的民事责任。赔偿损失是对造成海洋环境污染相关损失的修复,不具有惩罚功能,因此,海洋环境污染相关责任人赔偿损失金额仅需与造成的损害相当,即等价,而罚款(行政处罚)并不是对违法损失的修复,而是在修复行为之上额外科处的惩罚,

---

① 李晖、杨雷:《生态环境损害赔偿制度研究——兼论其与环境公益诉讼的衔接》,载《西部法学评论》2018年第3期。

② 王小钢:《为什么环保局不宜做环境公益诉讼原告?》,载《环境保护》2010年第1期。

其并不是等价的。赔偿损失属于民事赔偿性质,行政机关无法直接作出相关决定,只能通过协商或民事司法途径加以解决。根据《中华人民共和国行政处罚法》第 7 条、《中华人民共和国民法典》第 187 条的规定,已经承担行政责任的,不影响民事责任的承担,不能"以罚代赔"。因此,海洋环境监管机关提起民事公益诉讼并不会导致监管职能和索赔职能的错位。

相反的,由海洋环境监管机关提起民事公益诉讼能够有效弥补行政执法的不足,更好地维护海洋公共利益。近年来,国家有关部门针对海洋生态领域陆续制定了一批法律法规、政策,同时通过严格执法、强化司法等一系列的措施,海洋生态环境质量得到显著提升。但是,海洋环境污染的形势依旧严峻,根据 2019 年《中国海洋生态环境状况公报》,我国未达到第一类海水水质标准的海域面积超过 10 万平方千米,其中,劣四类水质海域面积超过 3 万平方千米,各海区主要超标要素为无机氮、活性磷酸盐、石油类等;辽宁、河北、山东、浙江、江苏、天津等多个沿海省(自治区、直辖市)入海河流断面水质存在不同程度的污染情况。其主要原因则是行政处罚只能缓和但无法从根本上解决海洋环境污染违法成本低的问题。其实,环境公益诉讼产生的根源是为了填补环境行政执法的不足。一方面,对于海洋污染责任人处以直接损失 20% 或者 30% 的罚款,显然不足以治理和修复已经受损的、脆弱的、复杂的海洋生态环境;另一方面,受管辖区域范围的限制,行政机关无法对超过本辖区范围的公共事务行使管理,从而导致行政执法的不足。如果行政权的行使能够完全救济海洋环境公共利益,那么海洋环境公益诉讼也没有存在的必要。

现代国家作用的两种理论不论是起源于 20 世纪德国团体主义思潮的国家积极作为论,强调国家要以追求公共利益为己任,国家对人民负有广泛的责任,要努力使人民获得幸福,还是由德国学者彼德斯倡导的"辅助性理论",提出"实现公共利益是国家责无旁贷的任务",但国家必须在个人通过努力无法维护利益时才能维护出现进行公共利益维护,都强调国家对公共利益的广泛责任。[①] 在我国海洋环境公共治理框架下,海洋环境监管机关是国家和社会海洋公共事务的管理者,是海洋环境保护的主力。维护海洋公共利益是海洋环境监管机关的首要职责。由海洋环境监管机关作为原告提起海洋民事公益诉讼,能有效克服海洋环境管理权的局限性、弥补行政执法不足,同时还不与

---

① 肖建国:《民事公益诉讼的基本模式研究——以中、美、德三国为中心的比较法考察》,载《中国法学》2007 年第 5 期。

自身行政管理职能发生冲突,能维护社会公共利益。

四、各主体提起海洋环境民事公益诉讼的顺位

我国海洋环境民事公益诉讼的起诉主体呈现多元化特征。多元的起诉主体之间相互补充,促进了海洋环境公共利益救济渠道的多元化,更有利于维护社会公共利益。但是,主体的多元性也带来起诉顺位的冲突,由谁提起海洋环境民事公益诉讼更合适,不同主体之间应该如何衔接,这个问题在我国目前的立法中没有规定,在司法实践中也亟待解决。

(一)确定诉讼主体顺位应坚持的原则

1.环境保护优先原则

环境作为公共产品,其公共性决定了国家环境保护政策要以"公共利益最大化"为目标,环境政策的制定要以公共精神作为其灵魂,环境公共利益应当成为环境政策制定过程的价值取向。我国环境政策也随着认识的提高而不断发展。1989年《中华人民共和国环境保护法》第4条确立了环境保护与经济建设、社会发展相协调原则,在该原则下,保护生态环境是为了提高企业的经济效益,实现生态效益、经济效益和社会效益的多赢目标,但在追求经济高速发展、国民生产总值不断提升的年代,国家环境政策并没有把环境保护放在突出地位。后来,党的十六届四中全会上提出了要构建人与自然和谐相处的社会;党的十七大报告中将生态文明建设作为全面建成小康社会的奋斗目标;党的十八大将科学发展观作为党的指导思想,明确地把"生态文明建设"纳入国家"五位一体"总体布局之中,勾画未来中国发展的蓝图,体现了党在生态观上的高度成熟。党的十八大以来,以习近平同志为核心的党中央领导人将生态文明建设上升到前所未有的高度,多次提出"绿水青山就是金山银山"和绿色发展理念,从根本上处理好经济发展与生态环境保护的关系,指出"建设生态文明是民生,也是民意",强调要让良好生态环境成为普惠的民生福祉。无论是二十大报告"建设美丽中国,实现人与自然和谐共生的现代化",成篇系统阐述了我国生态文明建设,还是推动全国人大把生态文明建设写入宪法,都体现了我国对环境保护的重视。2015年《中华人民共和国环境保护法》也明确提出了"环境保护优先"的基本原则。我国海洋环境公益诉讼的设立也是为了解决经济开发与海洋保护之间的冲突。无论是哪个主体提起诉讼都要坚持环境保护优先原则,最大限度地保护海洋环境公共利益。

2.诉讼效率原则

"效率"在经济学中是以投入和产出的比例来进行考量的,作为衡量标准,效率=收入/成本,当投入一样的成本取得更大的效果或者取得同样的效果但投入的成本越少,就意味着效率更高。效率是社会发展的基本价值目标,一个有效率的社会能够以同样的投入创造出更多的财富和价值。"法律是治国之重器,良法是善治之前提",而效率不仅是法律的最重要价值之一,也是评价法律制度的重要标准。经济分析法学家波斯纳曾指出"效率即正义的法律价值""正义的另一种含义就是效率"。法的效率价值意味着要以提高效率的方式来对法律资源进行优化配置和使用。现实社会中存在交易成本,诉讼是一个物质消耗和时间消耗的过程,如果在诉讼过程中投入了过多的人力、物力和时间,个案诉讼将失去实际意义。[①] 因此,在明确诉讼起诉主体资格顺位过程中,要比较各适格主体之间的优劣势,遵循效率原则,合理确定起诉顺位,使诉讼过程有效运作,才能维护好社会公正。

(二)海洋环境民事公益诉讼起诉主体顺位

1.检察谦抑性决定检察机关应当处于最后顺位

法律上的"谦抑"概念最早由日本刑法学者提出,也称为"必要性原则"。[②] 在现代法治理念中,检察谦抑原则必不可少。检察谦抑原则是指检察机关要审慎行使公权力、保持克制,尽可能地避免对公民生活的过度介入和与其他国家公权力机关的冲突,其价值是对公权力进行限制,预防其过度扩张,从而实现尊重和保障人权。郭云忠教授将"谦抑"概括成"克制、妥协和宽容"。[③] 在起诉阶段,"谦抑"更多体现为"克制",在决定是否进行起诉时要"忍一忍""放一放"。

在海洋环境民事公益诉讼中,检察机关的起诉顺位应当嗣后于环保组织。社会管理一直以来都是党和国家重要工作之一。党的十四届三中全会提出要"加强政府的社会管理职能"。1998年第九届全国人民代表大会上,《关于国务院机构改革方案的说明》将政府职能定位于"宏观调控、社会管理和公共服

[①] 张卫平:《民事诉讼法》,中国人民大学出版社2015年版,第17页。
[②] 吴应甲:《中国环境公益诉讼主体多元化研究》,中国检察出版社2017年版,第158页。
[③] 郭云忠、常艳、杨新京:《检察权谦抑性的法理基础》,载《国家检察官学院学报》2007年第5期。

务",社会管理实质上是一种政府行为。随着社会管理理论的发展和实践探索的积累,党的十八届三中全会将"社会管理"改变为"社会治理"。党的十九大提出要"加强和创新社会治理",打造"党委领导、政府负责、社会协同、公众参与、法治保障"共建共治共享的社会治理格局。从政府是唯一主体到"党、政、企、社、众"共同参与的多元主体,只有发挥好民间组织在社会治理中的重要作用,才有利于实现社会公共利益的最大化。环保组织提起海洋环境民事公益诉讼就是参与社会治理的过程,发挥了社会自治功能,能够激发公民主体意识,提高公民社会责任感,增强政治认同和社会团结,也是实现人民当家作主、发展社会主义民主的重要方式和实现国家治理体系和治理能力现代化的必然要求。海洋环境民事公益诉讼属于民事诉讼的范畴,就要遵循民事诉讼的私权自治规律。检察机关提起海洋环境民事公益诉讼行使的是法律监督权,是一种公权力,不应当过多地介入私权领域。

在海洋环境民事公益诉讼中,检察机关的起诉顺位应当嗣后于海洋环境监管机关。根据《中华人民共和国宪法》,不同的国家机关承担不同的职责,检察机关是我国的法律监督机关,检察权与行政权、审判权在我国一元化权力结构下保证国家职能实现而独立运行。检察机关承担法律监督的重要职责。"监督"是对特定对象进行监察、督促,使其能够达到预期的目标,因此,监督具有一定"事后性"。我国宪法和法律对不同国家机关职能进行划分,在海洋环境污染案件中,相关法律赋予海洋环境监管机关向污染责任人提出损害赔偿要求的权力,检察机关就要保持克制和谦让,履行好监督职能。如果检察机关发现案件线索,径直提起诉讼,行使本应该由海洋环境监管机关履行的职责,容易导致两个机关之间的冲突和摩擦,反而出现不同国家机关之间的内耗,违背了国家权力职责划分的初衷。

综上,检察权的谦抑性决定了检察机关提起海洋环境民事公益诉讼在顺位上应当嗣后于海洋环境监管机关与环保组织。明确环保组织、海洋环境监管机关提起公益诉讼的优先性并不意味着否定检察机关在公益诉讼中的地位。《中华人民共和国民事诉讼法》第58条第2款规定了检察机关提起公益诉讼的必要条件是"在没有前款规定的机关和组织或者前款规定的机关和组织不提起诉讼"。此外,检察机关也可以通过参与诉讼、支持起诉等方式参加到公益组织、海洋环境监管机关提起公益诉讼的程序中,以表达自己的意志、发挥自己的作用。

2.海洋环境监管机关的起诉顺位先于环保组织

在海洋环境监管机关和环保组织的起诉顺位上,很大一部分学者认为环保组织的起诉顺位优于海洋环境监管机关。特别是在党的十八届三中全会之后,党和国家对社会事务管理方式发生转变,提出"社会治理"观念。"社会治理"体系中很重要的一块内容就是"社会自治",强调人民群众的自我管理,社会自治程度越高,国家民主政治文明也就越发达。社会自治拓宽了公民参与政治生活的途径,公民能够表达自己的利益诉求,维护自身的合法权益,就能保持社会和谐稳定,维护国家长治久安,实现共产主义的最高理想和最终目标。因此,倘若赋予环保组织提起海洋环境民事公益诉讼的优先顺位,让社会组织进行自我管理,维护社会公共利益,有利于发展中国特色社会主义民主政治。但是,从海洋环境监管机关履行职责和我国环保组织发展水平来看,海洋环境监管机关提起海洋环境民事公益诉讼的顺位为第一位更为合理。

第一,提起海洋环境民事公益诉讼是海洋环境监管机关的法定职责。

海洋环境监管机关是我国的行政机关,是我国政府的职能部门之一。关于政府和社会的关系,中外学者早就有了丰富的论述。霍布斯认为国家(政府)是社会成员之间订立信约产生,它按照"有利于和平与共同防卫的方式"行使全部力量和手段。[①] 卢梭认为国家(政府)"能以全部共同的力量来护卫和保障每个结合着的人身和财富"。[②] 功利自由主义者边沁将个人利益作为人的一切行为的基本动因,提出"最大多数人的最大幸福"是人的根本道德原则,也将其作为衡量国家法律和制度的根本价值标准。他认为政府行为应以增加人和社会的幸福、减少人和社会的不幸为目的,政府应当致力于制造幸福。[③]

学者普遍认为社会是第一性,政府是第二性的,政府存在和发展的基础是由于社会的需要,政府应当向社会提供服务。我国是人民民主专政的社会主义国家,我国的国体决定了政府应当具有"人民性"和"服务性"。中国共产党领导下的政府始终坚持全心全意为人民服务的宗旨。多年来,党和政府不断探索社会管理方式,从"管制性社会管理"到"服务性社会管理"模式的转变,始

[①] [英]霍布斯:《利维坦》,黎思复、黎廷弼译,杨昌裕校,商务印书馆1985年版,第157页。

[②] [法]卢梭:《社会契约论》,李平沤译,商务印书馆1998年版,第9页。

[③] [美]约翰·麦克里兰:《西方政治思想史》,彭淮栋译,海南出版社2003年版,第499页。

第四章　海洋环境民事公益诉讼

终将谋求最广大人民的利益作为一切工作的出发点和立足点。党的十六届四中全会提出,"党只有一心为公,立党才能立得牢;只有一心为民,执政才能执得好"。党的十六届六中全会对服务型政府建设的原则、任务和方法进行详细规定;党的十七大要求"加快行政管理体制改革,建设服务型政府";党的十九大和二十大要求建设"人民满意的服务型政府"。在新公共管理理论吸收了公共选择理论和委托代理理论基础上发展而成的服务型政府理论,要求政府以维护人民群众共同利益和促进社会发展为出发点,以"以人为本、执政为民"作为指导思想,以"为人民服务"为宗旨开展相关工作,努力为人民群众提供优质的公共服务的现代政府治理模式。服务型政府以"服务"作为职能的本质,围绕"公民"开展各项职权。我国宪法规定,国家的权力属于人民,人民是政府权力的委托主体。马克思曾说,"税收是喂养政府的娘奶"。[①] 人民也通过纳税维持政府的运转。既然法律赋予了海洋环境监管机关维护海洋环境利益的权利,那么提起海洋环境民事公益诉讼则是海洋环境监管机关职责内的工作。如果赋予环保组织优先提起诉讼的地位,则意味着人民既让渡了这部分的权利,也出资提供海洋环境监管机关行使权力的必要条件,但是相关诉讼还得自己提起,显然违背了赋予海洋环境监管机关这部分权利的初衷。

第二,环保组织相较于海洋环境监管机关提起海洋环境民事公益诉讼存在现实困难。

我国可以提起环境民事公益诉讼的环保组织主要有两类:一是由政府发起设立的,例如中华环保联合会是由国务院批准,民政部注册,生态环境部管理;二是由民间自发组织的,如自然之友等。环保组织提起诉讼存在很多的困境。就环保组织和海洋环境监管机关提起公益诉讼对比进行分析,环保组织与海洋环境监管机关相比,存在三点劣势。

一是诉讼费用过高,存在资金困境。无论是政府发起设立的环保组织还是民间自发组成的环保组织,其都要按照国务院发布的《社会团体登记管理条例》进行运转。该条例第2条将社会团体限定为"非营利性社会组织",第4条规定了其不得从事营利性经营活动。环保组织的收入主要来自成员会费、社会捐赠(包括募捐、企业赞助等)、政府资助(包括财政拨款、补贴、项目经费

[①] 中共中央马克思恩格斯列宁斯大林著作编译局:《马克思恩格斯全集》(第7卷),人民出版社1959年版,第94页。

等)、资本运作收入(如银行存款利息等)、在业务范围内开展活动或服务的收入等。[①] 也就是说,环保组织的运行资金只能靠外界"输血",难以完成自身"造血",其收入相对是不稳定的。

我国社会组织普遍存在资金问题,经费不足甚至造成了许多社会组织的生存困境。环保组织的资金中用于工作人员薪资、日常行政办公支出、组织会员进行各项环保公益活动等就占了较大一块。环保组织提起民事公益诉讼,如果胜诉的,自然可以要求被告方承担诉讼费、鉴定费、律师费以及为案件支出的合理费用,但如果败诉,相关的法律后果就要由环保组织自行承担,例如自然之友、中国绿发会在与江苏常隆化工有限公司、常州市常宇化工有限公司、江苏华达化工集团有限公司公益诉讼一案中败诉,需承担189.18万元的案件受理费,以及上文提到的广东省茂名市中级人民法院认定重庆两江志愿者服务发展中心、广东省环境保护基金会不具有海洋环境公益诉讼原告主体资格,驳回其起诉一案中,要求该环保组织承担3万元公告费。高额的诉讼成本和败诉风险也让环保组织在海洋环境公益诉讼面前望而却步。

目前我国还未建立统一的公益诉讼专项基金,部分地区刚刚开始专项基金的探索,全国各地的做法不统一,国家在立法、司法或者实际操作层面均未给出明确指导意见,环保组织提起海洋环境民事公益诉讼仍存在资金困难等问题。海洋环境监管机关是国家行政机关,其有国家财政收入作为支撑,相较于环保组织而言,其资金更为稳定、庞大。此外,海洋环境监管机关的运行资金来自税收等,税收取之于民,也应当用之于民。因此,从资金来看,海洋环境监管机关更具有优势。

二是案件线索来源少,无法及时全面保护生态环境。首先,我国《中华人民共和国民法典》以及相关环境民事公益诉讼司法解释将环境民事公益诉讼的举证责任确定为举证责任倒置,环保组织需要提供"被告的行为已经损害社会公共利益或者具有损害社会公共利益重大风险的初步证明材料",可以说大幅度减轻了环保组织的举证压力。但是,在现实生活中,环保组织没有专业的全面覆盖的监测工具对环境进行实时监控,大多是在环境污染发生之后,引起较大社会影响并进入公众视野,环保组织才知晓进而提起公益诉讼,但此时,生态环境已造成较大的污染和破坏。环保组织介入具有"滞后性",环境公益

---

① 根据《中国研究——以个案为中心》调查报告,政府提供的财政拨款和补贴占非营利性组织资金收入的49.97%,会费收入占21.18%。

保护就"不适时"。

相反,海洋环境监管机关在各个海域建有海域环境监测站,能够对水域环境进行实时监测,对污染行为能够第一时间、全面地发现,并及时进行制止,最大限度地保护海洋环境利益。海洋环境监管机关在多年工作中所积累的调查取证优势、发现案件线索优势等,都是环保组织所无法企及的。我国法律赋予了海洋环境监管机关提起海洋环境民事公益诉讼的权利,在海洋环境监管机关和环保组织的顺位优势上,如果赋予环保组织第一顺位,则意味着环保组织要自行发现案件线索,或者海洋环境监管机关发现案件线索之后,要将相关的案件信息移送给环保组织让其起诉,无疑造成更大的麻烦,不利于提高起诉效率和及时全面地保护海洋环境公共利益。

三是环保组织自身具有不稳定性。环保组织是社会组织,其是由公民自愿组成,也可以按照相关规定自行解散。我国的社会组织发展程度还未完备,许多民间环保组织因资金等一系列难题造成生存困难,此外,环保组织的自发性也导致其成员流动性较强。环保组织在公益诉讼案件中会存在组织因各种原因解散或者成员流失无人继续进行诉讼的风险。反观海洋环境监管机关,其属于国家行政机关,无论国务院机构如何进行改革,这项法律赋予的提起诉讼的权利是不会变化的,其可以跟着机构的调整而为新的机构所继承,其公职人员相较于环保组织也具有稳定性。

我国的治理模式从"社会管理"到"社会治理"的转变,并不意味着高度的"社会自治",社会管理和社会自治在我国都是不可或缺的,它们不应当是相互对立,而应当要相辅相成。正如我国目前要打造的"党委领导、政府负责、社会协同、公众参与、法治保障"共建共治共享的社会治理格局,仍然强调政府对社会公共事务全面负责。环保组织提起公益诉讼的一个初衷是解决行政不足和行政不作为的乱象,但如果行政机关能够自觉依法履职,维护海洋环境公共利益,那么环保组织也就无自行提起环境公益诉讼的必要。因此,海洋环境监管机关提起海洋环境民事公益诉讼的顺位应优先于环保组织。

3.海洋环境民事公益诉讼起诉主体顺位制度设想

合理、高效的制度和程序设计有助于维护法律权威、实现法律的价值目标。秉承最大限度地保护环境公共利益和提高司法效率原则,笔者针对海洋环境民事公益诉讼大胆提出如下设想:当海洋环境污染行为发生后,由海洋环境监管机关向法院进行起诉,秉持"社会协同"原则,其可以邀请当地符合条件的环保组织作为共同诉讼人参加诉讼,环保组织也可以在海洋环境监管机起诉后、法院公告之日起三十日内申请参加诉讼；如果环保组织确定海洋环境监管机关不起诉，可自行提起诉讼；当海洋环境监管机关不提起公益诉讼时，应当通过检察建议或者行政公益诉讼等方式督促其履行职责，当海洋环境监管机关、环保组织无力单独提起诉讼时，检察机关可以采取支持起诉的方式帮助诉讼的进行；当这两个机关均不提起的情况下，检察机关才可提起海洋环境公益诉讼。

第四节
海洋环境民事公益诉讼的制度完善

海洋环境民事公益诉讼属于环境民事公益诉讼的一部分。在我国的司法实践中，海洋环境民事公益诉讼的案件数量相对于环境民事公益诉讼的比较少，这是由于人们对于海洋开发的投入力度相较于陆上开发的少。但海洋开发的项目大，一旦发生海洋污染，海洋生态破坏呈现出范围广、持续时间久、危害性大等一系列特征。因此对海洋的保护更应当引起重视。

2017年《生态环境损害赔偿制度改革方案》中，规定了省级、市级政府应该根据生态环境损害鉴定评估报告，就环境损害情况、修复时限、赔偿等问题展开磋商。换言之，磋商机制是生态环境损害赔偿民事诉讼的前置程序，只有当磋商未达成一致时，省、市地级政府才能提起诉讼。但《生态环境损害赔偿制度改革方案》排除了海洋生态环境损害赔偿情况的适用，海洋生态环境损害赔偿诉讼中不适用磋商制度。

司法体制改革作为我国全面深化改革的重要环节之一，越来越重视推进多元化纠纷解决机制。生态环境损害赔偿制度需要引进多元化环境纠纷解决机制。在环境案件中，涉及利益主体多、利益关系复杂，一旦进入诉讼程序，就有取证、因果关系举证、鉴定等一系列环节，各类环境诉讼的案件时间都比较长，即便顺利结案，后续还存在执行难的问题。而海洋生态环境损害赔偿磋商机制的导入，使得政府与赔偿义务人有机会进行磋商，双方地位平等，拥有充分选择权和决定权，同时也能兼顾各方利益，特别是赔偿义务人的实际情况。双方一旦达成合意，前期的磋商使赔偿义务人对赔偿方式更为认可，更有利于损害赔偿的执行。损害赔偿磋商，政府和赔偿义务人可以随时进行，避免庭审排期、法庭质证、辩论等一系列程序。相对于诉讼，磋商的效率更高、质量也更好,能更快地防止污染的扩大、尽早开展海洋生态修复,同时还有利于缓解目前法院存在的"诉讼爆炸"难题,做到公平和效率的统一,能够更好地保护海洋环境公共利益。2018年全国试行生态环境损害赔偿诉讼以来,各省份参照国家《生态环境损害赔偿制度改革方案》研究制定了本地区的改革方案,各地改革方案对生态环境损害赔偿磋商的规定多为原则性规定,仅有部分省市(山东省、江苏省、浙江省、张掖市、济南市等)针对生态环境损害赔偿磋商工作制定了专门办法,对磋商工作的适用原则、条件、内容、次数、协议等内容进行了具体安排。

近来,各省区在生态环境损害赔偿磋商工作方面也取得了较多实践成果。结合各地的专门办法和实践工作,海洋环境民事公益诉讼中引入磋商前置程序应扩大磋商主体范围。国家《生态环境损害赔偿制度改革方案》中对于磋商主体仅规定了赔偿权利人和义务人,广东省《生态环境损害赔偿磋商办法(征求意见稿)》则增加了受邀请参加磋商人(包括人民调解组织、鉴定评估专家等组织或个人),贵州省磋商办法在磋商主体上增加了生态环境损害第三人(利害第三人)、调解组织和受邀参与磋商人(含损害鉴定评估机构、污染防治专家、环保组织、公众等单位或个人),而上海的首例生态环境损害赔偿责任磋商协议则是由上海市检察院第一分院、松江区生态环境局以及两家公司共同签署。根据各地的专门办法和实践经验,建议在磋商权利人和义务人之外,引入第三方主体,特别是鉴定评估专家和环保组织、检察机关。引入鉴定评估专家可以对生态环境损害情况进行鉴定和确认,确保赔偿结果做到"应赔尽赔"。允许环保组织、检察机关作为第三方参与磋商,可以对磋商过程进行监督,确保磋商结果能够最大限度地弥补被损害的海洋环境公共利益,同时也为磋商失败需进一步提起公益诉讼做必要准备。

公益诉讼的理论与实践

第五章
刑事附带民事公益诉讼

目前,公益诉讼检察工作已由全面覆盖迈向新的发展阶段,注重结构调优、稳定增长、巩固成效、深化实践。检察机关在公益诉讼的广阔领域,不仅限于发起民事与行政公益诉讼,更在刑事附带民事公益诉讼的实践中展现出领先立法的趋势。随着这一趋势的持续发展,公益诉讼检察工作正逐步迈向更为成熟和完善的阶段。[①] 囿于公益诉讼检察工作目前制度供给的不足,规则体系的逻辑亦尚未明确,司法实践中各地的做法不一,争议较大,对这项全新的检察业务有必要形成系统性认识,尤其是对刑事附带民事公益诉讼的诉前公告、管辖争议、责任主体、赔偿标准、案件范围等争议性问题,有必要在理论上予以诠释。

第一节 >>>
刑事附带民事公益诉讼概述

一、刑事附带民事公益诉讼概述

(一)刑事附带民事公益诉讼的发展现状

2018年3月2日,《最高人民法院、最高人民检察院关于检察公益诉讼案件适用法律若干问题的解释》正式施行。该《解释》第20条规定在破坏生态环境和资源保护、食品药品安全领域侵害众多消费者合法权益等方面损害社会

---

① 戴佳:《最高检解读关于开展公益诉讼检察工作情况的报告》,https://www.spp.gov.cn/spp/zdgz/201910/t20191026_436230.shtml,最后访问日期:2024年3月4日。

120

公共利益的刑事案件提起公诉时,检察机关可以向法院一并提起附带民事公益诉讼,附带民事公益诉讼与刑事公诉不分案,由同一审判组织审理。检察机关在刑事附带民事公益诉讼中以"起诉人"地位主张维护社会公共利益。

自《最高人民法院、最高人民检察院关于检察公益诉讼案件适用法律若干问题的解释》施行之后,刑事附带民事公益诉讼案件的提起数量明显增多。根据 2024 年 3 月发布的《公益诉讼检察工作白皮书(2023)》,2023 年全国检察机关共立案办理公益诉讼案件 189885 件。从案件类型看,办理行政公益诉讼案件 167776 件,占立案总数的 88.4%,行政公益诉讼彰显独特制度价值;办理民事公益诉讼案件 22109 件,占立案总数的 11.6%。其中,提起民事公益诉讼 11303 件(含刑事附带民事公益诉讼 8654 件),占起诉总量的 89.9%;提起行政公益诉讼 1276 件,占起诉总量的 10.1%,同比 2022 年上升 76.7%。检察机关对一些诉前解决不了的问题,坚持以"诉"的方式解决,体现了司法价值引领,有效推动了一批"硬骨头""老大难"公益损害问题整改。提起诉讼后法院支持率达到 99.96%。[①]

为了进一步规范检察机关履行公益诉讼的检察职责,加强对公共利益的保护,自 2018 年以来,最高人民检察院陆续公布施行了《人民检察院公益诉讼办案规则》《行政公益诉讼典型案例》等文件,明确规定人民检察院办理公益诉讼案件,实行一体化工作机制。上级人民检察院根据办案需要,可以交办、提办、督办、领办案件。上级人民检察院可以依法统一调用辖区的检察人员办理案件,调用的决定应当以书面形式作出。被调用的检察官可以代表办理案件的人民检察院履行调查、出庭等职责。一体化工作机制的施行有力促进了检察公益诉讼的实践发展。

(二)刑事附带民事公益诉讼的功能价值

有研究者将公益诉讼在诉讼模式上依托于刑事诉讼,附带性提起诉讼占比越来越高,独立提起诉讼占比越来越低这一状况的深层次原因归结为"公益诉讼调查核实权限不足下的借用主义",即借助附带性诉讼,检察机关可以依托于侦查机关的刑事侦查成果,无须另外调查取证。[②] 所谓存在即有其合理

[①] 最高人民检察院:《公益诉讼检察工作白皮书(2023)》,https://www.spp.gov.cn/,最后访问日期:2024 年 4 月 12 日。

[②] 樊华中:《检察公益诉讼的调查核实权研究》,载《中国政法大学学报》2019 年第 3 期。

性。在刑事诉讼中由同一审判组织来一并处理解决民事公益责任问题,有利于多维度、全视野查明案件事实、厘清各类主体的法律责任、节约司法资源、充分保障社会公共利益。

刑事附带民事公益诉讼的功能价值,指的是诉讼本身所固有的、旨在达成诉讼目标并体现其内在意义的效能与作用。其显著表现如下:第一,从程序层面来看,通过精心的程序设计,能够有效节约司法机关与当事人的司法资源,显著提升诉讼效率。相较于独立的刑事与民事诉讼程序,刑事附带民事公益诉讼有效减少了程序的重叠,使得不同性质的诉讼请求能够在一个程序中得到同步处理。这既确保了刑事与民事案件事实认定及诉讼价值的一致性与协调性,维护了法院裁判的权威性,也为当事人及其他诉讼参与者提供了便利,使他们能够在一次庭审中就刑事与民事责任一并进行陈述与申辩,从而减轻了庭审负担。第二,从社会价值角度来看,刑事附带民事公益诉讼通过修复受损的社会关系,有助于促进社会的和谐稳定,确保社会秩序的正常运转。在审理刑事案件时,审判机关对被告人刑事责任的判定拥有一定的自由裁量权。基于被告人的认罪态度、修复受损社会公共利益的积极性及补救程度,可以适当从轻或减轻其刑罚,从而实现恢复社会公共利益与促进社会和谐稳定的双重目标。第三,在实体价值层面,刑事附带民事公益诉讼通过追究被告人的刑事与民事责任,实现了对权益的全面保障,扩大了诉讼成果,及时弥补了犯罪行为对社会公共利益造成的损害,避免了责任追究上的脱节现象。刑事附带民事公益诉讼还能够实现刑事诉讼与民事诉讼社会效果的合力,对被告人以及社会公众起到很好的警示和教育作用。[①]

二、问题的提出——"老树发新芽"或"花开两朵各表一枝"

(一)刑事附带民事公益诉讼的研究现状

刑事附带民事公益诉讼是民事公益诉讼与刑事附带民事诉讼两种制度的融合。在探讨西方国家对刑事附带民事诉讼的程序设计时,两大法系的诉讼模式存在显著差异。这一差异体现了不同法律体系在处理此类复杂案件时的独特逻辑和考量。大陆法系国家一般采用附带式诉讼模式,将因犯罪行为而发生的刑事与民事案件并案处理,在刑事诉讼过程中以附带民事诉讼方式解

---

① 赵贝贝:《检察机关提起刑事附带民事公益诉讼问题研究》,载《湖北经济学院学报(人文社会科学版)》2019年第12期。

决民事赔偿问题；而普通法系国家一般采用平行式诉讼模式，强调民事诉讼的独立地位，将民事案件与刑事案件完全分离，民事赔偿系由民事诉讼程序予以解决，刑、民诉讼间不存在依附关系。[①] 对此，我国立法目前采取的是接近于大陆法系国家的附带式诉讼解决的方式。

目前，学界针对刑事附带民事公益诉讼的研究相对不足。现有的研究者多为民事诉讼法学者，由于专业背景和研究视域的限制，学术界对刑事司法改革实践的关注程度尚显不足。这在一定程度上影响了对刑事附带民事公益诉讼的深入研究和全面理解。因此，为了更好地保障社会公共利益，有必要拓宽研究视野，加强对刑事附带民事公益诉讼的研究，厘清刑事附带民事诉讼和民事公益诉讼程序规则的冲突，顺利实现检察机关的重点职能从职务犯罪侦查、刑事指控向维护国家利益和社会公共利益、维护社会公平正义、维护宪法和法律权威、促进国家治理体系和治理能力现代化方向的转化。

从理论角度而言，刑事附带民事公益诉讼兼受刑事附带民事诉讼和民事公益诉讼这两种不同性质诉讼制度的影响。检察机关提起刑事附带民事公益诉讼的正当性、可行性，需要刑事诉讼和民事诉讼双重理论作为建构基础，有必要以系统性和整体性的视野，考察和厘清检察机关提起刑事附带民事公益诉讼与公益性刑事附带民事诉讼的区别。

（二）刑事附带民事公益诉讼与公益性刑事附带民事诉讼的比较

检察机关提起刑事附带民事诉讼的制度早已有之，此即刑事诉讼法理论中所指的公益性刑事附带民事诉讼。而本章的研究对象是刑事附带民事公益诉讼，其与公益性刑事附带民事诉讼，虽然都由检察机关提起诉讼，二者在现象层面存在许多交集，但在法源依据、受案范围、起诉目的等制度内涵上却存在着诸多差异。

1.法源依据不同

私益性刑事附带民事诉讼和公益性刑事附带民事诉讼分别规定于《中华人民共和国刑事诉讼法》第101条第1款和第2款。所谓公益性刑事附带民事诉讼，即国家、集体财产因犯罪行为遭受侵害形成损失的，检察机关有权提起附带民事诉讼。相对于保护私益的刑事附带民事诉讼，公益性刑事附带民事诉讼的差异性主要是基于财产所有制的不同，以是否侵害"国

[①] 姜保忠、姜新平：《检察机关提起刑事附带民事公益诉讼问题研究》，载《河南财经政法大学学报》2019年第2期。

家、集体财产"为分野标志。鉴于"国家、集体财产利益"与"社会公共利益"在概念内涵上并不能完全等同。"社会公共利益"概念在《中华人民共和国刑事诉讼法》第101条的语境下被限缩至"国家、集体财产利益"。法源依据层面的保护功能先天不足,决定了公益性刑事附带民事诉讼制度虽然成文已久,但难有拓展空间,其规制能力实难全面挑起保护社会公共利益之重担。

相较而言,刑事附带民事公益诉讼则有效地克服了保护功能不足的问题。首先,其法源依据体现为《中华人民共和国民事诉讼法》第58条第2款,在破坏生态环境及资源保护、食品药品安全领域侵害众多消费者合法权益等损害社会公共利益方面的案件中,在没有法定机关和组织,或其不起诉的情况下,检察机关可向法院起诉。如法定的机关和组织提起诉讼的,检察机关可以支持起诉。其次,《最高人民法院、最高人民检察院关于检察公益诉讼案件适用法律若干问题的解释》第20条作了更直接的授权规定,检察机关在对前述领域损害社会公共利益的刑事案件提起公诉时,可以一并提起附带民事公益诉讼。关于刑事附带民事公益诉讼的法源依据精准地直面了"社会公共利益"这一概念,其规制功能的拓展空间豁然开朗。

2.受案范围不同

《最高人民法院、最高人民检察院关于检察公益诉讼案件适用法律若干问题的解释》第20条规定的刑事附带民事公益诉讼受案范围包含"等"字。该条规定中的"等"字表述方式为受案范围的拓展留下了巨大的想象空间。各地检察机关在司法实践中对"等"外空间的起诉突破已不鲜见,当然各方面对"等"外空间边界的理解不一,争议观点亦针锋相对。本章下节将专门阐述分析此问题。反观《中华人民共和国刑事诉讼法》第101条第2款对检察机关提起的公益性刑事附带民事诉讼的范围规定则明晰且易操作,检察机关有权起诉的是因犯罪行为致使国家、集体财产遭受物质损失的情形。

3.起诉目的不同

公益性刑事附带民事诉讼的起诉目的是保护国家和集体的财产利益。而根据《最高人民法院、最高人民检察院关于检察公益诉讼案件适用法律若干问题的解释》第20条规定,检察机关提起刑事附带民事公益诉讼的目的是保护社会公共利益。二者的起诉目的存在交叉。但由于国家利益的主体是国家,而社会公共利益的主体是绝大多数的社会人。相当比例的社会公共利益并不能和国家、集体的财产利益发生通约,因此二者的起诉目的确实不完全一致。

4.诉讼请求内容不同

检察机关提起公益性刑事附带民事诉讼的请求内容范围较窄,局限于针对具体的国家和集体财产利益的物质性损失,提出单一的赔偿金责任追索请求。对刑事附带民事公益诉讼,检察机关在诉讼请求的内容上则可以援引《中华人民共和国民法典》《中华人民共和国环境保护法》《中华人民共和国食品安全法》《中华人民共和国消费者权益保护法》等,选择性请求判令被告承担停止侵害、排除妨碍、消除危险、恢复原状、修复生态、赔偿损失、赔礼道歉等一系列多元化的法律责任。

(三)结 论

综上,鉴于刑事附带民事公益诉讼与公益性刑事附带民事诉讼存在的上述差异,二者关系并非"老树发新芽",更似"花开两朵各表一枝"。检察公益诉讼结束试点之后,在《中华人民共和国民事诉讼法》和《中华人民共和国行政诉讼法》的修改中都相应建构了检察公益诉讼,唯独《中华人民共和国刑事诉讼法》在2018年的修改中未提及刑事附带民事公益诉讼。所以,检察机关提起附带民事公益诉讼甚至于整个附带民事公益诉讼制度是否能被囊括在《中华人民共和国刑事诉讼法》第101条关于刑事附带民事诉讼的规范内涵之中,仍是有待商榷的。刑事附带民事公益诉讼制度主要附着于《最高人民法院、最高人民检察院关于检察公益诉讼案件适用法律若干问题的解释》的授权。在司法解释层面来做这种规范扩张的说服力是不够的,其形成过程不同于《中华人民共和国刑事诉讼法》下传统的公益性刑事附带民事诉讼,这种形成路径将民事检察公益诉讼强行嵌入刑事诉讼程序中,让刑事诉讼成为民事检察公益诉讼的一种启动机制或触发机制。强行嵌入刑事诉讼的制度设计在某种程度上反而造成法律制度体系的逻辑混乱。①

现有的突出问题在于,《中华人民共和国刑事诉讼法》所确立的公益性刑事附带民事诉讼的立法框架似乎不足以承载检察机关提起刑事附带民事公益诉讼这一制度,这种"旧瓶装新酒"的逻辑既无法满足当下的检察公益诉讼改革的制度供给需求,又可能导致刑事附带民事公益诉讼制度与其母体——民事公益诉讼制度的逻辑关系被割裂,有关机关和社会组织的起诉资格被架空甚至被排斥。因此,确有必要厘清刑事附带民事公益诉讼与公益性刑事附带

---

① 石晓波、梅傲寒:《检察机关提起刑事附带民事公益诉讼制度的检视与完善》,载《政法论丛》2019年第6期。

民事诉讼的差异性,才能为刑事附带民事公益诉讼的独立发展赋予充分的立法空间。

第二节
刑事附带民事公益诉讼启动问题探讨

尽管在实践中大量运用,但刑事附带民事公益诉讼却无坚实的法律基础与完备的理论支撑。从规范上来看,只有部分情形具有合法性基础,与民事公益诉讼、附带民事诉讼这两项基础制度极不协调,在管辖级别、案件范围、起诉主体等程序启动层面,和调查核实、和解、调解、执行等程序运行层面,以及惩罚赔偿金、损害赔偿费等配套保障机制方面均存在难以并立的融贯性问题。

一、关于刑事附带民事公益诉讼的诉前公告程序

《最高人民法院、最高人民检察院关于检察公益诉讼案件适用法律若干问题的解释》仅在第20条对刑事附带民事公益诉讼作了受案范围和审判组织的粗线条式规定,至于其适用何种诉讼程序则未直接指明。但从刑事附带民事公益诉讼自身的民事公益诉讼本质属性,以及《最高人民法院、最高人民检察院关于检察公益诉讼案件适用法律若干问题的解释》在章节结构上的体例编排上看,刑事附带民事公益诉讼是第二章"民事公益诉讼"末尾的一条特别规定,刑事附带民事公益诉讼既要遵循《中华人民共和国民事诉讼法》和《最高人民法院、最高人民检察院关于检察公益诉讼案件适用法律若干问题的解释》中关于民事公益诉讼的程序规则,又要适用《中华人民共和国刑事诉讼法》关于刑事附带民事诉讼的程序规则。刑事附带民事诉讼程序规则和民事公益诉讼程序规则的双重适用孰为优先?

以上问题首先聚焦于对刑事附带民事公益诉讼是否应适用诉前公告。近年来各地做法不一,有的地方检察机关履行了诉前公告程序,有的地方检察参考《最高人民法院、最高人民检察院关于检察公益诉讼案件适用法律若干问题的解释》所确定的民事公益诉讼程序规则,检察机关拟起诉则应当事先依法公

告。① 如果法定机关和有关组织公告期30日届满未起诉的,检察机关方可起诉。《最高人民法院、最高人民检察院关于检察公益诉讼案件适用法律若干问题的解释》关于诉前公告程序的设计是对《中华人民共和国民事诉讼法》第58条(关于民事公益诉讼起诉主体行权顺位)及《最高人民法院关于适用〈中华人民共和国民事诉讼法〉的解释》第282条的规定,民事公益诉讼的诉权优先归于《中华人民共和国环境保护法》《中华人民共和国消费者权益保护法》等法律规定的机关和有关组织。此处所指的"机关和有关组织"种类复杂,其起诉主体资格取决于相关立法的设定,例如按《中华人民共和国环境保护法》第58条所规定的同时符合"环保公益连续五年以上,无违法记录"和"设区市以上依法民政登记"这两项条件的社会组织。

虽然目前立法未规定检察机关提起刑事附带民事公益诉讼案件应以履行诉前公告程序为前提,但《最高人民法院、最高人民检察院关于检察公益诉讼案件适用法律若干问题的解释》第26条对"本解释未规定的其他事项"规定兜底适用的应是《中华人民共和国民事诉讼法》或《中华人民共和国行政诉讼法》,以及这两部法律的相关司法解释,该项引致性规定未指向《中华人民共和国刑事诉讼法》。既然如此,在刑事附带民事公益诉讼案件中,检察机关就没有排斥适用诉前公告程序的充分理由。此外,诉前公告程序是对程序参与原则的良好落实。《最高人民法院关于适用〈中华人民共和国民事诉讼法〉的解释》规定,在法院受理民事公益诉讼后,依法有权起诉的机关和有关组织仍可以在案件开庭前申请参加诉讼,法院如果准许的,则应列为共同原告。所以,检察机关起诉前如果不履行公告程序,则会破坏程序参与原则。某些地方检察机关排斥诉前公告的做法过于本位思维,事实上损害了法定机关和有关组织在民事公益诉讼中的知情权和起诉权,导致《中华人民共和国民事诉讼法》第58条第2款的"人民检察院支持起诉"制度形同虚设,不利于社会公众在全民共治格局中发挥作用,在影响司法公信力的同时也不利于形成社会保护公益之合力氛围。

值得关注的是,关于刑事附带民事公益诉讼是否适用诉前公告程序已初步形成结论性共识。2019年12月6日开始施行《最高人民法院、最高人民检察院关于人民检察院提起刑事附带民事公益诉讼应否履行诉前公告程序问题

---

① 龙婧婧:《检察机关提起刑事附带民事公益诉讼的探索与发展》,载《河南财经政法大学学报》2019年第2期。

的批复》中规定人民检察院提起刑事附带民事公益诉讼,应履行诉前公告程序。对于未履行诉前公告程序的,人民法院应当进行释明,告知人民检察院公告后再行提起诉讼。同时,为保证刑事诉讼程序依法顺利进行、避免超期羁押,亦规定了人民检察院履行诉前公告程序,可能影响相关刑事案件审理期限的,人民检察院可以另行提起民事公益诉讼。

二、关于检察机关起诉主体地位

在检察公益诉讼的试点实践中,各地检察机关在提起刑事附带民事公益诉讼时,主体称谓曾一度显得杂乱无章。关于《中华人民共和国刑事诉讼法》第101条是否适用于刑事附带民事公益诉讼,各方认识存在分歧,导致检察机关在提起此类诉讼时,其主体身份常受质疑,人民法院在审理此类案件时也存在混乱。主体身份的法律依据问题,已成为检察机关在提起刑事附带民事公益诉讼时所面临的一大难题。审视现行的三大诉讼法,《中华人民共和国民事诉讼法》和《中华人民共和国行政诉讼法》已根据检察公益诉讼试点工作的需要进行了相应的修改,以法律形式明确了检察机关提起民事公益诉讼和行政公益诉讼的主体身份,使其合法化、具体化、明确化。然而,令人遗憾的是,在2018年10月26日第十三届全国人民代表大会常务委员会第六次会议通过的《关于修改〈中华人民共和国刑事诉讼法〉的决定》中,并未涉及刑事附带民事公益诉讼的相关内容。因此,为了克服检察机关在提起刑事附带民事公益诉讼时因主体身份缺乏法律依据而陷入尴尬境地,有必要进一步完善相关法律规定,赋予检察机关作为诉讼主体提起此类诉讼的充分制度支撑,并明确其主体称谓。这样,才能确保检察机关在维护社会公共利益方面发挥更大的作用,同时也有助于提升司法实践的一致性和公正性。诚然,《最高人民法院、最高人民检察院关于检察公益诉讼案件适用法律若干问题的解释》部分地解决了上述立法空白,授予检察机关合法诉讼主体地位,但并未规定在刑事附带民事公益诉讼中检察机关是否可以同样适用民事公益诉讼中"公益诉讼起诉人"这一身份称谓。

检察机关是行使公权力的国家机关,其办理公益诉讼案件是履行法律监督职责的职权行为,检察机关的诉讼地位具有其特殊性。在诉讼权利义务上与普通原告有一定的区别。因此,应当把握处理好检察机关提起公益诉讼的特殊性与诉讼规律、诉讼制度的共同性之间的关系。为此,《最高人民法院、最高人民检察院关于检察公益诉讼案件适用法律若干问题的解释》规定检察机关以"公益诉讼起诉人"的身份提起公益诉讼,更加合理、明确地界定了检察机关提起公益诉讼的身份。

同时,《最高人民法院、最高人民检察院关于检察公益诉讼案件适用法律若干问题的解释》也规定了"依照民事诉讼法、行政诉讼法享有相应的诉讼权利,履行相应的诉讼义务,但法律、司法解释另有规定的除外"。这既遵循了诉讼法的基本原则,也体现了"两造"的平等地位和平等的诉讼权利义务。[①] 最高人民检察院在 2019 年 10 月 10 日发布了《26 件公益诉讼典型案例》,其中对"安徽省池州市贵池区人民检察院诉原前江工业园固废污染刑事附带民事公益诉讼案"中安徽省池州市贵池区人民检察院以"公益诉讼起诉人"身份提起刑事附带民事公益诉讼中"公益诉讼起诉人"的身份称谓予以肯定,这也符合《最高人民法院、最高人民检察院关于检察公益诉讼案件适用法律若干问题的解释》将"刑事附带民事公益诉讼"的规定置于"民事公益诉讼"结构部分中的逻辑关系。

三、关于起诉主体资格的探讨

关于检察机关提起刑事附带民事公益诉讼是否应适用诉前公告程序的争论,其问题的核心其实不在于从实证层面以效率为导向去分析诉前公告程序是否会导致审查起诉期间的延长,以致影响刑事诉讼和附带民事公益诉讼的协同办理。从逻辑关系上看,更为重要的是对一个基础性问题的判断,即刑事附带民事公益诉讼的起诉资格是否专属于检察机关。如果检察机关在刑事附带民事公益诉讼起诉资格上具有唯一性,则关于适用诉前公告程序的争论即是一个伪命题。反之,如果检察机关在刑事附带民事公益诉讼的起诉资格上不具有唯一性,那么仅从顾及刑事诉讼和附带民事公益诉讼协同办理的司法效率价值来证成检察机关刑事附带民事公益诉讼优先起诉地位的理由也显然是不够充分的。

对检察机关而言,《最高人民法院、最高人民检察院关于检察公益诉讼案件适用法律若干问题的解释》第 20 条直接赋予检察机关提起刑事附带民事公益诉讼的起诉资格,明确检察机关的诉讼主体地位。那么其他机关和社会组织是否可列入诉讼主体范围?首先,从实证研究视角可以获得一些对司法实

---

① 张雪樵:《〈关于检察公益诉讼案件适用法律若干问题的解释〉的理解与适用》,载《人民检察》2018 年第 7 期。

践的基本认识。有研究者通过对部分刑事附带环境民事公益诉讼案件样本进行分析,发现虽然缺乏行政机关具有刑事附带民事公益诉讼起诉主体资格的直接立法,但在案件样本范围中除检察机关外,仍有20%的案件为行政机关提起诉讼,这表明相当部分的司法实务部门对行政机关的起诉资格是认同的。① 其次,从理论研究层面观察,学术界对此认识也是较为混乱的。有研究者认为,刑事附带民事公益诉讼毋庸置疑地是检察公益诉讼的下位概念,刑事附带民事公益诉讼未被赋予能够与检察民事公益诉讼、检察行政公益诉讼鼎足而立的地位,其只是被视为检察民事公益诉讼的特殊形态。② 也有研究者从《最高人民法院、最高人民检察院关于检察公益诉讼案件适用法律若干问题的解释》第20条的文义解释出发,认为提起刑事附带民事公益诉讼的主体只能是检察机关,检察机关"可以"提出,而不是必须提出,其具有选择权。③

在诉讼法原理上,刑事附带民事公益诉讼应是民事公益诉讼在刑事审判领域的一种特殊延伸。《最高人民法院、最高人民检察院关于人民检察院提起刑事附带民事公益诉讼应否履行诉前公告程序问题的批复》中所体现的态度是明朗且开放的。但必须指出的是,即便如此,对目前刑事附带民事公益诉讼起诉资格争议的根本解决方案仍需通过修订《中华人民共和国刑事诉讼法》予以建构。否则,其他机关和社会组织提起刑事附带民事公益诉讼的身份称谓、程序运行等具体问题还是无法理顺。

四、关于刑事附带民事公益诉讼的基层法院级别管辖

在刑事诉讼中适用民事公益诉讼程序规则的难点在于,需要在同一个审判组织主持下的同一个庭审过程中实现民事公益诉讼和刑事诉讼这两种性质截然不同的诉讼制度紧密衔接、自然过渡和合理分离。④ 两种诉讼制度的结合,其意图是极其远大的,本质是为了实现刑事附带民事诉讼对社会公共利益

---

① 田雯娟:《刑事附带环境民事公益诉讼的实践与反思》,载《苏州学刊》2019年第9期。

② 刘加良:《刑事附带民事公益诉讼的困局与出路》,载《政治与法律》2019年第10期。

③ 谢小剑:《刑事附带民事公益诉讼:制度创新与实践突围》,载《中国刑事法杂志》2019年第5期。

④ 王栋:《刑事附带民事公益诉讼也应注重客观公正义务》,载《检察日报》2018年5月30日第3版。

保护功能的广阔延伸。民事公益诉讼作为民事诉讼的新类型,刑事附带民事公益诉讼作为刑事附带民事诉讼的新类型,新新相叠加,如何解决程序规则的诸多冲突自然就暂时难有共识。

刑事附带民事公益诉讼应受民事公益诉讼程序规则的基础约束。检察机关提起民事公益诉讼的诉权由设区市级别人民检察院行使,民事公益诉讼一审对应由中院审理。从《最高人民法院、最高人民检察院关于检察公益诉讼案件适用法律若干问题的解释》的立法逻辑和结构体例看,刑事附带民事公益诉讼的本源仍是民事公益诉讼,是民事公益诉讼在刑事司法场域中的特别表现形态。刑事附带民事公益诉讼似乎只能由中级人民法院受案管辖。可令人不解的是,司法实践中,基层检察机关向基层法院提起刑事附带民事公益诉讼的现象比比皆是。那么基层法院究竟是否具有刑事附带民事公益诉讼的管辖权?

基层法院具有受理刑事附带民事公益诉讼的管辖权,理由如下:

第一,刑事附带民事公益诉讼的程序目的本来就是将与刑事犯罪有因果关联的民事公益诉讼附带于刑事诉讼内,两案合并为一案,由同一审判组织审理,这样做有利于节约司法资源,提高审判效率,避免在保护社会公共利益过程中出现多余讼累。

第二,基层法院管辖刑事附带民事公益诉讼具有司法解释层级的依据支撑。例如,尽管环境民事公益诉讼案件的管辖权依法律规定归属中级人民法院,然而,当中级人民法院认为存在必要性时,其有权在得到高级人民法院的批准后,通过裁定方式将案件指定由基层人民法院进行管辖。这样的安排旨在确保案件能够得到更为高效和专业的处理,同时也在一定程度上减轻了中级人民法院的工作负担。这一机制体现了我国司法体系在环境民事公益诉讼领域的灵活性和适应性。这说明中级人民法院的级别管辖权并非固化专属性的,不排斥向下指定基层法院管辖的可能性。由此可见,刑事附带民事公益诉讼案件通常由负责审理刑事案件的法院进行管辖。若此类刑事案件的审理工作由基层法院负责,则这一安排并不会与民事公益诉讼由中级人民法院管辖的级别规则产生根本性的冲突。这一设计旨在确保司法资源得到合理分配,同时维护了诉讼程序的协调性和一致性。此外,在《最高人民法院关于审理环境公益诉讼案件的工作规范(试行)》中也有规定环境刑事案件和环境民事公益诉讼案件的合并审理制度,即检察机关对同一污染环境、破坏生态行为分别向有管辖权的基层人民法院、中级人民法院提起刑事诉讼和环境民事公益诉讼的,可以由同一审判组织合并审理。此处所指的"同一审判组织"应当包括基层法院在内。

第三,级别管辖的错位配置不符合刑事诉讼原理。从刑事诉讼和刑事附带民事公益诉讼的关系构造及程序运行机制看,二者呈现为鲜明的主从关系,刑事附带民事公益诉讼与普通的刑事附带民事诉讼相似,无法对刑事诉讼的程序进展产生实质性影响。这表明,在刑事诉讼的框架内,附带的民事公益诉讼并不具备左右刑事程序推进的效力。如果刑事附带民事公益诉讼的级别管辖对刑事诉讼的级别管辖造成冲击,则将根本上动摇刑事诉讼审理。所以,刑事附带民事公益诉讼的级别管辖理应依附于刑事诉讼的级别管辖规则,否则所谓的"附带诉讼"和"合并审理"都将无从谈起。

从2021年7月1日施行的《人民检察院公益诉讼办案规则》的相关规定看,本书的观点也是与其相符合的。《人民检察院公益诉讼办案规则》第14条第1款将民事公益诉讼案件的级别管辖确定在基层人民检察院这一级别,但在第14条第2款关于刑事附带民事公益诉讼的级别管辖规则中未予直接确定管辖级别,而是表述为"由办理刑事案件的人民检察院立案管辖"。

第三节
刑事附带民事公益诉讼运行问题探讨

一、关于刑事附带民事公益诉讼中的调查核实

公益诉讼中的调查核实是指检察机关在办理公益诉讼案件中为查明案情、收集证据而依照法定程序进行的专门活动和依法采取的相关措施。[①] 目前关于此方面的立法供给较为单薄、层级较低,成为检察机关开展刑事附带民事公益诉讼的调查取证工作的瓶颈因素。《中华人民共和国人民检察院组织法》第21条规定,检察机关对诉讼活动实行法律监督时可以进行调查核实。但该条规定所指的"对诉讼活动实行法律监督"是否可以涵摄公益诉讼,尤其是如何诠释检察机关"公益诉讼起诉人"的职权授予,仍是有待研究的。此外,

---
① 张贵才、董芹江:《公益诉讼调查核实程序有待完善》,载《检察日报》2016年9月18日第3版。

《最高人民法院、最高人民检察院关于检察公益诉讼案件适用法律若干问题的解释》第6条规定,检察机关办理公益诉讼案件,可以向有关行政机关以及其他组织、公民调查收集证据材料;有关行政机关以及其他组织、公民应当配合;需要采取证据保全措施的,依照《中华人民共和国民事诉讼法》《中华人民共和国行政诉讼法》相关规定办理。但该规定的立法位阶较低,而且无论是《中华人民共和国民事诉讼法》还是《中华人民共和国刑事诉讼法》,都欠缺关于检察机关在处于"当事人"地位时的调查核实权的授权规定。

必须指出的是,当下关于刑事附带民事公益诉讼的调查取证工作的具体操作主要还是依据最高人民法院发布的司法解释和司法规范性文件层面的立法支撑,例如2018年3月12日最高人民检察院民事行政检察厅下发的《检察机关民事公益诉讼案件办案指南(试行)》和2021年7月1日施行的《人民检察院公益诉讼办案规则》。有必要从法律层面提升制度建设的法源依据位阶,夯实检察机关在刑事附带民事公益诉讼中调查取证工作的权力合法性基础。

以下参考《人民检察院公益诉讼办案规则》和《检察机关民事公益诉讼案件办案指南(试行)》的相关规定,对刑事附带民事公益诉讼的调查取证程序设计应当考虑的关键要素加以解读。

第一,检察机关的调查方式应包括查阅、摘抄、复制有关行政执法卷宗材料,询问违法行为人、证人等,收集书证、物证、视听资料、电子证据等,咨询专业人员、相关部门或者行业协会等对专门问题的意见,委托鉴定、评估、审计;勘验、检查物证、现场,以及其他必要的调查方式。

第二,调查的内容需涵盖以下内容:①违法行为人的基本情况。违法行为人是个人的,应当调查行为人身份信息、户籍信息等;违法行为人是法人或其他组织的,应当调查行为主体的性质、经营范围、营业执照、缴纳税收情况、营利情况、经营规模等。同时,还需要调查可能承担连带责任的其他主体。②违法行为人实施的损害社会公共利益的行为及具体过程。③损害后果,包括社会公共利益受到损害的类型、具体数额或者修复费用等。④违法行为与损害后果之间的因果关系。具体应当把握三个方面:首先,因果关系应是条件相当的因果关系;其次,破坏生态环境和资源保护的案件一般通过委托鉴定、评估、审计的方式作出;最后,对于破坏生态、污染环境案件而言,因果关系的举证责任虽在违法行为人,但检察机关基于确定违法事实的需要仍然应当对证明是否存在因果关系的事实进行调查。⑤违法行为人的主观过错程度,应结合违法行为人实施违法行为的次数、持续时间、手段和方式、获利情况、是否曾接受行政处罚或刑事处罚等综合确定。虽然污染环境案件中的污染者和食品药品安全领域缺陷产品的生产者承担的是无过错责任,但是基于检察机关提起民事公益诉讼的目的和庭审应对的需要,宜全面调查取证。

第三,关于保全措施的规定应当分为财产保全和证据保全:一是财产保全。对于可能因被告一方的行为或者其他原因,使判决难以执行或者造成与国家利益或者社会公共利益相关的其他侵害情形,检察机关可以建议人民法院对被告财产进行保全。根据检察机关建议,人民法院采取保全措施的,检察机关无须提供担保。二是证据保全。在证据可能灭失或者以后难以取得的情况下,检察机关可以在诉讼过程中建议人民法院保全证据。

鉴于刑事附带民事公益诉讼与刑事诉讼之间的紧密联系,不宜机械地套用检察机关办理民事公益诉讼时的调查取证程序。目前,关于检察机关民事公益诉讼案件办案指南的相关制度仍然不完善,无法为刑事附带民事公益诉讼提供全面的支撑和指导。至少以下几个问题还是需要作特殊考虑的:第一,调查取证程序的启动时点。刑事诉讼与附带民事公益诉讼具有天然不可割裂的一体关系,公益侵权的因果关系、损害后果等调查取证内容需借助于刑事侦查所取得的证据线索。从防范证据灭失的目的来看,检察机关公益诉讼部门与侦查机关的配合更是实属必要。因此,在侦查阶段时,公益诉讼部门即可同步进行调查取证,而不是迟滞到审查起诉阶段才开展工作。第二,刑民诉讼证据转化标准。诚然,近年来刑事附带民事公益诉讼在检察公益诉讼中占比急剧上升的现状确有"搭便车"的因素,刑事附带民事公益诉讼的相当部分证据材料在刑事侦查阶段已由侦查机关代劳,检察机关公益诉讼部门可直接使用刑事诉讼部分的证据材料。但这同时也带来一些问题,如刑事诉讼的证据与刑事附带民事公益诉讼证据是否可以直接转化,转化的标准如何建构。刑事诉讼与附带民事公益诉讼中待证的案件事实既有差异性也有共通性,在相同事实的认定上无须保持同一水准。刑事诉讼中的证明标准要求达到唯一性,排除合理怀疑。而对于刑事附带民事公益诉讼而言,证明标准应当低于刑事诉讼的证明标准,其通用的证明标准是达到"高度盖然性"即可。[①] 因此,刑事附带民事公益诉讼有理由直接适用刑事诉讼的证据材料,无须再行取证,这也符合节约司法资源的需要。反之则是不行的,即刑事附带民事公益诉讼的证

[①] 樊华中:《检察公益诉讼的调查核实权研究》,载《中国政法大学学报》2019年第3期。

据材料不可直接适用于刑事诉讼。第三,被告人及代理人诉讼权利保障。鉴于刑事诉讼中的羁押率现状,大多数刑事诉讼的被告人在侦查阶段开始即可能处于羁押状态中,如何来保障被告人特别是那些没有获得律师帮助的被告人在刑事附带民事公益诉讼中的诉讼权利是一个难题。即使是在刑事辩护全覆盖的环境下,法援辩护律师或者值班律师的职责范围依照相关规定并未包含关于刑事附带民事公益诉讼的代理。此外,司法实践中委托辩护律师在刑事辩护工作范围之外同时承担刑事附带民事公益诉讼代理事务的情况也是参差不齐的。因此,相当部分的刑事诉讼被告人只能自行应对刑事附带民事公益诉讼,这在抗辩的有效性上显然处于不对等地位,有必要通过具体的制度设计使被告人在刑事附带民事公益诉讼中的诉讼权利在立法上获得切实保障。对检察机关在刑事附带民事公益诉讼的调查核实程序的制度设计除了规范调查核实职权行使之外,还应关注保障被告人的程序权利,体现程序公正,例如侵害公益或者造成损害后果的专家意见、鉴定意见在庭前告知被羁押的被告人,被告人有权提出重新鉴定的申请,刑事辩护全覆盖的工作范围可延伸至代理刑事附带民事公益诉讼。

二、关于刑事附带民事公益诉讼的和解、调解

检察机关作为公共利益的代表人,其在面对被告方提出的和解、调解请求时,是否应参与诉讼请求的调解与和解,这在理论界确实存在不同的声音。支持这一做法的学者认为,这有助于提升诉讼效果,并从根本上维护民事诉权双方平等自愿的原则,只要确保有相应的监督程序来约束检察机关的处分权即可。然而,反对者则认为,检察机关虽然代表社会公共利益,但其本质上仅是一个利益代表人,并非实际的实体权利人,因此并不具备实际的处分权。这两种观点各有其依据,值得我们深入探讨。从规范支撑来看,《最高人民法院关于适用〈中华人民共和国民事诉讼法〉的解释》第287条规定,对公益诉讼案件,当事人可以和解,人民法院可以调解。但是,和解、调解是否合法合理、司法裁量的自由度有多大、专业辅助人在和解或者调解协议形成过程中的作用等,都有待立法进一步明确。此外,《最高人民法院关于适用〈中华人民共和国民事诉讼法〉的解释》第287条还规定了和解或者调解协议的公示程序以及人民法院对社会公共利益的审查权,这就使得检察机关对和解或者调解协议的促成缺乏触发程序的动力。所以,在目前尚未有调解与和解具体细则的情形下,检察机关不会轻易选择和解,法院也不会轻易调解结案。诸多检察机关所办理的刑事附带民事公益诉讼案件中,因为缺乏可供参考的标准,全部没有调解与和解结案的,完全由法院根据检察机关的诉讼请求依法作出判决。[①]

无论和解还是调解,在制度上是没有合法性障碍的,程序规则的具体细节亦能得到逐步完善。在刑事附带民事公益诉讼中,和解与调解的适用具有其正当性依据。这主要体现在对社会公益的全面保障上,即确保社会公益在整个诉讼过程中得到妥善维护。同时,检察机关作为调解主体的适宜性也是其正当性的体现,因为检察机关具备处理此类案件的专业能力和法律地位。此外,从制度本质层面来看,此类诉讼的可调解性为其适用和解、调解提供了可能。和解、调解与效率价值的内在契合,使得其在实践中能够更有效地实现诉讼目标。[②] 解决问题的关键仍在于寻找开启程序之门的推动力来源。刑事诉讼中,检察官具有客观义务,而在刑事附带民事公益诉讼中对检察机关并没有"客观取证义务、中立"等要求,更没有类似"认罪认罚从宽"的制度基础。因此,指望检察机关主动提出和解或调解意愿是不现实的。具有促成和解或调解最强烈动机的一定还是被告人那一方。从和解或调解提出的时机看,与刑事诉讼中的认罪认罚从宽程序同步进行似乎是一个比较合适的选择。

但这随之又产生了一个新问题,即刑事附带民事公益诉讼的和解或调解是否有理由对认罪认罚从宽的量刑建议构成影响。如果不能影响到检察机关的量刑建议,那么和解或调解对保障社会公共利益是没有什么正面意义的。以和解或调解方式结案,有利于公益诉讼赔偿金等的顺利执行,被告人在量刑上也能获得一定的从宽待遇,这应该是个值得乐见其成的局面。就诉讼的社会效果而言,将认罪认罚从宽的边界扩展至刑事附带民事公益诉讼场域,在程序上联动办理,有其现实价值。

三、关于刑事诉讼作无罪判决时附带民事公益诉讼的处理

尽管刑事诉讼的无罪判决率较低,但从理论研究的周延性看,仍有必要探讨当刑事诉讼作无罪判决时,对附带民事公益诉讼应如何处理的问题。司法实践中对传统的私益性刑事附带民事诉讼案件,当刑事诉讼出现无罪结果时,

---

① 石晓波、梅傲寒:《检察机关提起刑事附带民事公益诉讼制度的检视与完善》,载《政法论丛》2019年第6期。

② 王智杰:《刑事附带民事公益诉讼中调解的适用与展开》,载《常州大学学报(社会科学版)》2023年第4期。

附带民事部分的处理存在以下三种情形:第一,当被告人被宣告无罪或案件审理终止时,附带民事诉讼并不会被转交给民事审判庭处理,而是继续由刑事审判庭在解决刑事部分时一并处理。第二,对于被害人提出的附带民事诉讼请求,若刑事审判庭不予处理,则应将附带民事诉讼移交至民事审判庭进行审理,或告知被害人另行提起民事诉讼。第三,若刑事被告人被宣告无罪或案件审理终止,同时应作出驳回当事人附带民事起诉的刑事附带民事裁定,以确保诉讼程序的公正与效率。此外,在司法实践中,当传统的公益性刑事附带民事诉讼案件在刑事诉讼阶段得出无罪结论时,附带民事部分的处理方式呈现出以下两种主要情形:第一,当人民法院判定刑事诉讼被告人的行为不构成犯罪时,对于检察机关已经提起的附带民事诉讼,若经调解双方未能达成一致意见,人民法院将一并对刑事部分和民事部分作出判决。第二,对于检察机关决定撤回起诉的公诉案件,其已提起的附带民事诉讼部分可以进行调解。若调解不适宜或调解失败,人民法院则将裁定驳回起诉。[1]

鉴于上述情况,建议将刑事附带民事诉讼案件审理中的实际操作方式,作为参考应用于刑事附带民事公益诉讼之中。具体而言,当人民法院判定刑事诉讼被告人无罪时,对于检察机关已提起的附带民事公益诉讼,应首先尝试通过调解达成结案;若调解无果,则由负责审理刑事诉讼的法院一并对刑事附带民事公益诉讼作出判决。对于检察机关决定撤回起诉的刑事案件,人民法院可以选择裁定驳回附带民事公益诉讼的起诉,或者允许检察机关撤回附带民事公益诉讼,并向中级人民法院另行提起民事公益诉讼。这一做法旨在确保案件处理的连贯性和公正性,同时维护公益诉讼的合法权益。

四、关于刑事附带民事公益诉讼损害赔偿责任的承担

如果检察机关附带提起民事公益诉讼,则可能会追加刑事案件被告人的所在单位为被告,这样就出现刑事案件与附带民事案件被诉主体不同的问题,进而产生公益损害赔偿责任的承担问题。被告人所在单位可否被追加作为刑事附带民事公益诉讼的被告?如果被告人的犯罪行为系职务行为而其所在单位却未被起诉,则应当将被告人所在单位增列为附带民事公益诉讼被告,理由在于:

第一,根据《最高人民法院关于适用〈中华人民共和国刑事诉讼法〉的解

---

[1] 张昌明:《刑事附带民事公益诉讼模式初探》,载《上海法学研究》2019 年第 20 卷。

释》第 180 条第 5 项的规定,附带民事诉讼中依法负有赔偿责任的人包括对被害人的物质损失依法应当承担赔偿责任的其他单位。因此,在普通的刑事附带民事诉讼逻辑中,刑事诉讼与附带民事诉讼的被诉主体不同,属于司法解释认可的情形。检察机关追加被告人所在单位为附带民事公益诉讼的被告,具有程序法上的基础条件。

第二,用人单位的工作人员的侵权行为发生于执行工作任务中的,根据《中华人民共和国民法典》第 1191 条规定由用人单位承担侵权责任。据此,检察机关追加被告人所在单位为附带民事公益诉讼的被告,亦具有实体法上的基础条件。

五、关于应急处置费用能否列入刑事附带民事公益诉求的问题

随着生态环境法益本身的重要性和独立性的提升,客观上需要针对被损害的生态环境法益进行专门救济和补偿。因此,生态环境修复责任在本质上仍然属于环境民事责任。[①] 在生态环境和资源保护、食品药品安全领域的环境污染事故或者公共卫生事件的处置过程中,政府有关部门经常为了减轻或者防止环境污染和生态恶化后果、维护社会公众生命健康等目的采取了一系列应急处置措施并产生巨额处置及善后费用。但这些费用未在《中华人民共和国民法典》第 1235 条中直接列明,检察机关在提起附带民事公益诉讼时可否将该部分应急处置费用列入诉讼请求?

检察机关在提起附带民事公益诉讼中将上述应急处置费用列入诉讼请求,是不太妥当的。对于应急处置费用是否由污染者直接承担,虽然目前尚未有立法上的直接规定,但《中华人民共和国环境保护法》已明确了"损害者担责"的基本原则,且根据《最高人民法院、最高人民检察院关于办理环境污染刑事案件适用法律若干问题的解释》的相关规定,应急处置费用应纳入突发环境事件损害赔偿范畴。即便如此,笔者仍主张上述情形不宜由检察机关在刑事附带民事公益诉讼中将应急处置费用列入诉讼请求范畴,应当由政府有关部门另案向侵权责任人追索。理由在于:

第一,环境民事公益诉讼虽然可以要求被告"赔偿损失",但依照《最高人民法院关于审理环境民事公益诉讼案件适用法律若干问题的解释》第 21 条规

---

① 杨红梅:《修复生态环境责任刑民衔接的困境与完善路径》,载《学海》2023 年第 6 期。

定,此处"损失"所指应当为生态环境受到损害至恢复原状期间服务功能损失,能否包括应急处置费用,尚无更具体明确的法律规定予以厘清。

第二,即使应急处置费用可纳入损失赔偿的诉讼请求范畴,但对于胜诉后被告所支付损害赔偿金的处理,目前相关法律亦无配套规定。理论上,基于环境利益的公共性,胜诉后的所得利益应当归属于享有环境公共利益的全体社会公众。将损害赔偿金其中的一部分直接交由政府有关部门冲抵应急处置费用,在财政资金使用管理制度上似乎也于法无据,更缺乏必要的执行程序和监督机制规定,对应急处置费用的合理性评价也没有专门的程序规则,实为不妥。

六、关于刑事附带民事公益诉讼的执行监督

(一)监督刑事附带民事公益诉讼裁判文书执行情况的必要性

刑事附带民事公益诉讼案件裁判文书生效后,案件进入执行阶段。检察机关在该阶段的法律监督职能包括以下方面:一是监督判决或裁定的落实情况;二是监督公益诉讼赔偿资金管理情况;三是公益诉讼赔偿资金使用情况。检察机关在刑事附带民事公益诉讼案件中,其地位既是刑事诉讼的公诉人,也是附带民事公益诉讼的起诉人。如果生效裁判内容的公益诉讼部分不能得到执行,那就只是一纸空文。所以,检察机关首先有责任加强对裁判执行情况的监督,彰显宪法和法律权威;其次,强化对刑事附带民事公益诉讼案涉执行款项管理情况的监督,也是落实维护社会公共利益的需要;最后,加强对刑事附带民事公益诉讼案涉执行款项使用情况的监督,也是规范及促进廉洁行政的需要。

(二)刑事附带民事公益诉讼执行监督的内涵

检察机关开展刑事附带民事公益诉讼执行监督工作首先表现为对裁判执行情况的监督。《最高人民法院、最高人民检察院关于检察公益诉讼案件适用法律若干问题的解释》第12条规定,"人民检察院提起公益诉讼案件判决、裁定发生法律效力,被告不履行的,人民法院应当移送执行"。刑事附带民事公益诉讼不同于一般民事诉讼,裁判文书的执行无须检察机关向人民法院提起执行申请,而是由人民法院在被告不履行的情况下直接移送执行。该规定明确了刑事附带民事公益诉讼案件的执行,是人民法院及其执行部门的职责。因此对于司法实践中如果出现了人民法院未及时移送或者执行部门不及时执行的问题,致使生效裁判在法定时间内未得执行的,检察机关应当发出检察建

议,督促有关部门予以执行。

检察机关开展刑事附带民事公益诉讼执行监督工作其次表现为对刑事附带民事公益诉讼案涉执行款项管理情况的监督。案涉执行款项种类繁多,包括赔偿金和生态环境修复资金等。检察机关要通过及时有效的法律监督,督促上述资金纳入合法管理机制,避免案涉执行款项失管现象的发生。

检察机关开展刑事附带民事公益诉讼执行监督工作还表现为对刑事附带民事公益诉讼案涉执行款项使用情况的监督。例如在破坏生态资源犯罪案件中,需要利用公益诉讼执行款项对遭到破坏的水源、土壤、森林、草地等生态环境资源予以修复,依法通过招投标方式确定施工单位组织施工,项目竣工后相关部门按规定进行验收。检察机关有责任监督有关行政机关和施工单位等,确保项目质量,杜绝案涉执行款项使用过程中违法、违纪、浪费、不作为等现象的发生。[1]

第四节
刑事附带民事公益诉讼的配套保障机制

一、关于惩罚性赔偿金的适用

惩罚性赔偿制度发端于私益诉讼。[2] 惩罚性赔偿金具备公私法交织的特性。国家通过设立这一赔偿责任,主要目的是强制干预并惩处行为人,进而维护社会公共利益。尽管惩罚性赔偿金也在一定程度上为受害人因无形损害提供了慰藉,但其核心目的更在于惩戒和预防违法行为,凸显了其公法属性。同时,惩罚性赔偿金亦具备为受害人提供精神安慰的功能,且其主体双方地位平等,这体现了其私法属性。因此,惩罚性赔偿金在公私法之间找到了平衡点,既体现了国家的强制干预,又兼顾了私法主体的平等地位。尽管现行立法已清晰指出,在涉及食品药品安全、侵害消费者权益的案件中,可以引入惩罚性赔偿金作为补偿机制,然而,在涉及众多消费者权益受损的食品药品安全领域

---

[1] 王英芳:《公益诉讼诉后监督应予重视》,载《检察调研与指导》2018年第6期。
[2] 王泽、姚婷婷:《公益性惩罚性赔偿的实践分析与制度完善》,载《中国检察官》2023年第21期。

犯罪行为所引发的刑事附带民事公益诉讼中,关于惩罚性赔偿金的应用问题,却缺乏明确的立法规定。这使得在司法实践中,对于此类案件的赔偿金适用存在较大的模糊性和不确定性。以规范分析的视角看,目前适用惩罚性赔偿金的条件尚不充分。

首先,《中华人民共和国食品安全法》第 148 条规定,生产不符合食品安全标准的食品或者经营明知是不符合食品安全标准的食品,消费者除要求赔偿损失外,还可以向生产者或者经营者要求支付价款十倍或者损失三倍的赔偿金;增加赔偿的金额不足一千元的,为一千元。但是,食品的标签、说明书存在不影响食品安全且不会对消费者造成误导的瑕疵除外。《中华人民共和国消费者权益保护法》第 55 条规定,经营者提供商品或者服务有欺诈行为的,应当按照消费者的要求增加赔偿其受到的损失,增加赔偿的金额为消费者购买商品的价款或者接受服务的费用的三倍;增加赔偿的金额不足五百元的,为五百元;经营者明知商品或者服务存在缺陷,仍然向消费者提供,造成消费者或者其他受害人死亡或者健康严重损害的,受害人有权要求经营者依法赔偿损失,并有权要求所受损失两倍以下的惩罚性赔偿。对前条进行文义解读,前述规定的权利主体均应为具体明确的消费者个人,其维护的应是私益损失。此外,《中华人民共和国消费者权益保护法》第 47 条规定,对侵害众多消费者合法权益的行为,中国消费者协会以及在省、自治区、直辖市设立的消费者协会,可以向人民法院提起诉讼。由该规定内容并结合《最高人民法院、最高人民检察院关于检察公益诉讼案件适用法律若干问题的解释》第 20 条规定可知,针对侵害众多消费者合法权益行为提起民事公益诉讼(含刑事附带民事诉讼)的合格起诉主体包括省级以上消费者协会和检察机关,消费者个人的简单集合不具有起诉主体资格。

其次,根据《最高人民法院关于审理消费民事公益诉讼案件适用法律若干问题的解释》第 7 条、第 9 条、第 13 条、第 17 条、第 18 条等规定,人民法院受理消费民事公益诉讼案件后,依法可以提起诉讼的其他机关或者社会组织,可以在一审开庭前向人民法院申请参加诉讼。人民法院准许参加诉讼的,列为共同原告。人民法院受理消费民事公益诉讼案件后,因同一侵权行为受到损害的消费者申请参加诉讼的,人民法院应当告知其另行提起民事诉讼主张权利。在消费民事公益诉讼案件中,可予支持的诉讼请求包括停止侵害、排除妨碍、消除危险、赔礼道歉等以及原告方为停止侵害、排除妨碍、消除危险采取合理预防、处置措施而发生的费用和对侵权行为进行调查、取证的合理费用、鉴定费用、合理的律师代理费用。《最高人民法院关于审理消费民事公益诉讼案件适用法律若干问题的解释》在前述关于侵权责任（诉讼请求）的列举式规定中，未提及赔偿金或者惩罚性赔偿金。由此可知，赔偿金或者惩罚性赔偿金均是针对私利益损失的民事责任，应通过私益性诉讼途径谋求救济。

二、关于生态环境损害赔偿费用的计算标准

依照《最高人民法院、最高人民检察院关于办理环境污染刑事案件适用法律若干问题的解释》的相关规定，生态环境损害赔偿的范围包括生态环境修复费用、功能永久性损害造成的损失、修复期间服务功能的损失以及其他必要的合理费用。目前，关于各地生态环境损害赔偿司法实践的做法不一、尺度各异，关于规范生态环境损害鉴定评估的司法鉴定体系建设尚未健全，全国统一的生态环境损害司法鉴定评估技术标准体系则尚未全面建成。

当下，各地检察机关在司法实践中对生态环境损害赔偿费用的确定主要是参考已登记具有从事环境损害鉴定业务资质的司法鉴定机构所作出的司法鉴定意见。按照司法部、原环境保护部于2015年12月21日颁布的《关于规范环境损害司法鉴定管理工作的通知》的规定，环境损害司法鉴定的主要领域包括污染物性质、空气污染环境损害、地表水和沉积物环境损害、土壤与地下水环境损害、生态系统环境损害、近海海洋与海岸带环境损害等八大类鉴定。环境损害司法鉴定门类齐全，覆盖面广，每一类环境损害鉴定又各有其不同的费用评估的鉴定标准。

考虑到检察官和律师都可能存在的生态环境专业知识欠缺的情况，承办人针对生态环境损害赔偿费用这一争点的对抗，可以依法申请有专门知识的人出庭辅助举证和质证，就鉴定意见中关于生态环境修复费用、修复方式、生态环境服务功能损失、因果关系等问题提出专业质证意见。

上述关于生态环境修复费用的确定问题是司法实践中最为困难也最具争议的焦点问题。其中，生态环境基线的评估以及虚拟治理成本法的适用，是生态环境修复费用鉴定评估工作中规定得相当含糊的领域，鉴定人的专业裁量性也极大，是对论证生态环境修复费用的合理性起到基础性作用的关键环节，建议承办人可关注原环境保护部于2016年6月29日发布的《生态环境损害鉴定评估技术指南 总纲》和《生态环境损害鉴定评估技术指南 损害调查》这两份规范性文件，从损害调查程序、环境价值评估方法、因果关系等方面提出精准有效的庭审意见。

三、关于刑事附带民事公益诉讼赔偿资金的管理

关于刑事附带民事公益诉讼胜诉后赔偿金的管理问题,目前尚未有明确的法律规定,司法实践中的具体操作也比较混乱。按照《中华人民共和国刑事诉讼法》关于刑事附带民事诉讼的规则,损害赔偿金应归于原告,但在刑事附带民事公益诉讼中被害人是不确定的,加之检察机关在刑事附带公益诉讼中的身份是"公益诉讼起诉人"而非原告,因此其权利只是一种代表权,其对损害赔偿金并不具备支配权。立法上对权利主体的错位配置实际上造成赔偿金在管理和使用分配上的难题。为了使刑事附带民事公益诉讼制度能有效运行,发挥其应有的司法功能,亟须建立和完善刑事附带民事公益诉讼赔偿金的组织保障和资金管理长效配套机制。

以下参考福建省财政厅会同福建省自然资源厅、福建省高级人民法院、福建省人民检察院于2019年12月13日联合发布的《福建省生态环境损害赔偿资金管理办法(试行)》相关规定来阐述本书的制度设计建议。《福建省生态环境损害赔偿资金管理办法(试行)》将赔偿权利人定位在设区市以上地方人民政府。赔偿资金作为政府非税收入,实行收支两条线,使用省财政厅统一印制的非税收入票据,通过全省非税收入系统全额上缴至赔偿权利人指定部门的同级国库,纳入预算管理。通过人民法院生效调解、裁判确定的生态环境损害赔偿资金,由人民法院负责执行。同一生态环境损害事件涉及省域内跨设区市的,损害赔偿资金原则缴入省级国库,由省级国库用于损害结果发生地的生态环境修复。生态环境损害赔偿支出纳入同级预算管理。赔偿义务人缴纳的生态环境损害赔偿资金,由损害结果发生地统筹用于生态环境替代修复。

在赔偿资金的使用方面,由赔偿权利人依据损害结果、受损害的自然资源类型等因素,从自然资源、生态环境、水利、林业、海洋渔业、住建、农业农村等相关部门中按照职责分工指定部门开展生态环境损害具体修复工作,生态环境损害赔偿支出由该部门使用。赔偿权利人指定部门负责生态环境损害赔偿支出预算编制,指定部门开展调查取证、勘查鉴定、环境监测等工作,邀请专家、聘请律师等产生的费用,纳入赔偿权利人指定部门的预算予以统筹保障。生态环境损害赔偿支出由资金使用部门向同级赔偿权利人指定部门和财政部门提出申请,同时提交使用方案、经费支出预算、绩效目标等相关文件材料。资金支付按照国库集中支付制度有关规定执行。支出属于政府采购范围的,

按照政府采购有关规定执行。结转结余资金按照财政盘活存量资金有关规定处理。

在赔偿资金的监督管理方面,资金使用情况由资金使用部门和同级财政部门依法向社会公开。资金使用部门按规定开展修复评价评估和资金绩效管理工作,并按时限要求将修复评价评估和绩效自评结果报送赔偿权利人指定部门和同级财政部门。赔偿权利人指定部门和同级财政部门按职责分工负责生态环境损害赔偿资金的监缴、支出预算的审核批复、资金拨付等,按规定开展生态环境损害赔偿资金重点绩效评价。赔偿权利人指定部门、财政部门及其工作人员在生态环境损害赔偿资金收缴、分配、审核等工作中,存在违法违纪行为的,按照《中华人民共和国预算法》《中华人民共和国公务员法》《中华人民共和国监察法》《财政违法行为处罚处分条例》等国家有关规定追究相应责任;涉嫌犯罪的,移送监察机关、司法机关处理。资金使用部门、单位和个人存在虚报冒领、骗取套取、挤占挪用等违法违纪行为的,按照《中华人民共和国预算法》《财政违法行为处罚处分条例》等国家有关规定追究相应责任;涉嫌犯罪的,移送监察机关、司法机关处理。

第六章
公益诉讼类检察建议

第一节 检察建议的基础理论

一、检察建议制度概述

在我国,检察建议实践由来已久,最早可溯至1931年的《工农检察部的组织条例》。该条例首次将检察建议的权力赋予检察机关,规定工农检察机关[①]在国家机关、企业及其工作人员有违反选民意愿,违反政策、法令、法规的行为时享有对机关、企业等提出建议的权力。[②] 新中国成立后,1954年制定的《中华人民共和国人民检察院组织法》进一步明确了人民检察院的法律监督职责,"地方各级人民检察院发现本级国家机关的决议、命令和措施违法的时候,有权要求纠正",并且"人民检察院发现国家工作人员有违法行为,应当通知他所在的机关给予纠正"。[③] 由此,检察建议被正式赋予一般监督的功能。虽然随着时代的发展,1979年《中华人民共和国人民检察院组织法》废止了原有第8

[①] 依1931年宪法大纲规定,工农检察部为检察机关前身,其中央领导机关称为"中央工农检察人民委员部",后来改为"中央工农检察委员会",而地方检察部后来更名为"工农检察委员会",故此处用"工农检察机关"来统称。参见孙谦:《人民检察制度的历史变迁》,中国检察出版社2014年版,第52~53页。

[②] 孙谦:《人民检察制度的历史变迁》,中国检察出版社2014年版,第52~53、60~61页。

[③] 陈国庆:《〈人民检察院检察建议工作规定(试行)〉解读》,载《人民检察》2010年第1期。

条、第 9 条在一般监督方面的规定,但在中央政策指导下,检察建议的实践并没有消失而是逐步发展出了"维护国家的统一,维护无产阶级专政制度,维护社会主义法制,维护社会秩序、生产秩序、工作秩序、教学科研秩序和人民群众生活秩序"①等社会综合治理类,以及"促使案件多发行业完善管理制度和健全防范机制,堵塞犯罪漏洞,推动行业预防"②等预防犯罪类检察建议。进入 21 世纪以来,为了更好地保障人民检察院对诉讼审判活动进行法律监督,检察建议基于自身柔性且非法定的特点,将其功能逐渐由诉讼外监督拓展至诉讼监督之内。③ 在 2001 年相继出台的《人民检察院民事行政抗诉案件办案规则》第 47 条④以及《最高人民检察院关于刑事抗诉工作的若干意见》第 3 条第 3 项⑤中首次将检察建议融入到民事、行政以及刑事诉讼的检察监督工作里面。2012 年《中华人民共和国民事诉讼法》修订以后,检察建议进一步发展出了再审类检察建议,并由此成为检察机关开展审判监督程序的重要举措之一。

近年来,检察建议类型不断扩展,其在检务工作中的重要性也正日益凸显。⑥ 为进一步规范检察建议的实践运行,2019 年《中华人民共和国人民检察院组织法》完成修订,正式将检察建议纳入检察机关履行法律监督职权的手段

---

① 《中华人民共和国检察院组织法》(1979 年版)第 4 条。
② 《最高人民检察院关于加强预防职务犯罪工作的意见》第 6 条第 2 项。
③ 姜伟、杨隽:《检察建议法制化的历史、现实和比较》,载《政治与法律》2010 年第 10 期。
④ 《人民检察院民事行政抗诉案件办案规则》第 47 条:"有下列情形之一的,人民检察院可以向人民法院提出检察建议:(一)原判决、裁定符合抗诉条件,人民检察院与人民法院协商一致,人民法院同意再审的;(二)原裁定确有错误,但依法不能启动再审程序予以救济的;(三)人民法院对抗诉案件再审的庭审活动违反法律规定的;(四)应当向人民法院提出检察建议的其他情形。"
⑤ 《最高人民检察院关于刑事抗诉工作的若干意见》第 3 条第 3 项:"人民法院审判活动违反法定诉讼程序,但是未达到严重程度,不足以影响公正裁判,或者判决书、裁定书存在某些技术性差错,不影响案件实质性结论的,一般不宜提出抗诉。必要时可以以检察建议书等形式,要求人民法院纠正审判活动中的违法情形,或者建议人民法院更正法律文书中的差错。"
⑥ 据统计,2008 年全国各级检察机关共发出检察建议 36371 件,而在 2018 年全国检察机关共发出检察建议 252966 件。可以发现,在 2008 至 2018 年的十年期间,检察机关制发的检察建议数量翻了约七倍,平均每年增加约 21656 件,可见检察建议在检务工作中的重要性正日益凸显。2008 年数据参见陈国庆:《〈人民检察院检察建议工作规定(试行)〉解读》,载《人民检察》2010 年第 1 期。2018 年数据参见于潇:《2018 年全国检察机关制发检察建议 252966 件》,https://www.spp.gov.cn/spp/zdgz/201902/t20190226_409392.shtml,最后访问日期:2023 年 4 月 22 日。

之一;同年,最高人民检察院出台《人民检察院检察建议工作规定》首次明确了检察建议的五大类型(再审检察建议、纠正违法检察建议、公益诉讼检察建议、社会治理检察建议、其他检察建议)及其适用范围、适用程序等内容。

虽然检察建议作为一项由来已久的检务措施,但其在司法实践之中仍处于不断探索阶段,相关制度与理论研究也亟待发展与完善。特别是在生态治理、食品药品安全等方兴未艾的检察公益诉讼领域,公益诉讼类检察建议如"襁褓之婴"般需不断呵护与培养。尽管在2015至2017年的两年试点中,检察建议在公益领域的实践卓有成效。[①] 但是,从学术研究情况来看,既有研究主要聚焦于如下几个方面:

一是检察建议的性质研究。具有代表性的观点认为,"检察建议是检察机关履行法律监督职能的一种重要形式"[②],应当充分重视检察建议的法律监督属性。[③] 也有研究认为,检察建议在适用对象、范围不同于诉讼监督,其业已囊括了法律监督及其以外的范围,在性质上应纳入非诉讼监督范畴。[④] 还有部分研究从检察行为的分类视角出发,认为检察行为可分为检察职务行为和检察事实行为,而检察建议应当属于不具有法定程序和形式,能够产生一定法律效果且非强制力的检察事实行为。[⑤] 对此,有学者进一步认为,检察建议本质是"协同赋权",是以协同理论、赋权理论、治理理论为指导,能动地调动、活化检察系统内外部可能性资本的一种非强制性权力。[⑥]

二是检察建议的价值根据。当前研究普遍认为检察建议作为一种以诉讼为后盾的监督模式,自身具有程序启动与实体处理的权能,不仅能在实践过程

[①] 检察机关通过检察建议的诉前程序解决公益诉讼案件数量共7676件,占两年公益类诉讼案件总数比例高达84.8%,挽回直接经济损失89亿余元。参见徐日丹、闫晶晶、史兆琨:《试点两年检察机关办理公益诉讼案件9053件》,载《检察日报》2017年7月1日第2版。

[②] 孙谦:《检察理论研究综述(1979—1989)》,中国检察出版社2000年版,第352页;张晋邦:《论检察建议的监督属性——以行政公益诉讼中行政机关执行检察建议为视角》,载《四川师范大学学报(社会科学版)》2018年第6期。

[③] 封蔚然:《行政公益诉讼检察建议的制度完善》,载《江西社会科学》2020年第8期。

[④] 韩成军:《检察建议的本质属性与法律规制》,载《河南大学学报(社会科学版)》2014年第5期。

[⑤] 吕涛:《检察建议的法理分析》,载《法学论坛》2010年第2期。

[⑥] 李立景:《协同赋权:新时代中国检察建议的范式转型与重构》,载《湖南社会科学》2020年第5期。

中给予有关单位"'自我救赎'的警示、'先礼后兵'的尊让、'强制而非命令'的督促",①还具有"规范执法、深化社会治理、促进预防犯罪、强化检察职能"的作用价值。②

三是检察建议的监管及完善对策构建。研究者提出需强化检察建议的刚性和效力,合理控制制发对象和案件范围,提升社会对检察建议的认知和认同,③增加行政公益诉讼主体,④并以功能为中心构建检察建议内容形式,同时明确检察建议实际制发者的程序地位,强化建议内容方面说理性。⑤ 也有研究者从监督主体角度论述,建议建立多维度监督视角,如引入人大执法与检察建议同步落实机制、联合纪检监察,⑥或是将监督社会化,让人民群众参与对检察机关工作、被监督单位整改的监督之中,⑦使检察建议完成从"形式督促"走向"实质督促"的强化。⑧ 而具体针对公益诉讼类检察建议的研究较为有限,从文献检索来看,仅有七篇。⑨ 综观既有研究,大部分研究者都对公益领

---

① 张晓飞、潘怀平:《行政公益诉讼检察建议:价值意蕴、存在问题和优化路径》,载《理论探索》2018 年第 6 期。

② 许世腾:《论检察建议的规范与完善》,载《理论学刊》2014 年第 2 期。

③ 周长军、杨丹:《检察建议的刚性提升与范围控制》,载《人民检察》2018 年第 16 期。

④ 桂萍、贾飞林:《检察机关提起行政公益诉讼制度刍议》,载《行政与法》2019 年第 6 期。

⑤ 卢护锋:《检察建议的柔性效力及其保障》,载《甘肃社会科学》2017 年第 5 期。

⑥ 谭安民:《多维监督"修炼"检察建议刚性》,载《人民法治》2018 年第 19 期。

⑦ 汤维建:《检察建议规范化改革展望》,载《人民检察》2018 年第 16 期。

⑧ 王国飞:《环境行政公益诉讼诉前检察建议:功能反思与制度拓新——基于自然保护区生态环境修复典型案例的分析》,载《南京工业大学学报(社会科学版)》2020 年第 3 期。

⑨ 以中国知网为数据库检索,选择期刊为检索对象,以检察建议为主题,以来源类别 CSSCI 为检索条件,共得出 448 个结果。经筛选,以公益类诉讼检察建议为研究对象的学术期刊论文共有 7 篇,分别是:刘加良、李畅:《行政公益诉讼诉前检察建议的规则调适》,载《河北法学》2023 年第 11 期;吴凯杰、赵仙凤:《行政公益诉讼检察建议与社会治理检察建议之界分——基于生态环境保护典型检察建议的分析》,载《南京工业大学学报(社会科学版)》2023 年第 4 期;关保英:《行政公益诉讼中检察建议援用法律研究》,载《法学评论》2021 年第 2 期;封蔚然:《行政公益诉讼检察建议的制度完善》,载《江西社会科学》2020 年第 8 期;王国飞:《环境行政公益诉讼诉前检察建议:功能反思与制度拓新——基于自然保护区生态环境修复典型案例的分析》,载《南京工业大学学报(社会科学版)》2020 第 3 期;张晋邦:《论检察建议的监督属性——以行政公益诉讼中行政机关执行检察建议为视角》,载《四川师范大学学报(社会科学版)》2018 年第 6 期;张晓飞、潘怀平:《行政公益诉讼检察建议:价值意蕴、存在问题和优化路径》,载《理论探索》2018 年第 6 期。

域引入检察建议的问题进行了不同程度的探讨,认为检察建议具有法律监督属性,具有"'先礼后兵'的尊让、程序启动与实体处理的权能兼具"等系列价值,[①]同时囿于检察建议不具备刚性及可预期的效力,不宜认定行政机关不执行检察建议为行政不作为。[②] 考虑到诉前检察建议存在对象选择的差异性、制发次数的非限定性、实体内容的粗疏性、效力的非约束性以及文书的非公开性等问题,[③]应从行政系统内部实现自我纠错与救济的穷尽,[④]从对象适格、内容公开、回复评估、责任追究等方面完成检察建议从"形式督促"到"实质督促"的转变。[⑤]

因此,既有研究成果存在以下两个方面不足:第一,既有研究主要视角聚焦在检察建议的性质分析、价值研究以及监管对策构建等宏观理论层面,而忽视了对检察建议权力根据、类型划分等制度技术层面的关注。第二,研究方法上侧重停留在理论层面"应然"逻辑推导,缺乏从检察建议在公益领域的制发、回复、落实等微观运行的"实然"层面出发,发现问题并提出解决之道,忽略了《2018—2022年检察改革工作规划》对检察建议"精准性""可操作"效果之要求。

而从司法实践来看,部分检察机关对检察建议"重数量而轻质量"、督促落实不及时,以及对检察建议内容调查不够准确、不全面等现象[⑥]也引起了最高司法决策机关的高度重视。为此,最高人民检察院在《2018—2022年检察改革工作规划》中明确指出:在推进新时代检察工作创新发展中需要"完善公益诉讼工作机制、完善检察建议制度"。这一要求的提出在一定程度上反映了公

---

① 张晓飞、潘怀平:《行政公益诉讼检察建议:价值意蕴、存在问题和优化路径》,载《理论探索》2018年第6期。
② 张晋邦:《论检察建议的监督属性——以行政公益诉讼中行政机关执行检察建议为视角》,载《四川师范大学学报(社会科学版)》2018第6期。
③ 刘加良、李畅:《行政公益诉讼诉前检察建议的规则调适》,载《河北法学》2023年第11期。
④ 封蔚然:《行政公益诉讼检察建议的制度完善》,载《江西社会科学》2020年第8期。
⑤ 王国飞:《环境行政公益诉讼诉前检察建议:功能反思与制度拓新——基于自然保护区生态环境修复典型案例的分析》,载《南京工业大学学报(社会科学版)》2020年第3期。
⑥ 姜洪、张军:《正视公益诉讼短板不足,落实公益司法保护"中国方案"》,https://www.spp.gov.cn/spp/tt/201911/t20191122_438894.shtml,最后访问日期:2023年9月17日。

益类检察建议在制度与实践上所面临问题的严重性,也为这一制度的发展与完善提供了较好的契机。正如学者所言,公益诉讼作为当前四大检察布局中的重要组成部分,传统诉讼理论已无法较好地涵盖当前的公益诉讼实践。[①]通过对检察建议运行情况开展实践调查,对实践中存在的问题进行理论分析与研讨,以此提出有针对性的制度完善措施,实现公益诉讼类检察建议在制度、实践与理论的良性循环,或许方可为当前公益诉讼类检察建议研究与实践所存在的阻碍指明解决的方向。

基于此,本章以试点地区 F 省公益诉讼检察建议为研究对象,研究的材料主要来自 F 省人民检察院工作情况分析报告以及 F 省 Q 市人民检察院公益诉讼检察建议材料。通过对不同时期工作报告的查阅,来掌握全省检察建议运行的基本情况(包括检察建议适用类型情况、检察建议制发对象情况、检察建议发送方式情况,以及在检察建议运行中,检察建议的制发、回复及采纳情况等)、F 省下辖各地区检察建议开展情况(包括各地区检察建议制发、回复及采纳情况等)。同时拟以实证研究为主、辅以文献研究和比较研究等方法进行撰写。具体而言,以对 F 省工作情况分析报告中记录的数据作为定量分析的来源,同时辅以 Q 市公益诉讼检察建议材料以及对诸如最高人民检察院工作报告等全国性统计数据进行比较分析,从而对 F 省检察建议运行状况形成初步判断。为改善定量分析的方法局限性,拟通过对有关法律、法规、规章、政策、文件等的解读,以及对一些学者的学术研究观点进行定性分析,从而为我国检察建议制度的完善提供决策的参考与根据。

二、检察建议的性质

尽管检察建议的实践已有 93 年的历史,但对于检察建议的性质、权力根据、类型、价值等仍然存在争议。2019 年《中华人民共和国人民检察院组织法》与《人民检察院检察建议工作规定》相继出台,对检察建议制发原则、程序、适用范围等内容作了进一步的明确。在新形势下,为了能较好地研究检察建议在实践之中的运行情况,有必要从性质、权力根据、类型以及运行价值三个方面对检察建议基础性问题先行予以探明。

在展开对检察建议理论研讨之前,首先需明确研讨对象的属性为何,即有

---

① 胡卫列、田凯、薛国骏:《检察公益诉讼可持续发展之匙:制度、实践与理论三向互动良性循环》,载《检察日报》2019 年 7 月 22 日第 3 版。

关检察建议是什么的问题。伴随《中华人民共和国人民检察院组织法》的修订,检察建议正式被法制化为机关履行法律监督职权的方式或手段之一,明确检察建议的性质是开展其他问题研究的前提。

综观既有研究,关于检察建议性质的问题,呈现出法律监督属性、非诉讼监督属性、检察事实行为属性三种观点。三种观点都各有千秋,但相较之下,"非诉讼监督属性"观更为合适。具体而言,在"法律监督属性"下,研究者从"检察建议是检察机关履行法律监督职能的一种重要形式"推导出检察建议应当属于法律监督性质。诚然,此种观点在理论推导起始点上很好地契合了《中华人民共和国人民检察院组织法》第21条之规定[1],然而却混淆了检察机关开展检务活动之手段与目的的区别。换言之,检察建议作为检察机关行使法律监督职权的手段或方式之一,其设立的目的在于辅助检察机关行使好法律监督职权。虽然在检察机关制发检察建议的过程中,检察建议难免会带有法律监督的色彩,但若以此为由便将检察建议打上法律监督的属性烙印,显然是不恰当的。而对于"检察事实行为属性"观,从当前检察建议实践来看,检察建议确实存有检察事实行为的"一定法律效果且非强制性"特点,然而检察事实行为"不具有法定程序和形式"却与检察建议所需遵循的从制发到回复落实的法定程序相悖。虽然研究者也提出"随着法律的变更修改与完善,部分检察建议可以发展成为检察职权的内容",[2]但此种区分定性策略容易引发更多"后遗症",例如哪些检察建议已经发展成检察职权行为、当法律修改与完善时检察建议是否会从职权行为转变为事实行为等,反而降低了检察建议辨识度,增加了检察建议研究难度。而对于"非诉讼监督属性"观,则从程序视角,以监督方式为标准较好地避开了上述两种观点在认定检察建议性质时所引发的问题,同时较为清晰地将检察建议与其他检察行为作了区分。

然而,"非诉讼监督属性"观尚未完全诠释检察建议的性质特点,且在非诉讼监督属性上仍需进一步加以说明。具体而言,检察建议作为检察机关履行法律监督职权时所使用的一种方式与手段,其必然首先应是具有公权力性质的检察行为,同时与一般检察行为相比,检察建议又具有自身特有的性质:

---

[1] 《中华人民共和国人民检察院组织法》第21条:"人民检察院行使本法第二十条规定的法律监督职权,可以进行调查核实,并依法提出抗诉、纠正意见、检察建议。有关单位应当予以配合,并及时将采纳纠正意见、检察建议的情况书面回复人民检察院。抗诉、纠正意见、检察建议的适用范围及其程序,依照法律有关规定。"

[2] 吕涛:《检察建议的法理分析》,载《法学论坛》2010年第2期。

其一,检察建议是一种非诉讼监督的方式。以检察机关施行监督的方式为标准,总体上可将检察监督分为诉讼监督与非诉讼监督,前者指"检察机关及其检察人员依法对诉讼职能及其行为主体之诉讼活动所进行的监督",[①]主要以诉讼的方式加以进行,例如公诉、抗诉等行为;后者主要指"检察机关通过非诉讼的途径纠正违法活动的形式"[②],例如检察机关所发出的检察建议、纠正违法通知书等。从《人民检察院检察建议工作规定》第2条[③]对检察建议的概念界定中可以看出,有关法律在检察建议的内容设定上不仅涉及法律监督方面,同时也囊括社会治理、预防和减少违法犯罪、保护公共利益等其他领域。因此从该角度出发,应承认检察建议是"以非法律监督的形式从事法律监督工作"。[④] 诚然,实践之中不乏有相当一部分违法行为发生于诉讼阶段,但并非意味着检察机关无法采取检察建议等非诉讼方式。由于非诉讼形式的监督方式"更具有超前防范的功效和快捷、便利的优点",因此诉讼阶段的违法行为"相当一部分离不开非诉讼形式的监督"。[⑤]

其二,检察建议是一种具有非强制性的检察行为。虽然同样作为非诉讼监督方式且都依仗于国家强制力的保障,但不同于纠正违法通知书的是,检察建议是一种建议性的检察行为,在性质上具有非强制性。依据《人民检察院检察建议工作规定》第17条、第24条,无论是在检察建议制作环节还是落实阶段,法律之中都有作出顾及被建议单位感受的设定。且在发送阶段,第18条明确要求宣告送达检察建议书"应当商被建议单位同意",俨然使得检察建议蒙上了"请求"的色彩。另外,在有关主体不履行相关内容时,法律对检察建议惩戒机制方面要求弱化也在某种程度上反映出检察建议的非强制性。如对比于《人民检察院刑事诉讼规则》有关纠正违法通知书的适用规则,当文书接收对象不予执行相关内容时,《人民检察院刑事诉讼规则》要求检察机关"应当"

[①] 单民、薛伟宏、徐莹:《单民:也谈我国诉讼监督方式》,http://www.jcrb.com/zhuanti/jczt/2010ssjd/dydy/201007/t20100728_391947.html,最后访问时间:2023年7月14日。

[②] 曲春光:《浅谈检察机关非诉讼监督形式的完善》,载《山东法学》1995年第2期。

[③] 《人民检察院检察建议工作规定》第2条:"检察建议是人民检察院依法履行法律监督职责,参与社会治理,维护司法公正,促进依法行政,预防和减少违法犯罪,保护国家利益和社会公共利益,维护个人和组织合法权益,保障法律统一正确实施的重要方式。"

[④] 王桂五:《中华人民共和国检察制度研究》,法律出版社1991年版,第584页。

[⑤] 曲春光:《浅谈检察机关非诉讼监督形式的完善》,载《山东法学》1995年第2期。

上报上级检察院,[1]而检察建议则是需通过检察长批准后方"可以"上报有关机关。正如学者所提出的,"检察建议应当也只能具有柔性效力"。[2] 虽然最高人民检察院要求检察建议工作需朝着"做成刚性、做到刚性"[3]的要求进行,但是,于检察建议自身而言,其是一项具有非强制性的检察行为的性质是不可改变的,而刚性的要求则更多的是从检察建议落实及监管层面出发,即应加强检察建议的督促落实与有关监管工作,避免检察建议落空而使有关规定遭致被架空的命运,同时捍卫检察机关作为国家司法机关的权威性。

三、检察建议的类型

在明确了检察建议的性质之后,进一步确定检察建议的类型划分标准便显得尤为重要,因为不同的分类标准会产生不同类型的检察建议,而在实务操作中,如若能有较为清晰的类型标准,检察机关便能"对号入座"般提出有针对性的检察建议,提高检务工作效率。

然而从中国检察建议历史实践发展来看,并没有专门的法律法规或规章对检察建议的类型予以规定。如前所述,检察建议作为检察机关履行法律监督职责的手段之一,往往是伴随着检察机关职能履行范围的变化而不断予以调整。在1954年《中华人民共和国人民检察院组织法》明确了人民检察院对国家机关及其工作人员一般监督的法律监督职责后,[4]检察建议则相应地被赋予一般监督的功能。而至1979年,当新修订《中华人民共和国人民检察院组织法》在废止了原有第8条、第9条一般监督方面的规定基础上,逐步发展出了检察机关"维护国家的统一,维护无产阶级专政制度,维护社会主义法制"[5]等社会综合治理的法律监督职责时,检察建议的适用也相应调整。随着检察机关法律监督领域逐步扩展至预防犯罪、诉讼监督、公益领域等,检察建

---

[1] 《人民检察院刑事诉讼规则》第553条、第564条、第619条。
[2] 卢护锋:《检察建议的柔性效力及其保障》,载《甘肃社会科学》2017年第5期。
[3] 佚名:《检察建议要做成刚性做到刚性》,载《检察日报》2018年9月25日第1版。
[4] 陈国庆:《〈人民检察院检察建议工作规定(试行)〉解读》,载《人民检察》2010年第1期。
[5] 《中华人民共和国检察院组织法》(1979年版)第4条。

议作为法律监督的重要手段,适用领域也随之予以扩展。① 直至2019年2月,《人民检察院检察建议工作规定》首次将检察建议的类型规定在第5条之中,分别是再审、纠正违法、公益诉讼、社会治理及其他检察建议五个类型。

而从既有理论研究成果来看,检察建议类型划分标准主要有:检察建议功能标准、检察职能标准、检察建议设立目的标准。其中,在功能标准方面,以姜伟、杨隽等人为代表,认为基于对检察建议功能的二元认识,检察建议在类型上对应划分为法律监督型和社会综合管理型,前者因发挥法律监督功能应上升为法定权力由法律规范,后者仅属于检察机关作为社会组织的一种权力;② 以秦前红、王雨亭等为代表,认为新时代检察权包含刚性监督者和柔性监督者两种运行品格,前者匹配闭合型检察建议作为运行用语,注重法律属性、可衔接性,以实体处分权补强刚性,后者适用开放型检察建议,重说理性、共商性,以协同公开机制推进建议落实。③ 而以吕涛、王斌等为代表,根据检察职能属性标准,将检察建议分为参与诉讼类、法律监督类、预防违法犯罪类。④ 其中参与诉讼类主要是基于检察机关作为行使求刑权的特定诉讼主体而向侦查、审判机关所提的有关诉讼程序的建议;法律监督类主要基于检察机关法律监督职能而监督诉讼、行政执法以及立法等活动提出的建议;预防违法犯罪类则主要基于检察机关参与社会治安综合治理职能而提出的建议,主要包括治安防范检察建议以及预防职务犯罪检察建议。以张智辉等为代表,则基于检察建议设立是为了法律监督的目的,将检察建议分为了纠错类、整改类和处置

---

① 例如在预防犯罪方面,《最高人民检察院关于加强预防职务犯罪工作的意见》第6条第2项要求检察机关"提出有情况、有分析、有措施的检察建议";在诉讼监督方面,《人民检察院民事行政抗诉案件办案规则》第47条和《最高人民检察院关于刑事抗诉工作的若干意见》第3条第3项规定检察机关对人民法院审判活动履行法律监督制发检察建议的适用情形;在公益诉讼领域,《人民检察院提起公益诉讼试点工作实施办法》第13条第2项和第40条规定人民检察院在提起民事或行政公益诉讼前应当向法律规定的机关或有关组织制发督促提起诉讼意见书或检察建议或先行向相关行政机关提出检察建议。

② 姜伟、杨隽:《检察建议法制化的历史、现实和比较》,载《政治与法律》2010年第10期。

③ 秦前红、王雨亭:《检察建议类型的制度反思及功能性重构》,载《中南民族大学学报(人文社会科学版)》2023年第6期。

④ 参见吕涛:《检察建议的法理分析》,载《法学论坛》2010年第2期;王斌:《检察建议研究》,载《中国刑事法杂志》2009年第11期。

类。① 纠错类建议主要针对业已发生的且无须追究法律责任的违法行为或事件,整改类建议则针对有关单位在管理时所发生的易产生犯罪行为的情况予以建议整改,处置类建议则是建议有关机关采取措施对不作为、慢作为等予以补救改正。

综观现有分类标准,不同的标准体现了对检察建议不同的构建方向,但细思之下,却各有利弊,其中,以检察职能为标准对检察建议进行划分较为科学。具体而言,在功能标准下,虽能较为直观地对检察建议进行二元划分,却呈现检察建议类型过于粗犷,尤其是对于预防犯罪等事项,其不单纯是维护社会治安问题,更夹杂着检察机关维护公共利益、维护法治等职能在其中,不仅需要柔性监督也需要刚性监管,所以,无论是提倡将预防、减少犯罪等一同划归社会综合管理类建议之中的检察建议功能标准说,还是划分开放型与闭合型检察建议的检察权功能标准说都尚有待商榷。而在检察建议设立目的标准下,检察建议分类标准离不开其自身设立的初衷,但仅凭目的对检察建议加以区分难免存在各类建议范围界定不清的情况,例如当有关单位或机关因管理不当导致人员不作为、慢作为,有违法犯罪现象出现的可能时,究竟应整改类建议还是处置类建议,其实并不易作出选择。而针对基于检察职能的划分标准,一方面,历史实践表明,检察建议的类型是基于检察机关法律监督者的身份,伴随着检察职能的扩展而扩展的,②从最初的一般监督到社会综合治理、预防犯罪,再到诉讼领域监督、公益诉讼等,检察建议可以说是检察机关在履行职能时的一项重要手段,基于检察职能标准能较好地对检察建议予以划分;另一方面,分析现行《人民检察院检察建议工作规定》中检察建议概念与现有已列明的检察建议类别可以发现,检察建议的概念便是基于检察机关职能出发而作出的界定,并在此基础上进行检察建议分类,如从维护司法公正职能出发设立再审检察建议、从参与社会治理职能出发设立社会治理检察建议等。当然,社会在进步,检察职能也可能发生变化,相应的类别也可能随之变动,故而以检察职能为检察建议类型划分标准能较好地"为检察建议工作的创新发展预留了空间"。③

---

① 张智辉:《论检察机关的建议权》,载《西南政法大学学报》2007年第2期。
② 吕涛:《检察建议的法理分析》,载《法学论坛》2010年第2期。
③ 高景峰、吴孟栓、米蓓:《〈人民检察院检察建议工作规定〉理解与适用》,载《人民检察》2019年第8期。

四、检察建议的价值

如前所述,检察建议作为近年来开展检务工作中日益被重视的监督方式之一,其存在必有合理的价值所在,主要体现在以下两个方面:

(一)助力检察机关履行法律监督职责的权能价值

无论是《中华人民共和国人民检察院组织法》还是《人民检察院检察建议工作规定》的相关规范,检察建议的行使都以检察机关履行法律监督职责为前提所在。近年来,检察建议在实务中的运用愈发广泛,不仅推动了有关部门建章立制、消除违法犯罪隐患,而且在维护社会公共利益、保障民生、促进行政机关依法行政等多个领域发挥重要作用,[①]这其中不可忽视的原因便在于检察建议具有助力检察机关履行法律监督职责的权能价值。

一方面,在现今多样化社会之中,纠正违法通知书、检察意见书等文书已不足以应付繁杂的司法实践问题,尤其是在需要促进有关机关建章立制、保障民生等方面,纠正违法通知书等文书无论是在性质或适用范围上都无法为检察机关所适用,而检察建议因其带有建议性色彩以及自身非强制性的性质,有效地弥补了文书缺位,帮助检察机关在法律监管层面实现了多样化。

另一方面,不同于其他文书,检察建议在设立之初便提倡检察机关"积极督促和支持配合"被建议单位,这不仅帮助了被建议单位解决落实过程中所遇到的诸如多部门协调困难、处理难度大等棘手问题,促进建议事项顺利完成,也让检察机关能及时了解掌握建议事项的完成情况,最终有利于提高检察机关法律监督工作的效果与质量。

(二)"柔中带刚"的特性价值

在我国,检察权作为《中华人民共和国宪法》规定下与行政权、审判权、监察权相并列的一大权力,其除了在实体工作上与其他权力互相分工、相互配合与制约外,也需要在程序上秉持敬畏之心、礼让之行对待其他权力。[②] 尤其在现今多元化社会,虽然检察权是一项对审判、行政执法等领域有着法律监督属

---

① 最高人民检察院:《最高检举办〈人民检察院检察建议工作规定〉发布会》,https://www.spp.gov.cn/spp/zgrmjcyxwfbh/zgjtbjcjgkzjcjygzqk/index.shtml,最后访问日期:2023 年 7 月 16 日。

② 高家伟:《检察行政公益诉讼的理论基础》,载《国家检察官学院学报》2017 年第 2 期。

性的权力,①但实际上,问题的有效解决更多依赖于审判权、行政权等权力的直接作用,故而基于检察权需保持谦抑性的需要,在处理与其他权力的关系,尤其是介入他类权力领域事项时,检察权需做到既尊重硬法规范又体现出软法规范的程序缓冲、寻求协商共赢的理念作用。②

检察建议作为检察权的一种方式与手段,在以下两个方面体现得更为明显:一方面,针对在督察工作中所发现的适用检察建议的现象和问题,检察机关制发的检察建议文书一般都是包含着对被建议单位善意的警示以及具有可操作性的建议对策,体现出的更多是希冀被建议单位能重视检察机关关于权益救济和保护的请求,③最终通过协商等方式达到处理好建议事项、实现共赢的效果;另一方面,检察建议作为检察权行使的必要延伸,虽因自身性质无法拥有如生效裁判文书等的强制执行力,却因检察权的权威性、威慑性,在某种层面上具有"软强制"。④依照《人民检察院检察建议工作规定》第25条内容,在检察建议经督促无果时,检察机关可选择上报上级机关、通报同级人大、政府等,符合法定条件时,还可提起公益诉讼。⑤

五、检察建议的运行机制

如前所述,当前检察建议无论是在理论还是实践研究之中都尚处于探索阶段,难免出现不尽如人意的情况。若将完善检察建议机制措施的提出作为一项工程完工的标志,那么明晰检察建议的基础理论便如同明确了施工工具,而理清检察建议运行机制便如同掌握了构建原理,方是关键所在。因此,依据《中华人民共和国人民检察院组织法》和《人民检察院检察建议工作规定》,可

---

① 曹俊:《关于检察权的法理思考》,载《理论视野》2018年第10期。
② 高家伟:《检察行政公益诉讼的理论基础》,载《国家检察官学院学报》2017年第2期。
③ 沈岿:《检察机关在行政公益诉讼中的请求权和政治责任》,载《中国法律评论》2017年第5期。
④ 张晓飞、潘怀平:《行政公益诉讼检察建议:价值意蕴、存在问题和优化路径》,载《理论探索》2018年第6期。
⑤《人民检察院检察建议工作规定》第25条:"被建议单位在规定期限内经督促无正当理由不予整改或者整改不到位的,经检察长决定,可以将相关情况报告上级人民检察院,通报被建议单位的上级机关、行政主管部门或者行业自律组织等,必要时可以报告同级党委、人大,通报同级政府、纪检监察机关。符合提起公益诉讼条件的,依法提起公益诉讼。"

将检察建议运行大致划分为如下三个阶段:

(一)检察建议的准备

依据现行《人民检察院检察建议工作规定》,检察建议的定位从人民检察院履行"法律监督职能"的方式之一转变为履行"法律监督职责"的方式之一,"职能"到"职责"的转变表明检察建议的运行不再单纯是人民检察院发挥职能的体现,而是人民检察院积极履行职责的方式之一。故而,为保障人民检察院履行法律监督职责到位,做好检察建议的准备便在某种程度上成了必需。依现行《人民检察院检察建议工作规定》,检察建议运行的准备阶段大致包括如下三个方面:

1.检察建议类型的选择

从文义理解出发,检察建议类型的选择,是指在出现法定情形时,检察机关选择何种类型的检察建议予以适用的行为。检察建议类型的选择不仅体现了检察机关在开展检务工作前对自身职能的定位,也决定着检察机关开展检务工作和适用相关法律的方向与方法。

综观现行法律,2019年施行的《人民检察院检察建议工作规定》在《人民检察院检察建议工作规定(试行)》的基础上有了较多的变化,其中最为显著的一点便是进一步明确了检察建议的适用类型与范围。

依据《人民检察院检察建议工作规定》第5条的内容,当前检察建议的类型共分为五大类,即再审检察建议、纠正违法检察建议、公益诉讼检察建议、社会治理检察建议以及其他检察建议。其中,再审检察建议主要针对同级法院已生效的且具有法定再审情形的判决或裁定等情形;纠正违法检察建议的适用对象则主要为执法、司法机关,即在诉讼活动中,当检察机关履行法律监督职责时,发现公安机关、人民法院、监狱、社区矫正机构、强制医疗执行机构等存在影响公正审理、违法执行、不执行或怠于执行,或者"存在普遍性、倾向性违法问题,或者有其他重大隐患,需要引起重视予以解决的"等事项时,检察机关可以制发纠正违法检察建议;而在公益诉讼检察建议中,《人民检察院检察建议工作规定》第10条之内容明确其适用的领域;社会治理检察建议则主要是一类"改进工作、完善治理的检察建议",即当有关单位和部门存在违法犯罪隐患、管理漏洞、损害危险等需及时整改消除,或需相关部门完善风险预警防范措施并加强调解疏导工作,或需对有关人员或组织予以处罚处分时,检察机关可提出社会治理检察建议;其他检察建议是指在上述四类检察建议所涉领域之外的其他类型的检察建议,其主要目的在于"为检察建议工作的创新发展预留了空间"。①

综上,当满足《人民检察院检察建议工作规定》所列明的五大类十八小类检察建议情形时,②检察官应上报检察长,并决定是否开展相应调查工作以及根据实际情况制作相应类型的检察建议。

2.检察建议制发对象的确定

检察建议制发对象的确定,是指在发现存有需提出检察建议的事项之后,检察机关应当及时确认所需发送建议的对象机关。依据《人民检察院检察建议工作规定》第8条至第11条有关检察建议适用范围的规定,当前不同类型的检察建议制发对象也有所不同。其中,再审检察建议主要适用于制作生效判决、裁定、调解书的同级人民法院,纠正违法检察建议主要适用于诉讼活动中的执法、司法机关,公益诉讼检察建议主要适用于对公益领域负有监管职责却违法行权、不作为的行政机关,而社会治理检察建议则主要适用于需改进工作、完善治理的"有关单位和部门"。

可见,虽然不同类型的检察建议制发对象范围方面可能存有重叠部分,如人民法院既可能被制发再审检察建议,也可能被制发纠正违法检察建议。但当检察机关对某类检察建议予以选择适用后,相应的制发对象便有所限缩。换言之,在日常检务工作之中,由于检察建议制发对象的不同往往决定着其所适用的法律有所不同,例如,当制发对象分别为国土资源局与住房和城乡建设局时,因为二者职责范围的不同,前者的建议内容往往可能涉及《中华人民共和国土地管理法》,而后者的建议则可能涉及《中华人民共和国防空法》等的法律条文。故而,在检察建议运行的准备阶段,检察官准确定位检察建议制发对象不仅有利于合理、适当地使用法律,同时也能保证检察建议具有针对性,避免产生误发、错发等现象。

3.检察建议事项的调查核实

检察机关在检察建议方面的调查核实权作为保障检察建议质量的一项重要举措,一直以来都缺乏相关法律法规予以规范,致使检察机关在调查事实、搜集证据等过程中缺乏法定调查权力,相关检务工作受阻,检察建议质量得不到保障,因而有学者提出"要保证检察建议的质量和效果,必须重视建议事项

---

① 高景峰、吴孟栓、米蓓:《〈人民检察院检察建议工作规定〉理解与适用》,载《人民检察》2019年第8期。

② 《人民检察院检察建议工作规定》第8条至第12条。

的信息来源,其中包括对建议起因的调查和建议事项的调研,获取这两项信息应该成为检察机关在检察建议工作中的职责"。①

由此,在2018年修订的《中华人民共和国人民检察院组织法》中,调查核实权作为一项新权力被赋予检察机关,当检察机关行使《中华人民共和国人民检察院组织法》第20条所规定的法律监督职权时,可以进行相应的调查核实。正所谓"没有调查,没有发言权",②依据《中华人民共和国人民检察院组织法》第21条③和《人民检察院检察建议工作规定》第13条④的规定,调查核实作为检察机关履行法定职责的必备措施之一,其行使该权力时必须符合"事实清楚、准确"的要求,同时有关机关应配合调查核实工作的开展,并尽到相关义务。从《中华人民共和国人民检察院组织法》第21条内容来看,检察机关的调查核实权严格来说并非一项独立的法律监督职权,而是一项保障检察机关顺利行使法律监督职权的措施与手段。不同于《中华人民共和国监察法》中对违法违纪人员的调查,调查核实权的设立目的在于"确认违法事实是否存在和属实,以便依法予以监督纠正"。⑤

(二)检察建议的制发

当前检察机关运用检察建议履行法律监督职责的重要性正日益凸显,"全国检察机关将进一步健全完善检察建议运行新机制,积极、规范、有效地开展检察建议工作"。⑥而作为检察建议运行的重要一环,检察建议的制发阶段不仅关系着检察建议质量好坏,也影响着后续阶段的运行,并在某种程度上决定着检察建议最终实效。依据现行《人民检察院检察建议工作规定》,检察建议的制发阶段主要包括三个方面:

---

① 姜伟、杨隽:《检察建议法制化的历史、现实和比较》,载《政治与法律》2010年第10期。

② 毛泽东:《毛泽东选集·第一卷》,人民出版社1991年第2版,第109页。

③ 《人民检察院组织法》第21条:"人民检察院行使本法第二十条规定的法律监督职权,可以进行调查核实,并依法提出抗诉、纠正意见、检察建议……"

④ 《人民检察院检察建议工作规定》第13条:"检察官在履行职责中发现有应当依照本规定提出检察建议情形的,应当报经检察长决定,对相关事项进行调查核实,做到事实清楚、准确。"

⑤ 高翼飞:《检察机关的调查核实权及其实现路径》,载《检察日报》2019年3月18日第3版。

⑥ 于潇:《2018年全国检察机关制发检察建议252966件》,https://www.spp.gov.cn/spp/zdgz/201902/t20190226_409392.shtml,最后访问日期:2023年4月22日。

1.检察建议的制作

检察建议的制作,是指在对检察建议事项调查核实之后,检察官认为需要提出检察建议的,起草并制作相应的检察建议书。在整个检察建议适用过程中,检察建议的制作无疑是一项主体工程。

首先,在制作原则方面,依据《人民检察院检察建议工作规定》第3条、第4条的规定,检察建议的制发不仅需满足"严格依法、准确及时、必要审慎、注重实效"的原则要求,还需在制作主体上满足"层级对应"的要求,即除"本院所办理案件的涉案单位、本级有关主管机关以及其他有关单位"等检察机关可直接提出检察建议的范围外,当需向上级有关主管机关、下级有关单位或异地有关单位提出检察建议时,需经被建议单位的同级检察机关决定或审核,或指令下级检察机关提出建议,或征求同级检察机关意见,必要时层报共同上级检察机关决定。

其次,在制作内容方面,依据《人民检察院检察建议工作规定》第16条的规定,检察建议应满足语言简洁具体、逻辑论证严整、说理充分的整体要求,确保检察建议具有可操作性。同时,在具体内容上,检察建议的制作需说明相关案源或问题起因,汇总、梳理所调查核实并依法认定的事实、证据,说明制发对象存在的违法情形或隐患,明确有关法律规范及依据,并提出相应具体的建议内容及相应书面回复落实情况的期限。另外,为保障制发对象合法权益不受非法侵犯,在检察建议的内容中应告知被建议单位享有提出异议的权利,并列明其提出异议的期限。

2.检察建议的审核

检察建议作为新晋的法律监督职权的行使方式之一,其明确的法律地位彰显着内在公权力的性质特征,并且《人民检察院检察建议工作规定》第18条之中新增设规定,检察机关应当以人民检察院的名义向被建议单位送达检察建议书。由此可见,检察建议书的发送不仅代表着国家公权力的行使,同时也象征着检察机关的权威与形象,故而在检察建议发送至有关单位前,检察机关对所制发的检察建议予以审核便具有必要性。

检察建议的审核,主要是指针对检察建议的内容是否符合法定的必要性、合法性、合理性等要求,检察机关予以把关和审查。为保证检察建议在内容上优质、严谨和权威,《人民检察院检察建议工作规定》通过以下两方面对检察建议的审核予以规范:一方面,关于检察建议一般审核流程,第15条第2款中改变了原有的报送方式,检察建议起草后不再由检察官决定检察建议审核主体,而是一并报送检察长,再由检察长或检察委员会讨论决定后,以检察机关名义统一编号发出。另一方面,当涉及社会治理检察建议制发时,《人民检察院检察建议工作规定》第17条进一步明确,需在报送检察长前,经检察院的法律政策研究部门进行审核把关,"确保提出的检察建议符合法律政策、论证严谨、说理充分、切实可行"。[①]

3.检察建议的发送

检察建议的发送,是指在检察建议经起草、审核过后,由相应适格的检察机关将检察建议发送至涉案单位及有关机关的过程。虽然检察建议的发送是完成检察建议制发阶段的最后一步,并且从其内涵上看似乎也仅需让被建议单位收悉检察建议即可完成相关工作,但从实践情况来看,检察建议的发送也在某种程度上影响着检察建议的实际效果,主要表现在检察建议的发送形式方面,具体如下:

在以往的检察建议实践中,依据《人民检察院检察建议工作规定(试行)》第4条的规定,检察建议通常以书面形式告知被建议单位相关建议内容。尽管通过书面形式能较为全面地反映违法事实、证据、法律依据以及相应建议,但在实践之中,书面化的形式使得检察建议在违法事项、建议举措等方面的描述上存在一定的抽象性和概括性,而这不仅不符合检察建议需简明具体、具有操作性等要求,也不利于被建议单位知悉建议内容并开展相应的整改工作,最终致使检察建议运行实效不佳。

故而,为增强检察建议质量与效果,《人民检察院检察建议工作规定》第18条明确了人民检察院可以视情况选择书面送达,也可以现场宣告送达。检察机关通过在特定场所向被建议单位当面宣读检察建议,并对其予以示证、说理的方式,来提高被建议单位对检察建议的认可、接受以及采纳程度,同时在必要时,检察机关可邀请第三方人员参与宣告送达,如人大代表、人民监督员等的制度设定也有利于被建议单位及其上级单位对检察机关所制发的检察建议的重视。

(三)检察建议的反馈落实

如果说检察建议运行的准备、制发阶段是发现、分析问题并提出检察建议的过程,那么检察建议运行的反馈落实阶段则是解决问题、落实检察建议的过

[①] 高景峰、吴孟栓、米蓓:《〈人民检察院检察建议工作规定〉理解与适用》,载《人民检察》2019年第8期。

程,反馈落实阶段的好与坏直接关系到检察建议运行质量与实效的高与低。为确保检察建议运行实效,《人民检察院检察建议工作规定》将检察建议运行的反馈落实阶段划分为如下两个部分:

1.检察建议的反馈回复

检察建议的反馈回复,主要是指被建议单位对检察建议的落实情况予以书面回复以及对检察建议的异议反馈。

首先,关于被建议单位对检察建议的回复,《中华人民共和国人民检察院组织法》(1986年)及《人民检察院检察建议工作规则(试行)》并没有予以明确规定,使得被建议单位是否对检察建议具有回复义务以及应对哪些事项予以回复的问题一直处于模糊地带,导致实践之中,检察建议的运行往往呈现出送达被建议单位却收不到回复,或仅收到"检察建议已收到"等收悉回复的现象。是故,为解决这一问题,新修订的《中华人民共和国人民检察院组织法》在第21条之中新增内容,明确要求被建议单位"应当予以配合""并及时将检察建议情况书面回复人民检察院",以此正式赋予被建议单位书面回复的法定义务,要求被建议单位在收到检察建议后及时将是否采纳了检察机关所提的建议、对建议中所提事项是否进行整改或落实到位,以及整改落实情况如何等内容予以及时回复。同时,《人民检察院检察建议工作规定》第19条还列明了相关回复期,即除特殊情况外,被建议单位应当在"收到检察建议书之日起两个月内作出相应处理,并书面回复人民检察院"。

其次,关于检察建议的异议反馈,此次修改的《人民检察院检察建议工作规定》通过新增法律条文的方式首次对被建议单位的异议权及相关复核内容予以规定。第16条中赋予被建议单位就检察建议事项提出异议的权利,即如果有关单位对建议事项及内容持有异议,可在检察机关所告知的异议期限内向相应检察机关提出异议申请。同时,在异议复核方面,《人民检察院检察建议工作规定》第23条规定,检察机关应当对异议立即予以复核,异议成立的应及时修改或撤销建议,异议不成立的应在报经检察长同意后,向异议申请人说明理由。综上可见,相较于试行规定,《人民检察院检察建议工作规定》通过新增异议权及复核内容的规定来达到尊重被建议单位的异议权的目的,有利于保障检察机关所提建议能准确切中问题,所提建议更具有针对性和可操作性。

2.检察建议的监督落实

检察建议的监督落实,是指对于被建议单位是否落实建议事项予以监督督促以及对制发检察建议的检察机关是否尽到相关职责予以监督管理的过

程。具体而言,主要包括两个部分:

其一,对被建议单位是否落实建议事项的督促落实。通过对比新旧《人民检察院检察建议工作规定》可以发现,在传统检察建议运行中,检察机关对于检察建议情况的了解与掌握停留于"必要时可以回访",而现行《人民检察院检察建议工作规定》第24条、第25条则细化了检察机关对被建议对象督促落实方式与方法,其中,法律不仅列明了办案检察官在积极督促过程中,可以采取询问、走访、不定期会商等方式督促落实,予以被建议单位一定的支持与配合,还进一步明确了当被建议单位经督促仍不符合要求的,检察机关可在必要时报送党委、人大等机关组织,符合条件的甚至可提起公益诉讼。如此不仅有利于督促检察建议被落到实处,同时也能增强检察建议自身的刚性。

其二,对检察机关的监督管理。"如何监督监督者"的问题一直困扰理论与实践操作,同样的问题也反映在了检察建议运行之中。作为监督检察建议运行的检察机关,如何对其进行必要合法的监管是保障检察建议良好运转不可回避的话题,而其关键在于明确相关监管制度与职责。相较于试行规定,《人民检察院检察建议工作规定》以第四章专章形式对检察建议的监督管理进行规定,内容上涉及检察建议落实效果评估、检察建议质量评查、工作情况综合分析等方面,不仅要求各级检察机关的检察委员会应当定期对所制发检察建议落实效果进行评估,也要求相关部门在检察建议的流程上进行分类统计与监控,对检察建议的质量与落实效果进行监管。另外,在对检察官是否尽职尽责方面,《人民检察院检察建议工作规定》第28条则要求将检察建议实效与检察官履职绩效考核相关联,这也进一步加强了检察官依法履职、依法尽职的自觉性,有利于提升检察建议的质量与效果。

第二节
公益诉讼类检察建议的实践情况

如前述,检察建议在公益诉讼领域表现出的不当多发、调查不准确全面、跟进督促不及时等问题较为突出,而自《中华人民共和国人民检察院组织法》与《人民检察院检察建议工作规定》施行五年多以来,检察建议的运行状况如何,能否与《人民检察院检察建议工作规定》良好地进行磨合、《人民检察院检察建议工作规定》又能否真正起到"对症下药"功效?考虑到2018—2019年作为最高人民检察院《2018—2022 年检察改革工作规划》的开局之年,其能否达到"完善公益诉讼工作机制、完善检察建议制度"的既定目标,理清 2018—2019 年检察建议的初始样态具有重要作用。同时考虑到《人民检察院组织法》和《人民检察院检察建议工作规定》于 2019 年起施行,通过对比 2018—2019 年间新法实施前后检察建议数据,能较为有效地检验上述新法的落实效果。因此,为较好地考察检察建议实践情况,拟选取 F 省 2018—2019 年检察建议数据作为实践样本,从公益诉讼检察建议出发,基于对 2019 年度 F 省和下辖各地区检察建议季度、年度数据以及 2018 年度 F 省 Q 市公益诉讼检察建议数据进行汇总整理与对比分析,希冀借此反映新规施行下 F 省检察建议运行状况。

一、公益诉讼检察建议的制发数量

从检察建议制发数量总体情况来看,2019 年度 F 省共发出各类检察建议共计 3203 份。其中,以季度作为考察区间进行划分(如图 6-1 所示),则第四季度制发的检察建议数量最多,达到 1040 份,第一季度制发的检察建议数量最少,仅 542 份,而第二、三季度检察建议制发数量居中,分别达到 894 份、727 份。具体到 F 省各地区制发的检察建议数量(如图 6-2 所示),在 2019 年度中,Q 市制发检察建议数量最多,达到 995 份,F 市检察建议制发数量位居第二,达到 634 份,而 P 县检察建议制发数量最少,仅有 13 份。细察各地区半年数据情况(如图 6-3 所示),在第三、四季度之中,除了个别地市(P 市与 L 市)的数量有所下滑外,大部分地区检察建议数量都呈现上涨态势。其中,F 市增长数量最多,新增 140 份,环比增长率约为 56.7%;其次是 Q 市,新增 109 份,环比增长率约为 24.6%。

以各类检察建议制发数量为标准,2019 年 F 省各类检察建议制发数量由多到少依次是公益诉讼类、纠正违法类、社会治理类、其他类以及再审类检察建议(如图 6-4 所示),数量分别达到 977 份、898 份、709 份、447 份、172 份,占比依次为 31%、28%、22%、14%、5%。为避免数据的偶然性,确保数据反映的情况更切合实际,以半年为期间进行对比,可以发现,公益诉讼类检察建议制发数量都位居第一(如图 6-5 所示)。同时,相较于第一、二季度的数量,虽然在第三、四季度中,公益诉讼类检察建议数量新增 119 份,但就其在前后半年中制发数量所占的比重而言,占比由 29.9%增至 31%,增幅 1.1 个百分点,占比波动不大,稳定在 30%左右。

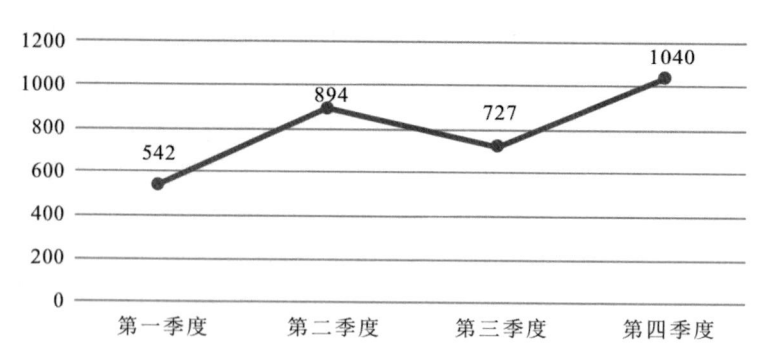

图 6-1　2019 年 F 省季度检察建议制发数量情况（单位：份）

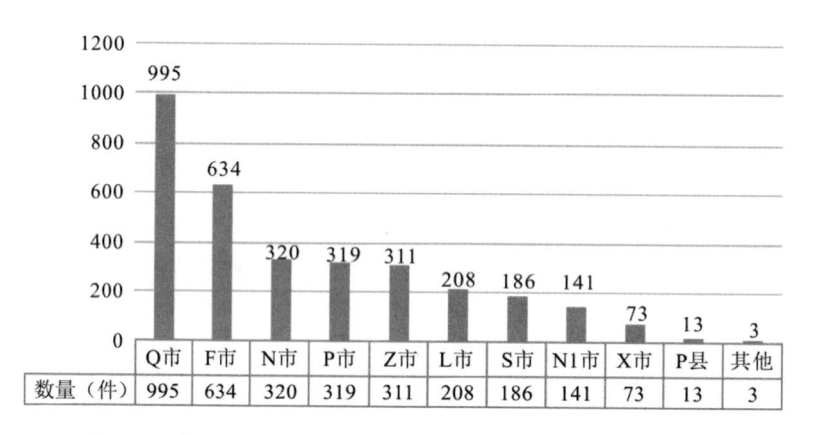

图 6-2　2019 年 F 省各地区检察建议制发数量情况（单位：份）

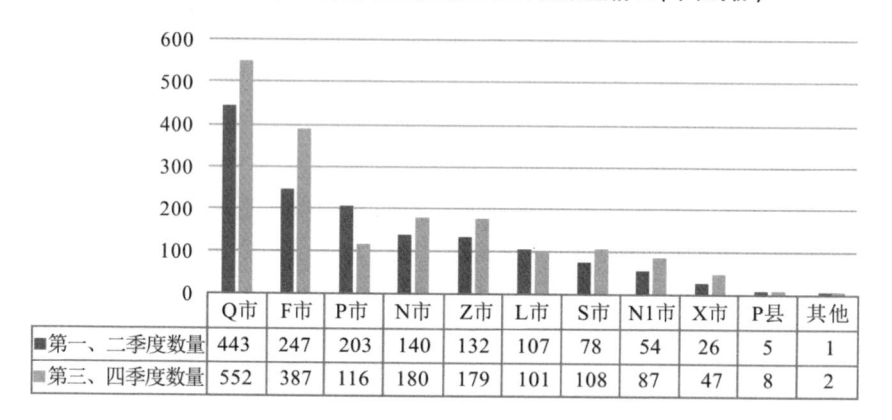

图 6-3　2019 年 F 省各县市前后半年检察建议数量情况（单位：份）

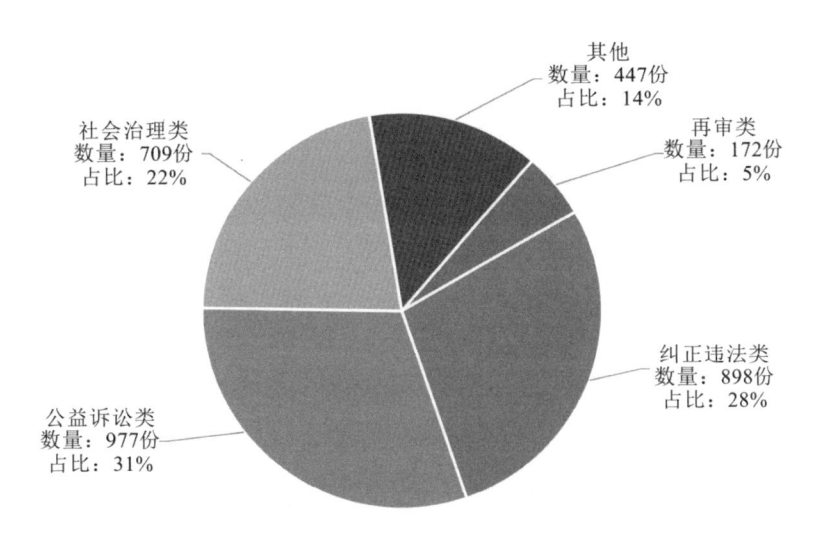

图 6-4　2019 年度 F 省检察建议类型分类情况（单位：份）

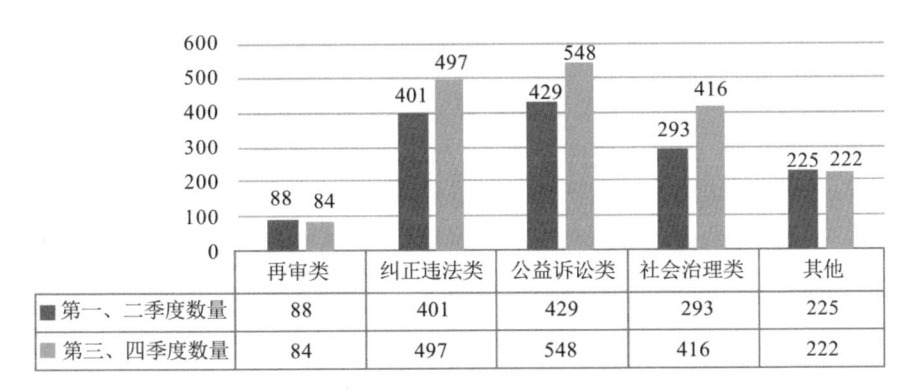

	再审类	纠正违法类	公益诉讼类	社会治理类	其他
第一、二季度数量	88	401	429	293	225
第三、四季度数量	84	497	548	416	222

图 6-5　2019 年 F 省前后半年检察建议适用类型情况（单位：份）

另外，在样本地区 Q 市中，下辖各区县公益诉讼类检察建议制发数量不均（如图 6-6 所示），Q 市全年共制发 209 份检察建议，其中制发数量位居前三位的分别是 D 县、Y 县、N 市（县级市），分别制发了 31 份、26 份、25 份检察建议，占比分别达到 14.8%、12.4%、12%，而 T 区检察建议制发数量最少，仅有 3 份，占比仅为 1.4%。

公益诉讼的理论与实践

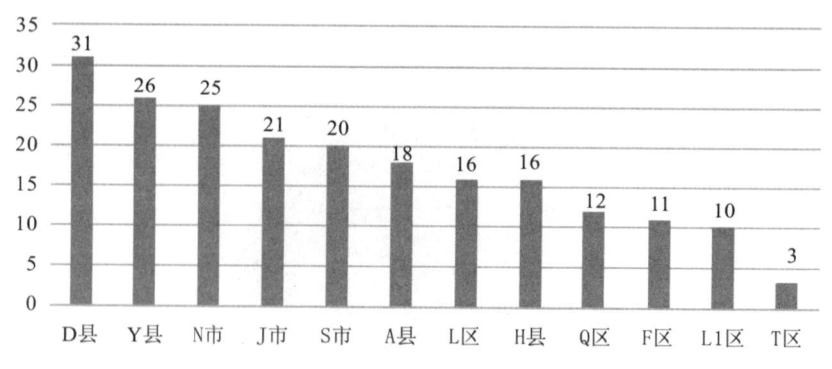

图中柱状数据：
- D县 31
- Y县 26
- N市 25
- J市 21
- S市 20
- A县 18
- L区 16
- H县 16
- Q区 12
- F区 11
- L1区 10
- T区 3

图 6-6　Q 市各地公益诉讼类检察建议数量（单位：份）

二、公益诉讼检察建议的类型

从检察建议制发数据中不难发现，当前公益诉讼类检察建议的制发数量最多。根据《人民检察院检察建议工作规定》第 10 条的规定，公益诉讼类检察建议主要囊括生态环境和资源保护、食品药品安全、国有财产保护、国有土地使用权出让等四大领域。为进一步探明公益诉讼类检察建议下涉各领域的具体适用情况，笔者选取了制发数量最多的地区 Q 市作为具体研究对象，汇总并整理了 F 省 Q 市 2018 年度公益诉讼类检察建议数据。

在公益诉讼类检察建议之中（如图 6-7 所示），涉及生态环境和资源保护领域的检察建议约占总数的 56.9%。其中，由于有关单位未经批准且擅自挖掘改变林地用途、废水直排、毁坏滥伐树木等破坏环境而制发的检察建议数量最多，约占 46%；由于有关单位未按规定履行相关环保义务，如存在未按照水土保持方案施工而导致水土流失或未对废弃物进行妥善处理等行为，此类检察建议约占 30%。另外，约有 16% 的检察建议制发是由于有关单位在生产施工过程中未办理环境评价或验收手续，而剩余约 8% 检察建议的制发则是由于有关单位缺乏配套设备或有关设备不符合要求等原因（如图 6-8 所示）。

涉及国有财产保护领域的检察建议约占 23.9%。其中，诱发检察建议的违法情形主要有三种（如图 6-9 所示），分别表现为有关单位擅自占用土地进行生产经营等的违法占地行为、未建设防空地下室或未缴纳易地建设费用以及未申请获得有关许可证且未缴纳罚款，三者占比分别达到 40%、26%、22%。此外还有约占 12% 的零散违法情形，如有关单位或机关未将项目承包费用上缴国库、未追回代付工资、有关单位不符合农机补偿条件挂

第六章 公益诉讼类检察建议

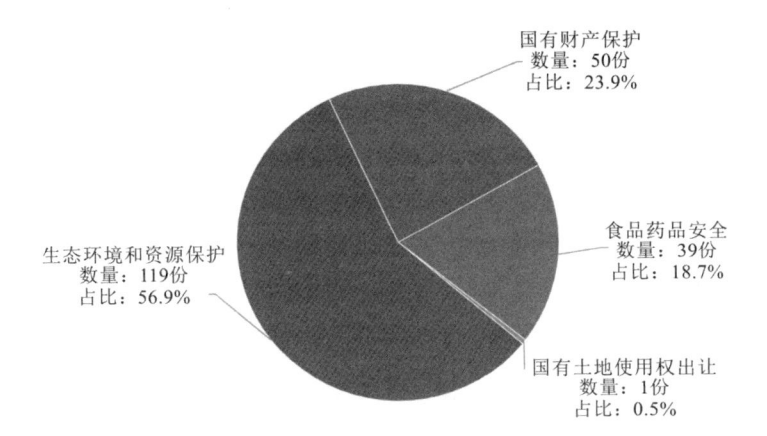

图 6-7　Q 市 2018 年公益诉讼类检察建议制发情况（单位：份）

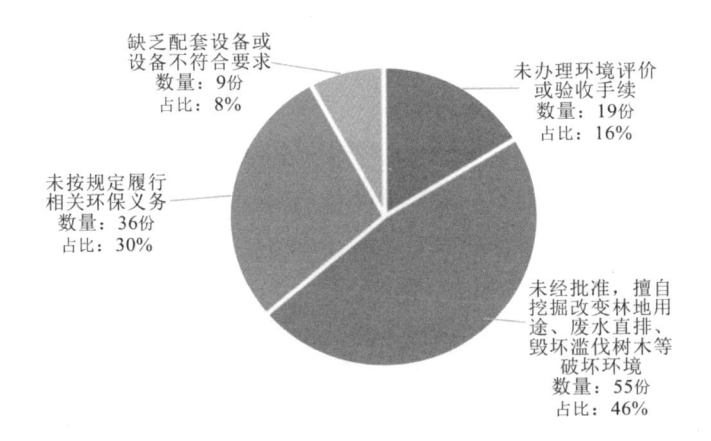

图 6-8　Q 市 2018 年生态环境和资源保护领域违法情形（单位：份）

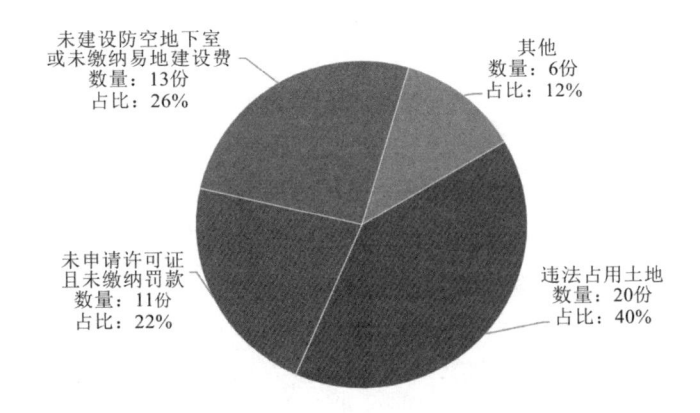

图 6-9　Q 市 2018 年国有财产保护领域具体违法情形（单位：份）

169

靠其他单位套取补贴等。涉及食品药品安全领域的检察建议约占18.7%。其中,因有关单位存在如未进行经营登记、超规格使用食品添加剂、医务人员未取得相关资格等的违法操作或违法生产行为所制发的检察建议占比最多,约占32%;因有关机关存在未公示经营等有关信息或未取得有关许可授权等行为,此类检察建议分别约占23%;另外还有约11%的检察建议则是因为平台机构未尽审查义务而制发,主要表现为外卖平台对于外卖商家的资格以及对其在外卖平台上所公示的产品等经营信息未尽到合理且必要的审查义务,此类检察建议一般与前述纠正未公示经营信息行为类检察建议一并制发(如图6-10所示)。而涉及国有土地使用权出让领域的检察建议约占0.5%(如图6-7),其主要违法情形表现为有关单位未获建设用地批准占地建设厂房。

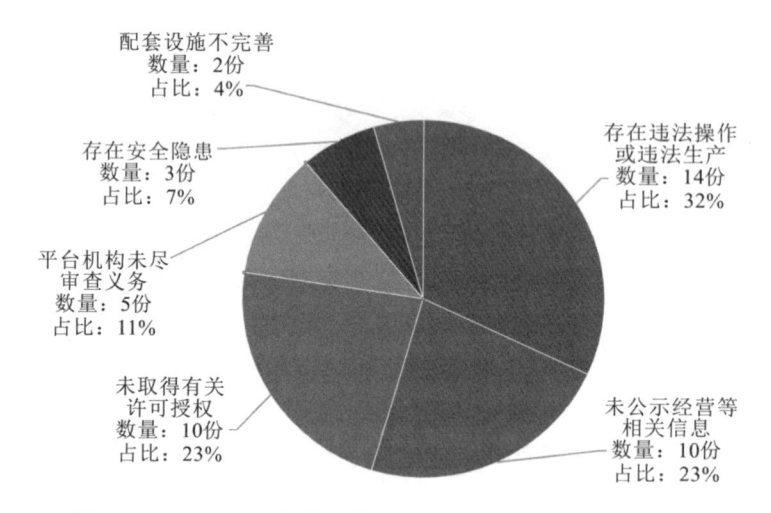

图6-10　Q市2018年食品药品安全领域违法情形(单位:份)

三、公益诉讼类检察制发对象

从检察建议发送对象角度来看(如图6-11所示),在2019年F省制发的所有检察建议之中,制发对象以公安司法机关与行政监管执法机关为主,其中检察机关向公安司法机关共发送检察建议1490份,约占47%;检察机关向行政监管执法机关共发送检察建议1473份,约占46%。另外,制发对象为企事业单位的检察建议共有141份,约占4%;制发对象为其他机关的检察建议共有99份,约占3%。

第六章 公益诉讼类检察建议

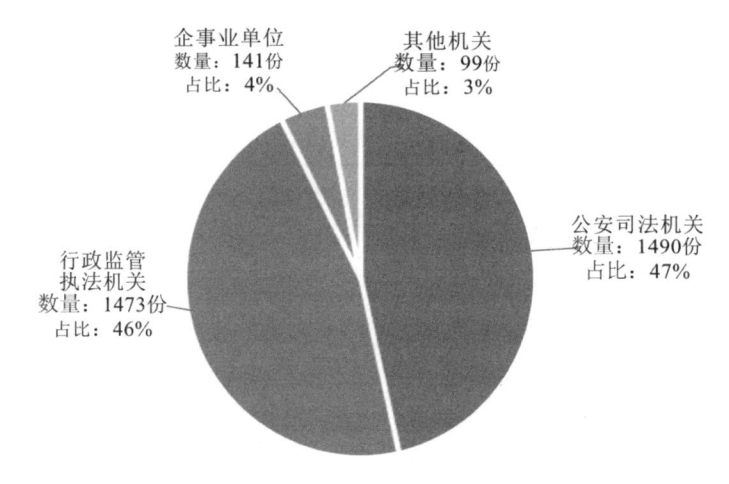

图 6-11 2019 年 F 省检察建议发送对象情况（单位：份）

落实到公益诉讼领域（如图 6-12 所示），从 Q 市数据整理中可以发现，当前公益诉讼类检察建议主要发送对象为国土局、市监局、环保局、林业局，其所收到的检察建议分别为 45 份、33 份、30 份、21 份，约占当年公益诉讼类检察建议总数的 21.5%、15.8%、14.4%、10%；其次是海洋与渔业局、人民政府、水土保持委员会、住建局、卫计局，其所收到检察建议数量分别是 15 份、15 份、12 份、12 份、10 份，约占总数的 7.2%、7.2%、5.7%、5.7%、4.8%；最后是防空办、街道办事处、水利局等部门，其所收到检察建议数量均在 3 份以下，占比均不足 1.5%。

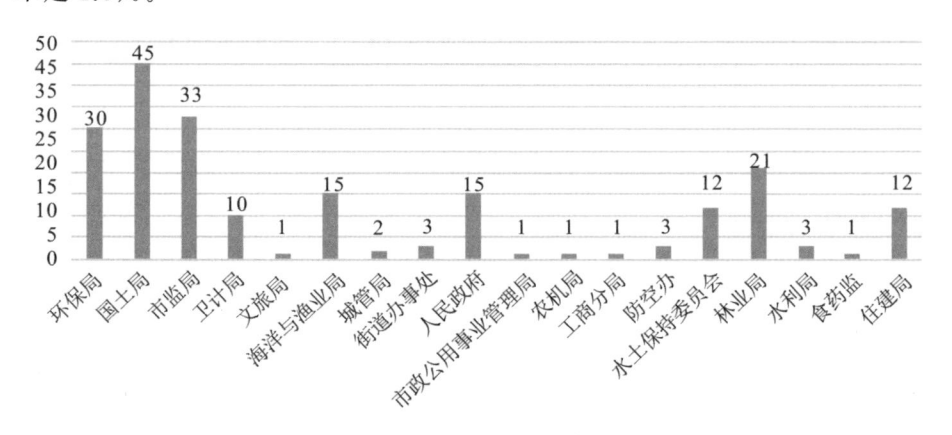

图 6-12 Q 市 2018 年检察建议制发对象发布情况（单位：份）

而若以公益诉讼各领域为标准进行划分的话(如表6-1所示),在生态环境和资源保护领域之中,收到检察机关制发检察建议数量较多的几个部门

表6-1　Q市2018年公益诉讼类检察建议各领域制发对象分布情况

	检察建议制发对象	检察建议制发数量(份)	制发数量占比(%)
生态环境和资源保护领域	国土局	24	20.2
	环保局	23	19.3
	林业局	20	16.8
	海洋与渔业局	15	12.6
	人民政府	14	11.8
	水土保持委员会	12	10.1
	水利局	3	2.5
	街道办	3	2.5
	住建局	2	1.7
	城管局	2	1.7
	文旅局	1	0.8
国有财产保护领域	国土局	20	40
	住建局	10	20
	环保局	7	14
	市监局	3	6
	卫计局	3	6
	防空办	3	6
	林业局	1	2
	市政公司事业管理局	1	2
	人民政府	1	2
	农机局	1	2
食品药品安全领域	市监局	31	79.5
	卫计局	7	17.9
	工商局	1	2.6
国有土地使用权出让领域	国土局	1	100

资料来源:F省Q市人民检察院公益诉讼类检察建议调研数据。

分别是国土局、环保局、林业局、海洋与渔业局、人民政府以及水土保持委员会,其数量分别为 24 份、23 份、20 份、15 份、14 份、12 份,其中,国土局、环保局以及林业局所收到检察建议数量分别占生态环境和资源保护领域检察建议制发总数的 20.2%、19.3%、16.8%;在国有财产保护领域中,收到检察建议数量最多的部门主要有三个,分别是国土局、住建局以及环保局,其所收到检察建议数量分别达到 20 份、10 份、7 份,占国有财产保护领域检察建议制发总数的 40%、20%、14%;在食品药品安全领域中,制发对象主要为市监局、卫计局以及工商局,三者所收到的检察建议分别达到 31 份、7 份、1 份,其中市监局收到的检察建议数量所占比重最多,达到 79.5%;而在国有土地使用权出让领域,检察机关仅制发出一份检察建议,制发对象为国土局。

四、公益诉讼检察建议的事项

根据《人民检察院检察建议工作规定》第 10 条的规定,虽然公益诉讼类检察建议主要囊括生态环境和资源保护、国有财产保护、食品药品安全、国有土地使用权出让等不同领域,但通过汇总、整理 Q 市 209 份公益诉讼类检察建议,笔者发现,在各领域之中,检察机关所提出的检察建议具有一定的相似性,主要表现为检察建议文书之中所提出的建议举措或事项具有一定的相似性。故通过提取、整理并汇总公益诉讼类检察建议事项之中关键词的方式,统计各领域检察建议中出现较高的建议事项的词频可以有利于了解公益诉讼类检察建议运行情况。

通过梳理 Q 市公益诉讼类检察建议材料,可以发现,检察机关在制作书写公益诉讼类检察建议事项时,较常出现的建议举措类词有规范执法行为、完善配套措施、申请法院强制执行、加强监管力度、依法作出处理或处罚、督促落实、依法履行职责、加强部门协作、规范法律行为等。其中,在生态环境和资源保护领域之中(如图 6-13 所示),检察机关所提的建议事项出现较多的词有规范执法行为、完善配套措施、申请法院强制执行、加强监管力度、依法作出处理或处罚、督促落实与依法履行职责,其中词频最高的是依法履行职责,达到了 54 次,占前述 Q 市在该领域制发建议数量的 45.4%,其次是检察机关要求被建议单位予以督促落实,在实践中主要体现为要求被建议单位自查自纠或及时采取行动督促有关单位落实恢复生态或消除危害环境等行为,此部分词频出现 51 次,约占 Q 市在该领域制发建议数量的 42.9%。在国有财产保护领域(如图 6-14 所示),常出现的词有申请法院强制执行、依

公益诉讼的理论与实践

法作出处理或处罚、督促落实、规范行政处罚行为以及依法履行职责,其中依法履行职责、规范行政处罚行为以及督促落实三者的词频最高,达到 33 次、19 次和 17 次,占比达 66％、38％、34％。在食品药品安全领域(如图 6-15 所示),出现较为明显的词有依法作出处理或处罚、依法履行职责以及督促落实等,其中依法作出处理或处罚的词频达到 28 次,占 Q 市在该领域制发数量的 71.8％。而在国有土地使用权出让领域(如图 6-16 所示),检察机关所提检察建议之中主要举措类词频有依法履行职责、规范行政处罚行为、督促落实三项。

举措	次数
规范执法行为	4
完善配套措施	7
申请法院强制执行	20
加强监管力度	27
依法作出处理或处罚	32
督促落实	51
依法履行职责	54

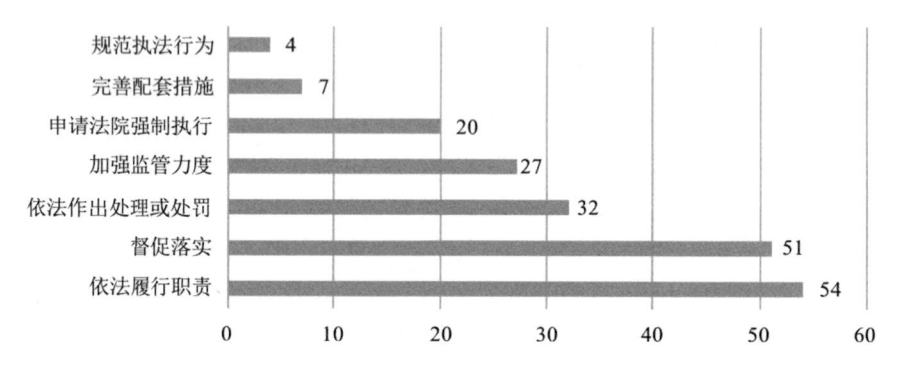

图 6-13　Q 市 2018 年生态环境和资源保护领域建议事项情况(单位:次)

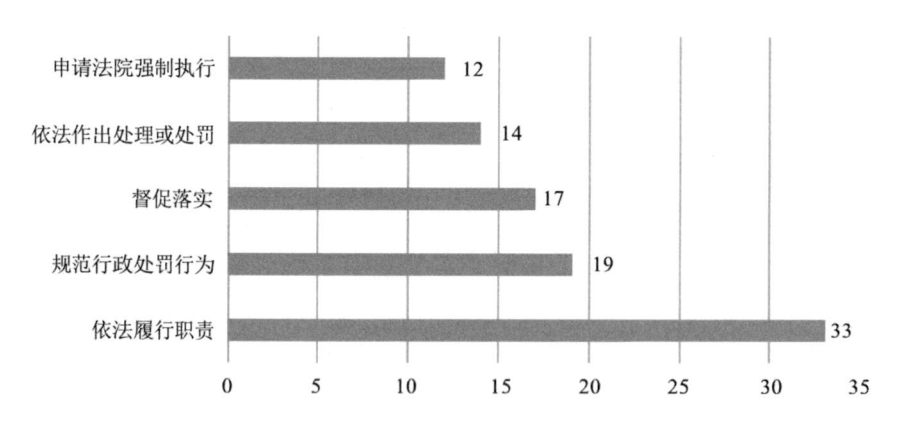

举措	次数
申请法院强制执行	12
依法作出处理或处罚	14
督促落实	17
规范行政处罚行为	19
依法履行职责	33

图 6-14　Q 市 2018 年国有财产保护领域建议事项情况(单位:次)

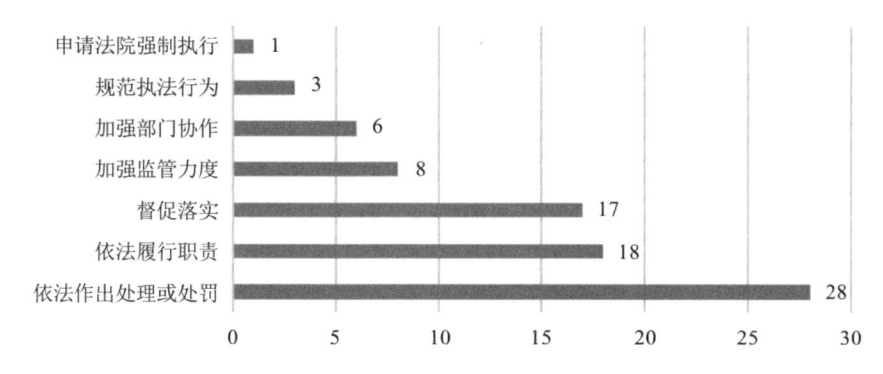

图 6-15　Q 市 2018 年食品药品安全领域建议事项情况(单位:次)

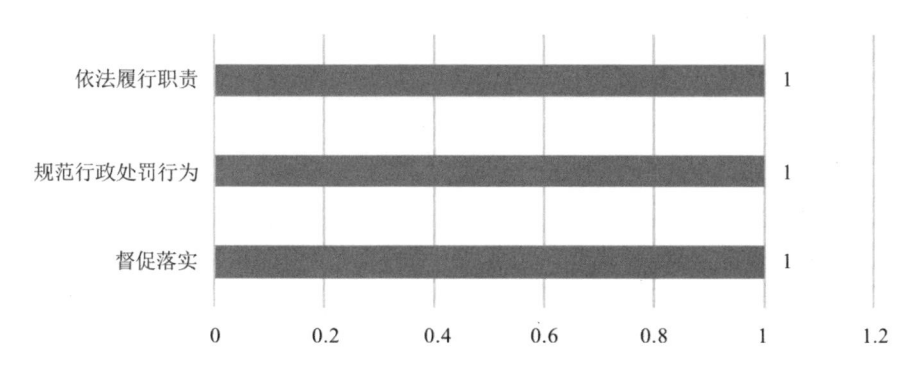

- 申请法院强制执行　1
- 规范执法行为　3
- 加强部门协作　6
- 加强监管力度　8
- 督促落实　17
- 依法履行职责　18
- 依法作出处理或处罚　28

图 6-16　Q 市 2018 年国有土地使用权出让领域建议事项情况(单位:次)

- 依法履行职责　1
- 规范行政处罚行为　1
- 督促落实　1

第三节　公益诉讼类检察建议的难点分析

一、公益诉讼类检察建议实践中存在的问题

正如法谚所言:"理论是灰色的,但实践之树却是常青的。"检察建议从具有一般监督功能到具有社会综合治理功效再到如今集社会治理、预防犯罪、保护合法利益、维护法治等多重作用于一身,无不是在司法中实践、改革并逐步形成的。虽然当前检察建议整体发展趋势良好,但在新形势下,通过对 F 省公益诉讼类检察建议实际运行状况的分析,笔者发现仍存在如下四个方面问题:

（一）各地区检察建议的制发数量差异较大

检察建议作为检察机关履行法律监督职权的方式之一,其制发数量的大小虽然无法在绝对意义上体现出检察机关履行法律监督职权的实效,却可以在相对层面上反映出检察机关使用检察建议的大致情况。而根据上述F省公益诉讼类检察建议运行的情况,可以发现目前F省各地区检察建议的制发数量呈现较大差异的现象。

首先,从全年整体数据情况来看,差异最显著的表现即F省各个地区之间制发数量的"极差"[①],2019年F省检察建议制发最多的为Q市,数量达到了995份,而制发最少的为P区,数量仅13份,地区制发数量极差为982份,这一数量是P区制发数量的76倍有余。不仅如此,制发数量的差异化同时也体现在各地区相互之间。如在2019年度,F省制发数量位居前三的Q市、F市、N市,其彼此之间存有近300份检察建议的差距,而按照制发数量多寡的排序,数量居中的地区,如在第五名Z市与第六名L市之间,虽然其彼此间差距有所缩小,但仍存有断层带,相差了近100份检察建议。其次,从前后半年各地区检察建议制发数量所占比例来看,各地制发数量比重也差异明显。以第一、二季度数量为例,在第一、二季度之中,F省共制发检察建议1436份,其中仅Q市检察建议数量便占到近31%,即使是制发数量位居第二的F市,其检察建议也仅占到17%,相差了14个百分点,而有些地区检察建议数量所占比重连5%都不到,如X市、P县等。最后,上述问题也可以从样本地区Q市公益诉讼类检察建议制发情况得到印证,在Q市209份公益诉讼类检察建议之中,制发数量最多的地区D县与制发数量最少的T区之间的"极差"达28份,相当于T区制发数量的9倍有余。而从Q市下辖县市相互间制发数量来看,制发数量最多的D县与制发数量位居第二的Y县之间数量相差5份,约等于超出Y县制发总数的20%。若以相邻地区制发数量相差20%作为断层标准的话,Q市各地公益诉讼类检察建议数量排序中共出现4次断层。综上,可见F省各地区在检察建议的制发数量方面存在较大的差异。

（二）检察建议制发类型不平衡

相比于《人民检察院检察建议工作规定（试行）》,《人民检察院检察建议工作规定》在第5条之中明确了检察建议所适用的五种类型,分别是公益诉讼

[①] 统计学名词,用以表示统计资料之中最大值与最小值之间的差距。

类、纠正违法类、社会治理类、再审类和其他类检察建议,但从实践来看,检察建议制发类型存在一定程度的不平衡。

首先,从整体情况来看,以 F 省为例,在 2019 年之中,无论是全年还是半年检察建议类型情况,检察建议类型数据都呈现出公益诉讼类当先、纠正违法类和社会治理类其次,再审类和其他类型居后的场面。具体至数据上,在 2019 年度之中,再审类所占比重仅为 5%,不及公益诉讼类比重的六分之一,而其他类检察建议所占比重为 14%,尚不足公益诉讼类比重的一半,且在半年数据对比中,不难发现,相比较于第一、二季度的数据情况,在第三、四季度中,共占据近 80% 以上份额的公益诉讼类、纠正违法类以及社会治理检察建议的制发数量都仍有上升态势,而仅占不足 20% 份额的再审类及其他类检察建议却呈现下滑态势。

其次,从公益诉讼类检察建议下辖各领域制发情况来看,当前检察机关在制发检察建议时一半以上的检察建议数量都用于生态环境和资源保护领域,而在国有财产保护领域、食品药品安全领域以及国有土地使用权出让领域等着力较少。Q 市在生态环境和资源保护领域中检察建议制发数量约占该市公益诉讼类检察建议制发总数的 56.9%,在国有资产保护领域与食品药品安全领域中制发的检察建议占比约为 23.9% 与 18.7%,而在国有土地使用权出让领域中制发的检察建议占比仅有 0.5%。不难发现,Q 市在生态环境和资源保护领域所制发的检察建议数量远超其他三个领域所制发的检察建议数量之和。由此,检察建议制发类型不平衡问题可见如是。

当然,我们无法排除存在其他因素导致检察建议数据的减少,例如行政部门监管力度的加强影响诸如食品药品安全领域检察建议提出的次数。但是应当承认的是,在数据对比中,检察建议在生态环境和资源保护领域数量的畸多而在国有土地使用权领域数量的畸少并非偶然,在某种程度反映出检察机关在对待此类检察建议或者至少在对国有土地使用权领域检察建议的探索、发现等重视程度可能远不及对生态环境和资源保护等其他三个领域检察建议的重视程度。

(三)检察建议制发对象过于集中化

如前述所言,检察制发对象的确定是开启后续检察建议系列工作的关键一环,但从目前数据来看,公益诉讼类检察建议运行中呈现出制发对象过于集中化的现象,主要表现为在 2019 年度,F 省 90% 以上的检察建议都是发向公安司法机关或者是行政监管执法机关,而在企事业单位或其他类机关的建议仅占7%。从公益诉讼领域的数据之中也可发现该问题,209份Q市检察建议样本近乎都发往了行政监管执法机关,而有108份则发往了国土局、环保局与市监局。其中从各领域制发对象分布情况来看,除食品药品安全领域外,国土局所收到的检察建议数量在生态环境和资源保护等其他三个领域都为最多。

虽然在现行《人民检察院检察建议工作规定》出台前,已有学者提出"检察建议适用对象需要进行合理控制……制发对象应重点是公权力行使机关",[①]且从《人民检察院检察建议工作规定》内容来看,立法者也倾向于这一倡议。[②]但是,如前所述,实践中检察建议运行呈现出制发对象过于集中化的现象。如果以不同制发对象的检察建议数量所占比重来描述的话,学者与立法者所倾向的"重点"制发对象比重可能达60%~70%,甚至可能达到80%的比重,但从实际情况来看,制发对象为公权力行使机关的检察建议数量比重占据了93%,可以说近乎全部的检察建议都发往了公权力行使机关。这也意味着,当企事业单位发生需被提起检察建议情况时,检察机关第一选择对象往往是其上级机关或负责管理有关领域的公权力行使机关,而不是企事业单位等始作俑者。

当然,接收检察建议最多的行政机关可能在职能范围上涵盖了公益诉讼中的多个领域,如上述国土局,其职能便在生态环境和资源保护、国有财产保护以及国有土地使用权转让中都可能有所涉及。同时,在一些环境公益诉讼等领域,检察机关应当位于次要或者补充地位,由有关机关或组织先行提起诉讼。但是,不同于诉讼,检察建议作为一种具有弱权力性、协商性的行为,[③]其运行在客观上更多的是靠制发对象积极地配合、接受、采纳,若检察机关依旧寄希望于由有关机关或组织先行提起相关建议而仍保持自身次要或补充地位,进而将制发对象过度集中于上级主管机关或其他有关的公权力机关的话,那么此时检察建议的运行并非有利于检察建议作用的实现。与此同时,在《人民检察院检察建议工作规定》中,检察建议作为检察机关承担起社会综合治理

---

① 周长军、杨丹:《检察建议的刚性提升与范围控制》,载《人民检察》2018年第16期。
② 在《人民检察院检察建议工作规定》第二章适用范围部分,法律条文第8条、第9条、第10条都是专门适用公安司法、行政执法等机关,仅有第11条中所列明的"有关单位和部门"除适用于公权力行使机关,还适用于其他企事业单位等,因此在法条设计上不难看出,立法者也倾向于检察建议制发对象重点是公权力行使机关。
③ 吕涛:《检察建议的法理分析》,载《法学论坛》2010年第2期。

职责的重要方式之一,其作用不仅仅在"促进依法行政",也在于"社会治理""保护国家利益和社会公共利益""维护个人和组织合法权益"。随着检察机关社会综合治理政策的强化,检察建议的作用也逐步加强,[①]若一味地集中建议于公权力行使机关,而忽视了直接对企事业单位等始作俑者提出建议的话,那么客观上反而更容易徒增检察建议事项纠正的成本,尤其是在公益诉讼领域,当环境遭受企业单位破坏亟须制止损害并加以恢复生态时,检察机关绕过企业单位而通过将检察建议发往行政监管机关以此反作用于企业单位,则不仅增加了检察建议运作的环节,加大检察建议实现的难度,更阻碍了检察建议作用有效发挥。

(四)检察机关制发的建议事项操作性不足

在检察建议之中,建议事项是检察机关在发现有关问题后结合法律所提出的改善措施或建议举措,根据《人民检察院检察建议工作规定》第16条的规定,检察机关所提出的建议应当具有操作性,但从上述数据来看,检察机关制发的建议事项操作性不足,内容上较为宽泛。

如上述,在公益诉讼类检察建议之中,当前检察机关所提出的建议主要集中在依法履行职责、督促落实等八大类。其中仅完善配套措施、申请法院强制执行、依法作出处理或处罚、加强部门协作四项建议具有较强的操作性,而规范法律行为、依法履行职责、督促落实、加强监管力度等建议则在内容上较为宽泛、操作性较为不足。在209份Q市检察建议之中,仅依法履行职责出现的次数便达到了106次,占比约为50.7%,相当于每两份检察建议之中便有一份是要求有关单位或机关依法履行职责。且从图中可以看出,在生态环境和资源保护等四个领域中,诸如依法履行职责、规范法律行为等建议内容宽泛、操作性不足的建议词语在检察建议文书中所出现的词频却是位居前列,如在生态环境和资源保护领域之中,依法履行职责和督促落实等宽泛性词语的词频便占据了前两名,而在国有资产保护领域建议事项之中,词频排序前三的则全为宽泛性词语。由此可见,在公益诉讼类检察建议之中,检察机关制发的检察建议更多的是要求被建议对象依法履行职责、规范法律行为,而在对实践中所发生的公益诉讼领域问题提出直接有操作性的建议则相对不足,这在本质上不仅有违《人民检察院检察建议工作规定》第16条之内容,也不利于被建议

---

① 任学强:《检察建议的理论与实践——以检察机关社会综合治理职能为视角》,载《社会科学论坛》2014年第10期。

单位有针对性地开展公益诉讼领域问题的解决工作。

二、公益诉讼类检察建议问题的成因

检察建议作为现今检察机关履职尽责的一项重要措施与手段,其在检务工作中起着不容忽视的作用。虽然近年来,通过制度的设计,检察建议的制度得以完善、作用得以强化,并且在实践之中,以检察建议为载体,各级检察机关创新开展各类检察监督工作,取得了良好的社会效果,[①]但是如前所述,《人民检察院检察建议工作规定》施行一年多以来,检察建议在公益诉讼领域中仍存有诸如制发对象单一化、回复率不理想等问题。

(一)检察建议运行机制的规范缺陷

纵观现行《人民检察院检察建议工作规定》及其他有关检察建议制度的法律、法规、规范,基于上述实践的视角来观察,可以发现,当前我国检察建议运行的规范缺陷主要体现在以下几个方面:

1.准备阶段,文书适用范围界定不清、调查核实标准偏低

第一,文书适用方面存在范围界定不清的问题。以检察建议书、纠正违法通知书的适用为例,根据现行法律法规,一方面,在检察建议书的适用上,《中华人民共和国刑事诉讼法》规定检察机关在羁押必要性审查[②]等环节可以"建议"的形式予以监督,而在纠正违法通知书的适用上,《中华人民共和国刑事诉讼法》第100条与第272条仅作出宏观要求,要求检察机关发现违法情况便可要求相应机关予以纠正;另一方面,落实至具体适用规则上,依据《人民检察院刑事诉讼规则》第552条[③],在检察机关发现刑事诉讼环节存有违法行为时,若违法行为情节较重,则应选择适用纠正违法通知书,若违法行为带有普遍性,则应选择适用检察建议,同时《人民检察院检察建议工作规定》第9条第4

---

① 张新:《对完善检察建议立法的实证思考》,载《河北法学》2010年第11期。
② 《中华人民共和国刑事诉讼法》第95条。
③ 《人民检察院刑事诉讼规则》第552条:"人民检察院发现刑事诉讼活动中的违法行为……对于情节较重的,经检察长决定,发出纠正违法通知书。对于带有普遍性的违法情形,经检察长决定,向相关机关提出检察建议。"

项[①]进一步明确,被提出检察建议的违法行为应满足存在"普遍性、倾向性违法问题",或者"有其他重大隐患,需要引起重视予以解决"的要求。可见,两种文书在现行法律下的适用范围存在一定交叉重合。虽然相较于《中华人民共和国刑事诉讼法》,《人民检察院刑事诉讼规则》与《人民检察院检察建议工作规定》在适用范围上作了一定的细化规定,但是有关内容停留在原则化的规定上,对违法行为仍缺乏具体的衡量标准,致使在实践之中,当发现刑事诉讼活动中存有违法行为时,检察机关仍需要辨明违法行为究竟是属于"情节较重"类型还是属于"带有普遍性、倾向性违法"类型,抑或是属于具有"其他重大隐患"类型,这不仅要求检察官具备扎实的专业素养,也在很大程度上倚仗检察官的实务经验,而这也往往容易造成检察官不易选择适用的文书,甚至错选适用文书等情况。

第二,检察建议调查核实标准偏低。如前所述,调查核实权作为法律赋予检察机关的一项新权力,其设立目的在于"确认违法事实是否存在和属实,以便依法予以监督纠正"。无论检察机关制发哪一类检察建议,"为保证建议事项的事实清楚准确,法律政策依据充分"[②],调查核实都是检察建议制发前不可或缺的环节。然而现行规范却存在调查核实标准设立偏低的问题,主要表现为在调查核实方面,现行规范仅要求检察机关做到"事实清楚准确",却没有在证据、法律政策等建议依据方面作出明确要求。如针对事实的调查核实,《人民检察院检察建议工作规定》第13条明确要求检察官"应当"做到"清楚、准确",而针对证据的调查核实,其第14条却将此方面列为检察官"可以"采取的措施之一。同时,虽然依据《人民检察院检察建议工作规定》第16条第1款的要求,检察建议内容应当"说理充分、论证严谨",但针对调查核实的证据,其第16条第2款并没有对检察建议内容(包括是否应列出相关证据等事项)作出强制要求,而仅停留在一般性要求的层面。这也意味着,在检务工作中,检察官虽然应当依法调查事实,但对于事实所依仗的证据材料等,检察官并非会予以重视,由此便容易导致在检察建议运行过程中表现出检察建议调查核实

---

① 《人民检察院检察建议工作规定》第9条第4项:"公安机关、人民法院、监狱、社区矫正机构、强制医疗执行机构等在刑事诉讼活动中或者执行人民法院生效刑事判决、裁定、决定等法律文书过程中存在普遍性、倾向性违法问题,或者有其他重大隐患,需要引起重视予以解决的。"

② 高景峰、吴孟栓、米蓓:《〈人民检察院检察建议工作规定〉理解与适用》,载《人民检察》2019年第8期。

不到位,建议内容存在证据不充分或事实论证不清的现象。如在2019年第三季度中,F省P市某区人民检察院在公益诉讼领域制发检察建议时因对有关政策规定调查核实不细致,对有关主体责任认识不清,导致检察机关对被建议对象的工作职责了解不够深入,将理应发给负责追回流失国家农机补贴专项金的农业机械管理总站的检察建议错发给农业农村局,最终造成检察建议制发的延误,徒增检察建议运行的成本。

2.制发阶段,各类检察建议审批程序标准不一、送达方式可操作性不一

第一,各类检察建议审批程序存在标准不一的问题。虽然依据《人民检察院检察建议工作规定》第5条的规定,检察建议被分为了再审类、纠正违法类、公益诉讼类、社会治理类以及其他类检察建议,但是在实际运行中,法律对这五类检察建议的要求有所不同。例如再审类检察建议方面,从《人民检察院检察建议工作规定》之中可以看出,其对再审类检察建议准备、制发阶段的程序方面并没有单独作额外的规定。然而作为一项监督诉讼活动的行为,尤其是在《中华人民共和国民事诉讼法》中作为一项与抗诉并重的方式,再审类检察建议在民事诉讼领域不仅须在准备、制发阶段满足经由检察委员会讨论通过的要求,同时在制发之后还须经人民法院合议庭审议通过方可实现启动再审的建议效果。虽然针对不同类型的检察建议设立不同的程序标准在一定程度上有助于更好地实现检察建议的效果,如人民法院合议庭对再审检察建议的审议有助于确保再审的必要性,保障司法公正,但在另一方面,额外的程序要求也会加重检察建议的运行成本,阻碍其功能的实现。例如依据《人民检察院检察建议工作规定》第17条,在检察建议报送检察长之前,社会治理检察建议还需额外经过法律政策研究部门对其"必要性、合法性、说理性"等进行审核。诚然,这一规定有助于提升检察建议的质量并有利于提高社会群体对检察建议的接受程度,但是,不可否认的是,相较于其他类别的检察建议,社会治理检察建议在制发之前会经历法律政策研究部门与检察长或检察委员会对其"必要性、合法性、说理性"等进行双重审核,这无疑徒增程序成本,同时也易造成在需要对纠正违法等其他四类检察建议严格把关时,相关法律法规却缺乏程序上的规定。另外,在实践中,社会治理检察建议作为一类为企事业单位接受采纳少的检察建议,若额外地增添程序成本,那么只会进一步压制检察建议的制发,阻碍其功能的发挥与实现。在对社会治理检察建议现有程序下,2019年发往企事业单位的检察建议数量仅占社会治理检察建议的19%,同时仅占全年检察建议的4%,可见检察建议在治理社会企事业单位上作用甚微。

第二,检察建议送达方式的可操作性不一。虽然《人民检察院检察建议工作规定》第18条[①]第1款中赋予检察机关在发送检察建议时可以选择书面送达或宣告送达两种方式,但如上述所言,实践之中却表现出送达方式单一化现象,究其原因在于书面送达与宣告送达的操作难度不一。一方面,依据《人民检察院检察建议工作规定》第18条,在书面送达方式下,检察机关仅需将检察建议书送至被建议单位即可,而在宣告送达方式下,检察机关不仅须经被建议单位同意,选择适宜场所,进行当面宣读检察建议等工作,必要时还需要求人大代表等第三方人员参与其中。这也意味着,相较于书面送达,宣告送达的流程更为复杂,更加消耗检察机关的时间与精力。另一方面,从第18条的内容可以看出,当前对案件适用哪种送达方式,法律条文并没有给予明确的答复,检察机关可自主选择文书送达方式,因此,可以预见的是实践之中,程序相对简易的书面送达方式更容易成为检察机关的首选。另外,虽然在政治效果、社会效果抑或是法律效果等方面,宣告送达可能都会好于书面送达,但如前所述,《人民检察院检察建议工作规定》第18条却要求检察机关须在启用宣告送达前经被建议单位的同意方可,这也意味着在送达方式上,最终决定权在于被建议单位。或许宣告送达方式的适用需经被建议单位同意的规定是出于顾及对被建议单位的影响,然而检察建议作为检察机关参与社会治理、履行法律监督职责的方式之一,因其往往是指出被建议单位的不足并要求被建议单位进行整改,因而检察建议往往容易成为被建议单位所不愿面对或者避免公开面对的事情。因此,在检察建议的送达方式上,被建议单位往往更易倾向于书面送达,若将宣告送达的决定权交由被建议单位,那么往往会增加检察建议启动宣告送达方式的难度,导致在实践之中被建议单位同意宣告送达的检察建议数量较少,最终致使检察建议送达方式呈现单一化现象。

3.反馈落实阶段,督促落实制度不完善、质量监督管理体制不健全

第一,检察建议的督促落实制度尚不完善,主要表现为《人民检察院检察建议工作规定》赋予检察官的督促方式存在"冲劲足而后力不足"的不合理现

[①] 《人民检察院检察建议工作规定》第18条:"检察建议书应当以人民检察院的名义送达有关单位。送达检察建议书,可以书面送达,也可以现场宣告送达。宣告送达检察建议书应当商被建议单位同意,可以在人民检察院、被建议单位或者其他适宜场所进行,由检察官向被建议单位负责人当面宣读检察建议书并进行示证、说理,听取被建议单位负责人意见。必要时,可以邀请人大代表、政协委员或者特约检察员、人民监督员等第三方人员参加。"

象。例如,在《人民检察院检察建议工作规定》第 24 条、第 25 条中,虽然法律条文明确规定在办理督促检察建议的落实工作时,原承办检察官可以选择询问、走访等方式进行操作,并可以在被建议单位存在不作为等情形下采取通报上级机关等方式予以监督,但细思之下可以发现,赋予检察官询问的督促方式并不合理。督促落实制度作为在检察建议运行中保障检察建议发挥功效的一项重要制度,其实质在于检察机关督促被建议单位真正落实检察建议内容,因此在《人民检察院检察建议工作规定》中,其改变了以往仅要求检察机关"了解和掌握"检察建议落实情况的督促模式,取而代之的是要求检察机关做到"积极督促和支持配合被建议单位落实检察建议"。而这不仅需要检察机关及时了解掌握被建议单位落实过程中所遇到的困难并予以支持和配合,还需要检察机关不断跟踪、积极督促,当被建议单位未及时整改或整改不到位时,检察机关应当及时采取措施予以纠正,以此来共同推进检察建议的落实。然而从上述第 24 条、第 25 条可以看出,法律条文并没有对持续跟踪落实等行为予以规定,若仅以询问、走访等方式进行督促,那么检察官很可能无法真正地了解检察建议落实的真实情况,易出现被建议单位回复情况与实际落实情况相背离的现象。

同时依据第 25 条规定,检察机关拥有"可以"选择是否通报上级机关或同级人大等部门、组织的权力,这意味着当被建议单位未及时整改或整改不到位时,其并非一定会受到上级机关或同级人大等的监督,如此便易造成被建议单位虽然回复已对检察建议予以落实,但是实际上容易怀有不整改可能不被发现,也可能不会被通告的投机心理,最终致使检察建议迟迟未被落实。如在实践调研中,X 市某区院针对区公安分局多起案件存在犯罪嫌疑人取保候审期限届满或即将届满才移送审查起诉的情况发出了〔2018〕1 号检察建议书,虽然区公安分局在回复中声称已积极开展整改,并加大督办力度,严格落实执法质量考核评议责任追究等,但在 2019 年,该区检察院仍发现多起案件存在相同问题。同时据了解,该区检察院最终也没有采取通报人大或上级机关等部门、组织的措施,而这无疑不利于检察建议的落实,最终只会影响了上述有关案件中强制措施衔接的有效运转。

第二,检察建议的质量监督管理体制不健全。一份高质量的检察建议不仅能体现出检察机关在检务工作中的履职尽责,也是依法行政等良好社会风气的保障。然而综观《人民检察院检察建议工作规定》,有关检察建议的治理监管的体制构建却尚未健全。虽然相比于试行阶段,《人民检察院检察建议工作规定》新设专章"监督管理"保障检察建议的质量,以此更好地提升检察建议的落实效果,但是细察可以发现,对于在检务工作中日益凸显重要性的检察建议,仅在"监督管理"章中下设四个法律条文以期能监管检察建议质量问题便显得有点力不从心。而这种质量监督管理体制的不健全则主要表现在对于检察建议工作还没有更加具体、有效的质量考察标准或指标。具体而言,虽然《人民检察院检察建议工作规定》在第 26 条①之中要求检察机关应当定期对检察建议的落实效果进行评估,同时还在第 27 条②中要求检察机关的案件管理部门需定期组织检察建议质量评查以及对检察建议工作情况进行综合分析,但是对于检务工作中检察建议本身是否规范,是否具有事实性、合法性和合理性,被建议单位是否真正整改到位等系列问题,《人民检察院检察建议工作规定》仍缺少可以量化的具体指标。而这不仅容易造成检察建议监管不到位的现象,也会间接影响检察建议质量标准,致使检察建议在运行中出现质量参差不齐等不规范、不达标的现象。

(二)检务工作中的多种不利因素影响

从实践调研情况来看,检察建议运行中仍存有诸多问题的另一方面原因则是由于在检务工作中检察建议的运行受到多种不利因素影响,主要表现为如下四个方面。

1.检察人员实务操作不规范、对检察建议作用认识不足

检察人员作为检察建议的第一撰写者,其对检察建议的认识以及其自身专业水平的高低在某种程度上决定着检察建议质量的好坏。而从调研情况来看,导致当前检察建议运行存在问题的一大原因便是检察人员的实务操作不规范、对检察建议作用认识不足。

一方面,各季度检察建议实践中普遍反映检察人员存有实务操作不规范问题。例如在检察建议文书制作方面,检察人员不仅未严格按照《人民检察院检察建议法律文书格式样本》制作检察建议文书,致使实践之中检察建议文书出现如文书用语、文书结构层次序数、文书字体等各种格式使用不规范的现

---

① 《人民检察院检察建议工作规定》第 26 条:"各级人民检察院检察委员会应当定期对本院制发的检察建议的落实效果进行评估。"

② 《人民检察院检察建议工作规定》第 27 条:"人民检察院案件管理部门负责检察建议的流程监控和分类统计,定期组织对检察建议进行质量评查,对检察建议工作情况进行综合分析。"

象,同时检察人员在检察建议内容制作上也表现出了建议内容原则化、空洞化的问题。例如,为防范看守所发生牢头狱霸现象,N市某检察院刑执部门向公安局发出了检执检建〔2019〕1号检察建议,但提出的"统一思想认识、扎实做好基础工作、加强队伍建设"三项具体建议,内容过于原则与空泛,以至于公安机关虽然采纳建议,但整改效果不理想。或许部分检察建议内容出现空泛化问题的原因可归咎于检察人员对某些特定领域事项的专业知识了解不深的缘故,但是在一些实务操作中发现,检察人员在制发检察建议时甚至出现检察建议内容不完整的问题。例如,根据《人民检察院检察建议工作规定》第16条的规定,检察建议书一般包括被建议单位书面回复落实情况、提出异议的期限,但在如Z市某县检察院向县公安局交警大队发出的检建〔2019〕9号检察建议书中却出现未写明被建议单位书面回复落实情况的期限的情形。

另一方面,在检察建议运行中,检察人员对检察建议作用的认识不足。长期以来,虽然检察建议作为一项有效的监督方式,在推进社会治理法治化、维护社会公益等多方面起到重要作用,并且最高人民检察院也反复强调各级检察院需将检察建议"做成刚性、做到刚性",[①]但从F省调研中发现有的检察人员对"做成刚性、做到刚性"理念的理解不深,对发挥主观能动性来打开工作局面的重要性缺乏足够的认识,常抱有一种"多栽花少栽刺"的心理去制发检察建议,由此导致实践中不仅在检察建议数据统计方面迟报、错报、漏报的问题屡次发生。在检察建议内容方面,大多数检察建议书都是建议有关单位建章立制,加强管理等,很少建议有关机关追究有关当事人的党纪、政纪责任,这也大大影响了检察建议书的适用范围和权威性的发挥。

2. 机构设置及配套应用方面存在滞后性

虽然最高人民检察院下发了《人民检察院检察建议工作规定》,加强和规范了检察建议工作,有利于提升检察建议的质量及运行的效果,但从实践来看,当前检察建议工作尚存在检察机关机构设置及配套应用方面滞后的现象。例如,在机构设置方面,虽然依据《人民检察院检察建议工作规定》第27条的规定,检察建议的流程监督、分类统计以及质量评价等工作应当由检察机关案件管理部门来负责,但是,据了解,当前F省检察机关仍然还是由内部研究室负责检察建议的分类统计,并且在工作方式上仍保留并依赖于人工统计的方法,致使有关工作的效率和效果都不尽如人意。不仅如此,在检察建议配套应

---

① 佚名:《检察建议要做成刚性做到刚性》,载《检察日报》2018年9月25日第1版。

用方面也有类似的情况出现,如《人民检察院检察建议工作规定》第 7 条明确要求检察机关在制发检察建议时需"在统一业务应用系统中进行",做到"统一编号、统一签发、全程留痕、全程监督"的效果,但从调研情况来看,在 F 省检察机关的统一业务应用系统的配置中,尚无法完成全院案件管理系统的统一编号,各业务处(科)室均只能在系统内生成本科室的检察建议书编号。同时,虽然《人民检察院检察建议工作规定》第 17 条规定社会治理检察建议需在报送检察长前,由负责法律政策研究的部门对必要性、合法性及说理性等内容进行审核,但是根据实践情况来看,在当前检察机关统一业务应用系统中并无相应的设置,相应的工作仍以传统的书面转交、审查的方式进行。另外,囿于检察机关既不是被建议单位上级主管部门,又未配备各方面专业人才,因此往往造成检察机关对被建议单位业务缺乏深入了解,所建议事项大多缺乏深层次分析,难以从专业性角度提出解决措施,特别是难以发现个案背后潜在深层性的问题,从而导致部分检察建议无法满足"说理充分、具有可操作性"等要求。由此可见,虽然当前针对检察建议运行的规范建设已有所建树,但是在运行过程中,检察机关出现部门衔接工作机制不完善等问题,在机构设置及配套应用方面仍存在滞后现象。

3.其他不利影响因素

除了上述不利影响因素外,在检察建议运行过程中还存在一些其他不利影响因素。例如在检察建议工作开展方面,F 省各个地区的开展力度不平衡,有的地区通过与人大建立起联动监督机制明确联动监督内容、方式等,以此解决检察机关在工作中发现的不按时反馈落实检察建议书等情形;[①]有的地区则由检察机关与地区政府机关建立起具体的综合考评机制将检察建议的运行情况纳入考评范围,以此来保障检察建议的质量与刚性。[②] 不同的开展力度作用在检察建议运行之中反馈出来的效果也截然不同,以回复率为例,上半年全省各地检察机关回复率最高者达到 92.3%,最低者则仅有 34.6%。虽然各地情况不同,单纯以数值大小来看待各地的检察工作不尽科学,但巨大的数值差距在一定程度上反映出地区工作开展的不平衡问题。当然,不仅限于此,还

---

① 张仁平、陈艺华、陈建忠:《让监督硬起来效果显出来》,载《检察日报》2018 年 6 月 4 日第 2 版。

② 云霄检察:《云霄县检察院推动"检察建议"纳入综治考评》,http://mini.eastday.com/a/190124061755514-3.html,最后访问日期:2023 年 5 月 13 日。

可能存有其他影响因素,诸如地区经济发展差异[1]等因素影响。虽然囿于实践数据等条件限制,无法作出更多较为精确的概括列举,但是从中,应当承认的是,在上述三种原因之外尚存有其他不利因素影响着检察建议的运行,致使检察建议工作呈现出尚未完善的状态。

第四节
公益诉讼类检察建议的完善建议

虽然目前我国检察建议的运行面临着诸如送达形式单一化、回复率与采纳率不高等实践困境,但其问题的根本所在是检察建议运行机制的不完善,检察建议不仅在适用范围上界定不清,其所适用的程序要求、督促落实制度、质量监管制度等相关法律法规也亟待健全。是故,为达到"完善检察建议的制作、审核、送达、反馈及质量、效果评估机制,增强检察建议的刚性、精准性和可操作性"[2]这一目标,对现行的检察建议运行机制进行完善具有一定的必要性。

一、规范检察建议文书适用范围与调查核实标准

在我国,检察官作为官方的"护法人",角色的定位要求其为了发现真相必须站在客观公正的角度,[3]而检察建议作为检察机关履行检察职能的重要手段之一,在其准备阶段,履职的检察官便应恪守客观公正的原则。故基于此原则,在完善检察建议准备阶段相关机制时可从如下两方面入手:

---

[1] 据 F 省 2019 年统计年鉴显示,F 省下辖各地区年生产总值排名情况基本为 Q 市、F 市、X 市、Z 市、L 市、S 市、P 市、N1 市、N 市、P 县。可以发现,除个别地区以外,F 省地区生产总值的排序与该地区 2019 年检察建议制发数量在全省的排名次序上大致相符,由此可见,检察建议运行情况与地区的经济发展状况可能存有一定关联性,囿于文章篇幅及学术水平限制,故笔者不在此赘述。2019 年统计年鉴参见杨洪春主编:《F 省统计年鉴-2019》,http://tjj.fujian.gov.cn/tongjinianjian/dz2019/index.htm,最后访问日期:2023 年 5 月 13 日。

[2] 最高人民检察院网上发布厅:《2018—2022 年检察改革工作规划》,https://www.spp.gov.cn/spp/xwfbh/wsfbt/201902/t20190212_407707.shtml#2,最后访问日期:2023 年 5 月 13 日。

[3] 龙宗智:《论检察》,中国检察出版社 2013 年版,第 2~3 页。

(一)规范检察建议文书适用范围

当前,在部分立案侦查权被转隶到监察机构以后,检察机关所拥有的法律监督手段变得十分有限,如在诉讼监督方面,针对侦查机关、法院、执行机关等的监督,检察机关仅剩提出检察建议、纠正违法通知书等柔性手段。[①] 然而从实践情况来看,检察建议文书适用范围界定不清,实务中检察建议文书与纠正违法通知书、检察意见书等混用的情况时有发生,这无疑妨碍了检察机关正常履行法律监督职责。是故,尽快规范检察建议文书的适用范围以保证检察建议运行回归正轨便成了首要之选。在规范检察建议适用范围时,应注意以下两方面问题。

1.在规范原则方面,应紧扣检察建议设立宗旨与目的

常言道"无规矩无以成方圆",在规范检察建议适用范围时也应掌握一定的原则。作为检察建议的适用范围,其在检察建议启用与运行的方面有着一定的积极作用,但同时也应防止其应用时的主观随意性,划定好检察建议所适用的领域将影响检察机关检务实践的工作方式与开展方向。因此,在规范适用范围方面应紧扣检察建议设立宗旨与目的。依据《中华人民共和国人民检察院组织法》第21条与《人民检察院检察建议工作规定》第2条可知,设立检察建议是为了更好地服务于检察机关履行法律监督职权,且作为一项重要措施,检察建议身兼法律监督、社会治理、预防犯罪等多重目的,故而在规范检察建议适用范围时也应紧扣这些宗旨与目的,才可保障检察建议范围不会有所偏颇。

2.在具体规范措施方面,应注重做好文书间适用范围的区分

如前所述,当前有关规定仍存在内容过于原则化的问题,以前述检察建议文书与纠正违法通知书之间适用为例,虽然已有实务界人士对此提出从性质、法律依据、法律关系等角度加以区分,[②]但仍没有解决前述如何区分违法行为何时"情节较重"、何时"带有普遍性、倾向性"、何时具有"其他重大隐患"以正确适用两种文书的问题。因此,当前在检察建议适用范围业已扩展至其他领域(如纠正违法)时,开展具体规范措施应着重对检察建议文书与其他文书间的适用范围作出明细化区别,例如可以案件数量多寡衡量某一违法行为是否

[①] 陈瑞华:《论检察机关的法律职能》,载《政法论坛》2018年第1期。

[②] 熊正、肖宏武:《检察建议书与纠正违法通知书应用区别适用》,载《检察日报》2008年10月15日第3版。

具有"普遍性、倾向性"等来合理适用检察建议文书。

(二)提高检察建议调查核实的标准

在我国,检察机关作为由宪法和法律所确认的法律监督机关,对于其而言,监督法律实施最基本的,同样也是最重要的要求,便是检察机关自身的客观公正,即检察机关为发现真实情况,不应站在当事人的立场上,而应站在客观立场上进行活动。[①] 因此,作为一项保障检察机关顺利行使法律监督职责的重要措施和手段,检察机关所实施的调查核实也应紧密围绕着客观立场而展开。

基于此,应适当地提高当前检察建议调查核实的标准,尤其是在对证据材料的调查核实方面。例如,可以在《人民检察院检察建议工作规定》第13条之中列明,检察机关在对相关事项调查核实时,除了做到"事实清楚、准确",还需在证据方面做到"证据确实、充分";在对检察建议内容事项的撰写要求上,也可以对所调查核实的事实、证据材料部分作出强制性规定,要求检察机关应当在检察建议文书中列明所调查核实的事实以及所对应的证据材料,以此来强化检察机关对有关事项、证据的调查核实工作的重视,避免上述实践中所出现的调查核实不到位等现象。同时,根据《人民检察院检察建议工作规定》第16条第1款的规定,可以得知检察建议内容需做到"说理充分、论证严谨",而这不仅是对事实部分作了要求,也是对证据材料等作了要求。所以,需要明确的是,通过对调查核实的证据材料部分要求的提升并不是加大检察机关开展检察建议工作的难度或者是阻碍检察建议的运行,而是基于检察机关自身法律监督者的定位,将原本理应在调查核实中做到"证据确实、充分"的工作予以明确化,以此来保证检察机关制发检察建议的客观公正,促进检察建议的有效运行。

二、规范检察建议审批、送达程序

检察建议的制发阶段,不仅与准备阶段一脉相承,需继续恪守客观公正的原则,也牵涉后续反馈落实阶段,应严控检察建议的制作质量与发送环节。基于此思路,在完善检察建议制发阶段机制时可从如下两方面入手:

---

① 龙宗智:《论检察》,中国检察出版社2013年版,第2~3页。

(一)规范检察建议审批程序

正如学者所言:"程序是自由的最后堡垒,没有程序,法治什么都不是。"[1] 作为检察建议运行中不可或缺的一环,检察建议审批程序的完善与否直接关系检察建议的质量水平的高低,但如前所述,当前针对各类检察建议,其所适用的审批程序却存有不一,由此容易导致实践之中徒增额外的程序成本,阻碍检察建议的制发,故而规范检察建议审批程序便成了必需。

基于此,对于检察建议审批程序应秉持统一检察建议审批程序为原则、适用特殊程序为例外的原则加以完善,具体而言:(1)在实践之中,针对一些适用检察建议的常规化案件,如督促被建议单位完善规章制度、消除违法犯罪隐患等,可以在相关事实、证据调查核实完成之后,由检察官起草检察建议文书,统一交分管检察长对检察建议的必要性、合法性、合理性等内容进行审核与批准,由此完成检察建议的审批;(2)针对再审类检察建议,重大、疑难或复杂案件或可能成为典型类检察建议案件,可在报检察长批示后,及时提交院检察委员会讨论作出决定;(3)针对出现的案件是否属于重大、疑难或复杂案件抑或是典型类检察建议案件,若在实践之中检察官无法对此做出抉择,可统一交由本院负责法律政策研究的部门,对检察建议事项等内容进行统一研究,如果检察建议事项符合相关要求,那么再由检察官将检察建议报经检察长批示后交院检察委员会讨论决定。程序是否合规、合理以及管理、审批是否严格、细致往往能决定检察建议质量的高低。[2] 通过以上措施,能较好地避免出现部分常规化案件中检察建议承担双重审查的程序负担,而在需严格把控的检察建议文书审批程序上却仅通过一般流程完成审批制发的现象。

(二)提高检察建议文书宣告送达方式的可操作性

宣告送达方式作为经地方实践而探索出的经验为《人民检察院检察建议工作规定》所吸收,旨在通过此方式实现检察官与被建议单位面对面交流、当面释法说理,使得检察建议更易被接受和采纳。[3] 然而从实践情况来看,当前检察建议宣告制度可操作性偏低,导致出现送达方式单一化的现象,阻碍了原

---

[1] 邓子滨:《刑事诉讼原理》,北京大学出版社2019年版,自序第7页。
[2] 何明田、魏茂华、芝春燕:《完善检察建议制发的对策分析》,载《人民检察》2015年第8期。
[3] 高景峰、吴孟栓、米蓓:《〈人民检察院检察建议工作规定〉理解与适用》,载《人民检察》2019年第8期。

有立法目的的实现,所以可从以下几方面入手加以完善。

1.在启用方式方面,应当改以往"商被建议单位同意"为"经与被建议单位协商,由检察机关决定是否适用宣告送达"

从上述可知,宣告送达需"商被建议单位同意"容易造成该送达方式适用率偏低的情形,因此上述启用方式的修改意在使检察建议宣告送达方式的决定权回归至检察机关手中,由检察机关在制发检察建议时考虑是否适用宣告送达、宣告送达能否起到更好的作用等问题,以此保障宣告送达方式能得到充分利用。同时,为避免宣告送达给被建议单位造成不必要的麻烦,兼顾被建议单位的感受,选择宣告送达方式前,检察机关应当与被建议单位协商,了解被建议单位对宣告送达的意见以及宣告送达可能造成的影响,由此再综合考虑是否适用宣告送达的方式发送检察建议。

2.在适用范围方面,应明确划分书面送达与宣告送达的适用范围

相较于书面送达,宣告送达方式的作用在于检察官可以当面释法、说理,以此来提高检察建议被接受的可能性,而当前书面送达与宣告送达适用范围的缺失造成检察官倾向选择程序简易的书面送达,从而抑制了宣告送达作用的发挥。故而应在接下来的制度改革中对此进一步加以完善,例如鉴于宣告送达方式的效果更佳,可将宣告送达方式适用于在执法、司法、社会治理等领域中普遍反映出来的问题,或者是适用于当前重点监督的领域,而将书面送达方式适用于平常"碎片化"的案件之中,以此来实现检察监督轻重有别,从而提升检察建议整体质效。[①]

3.完善配套机制

检察建议宣告送达制度是检察建议文书说理工作的有机延伸,是深化办案释法说理的有效载体,[②]然而相较于书面送达,宣告送达方式在程序上要求更为繁杂,在人力上需求更为强烈。为保障该项制度能够得以持续深入推进,应完善有关配套机制,例如可以通过提升对宣告送达方式的资金补贴等方式,对冲宣告送达在程序、人力等方面所带来的成本损耗,从而提振检察官的积极性,促进检察建议宣告送达的实施。

---

① 冯建:《建立公告宣告制度、增强检察建议刚性》,载《人民检察》2018年第16期。
② 庄永廉、刘荣军、张相军等:《如何探索建立检察宣告制度》,载《人民检察》2018年第5期。

三、完善督促落实制度、健全检察建议质量监管体制

在2020年1月份最高人民检察院举办的党组扩大会上,彼时张军检察长强调:检察建议运行的核心在于其自身的质量与是否得到落实两个方面。[①] 换言之,若检察机关能使制发的检察建议有质量且能得以充分落实,那么将有利于促进检察建议运行整体实效的提升。然而从上述实践调研情况可以发现,当前检察建议在自身质量及督促落实方面都存在问题且亟待完善。基于此,在完善反馈落实阶段的有关机制时,着力解决好当前检察建议运行中督促落实与质量监管所存在的问题便成了必需。

(一)建立常态化跟踪落实制度

当前,虽然《人民检察院检察建议工作规定》第24条明确了检察建议跟踪落实方式,但在实践之中易表现出督促落实不到位等"后力不足"现象。从调研所在地F省情况来看,针对此问题,虽然该省已在2019年第一季度检察建议工作报告中写明希望通过加强检察建议前后延伸工作来强化检察建议的督促落实,例如通过事前沟通、事后回访的方式提高检察建议的综合效果,但是实践之中依旧会出现仅回复而不落实的情况,而现有的事后回访等方式易成为"亡羊补牢"的类举。因此,"检察建议就是抓前端、治未病,要坚持质量先行,持续紧盯、跟进落实,推动从'办理'向'办复'转变",[②] 检察建议运行在跟踪落实方面也应建立起常态化制度。

1.加强事前沟通机制

事前的充分沟通不仅有利于交换检察机关与被建议单位的观点意见,也能给予被建议单位在接受检察建议前一定的心理缓冲期,取得对方的理解与支持,从而提升检察建议的采纳率。因此,在加强事前沟通机制方面,检察机关可采取电话、座谈等方式实现意见的征求与互换,以此来调动被建议单位的积极性,保证行动上的统一落实。

[①] 佚名:《如何写好一份检察建议书》,https://dy.163.com/article/F7DPU0OH0512EAGB.html,最后访问日期:2023年5月22日。

[②] 祁彪、吴阳:《最高检察长应勇:要坚持严格依法办案、公正司法,任何时候都要绷紧"严格依法"这根弦》,https://baijiahao.baidu.com/s?id=1772031514711256633&wfr=spider&for=pc,最后访问日期:2024年2月1日。

2.建立检察建议回复期间的定期考察机制

从前述可知,《人民检察院检察建议工作规定》第24条中所赋予检察官的询问、不定期会商等监督方式较大程度上使得检察建议的督促落实具有随意性,因此为改善此种现状,可以建立起定期考察机制,通过将督促方式改为定期走访或会商,要求检察官在检察建议回复期内定期对检察建议是否符合实际、措施是否适当等进行考察,形成检察建议监督的常态化效果,保障检察机关能及时了解检察建议的落实、采纳情况,并及时掌握落实中遇到的困难,便于帮助被建议单位协调、解决相关问题,从而提高检察建议的运行实效。

3.完善事后回访机制

检察建议的督促落实除了通过事前沟通、事中考察两种方式,还需要相应的回访机制。尤其在公益诉讼检察建议的领域,环境的破坏、食品生产环节的不合格等有时并无法通过短暂的两个月回复期真正达到根治的效果,而通过要求检察官在检察建议落实整改之后以不定期回访等方式对检察建议事项予以监督,实现被建议单位将检察建议落到实处。同时通过事后回访机制也能在某种程度上赋予检察建议所发挥的良性作用具有一定的保质期限。例如,在最高人民检察院第88号指导性案例之中,为督促落实未成年人禁烟保护,海淀区人民检察院不仅事后在全区开展类似问题排查,还聘请第三方机构暗访检查,做到防控零距离。

(二)健全检察建议质量监管体制

检察建议文书质量是衡量检察建议水平、体现检察官检务办理能力高低的一把重要尺子。虽然当前为规范检察建议,F省已建立起覆盖全省三级检察院的省、市两级检察建议定期分析研判与通报制度,[①]而从上述分析可得知,关于检察建议的质量监督管理方面,《人民检察院检察建议工作规定》中尚缺乏更加具体、有效的质量考察标准或指标。因此,可从以下两个方面加以健全:

1.在检察建议的内容方面,应加强检察建议规范化要求

检察建议内容承载着建议事实、法律依据、证据材料以及建议举措等事

[①] 在该制度下,F省各设区市、实验区定期(季度、半年及年终)向省院研究室报送本地区检察建议工作情况分析报告,定期(季度、半年及年终)对本市(区)的检察建议工作情况进行通报,同时各设区市院研究室每季度选取一至二个所属县(市、区)进行全面分析解剖检察建议工作,并向省院报送两个以上正反两方面典型案例。

项,是检察建议有效运行的基础。这对于检察官而言,其在制作检察建议文书时不仅需注意检察建议文书用式、表述以及文书结构层次序号等方面的使用应符合《人民检察院检察建议法律文书格式样本》的规定,还需要保证检察建议文书内容符合《人民检察院检察建议工作规定》第16条第2款的要求,达到事实清楚,证据确实充分,且检察建议内容具有操作性的标准。

2.在检察建议的落实方面,应建立起多档次评估机制

检察建议落实是检察建议运行实效的关键一环,落实好检察建议有助于充分发挥检察建议的制度功效。因此,在实践之中应当建立起多层级评估机制,可从被建议单位是否落实检察建议、落实检察建议进程的整改进程如何以及建议事项整改后是否出现反弹情形等多方面对检察建议的落实予以评估,同时对于评估结果可以优、良、及格、不及格等多档次标准予以明确,以此来实现对检察建议落实情况的有效评估。

(三)健全检察建议运行的配套设施及制度

当然,检察建议能否改变现状并良好地运行,除了倚仗对自身制度的完善外,也离不开对检察建议运行的配套设施及制度的健全和完善。

1.适度调整检察机关的机构设置并跟进有关配套应用

作为检察建议运行的主导机关,检察机关的机构设置及配套应用能在某些方面左右检察建议的运行。虽然自2018年12月起,最高检察机关及地方各级检察机关逐步开展内设机构改革,努力做到"统一规范"的要求,[1]但是从实践情况来看,检察机关在机构设置与配套应用方面仍存有滞后现象,无法保障检察建议在运行中达到"统一编号、统一签发、全程留痕、全程监督"的要求。因此,可从如下两个方面着手完善配套设施:

一方面,检察机关应及时落实最高人民检察院制定的《关于推进省以下人民检察院内设机构改革工作的通知》及其相关通知要求,适度调整检察机关的机构设置,做到与《人民检察院检察建议工作规定》内容要求相适应。例如检察机关可通过补充增设与最高人民检察院相对应的案件管理部门(或办公室)来负责对检察建议的流程监督、分类统计以及质量评价等工作的统计,从而改变以往由内部研究室负责的格局,达到检察建议实际操作与《人民检察院检察建议工作规定》相吻合的效果。

---

[1] 姜洪:《最高检组建十个业务机构、突出系统性整体性重构性》,载《检察日报》2019年1月4日第1版。

另一方面,检察机关应当及时跟进与检察建议运行有关的配套应用。虽然《人民检察院检察建议工作规定》于 2019 年年初才出台施行,有关检察建议运行的配套应用存有滞后现象实属可预见的情形,但在当今诉讼爆炸、案件激增的时代,[①]检务系统作为检务工作中不可或缺的平台,检察建议有关配套应用的更新、跟进不仅在提高检务工作效率方面,也在提高检察建议运行实效方面大有裨益。例如在上述实践问题中,关于社会治理检察建议的制发审核方面,当前检察机关统一业务应用系统中仍缺少相应设置,相关的工作仍以传统的书面转交、审查的方式进行。若能及时跟进有关配套应用,使之符合《人民检察院检察建议工作规定》要求,则不仅有助于提升检察官制发检察建议的便利化程度,提高检务工作效率,也可减少检察建议在制发等阶段所耗费的时间,有利于更快发往被建议对象,从而助力检察建议及时发挥其自身功效。

2.健全检察机关与人大等权力机关关于检察建议联动监督的配套机制

虽然《人民检察院检察建议工作规定》明确了检察机关可在必要时就有关单位不落实或落实检察建议不到位的情形与人大等机关开展联动监督,但从实践来看,该种监督方式却表现得不尽如人意,究其原因在于现行有关检察机关与人大等权力机关就检察建议联动监督的配套机制尚不完善。是故,可从如下几方面加以健全完善:

(1)明确联动监督中的监督关系。在检察建议的联动监督机制中存在检察监督与人大监督两种方式,明确二者关系是开展联动监督首先必须考虑的内容。众所周知,人民代表大会作为我国的政权组织形式,其依法统一行使国家权力,无论是行政机关、审判机关还是检察机关皆由人民代表大会产生并对其负责。故而,虽然检察机关作为我国法律监督机关,履行法律监督职责,但是就权力渊源方面,检察机关的权力是来自人大授权,且就国家职能配置而言,检察监督还是人大监督的派生及必要补充。[②] 因此,在检察建议的联动监督机制中,首先应当明确检察监督与人大监督并非平行分工关系,而是纵向方面的上位与下位关系,检察监督应当服从、服务于人大监督。

(2)完善检察建议联动监督程序。首先,在联动监督主体上,为充分发挥

[①] 左卫民:《"诉讼爆炸"的中国应对:基于 W 区法院近三十年审判实践的实证分析》,载《中国法学》2018 年第 4 期。

[②] 方明、王斌:《检察监督与人大监督的协调配合机制初探》,载《人民检察》2011 年第 1 期。

检察机关专业化法律监督的优势,应当以检察机关为主导,由检察机关积极开展检察建议监督落实的相关工作。例如,在最高人民检察院第170号指导案例之中,人民检察院通过办理住建领域行政诉讼监督案件,发现相关行政机关不严格依法履职情形具有一定的普遍性,而后通过形成专题报告,向党委、人大报告,向行政机关及人民法院等通报,推动相关部门完善保障建设工程质量的长效监管和规范执法机制。

其次,在联动监督的程序方面,为提升检察建议刚性,避免出现实践之中检察建议未被落实且检察机关也未通报人大等机关的情形出现,可以将以往检察机关仅可在必要时通知人大的监督行为修改为要求检察机关应当以季度或年度为固定期限向人大整理汇总经督促后仍未被落实或落实不到位的检察建议情况,将被建议单位名单汇报至人大等机关,以便人大等机关开展监督工作。例如,在最高检第87号指导性案例之中,人民检察院便向当地人大常委会专题报告民事虚假诉讼检察监督工作情况,推动政法机关信息大平台建设、实施虚假诉讼联防联惩等九条举措出台施行。

最后,应明确相关联动机制。一方面,在人大常委会开展监督时,发现属于检察建议适用范畴的可转交检察机关办理,例如在最高检第168号指导性案例之中,通过人大监察司法委转交的案件线索,衡阳市人民检察院发现当地公安机关执法信息数据采集使用管理工作存在对录入信息审核监督不足、把关不严、怠于纠正错录信息等问题,为此,衡阳市人民检察院依法向衡阳市公安局发出检察建议书。另一方面,在办理人大常委会工作机构转送事项时,应明确转交事项的范围、程序、时间要求、办理结果答复等内容要求。

(3)建立考评机制。为保障人大等机关能真正起到监督作用,应当就检察机关所开展的联动监督工作建立考评机制,检察机关应定期汇报联动监督工作成果,由同级人大予以审核考评。同时,考评结果可与机关或个人评优评先等活动挂钩,以此促使检察机关真正重视检察建议的联动监督工作。

3.完善检察建议工作的配套考核激励机制

虽然《人民检察院检察建议工作规定》第28条将检察建议的质量与效果纳入检察官履职绩效考核之中,却对考核标准、考核方式等考核机制缺乏明确的规定。从F省实践情况来看,虽然当前实践之中已经有部分地区将检察建议纳入被建议单位的综合考评之中,[①]但针对检察官检察工作尚缺乏一套较为完整的配套考核激励。因此,可以从以下几个方面加以完善。

(1)设立阶段化考核内容。检察建议工作情况是各个阶段综合反馈的结果,故而在对检察建议工作考核时也应当将其与检察建议运行阶段挂钩,在内容上不仅应涵盖检察建议运行准备、制发、反馈落实三个阶段,也应细化至各阶段有关的检察工作。例如考核内容应包括检察建议调查核实情况、文书制作情况、建议回复和采纳情况、文书督促落实情况等。

(2)建立质量与实效双重考核标准。在对检察建议工作进行考核时,应当以检察建议质量和实际效果为标准,不仅需要对检察建议事实是否清楚、证据是否确实充分、建议内容是否具有可操作性等涉及检察建议质量的方面进行研判,也需要对被建议单位是否落实检察建议、落实是否到位、检察官是否跟踪督促等影响检察建议实效的方面进行检查和考核。同时,在考核标准上也应当注意综合考量检察建议被采纳程度、对违法犯罪的预防效果、检察建议文书宣告送达比例等动态因素,[②]以此来确保对检察建议工作能做出较为全面的评价。

(3)明确检察建议工作考核结果在检察官绩效考核中的比重。虽然当前已规定将检察建议的质量与效果纳入了检察官履职绩效考核之中,但是如果检察建议工作考核结果在检察官绩效考核中所占比重较小甚至微乎其微的话,那么不难预见,该规定仍无法根除上述实践中检察官对检察建议的重视程度不够等问题。故而,在检察建议工作的考核机制中,检察机关可以通过明确检察建议工作考核结果在检察官绩效考核中的比重,甚至可以在必要时将其作为检察官评优评先或晋升的依据之一,以此来提升检察官对检察建议的重视程度。

2019年《中华人民共和国人民检察院组织法》正式将检察建议纳入了检察机关履行法律监督职权的措施之一,其对于我国检察建议理论与实践研究的意义不容忽视。诚然,设立检察建议的目的在于"履行法律监督职责、预防犯罪、维护国家和社会利益"等,但在司法实践之中,检察建议更需注意保障其

---

① 云霄检察:《云霄县检察院推动"检察建议"纳入综治考评》,http://mini.eastday.com/a/190124061755514-3.html,最后访问日期:2023年5月13日。

② 张晋邦:《论检察建议的监督属性——以行政公益诉讼中行政机关执行检察建议为视角》,载《四川师范大学学报(社会科学版)》2018年第6期。

具有可操作性。故在《人民检察院检察建议工作规定》施行五年多以来,以 F 省检察建议运行数据为例,从准备阶段、制发阶段、反馈落实阶段、配套制度及措施四个方面来完善检察建议运行机制,以期助力实现检察建议设立之目的。在 2023 年,F 省推动检察建议落实情况纳入全省三级平安建设考核,制发的 1188 件社会治理检察建议均被采纳落实。[①] 同时,在 Q 市,检察院进一步推动将检察建议纳入市县党政考核全覆盖,不仅成立"公益诉讼快速检测中心",协同多个行政机关制定完善工作意见,同时实现了发出检察建议 100% 采纳的优异成绩。[②]

正如威廉·魏特林所说:"一个秩序良好的社会里只有一个规律是永恒不变的,那就是进步的规律。"[③]数据下的实证探索能及时反馈检察建议运行的实际状况,有效地去除理论研究中"闭门造车"的嫌疑,但实证探索对所收集的数据存量、数据的有效性以及数据的时间跨度等要求也同样在对检察建议运行实证研究做出挑战。因此,一方面仍需进行制度的检讨,不断完善制度的设计,另一方面,也是更重要的,需不断通过司法实践,跟进检察建议的运行情况,从而发现问题、检验制度,更好地服务于司法实践,或许如此才能为目前理论与实践所存在的阻碍指明解决的方向。

[①] 侯建军:《福建省人民检察院工作报告——2024 年 1 月 25 日在福建省第十四届人民代表大会第二次会议上》,https://www.fujian.gov.cn/xwdt/fjyw/202402/t20240225_6399006.htm,最后访问日期:2024 年 4 月 13 日。

[②] 施建清:《奋斗为笔四季为卷|泉州检察工作报告请您检阅》,https://mp.weixin.qq.com/s/K_aREcai4XwkadHsRdABwQ,最后访问日期:2024 年 4 月 13 日。

[③] [德]威廉·魏特林等:《和谐与自由的保证》,孙则明译,商务印书馆 2017 年版,第 182 页。

第七章 文物保护纳入检察公益诉讼的路径探讨

文物是公共利益的重要载体,将文物纳入公益诉讼的范围是保护社会公共利益的内在要求。然而,由于《中华人民共和国民事诉讼法》《中华人民共和国行政诉讼法》在关于公益诉讼的法律条款中并没有明确提及"文物保护",导致实践中产生了较大的争议。本章分析了文物纳入检察公益诉讼的必要性,以Q市检察机关开展文物保护公益诉讼的实践为样本,对文物保护公益诉讼的制度完善提出对策建议。

第一节 文物保护纳入检察公益诉讼范围的意义

一、文物是公共利益的重要载体

习近平总书记历来高度重视文物保护工作,他早在2016年全国文物工作会议上就强调:"文物承载灿烂文明,传承历史文化,维系民族精神,是老祖宗留给我们的宝贵遗产,是加强社会主义精神文明建设的深厚滋养;保护文物功在当代、利在千秋。"[1]习近平总书记的这一精辟论述,充分阐明了文物保护的重大现实意义。党的二十大进一步强调:"加大文物和文化遗产保护力度。"重视文物保护工作,既是深入贯彻落实习近平法治思想和习近平文化思想的必然要求,也是加强文物保护利用和文化遗产保护传承,守护好中华文脉的现实所需。

---

[1] 欧阳雪梅:《努力走出一条符合国情的文物保护利用之路——习近平总书记文化遗产观研究》,载《湖南社会科学》2018年第6期。

在讨论文物价值时，应当看到文物价值本身具有的多元属性，就它的自然属性来说具有物质价值，就它的文物属性来说具有文化价值，就它的经济属性来说具有类商品价值。① 从公共利益的层面上讨论文物的价值，主要关注的是文物的文化价值。在文物保护理念日益得到普及的今天，人们对于文物的文化价值的认知也不断提升。有的学者从宏观层面畅谈文物所蕴含的文化价值，认为对文物古迹的保护是对历史、文化的保护，是对社会共同记忆和利益的保护，也是对优秀传统文化的传承。② 有的学者则从微观层面对具有文物所蕴含的文化价值展开研究，比如，通过研讨朱熹对石刻文化功能的创造性转化来阐释文物的文化韵味。③ 由此可见，"文物"不是普通的"物品"，尽管文物的表现方式多样，但其所承载的文化价值，以及建立在文化价值保护之上的公共利益，是不可否认的事实。

二、当前的保护机制已经无法有效保护文物

《中华人民共和国文物保护法》第64条至第79条对破坏文物的违法犯罪行为设定了行政、刑事、民事责任。从实践来看，对于破坏文物构成犯罪的情形，大多能够通过刑事程序追究相关人员的法律责任。但对于尚未构成犯罪的破坏文物行为，则由于种种原因，特别是一些负有监督管理职责的行政机关违法行使职权或者不作为，使之无法得到有效的处理。尽管人们已经普遍认识到文物保护是一项事关社会公共利益的事业，但不可否认的是，现实生活中仍然存在着大量破坏文物的事例。当前的文物破坏现象屡见不鲜，与文物保护的法律手段有限不无关系。这些事例被媒体披露出来之后，破坏文物的情形得到了不同程度的制止，相关责任人也承担了相应的法律责任。但也应当看到，仅仅依靠行政机关的行政执法，显然无法充分有效地保护好文物；仅仅追究责任人的法律责任，显然也无法有效弥补被毁损的文物损失。

三、检察公益诉讼是文物保护的利器

检察机关是国家的法律监督机关，也是保护国家利益和社会公共利益的

---

① 凌波：《文物价值简论》，载《中国博物馆》2002年第2期。
② 赵然：《文物保护的"价值导向"探讨》，载《中国文物报》2019年4月2日第3版。
③ 程章灿：《文物：朱熹对石刻的文化利用与转化》，载《南京大学学报（哲学·人文科学·社会科学）》2018年第5期。

一支重要力量。[①] 目前,检察机关通过公益诉讼保护国家利益和社会公共利益已经取得了显著的成效,逐渐探索出了一条中国特色公益诉讼检察之路。2023年,全国检察机关共立案办理公益诉讼189885件,[②]这充分表明,检察公益诉讼已经在保护国家利益和社会公共利益之中承担着日益重要的角色。文物所承载的社会公共利益同样需要检察公益诉讼这把利器的保护。检察机关通过提起文物保护公益诉讼,可以有效发挥检察机关在文物保护中的作用,提升对破坏文物违法犯罪行为的震慑作用,从而有效预防破坏文物的情形一而再、再而三地发生。发挥好检察公益诉讼在文物保护中的司法作用,尤其是预防性作用,对于挽回文物破坏产生不可逆的损失,意义尤为重大。正如学者呼吁的那样,早一天建立文化遗产保护公益诉讼制度就早一天拯救那些被破坏得岌岌可危的文化遗产。[③] 总之,随着检察公益诉讼制度的日益完善,文物保护检察公益诉讼不能也不应当缺席。

第二节
文物保护纳入检察公益诉讼范围的实践探索

近年来,我国各地检察机关大胆探索、勇于实践,通过公益诉讼助力文物保护,出现了一批检察机关依据《中华人民共和国民事诉讼法》《中华人民共和国行政诉讼法》进行文物保护公益诉讼的具体案例,为检察机关开展文物保护公益诉讼摸索了基本的经验。其中,F省Q市秉承"公共利益代表"使命,全力守护历史文化和自然资源之宝。近年来,F省Q市检察机关充分发挥法律监督职能,主动担当作为,探索拓展文物保护公益诉讼实践,推动构建行政与检察同发力、同推进、同尽责的协同保护文物新格局,积累了一批先进经验和典型案例,其做法颇具代表性。

[①] 陈敏:《文物保护宜纳入公益诉讼范围》,载《检察日报》2018年6月3日第3版。
[②] 最高人民检察院:《公益诉讼检察工作白皮书(2023)》,https://www.spp.gov.cn,最后访问日期:2024年4月3日。
[③] 刘武俊:《文化遗产保护呼唤公益诉讼支撑》,载《人民法院报》2012年6月7日第2版。

一、文物保护纳入检察公益诉讼范围的探索与实践

Q市检察机关在开展检察公益诉讼日常工作中就特别注意积极收集本辖区内各级文物保护单位的基本信息,并建立相关台账,结合日常走访调查,及时发现文物保护领域的问题线索。2018年10月,Q市L区检察院在日常走访中发现,该区某古楼石狮子被涂抹水泥而遭到破坏,遂向区文体旅游新闻出版局发出督促履职诉前检察建议,该份建议为Q市首份涉及文物保护公益诉讼诉前检察建议。Q市N区检察院受区人大邀请,参与区文物普查活动,并从中发现案件线索1条,发出诉前检察建议1件。这两个案件为Q市检察机关办理文物保护领域公益诉讼案件破了"零"。2018年年底Q市检察院接到上级院移交的该市古城等文物受损的线索后,及时将线索交办该市H县检察院、G区检察院调查办理。H县检察院、G区检察院分别对涉及当地的案件线索进行审查,多次进行实地察看、走访周边群众,并到相关文物所在地的镇政府了解情况、调阅资料,现已立案6件,发出诉前检察建议5件。举例来说,某网站对H县古城墙被挖,而H县文物主管部门至今尚未履行对相关文物的保护监督管理职责进行报道后,H县检察院在发出诉前检察建议前,先通过发函至县文化体育和旅游局,要求其针对古城被破坏的问题作出说明。在得到县文化体育新闻出版局的书面反馈确认文物被破坏和怠于履职的事实后,2019年3月5日,H县检察院正式向该局发出检察建议,建议该局依法履行文物保护监管职责。

二、文物保护纳入公益诉讼范围的Q市实践

(一)聚焦文物保护这一新领域并精准发力

2018年以来,Q市检察机关牢牢把握"公益"这个核心,充分发挥公益诉讼检察监督职能,以"调结构"为导向,"出实招"为抓手,"精准化"为目标,聚焦公益诉讼新领域,共发出文物保护领域诉前检察建议数十余份。例如,H县检察院部署开展国有文物保护公益诉讼专项监督活动,共摸底核查辖区内文物古迹113处,其中全国重点文物保护单位3处、省级8处、县级102处,发出诉前检察建议6份,有效地维护了国家和社会公共利益。这类专项监督活动把文物保护纳入检察公益诉讼的监督范围,进一步拓展了检察公益诉讼的领域,为其他地区检察机关开展文物保护检察公益诉讼提供了可资借鉴的经验,具有极大的示范和宣示意义,为文物保护提供了新的途径和方式。

（二）探索文物保护检察公益诉讼工作机制

L区检察院联合区文体旅游新闻出版局共同制定《关于推行L区古城文物保护单位行政执法与检察监督协作配合机制的若干意见（试行）》，共同做好古城文物保护工作。H县检察院制定《关于开展国有文物保护公益诉讼专项活动的实施方案》，对监督原则、监督重点、监督措施等予以明确和规范，使文物保护类案件的办理有据可依，有章可循。Q市检察机关通过综合运用公益调查、检察建议、调研报告、引入媒体监督等多种监督方式，取得了较好的监督成效。C镇人民政府已启动国家级文物保护单位C镇古城的城墙东、西、北段保护修缮项目，J镇人民政府已着手研究制定县级文物保护单位古城墙的修复方案。在其他省份，与F市的做法相类似，为促进负有国有文物保护职责的行政机关依法行政，形成检察机关保护国有文物的公益诉讼工作格局，比如2018年山西省河津市检察院也制定了《河津市检察院关于开展国有文物保护公益诉讼专项活动的实施方案》，以规范文物检察公益诉讼的开展。这些制度探索初步构建了文物保护检察公益诉讼的工作机制。

（三）拓宽检察公益诉讼案件线索发现的新格局

根据司法实践，文物公益线索大部分来自网络舆情或公众举报。因此，除了继续用好内部案件线索移送机制、通过两法衔接平台、共享行政执法信息，有效掌握执法动态，从中发现文物保护公益线索外，Q市检察机关把主要精力放在畅通公众参与及网络舆情线索收集的渠道上，如设立公益诉讼线索举报中心，加强公益诉讼职能宣传，接受人民群众和社会团体的线索举报。探索"大数据＋检察公益诉讼"模式，做好涉文物问题的网络舆情收集研判筛选工作。H县检察院利用检察机关自主研发"智惠蓝"检察公益诉讼平台，通过"网络爬虫"技术实现自动收集网络公益诉讼线索、自动发送信息提醒，基本实现公益诉讼网络舆情的实时监控收集。同时，结合该县开展文物普查摸底活动，推动建立文物保护日常巡查数据库，建立国有文物保护公益诉讼案件线索台账，坚持一案一登记并形成审查报告，实现文物保护政府履职与检察监督相衔接。

（四）借助"外脑"增强文物保护检察公益诉讼的专业性和公信力

Q市检察机关牵头，与高等院校、行业协会、科研机构进行沟通协作，聘用文物保护领域的专家学者，探索专家论证机制，将专家论证贯穿至线索摸排、调查取证、效果论证等过程中，提升文物保护领域监督专业化维度。H县检察院在办理县级文物保护单位某古桥桥面破损一案中,主动与当地镇政府联系,邀请省文物局专家库专家一同前往现场查看调研,研究提出具体保护措施。在收到相关行政机关的回复函后,邀请县人大代表、相关行政机关、文物保护专家等召开专家评审会,对上述设计方案进行评审论证,弥补检察机关在专业技术性方面的短板。

(五)充分发挥诉前程序维护公益的效率作用

树立"通过诉前程序实现维护公益目的是司法最佳状态"的办案理念,诉前检察建议发出后,充分尊重文物主管部门履职程序和整改周期,认可文物保护的工程设计、施工不允许任性妄为,需要事先经过充分论证、依法依规向文物行政部门报备方案、聘请有资质的单位设计和施工,给相关行政机关留足治理时间和空间。坚持文物保护后续成效的跟踪和推动,跟踪检察建议落实成效,只有当"穷尽所有救济仍不能达成"时才使用刚性的诉讼手段。

三、文物保护纳入检察公益诉讼范围的现实难题

修改后的《中华人民共和国民事诉讼法》《中华人民共和国行政诉讼法》规定,检察机关提起民事公益诉讼范围主要针对破坏生态环境和资源保护、食品药品安全领域侵害众多消费者合法权益等损害社会公共利益的行为,提起行政公益诉讼的范围则包括生态环境和资源保护、食品药品安全、国有财产保护、国有土地使用权出让等领域。尽管《中华人民共和国民事诉讼法》《中华人民共和国行政诉讼法》没有明确规定将文物保护纳入检察公益诉讼的范畴,但可喜的是,《中华人民共和国文物保护法(修订草案)》第91条明确规定,"因违反本法造成文物严重损害或者存在严重损害风险,致使国家利益或者社会公共利益受到侵害的,人民检察院可以依据有关诉讼法的规定提起公益诉讼"。文物和文化遗产保护领域虽未成为检察公益诉讼的法定领域,但全国已有22个省级人大常委会出台专项决定,明确将文物和文化遗产保护纳入公益诉讼新领域案件范围。[①] 不可否认的是,不可移动文物具有生态环境和资源属性,《中华人民共和国环境保护法》第2条明确将人文遗迹与大气、水、海洋等并列为环境的构成要素,文物作为人文遗迹,符合《中华人民共和国环境保护法》对

[①] 最高人民检察院:《最高检第八检察厅负责人就文物和文化遗产保护检察公益诉讼典型案例答记者问》,https://mp.weixin.qq.com/s/oJX6-5jcuy4jHRV1PmosdA,最后访问日期:2024年4月5日。

环境范围的规定。同时还应当认识到,国有文物具有国有财产属性,依据是《中华人民共和国民法典》第253条,"法律规定属于国家所有的文物,属于国家所有"。国有财产保护是检察机关行政公益诉讼涵盖的一个领域,故文物保护属于行政公益诉讼范畴。某省院在最高人民检察院"检答网"平台对"文物是否属于检察公益诉讼提起范围"的答疑反馈中也认为,"首先应按照《中华人民共和国文物保护法》第五条之规定判断其是否属于国家所有,若属于,则纳入国有财产保护领域开展公益诉讼工作应无疑义。即使不属于文物保护法规定的属国家所有的文物,按照最高检探索'等外'之要求,可以层报省院批准开展公益诉讼工作"。

对上述观点可供商榷之处有:其一,与严格执行"法无授权不可为"原则相悖。公权力遵循的是"法无授权不可为"的原则,但《中华人民共和国文物保护法(修订草案)》当前处于征求意见阶段。换言之,目前仍无任何法律明确授权将文物纳入检察公益诉讼范围,近年来的文物保护公益诉讼案只能借助以环境保护公益诉讼的名义进行文物保护。其二,可能导致文物公益保护的片面性。如果说文物属于环境中的人文遗迹,那它主要指的不可移动文物,一般不包含可移动文物,若可移动文物被毁损或者疏于管理,则无法提起公益诉讼。若以保护国有财产公益诉讼的名义进行文物保护,则只能针对国有财产进行保护,不利于其他权属性质的文物的保护。因此,无论是以环境资源还是以国有财产名义,都会造成文物公益保护的片面性。

依照《中华人民共和国民事诉讼法》的规定,检察机关、社会组织是并行的可以提起公益诉讼的主体,在社会组织已经多次提起文物保护民事公益诉讼的情况下,民事公益诉讼所具有的价值,并非行政公益诉讼所能涵摄的。《中华人民共和国文物保护法》虽然对一些破坏文物和影响文物安全的行为规定了行政处罚条款,但处罚过轻,因此,通过文物保护公益诉讼要求有关责任人为损害文物支付相应经济赔偿,对惩治文物违法行为更有力度,更有利于保护文物。[①] 就已经报道的文物检察行政公益诉讼而言,检察机关在立案后主要采取了开展文物保护不力的调查及检察建议的监督方式,尚缺乏起诉及审理阶段的实践探索。

---

① 刘勇:《应将文物保护公益诉讼制度纳入法律范畴》,载《中国文化报》2014年5月1日第8版。

第三节
文物保护纳入公益诉讼范围的理论分析

从理论上论证文物保护可否纳入公益诉讼的范围,首先要厘清文物的概念并对文物进行类型化分析,在此基础上,结合现有的法律规定,分析哪些类型的文物保护可以纳入公益诉讼的范围,而哪些类型的文物保护是不可以纳入公益诉讼之范围。

一、文物的概念与类型化分析

什么是文物?《现代汉语词典》对"文物"的定义是:"历史遗留下来的在文化发展史上有价值的东西,如建筑、碑刻、工具、武器、生活器皿和各种艺术品等。"[1]学界认为,文物具有历史、艺术、科学价值,是重要的有形文化遗产,[2]文物的特性包括文物的物质性、文物的历史性、文物的不可再生性、文物价值的客观性和文物作用的永续性。[3] 可见,文物应当具备以下几个基本要素:第一,文物为有形物体,且要有时间上的"过去式",而不能是新近才出现的物品;第二,其出现的方式必须是"遗留"下来的,而不能是翻新或者仿古的物品;第三,要承载着历史的文化价值,没有文化价值的物品,哪怕其存在的时间再久远,也不可认定为文物;第四,这种历史文化价值因其具有其自身的独特性而不可用现代技术进行复制,可以随意复制的物品不能称之为文物;第五,文物一般应当具备稀缺性,而不是数量无穷大的物品。

文物的类型繁多,对文物进行分类的标准也很多。在探讨是否可以将文物保护纳入公益诉讼范围时,对文物进行分类的标准首先应当着眼于现行法关于公益诉讼范围的规定。《中华人民共和国民事诉讼法》第58条第2款规定,检察机关提起民事公益诉讼的范围是"破坏生态环境和资源保护、食品药品安全领域侵害众多消费者合法权益等损害社会公共利益的行为";《中华人

---

[1] 中国社会科学院语言研究所词典辑室:《现代汉语词典》,商务印书馆2014年版,第1364页。
[2] 俄军:《文物法学概论》,兰州大学出版社2006年版,第17页。
[3] 李晓东:《文物学》,学苑出版社2005年版,第6~8页。

民共和国行政诉讼法》第25条第4款规定,检察机关提起行政公益诉讼的范围是"生态环境和资源保护、食品药品安全、国有财产保护、国有土地使用权出让等领域负有监督管理职责的行政机关违法行使职权或者不作为"。从这两个法律条文可以看出,在民事公益诉讼领域,文物应当区分为"属于生态环境的文物"和"不属于生态环境的文物";在行政公益诉讼领域,文物应当从两个标准进行划分,一是根据文物是否属于生态环境的范畴划分为"属于生态环境的文物"和"不属于生态环境的文物",二是根据文物是否属于国家所有划分为"属于国家财产的文物"和"不属于国家财产的文物"(如表7-1所示)。

表7-1 检察公益诉讼关于文物的划分标准

文物的类型	检察民事公益诉讼的范围	检察行政公益诉讼的范围
属于生态环境的文物	应当纳入	应当纳入
不属于生态环境的文物	有待进一步论证	如果属于国家财产应当纳入,如果不属于国家财产则有待于进一步论证

二、属于生态环境的文物的范围

从《中华人民共和国环境保护法》第2条的规定可以看出,文物与环境的交集可能存在于"人文遗迹""风景名胜区""城市""乡村"之中。换句话说,文物若属于"人文遗迹"、"风景名胜区"、"城市"或者"乡村"这四者任何之一的组成部分,且具备了"自然因素"这一基本特征,则属于"环境"的范畴。对破坏环境类文物的行为,检察机关既可以提起民事公益诉讼,也可以提起行政公益诉讼。有两个方面的问题值得注意:第一,提起环境类文物保护的公益诉讼,并不以其所有权属于国家为限定条件;第二,不可移动文物是指其本体和周围环境融为一体而不能自由移动,既包括了与人文环境融为一体的不可移动文物,也包括与自然环境融为一体的不可移动文物,[①] 如若某种不可移动文物不具备"自然因素",则不可以将其纳入环境公益诉讼的范畴。

---

① 俄军:《文物法学概论》,兰州大学出版社2006年版,第17页。

三、属于国有财产的文物的范围

根据《中华人民共和国文物保护法》第 5 条的规定,文物的权利归属国家(如表 7-2 所示)。

表 7-2 文物的权利归属

序号	文物类型		所有者
1	中华人民共和国境内地下、内水和领海中遗存的一切文物		国家
2	古文化遗址、古墓葬、石窟寺		国家
3	国家指定保护的纪念建筑物、古建筑、石刻、壁画、近代现代代表性建筑等不可移动文物		国家(除国家另有规定的以外)
4	可移动文物	(1)中国境内出土的文物	国家
		(2)国有文物收藏单位以及其他国家机关、部队和国有企业、事业组织等收藏、保管的文物	国家
		(3)国家征集、购买的文物	国家
		(4)公民、法人和其他组织捐赠给国家的文物	国家
		(5)法律规定属于国家所有的其他文物	国家

需要明确的是,属于国家财产但不属于环境的文物,只能提起行政公益诉讼,而不可以提起民事公益诉讼。从目前的立法体系上看,"等"字即使可以解释为"等外",也绝不表明可以解释为"等外"的一切。从《中华人民共和国民事诉讼法》第 58 条第 2 款与《中华人民共和国行政诉讼法》第 25 条第 4 款的规定看,这两个条款本身对检察公益诉讼的范围规定就不一致,如果把"等"解释成所有侵害社会公共利益的行为,那么这两个法律条文所列举的类型为什么不保持一致? 从立法体系上看,在"国有财产保护、国有土地使用权出让"两个领域,检察机关只能提起检察行政公益诉讼,而不宜提起检察民事公益诉讼,否则,对于同时期修订的两个法律条文,《中华人民共和国民事诉讼法》第 58 条第 2 款也应当作出明确的列举。这也表明了立法者的一个基本态度,检察机关在维护国家财产利益上,其方式应当是通过行政公益诉讼督促国家行政机关正确履责。而国家财产受到损害需要提起民事诉讼的,应当由行使所有权的行政机关提起"国益"民事诉讼,并适用私益诉讼的法律规则。具体而言,表 7-2 中的第 1 类、第 2 类和第 3 类文物,因其已经与周边的环境融为一体而

纳入了生态环境的范畴,对于这三类文物的保护,既可以将其纳入民事公益诉讼的范围,也可以将其纳入行政公益诉讼的范围,此时,其所有权归属并不是决定因素。而对于第4类可移动文物的保护,不宜纳入民事公益诉讼的范围。属于国家所有的可移动文物,如果检察机关发现负有监督管理职责的行政机关违法行使职权或者不作为,可以提起行政公益诉讼。

四、文物公益诉讼范围探讨

《中华人民共和国民事诉讼法》第58条第2款和《中华人民共和国行政诉讼法》第25条第4款在表述上都使用了"等"字。现行法"等"字的规定给公益诉讼的范围留下了争议:"等"字应当解释为"等内",还是"等外"? 如果将其解释为"等内",那么,既不属于环境又不属于国有财产的文物,就不属于公益诉讼的保护范围;如果将其解释为"等外",那么,既不属于环境又不属于国有财产的文物,就有了纳入公益诉讼保护范围的法律依据。

从文义上看,"等"字本身是一个多义字,既可以作为名词,也可以作为助词,还可以作为量词。本书所要讨论"等"字是作为助词出现的。作为助词使用"等"的情形一般有三种:一是用在人称代词或指人的名词后面,表示复数,例如"我等""彼等";二是表示列举未尽,例如"广东、福建等地都出现了暴雨";三是用于列举后煞尾,例如"长江、黄河等两大河流"。[①] 需要讨论的是,《中华人民共和国民事诉讼法》第58条第2款和《中华人民共和国行政诉讼法》第25条第4款中的"等"字是表示列举未尽,还是用于列举后煞尾。一般而言,如果是用于列举后煞尾的"等"字,要有量词紧随其后,法律条文就应当表述为"等两类损害社会公共利益的行为""等四个等领域负有监督管理职责的行政机关违法行使职权或者不作为",然而,现行法律条文中并没有如此表述,这表明了立法者使用"等"字是表示列举未尽。

从立法技术上讲,法律条文规定了"等"字,且在"等"字后面没有明确的数量词,这一方面说明了此"等"应解释为"等外",但这并不表明此"等"可以解释为"等外的一切"。立法语言所表达的意思应当清楚、确切、肯定,人们在理解和使用时才不会发生歧义。[②] 从立法技术上讲,如果一切与公共利益有关的

[①] 中国社会科学院语言研究所词典辑室:《现代汉语词典》,商务印书馆2014年版,第275页。

[②] 杨临宏:《立法学:原理、制度和技术》,中国社会科学出版社2016年版,第304页。

事项都可以提起公益诉讼的话,那么,《中华人民共和国民事诉讼法》第58条第2款中的"破坏生态环境和资源保护、食品药品安全领域侵害众多消费者合法权益等"完全可以删除,直接表述为"人民检察院在履行职责中发现损害社会公共利益的行为",这样表述既简洁明了,又不会引起歧义。但立法仍然采取了列举的方式,这就表明立法者的本意并无意将检察民事公益诉讼的范围拓展至一切损害社会公益利益的行为。《中华人民共和国行政诉讼法》第25条第4款也是基于同样的考虑。因此,将《中华人民共和国民事诉讼法》第58条第2款、《中华人民共和国行政诉讼法》第25条第4款中的"等"理解为"等外"的同时,应当进一步明确,"等外"不可以任意地作扩张性解释。"等"只是为其他类型的社会利益受到侵害提起公益诉讼保留可能性,要把这种可能性变成现实,要么需要通过法律的进一步规定来确认,要么需要有权机关作出具有法律效力的解释。

第四节
文物保护纳入检察公益诉讼范围的制度路径

制度供给不足是当下检察行政公益诉讼实践中面临的主要问题之一。[①]这一窘境在文物保护检察公益诉讼中表现得尤为明显。由于授权法律依据的不足,将文物保护纳入检察公益诉讼范围一方面在正当性上可能遭受质疑,认为有违公权力行使的原则,另一方面也面临着一些实践方面的困难,特别是针对可移动的、所有权不属于国家所有的文物保护特别突出。

一、相关法律条款的修改建议

关于文物可否纳入公益诉讼保护范围的争议源自立法本身。如前文所述,《中华人民共和国民事诉讼法》第58条第2款和《中华人民共和国行政诉讼法》第25条第4款中的"等"字为扩大公益诉讼的范围保留了可能性,《中华人民共和国文物保护法(修订草案)》的提请进一步拓展了公益诉讼范围的可能性空间,但这绝不意味着可以将检察公益诉讼的范围无限地扩张。要将这

---

① 王万华:《完善检察机关提起行政公益诉讼制度的若干问题》,载《法学杂志》2018年第1期。

种"可能性"变为"可行性",最佳的选择是对文物保护纳入公益诉讼进行立法上的清晰确认,确保文物保护检察公益诉讼于法有据。如果《中华人民共和国民事诉讼法》《中华人民共和国行政诉讼法》在公益诉讼条款对文物保护作出了明确规定,则可以大大避免实践中的争论。为此,必须正视当下文物保护检察公益诉讼在法律授权根据方面的不足,厘清现有可能用来支撑文物保护检察公益诉讼法律资源供给状况,针对当下文物保护实践中面临的突出、紧迫的问题进行立法上的完善。最理想的方案是通过对相关法律法规进行完善,建构文物检察公益诉讼制度框架,以满足文物保护的制度需求。具体而言,就是通过修改《中华人民共和国民事诉讼法》第58条第2款和《中华人民共和国行政诉讼法》第25条第4款的表述,将需要提起公益诉讼的文物类型直接规定其中。

第一,将《中华人民共和国民事诉讼法》第58条第2款中的"破坏生态环境和资源保护、食品药品安全领域侵害众多消费者合法权益等损害社会公共利益的行为"修改为"破坏生态环境和资源保护、不可移动文物保护、食品药品安全领域侵害众多消费者合法权益等损害社会公共利益的行为"。正如前文所言,目前对不可移动文物的检察公益诉讼保护更多的是借用《中华人民共和国环境保护法》,将人文遗迹等不可移动文物作为环境的组成部分,在环境公益诉讼的范畴之下来提起,由此不可避免地导致针对可移动文物的检察公益诉讼保护法理、法律根据的不足。对于不属于生态环境的不可移动文物,更是需要立法上进一步明确可否提起检察民事公益诉讼。将"文物"明确写入法律条文,也有利于强调文物保护的重要性,对于属于生态环境的不可移动文物,也是不无裨益的。可移动文物的保护是不适合纳入检察民事公益诉讼范围的,一方面,大量的可移动文物其所有权属于个人,所有权被侵犯首先应当通过私益诉讼的方式来解决;另一方面,可移动文物所有权人破坏文物的或者属于破坏文物情节严重的,应当由行政机关负责监管,如果行政机关监管不到位,检察机关可以提起检察公益诉讼。

第二,将《中华人民共和国行政诉讼法》第25条第4款中的"生态环境和资源保护、食品药品安全、国有财产保护、国有土地使用权出让等领域负有监督管理职责的行政机关违法行使职权或者不作为"修改为"生态环境和资源保护、食品药品安全、国有财产保护、国有土地使用权出让、文物保护等领域负有监督管理职责的行政机关违法行使职权或者不作为"。通过这一修改,明确文物保护行政机关可以作为检察行政公益诉讼的被告,而其被起诉的理由则不再被限定于保护"国有财产不力",而是"保护文物不力"。也就是说,通过这一立法修改,意在强调文物保护机关应当自觉履行保护所有文物的监督管理职责,而不仅仅是保护国家所有的文物。无论文物的所有者是国家、集体还是个人,只要文物保护机关违法行使职权或者不作为,检察机关都是可以提起行政公益诉讼的。这同时也就解决了一大法律难题,即对于非国家所有的可移动文物遭受毁损、不当使用、交易,需要通过检察公益诉讼保护时,却由于法律授权不足,或者程序繁复而无法及时、有效地启动。针对可移动文物不能因其所有权不同而不同,虽然从文物的财产属性而言,所有权决定了财产的归属,以及权利主体对文物的部分处分权。但必须注意的是,文物最为本质的属性不是财产性,而是其历史、艺术、科学价值。[1] 为此,《中华人民共和国文物保护法》第6条规定,文物的所有者必须遵守国家有关文物保护的法律法规的规定。虽然,从实践层面看,当前更多发生的,也更引起公众关注的还是在生产、建设、生活过程中对一些不可移动文物本身及周边环境的破坏活动,但并不能据此而否定对可移动文物,特别是个人所有的可移动文物实施检察公益诉讼保护的必要。

二、相关司法解释的修改建议

在修改两大诉讼法的基础上,建议对《最高人民法院、最高人民检察院检察公益诉讼案件适用法律若干问题的解释》作进一步的完善,明确将文物保护纳入检察公益诉讼的范围,相应明确检察机关作为文物保护公益诉讼的主体资格和诉讼类型、程序机制等相关问题。

(一)关于文物保护检察公益诉讼的方式

就文物保护检察行政公益诉讼而言,由于文物主管部门等行政机关违法行使职权或者消极不作为等原因,导致一些破坏文物的违法行为未能得到处理,相关人员的法律责任未能得到追究。因此,文物保护检察公益诉讼在一段时期内,应以检察行政公益诉讼为主。具体而言,通过检察行政公益诉讼的方式监督政府及文物主管部门履行文物保护的监督管理职责,包括:一是对于履行职责中发现的公民、法人或其他组织等主体毁损文物、不合理利用文物、擅自修缮文物、擅自在文物保护单位范围内进行工程建设、未经文物主管部门同意在文物保护单位的建设控制地带进行工程建设等毁损文物的行为,以及

---

[1] 晋宏逵:《中国文物价值观及价值评估》,载《中国文化遗产》2019年第1期。

文物因自然原因、人为原因等面临灭失、存在火灾等安全隐患,文物主管部门未依法划定文物保护单位的保护范围和建设控制地带等违法违规文物保护行政管理行为,通过综合运用诉前检察建议、圆桌会议等手段督促文物主管部门、相关国有财产监管部门、属地政府履行监管职责。在被建议部门未履职的情况下,向人民法院提起行政公益诉讼,请求判令相关职能部门履行法定职责、确认行政行为违法或无效等。二是对于履行职责中发现的政府及文物主管部门单独或伙同建设单位以开发等名义擅自对文物实施迁移、拆除等违法行为的,建议政府及文物主管部门立即停止实施违法行为并采取补救措施,行政机关未采纳建议的,依法向人民法院提起行政公益诉讼,请求确认行政行为违法及履行法定职责。就文物保护检察民事公益诉讼而言,检察机关对于履行职责中发现的公民、法人或其他组织存在文物违法行为的,可以先行向法律规定的机关或组织,如文物主管部门、文物保护组织等提出建议,在其不提出诉讼的情况下,检察机关直接向人民法院提起民事公益诉讼,诉讼请求可以是停止对文物的侵害、排除对文物的妨碍、消除文物面临的危险、恢复原状、赔礼道歉及赔偿损失等。若有关单位提起诉讼,检察机关可以支持起诉方式,帮助提起诉讼。

(二)关于文物保护公益诉讼的取证问题

针对文物保护检察公益诉讼调查取证难问题,主要应确立检察行政公益诉讼的举证责任分配原则。与行政诉讼中由被告行政机关承担举证责任不同,根据《最高人民法院、最高人民检察院关于检察公益诉讼案件适用法律若干问题的解释》,人民检察院提起行政公益诉讼应当提交能够证明被告违法行使职权或者不作为,致使国家利益或者社会公共利益遭受侵害,以及检察机关已经履行诉前程序,行政机关仍不依法履行职责或者纠正违法行为的证明材料。即在检察行政公益诉讼中,应由检察机关承担举证责任。从诉讼规律而言,在检察行政公益诉讼过程中,作为被告的有关行政机关从部门利益出发,通常不会提交不利于其的证据。但是无论是《最高人民法院、最高人民检察院关于检察公益诉讼案件适用法律若干问题的解释》还是《人民检察院提起公益诉讼试点工作实施办法》,均未规定行政机关及其他有关单位不配合调查取证时应当承担何种法律责任等问题。换句话说,由于法律责任的缺失,导致检察机关在向有关行政机关调查取证过程中遇到了极大的障碍。从概念逻辑上而言,检察行政公益诉讼究其本质仍然属于行政诉讼的范畴,[1]不能因为公益诉讼起诉人是检察机关而改变行政诉讼的举证责任分配原则。对于检察行政公益诉讼,可以也应当适用行政诉讼的举证责任规则,即由被告行政机关承担举证责任(证明其行使职权的合法性,以及不存在行政不作为等情形)。如此方能从根本上解决检察机关在提起文物保护行政公益诉讼过程中面临的调查取证难问题。当然,对此理论上也许会遭到质疑,例如,关于检察行政公益诉讼的性质究竟是权利救济还是司法监督,如果是前者,适用行政诉讼的举证责任分配原则似乎并无太大的障碍,但如果是后者,则不能直接运用行政诉讼的举证责任分配原则。对此,王万华教授即认为,检察机关作为国家法律监督机关,有宪法和法律赋予的监督职权,有较强的诉讼行为能力,较之普通原告要承担更多的诉讼义务,承担更大的举证责任。[2]

(三)关于文物保护民事公益诉讼惩罚性赔偿的适用

《中华人民共和国文物保护法》第 65 条规定,违反本法规定,造成文物灭失、损毁的,依法承担民事责任。为此,必须遵守《中华人民共和国民法典》的相关规定,确定责任归属和责任形式。赔偿金额的确定则必须根据财产损失发生时的市场价格或者其他方式来确定。由此带来的问题是,如果被损坏的文物系可在市场流通的可移动文物,或许可以对损害赔偿金额作出大致的评估。但如果被破坏的是不可移动,或者不可在市场流通的可移动文物,则面临着赔偿金额确定的问题。然而,正如前文所述,文物最重要的属性并非其财产性,而是其历史性,其最重要的价值是其历史、艺术、科学价值。因此,对于违反《中华人民共和国文物保护法》而破坏、损毁文物的民事赔偿责任并不能简单地套用《中华人民共和国民法典》关于财产损害赔偿的计算方式,具体理由有二:其一,《中华人民共和国民法典》第 1184 条关于损失数额的计算只适用于财产损害赔偿,而(可移动)文物不仅具有财产属性,甚至其之所以为文物并非因为其财产属性,而系其历史属性,因其所具有的历史价值。从这一意义上而言,损害赔偿几乎不可能恢复文物的历史价值(不可否认的是,对于文物的艺术价值、科学价值也许可以得到一定程度的恢复,甚至完全恢复亦有可能)。

---

[1] 徐全兵:《检察机关提起行政公益诉讼的职能定位与制度构建》,载《行政法学研究》2017 年第 5 期。

[2] 王万华:《完善检察机关提起行政公益诉讼制度的若干问题》,载《法学杂志》2018 年第 1 期。

其二，文物保护检察公益诉讼的目的不仅仅是追究破坏文物行为人的民事责任，更是对破坏文物的行为予以制裁、对潜在的文物破坏行为形成威慑，从而更好地实现文物保护的目的。然而，从实践来看，由于《中华人民共和国民法典》的补偿性民事赔偿责任的数额有限，并不足以对破坏文物的行为形成有效的威慑。为此，在文物保护检察民事公益诉讼中可以引入惩罚性赔偿制度，对违反《中华人民共和国文物保护法》造成文物灭失、损毁者实施惩罚性赔偿，以弥补《中华人民共和国民法典》补偿性赔偿的不足。

第八章
检察公益诉讼法的立法探讨

2023年9月发布的《十四届全国人大常委会立法规划》把制定"检察公益诉讼法（公益诉讼法，一并考虑）"列入一类项目，中央政法委印发的《政法领域立法规划（2023—2027年）》明确提出制定检察公益诉讼法，这标志着检察公益诉讼的立法工作已迈入加速推进阶段。① 目前，最高人民检察院正积极组织专业团队，与立法机关紧密配合，推动检察公益诉讼专项立法的进程。本章将深入剖析检察公益诉讼立法的相关内容，旨在全面理解这一法律制度的内涵与外延，探讨其在实践中的具体应用与操作，以及可能面临的挑战与问题，以期能够为检察公益诉讼的立法实践提供有益的参考与启示。②

第一节
检察公益诉讼立法完善的总体思路

一、坚持以习近平法治思想为根本遵循

第一，检察公益诉讼制度是习近平法治思想中的一项开创性成果，在中国特色社会主义法治建设的征途上展现出了其独特的价值和深远的意义。这一制度不仅丰富了法治建设的内涵，更为维护社会公共利益、促进国家治理体系和治理能力现代化提供了有力支撑。2014年，习近平总书记在党的十八届四

---

① 应勇：《以习近平法治思想为指引加快推进检察公益诉讼立法》，载《学习时报》2023年10月20日第1版。

② 《十四届全国人大常委会立法规划》，载《人民日报》2023年9月8日第4版。

中全会上作《关于〈中共中央关于全面推进依法治国若干重大问题的决定〉的说明》,①重点讲了 10 个问题,其中之一就是创造性地提出"探索建立检察机关提起公益诉讼制度"。2015 年,中央全面深化改革领导小组第十二次会议进一步明确了建立检察公益诉讼制度的目的、办案重点、诉讼类型等基本内容,②构建起检察公益诉讼制度的基本框架。2017 年,习近平总书记在致第二十二届国际检察官联合会年会暨会员代表大会的贺信中,③深刻指出"检察官作为公共利益的代表,肩负着重要责任"。2018 年,习近平总书记主持召开中央全面深化改革委员会第三次会议,审议通过《关于设立最高人民检察院公益诉讼检察厅的方案》,同意设立最高人民检察院公益诉讼检察厅。④ 2021 年,《中共中央关于加强新时代检察机关法律监督工作的意见》要求"积极稳妥推进公益诉讼检察""总结实践经验,完善相关立法"。⑤ 2022 年,中国共产党第二十次全国代表大会明确要求"加强检察机关法律监督工作"。⑥ 通过深入剖析检察公益诉讼制度的演进脉络,不难发现,这一制度实则是党中央及习近平总书记深思熟虑、周密部署并大力推动的重大司法创新。这一创新对于推动我国新时代国家治理体系现代化的实现具有不可或缺的重要作用。⑦ 党在发展历程中少有地对某一项具体司法制度作出如此密集且系统的部署,这一制

---

① 共产党员网:《关于〈中共中央关于全面推进依法治国若干重大问题的决定〉的说明》,https://news.12371.cn/2014/10/28/ARTI1414494606182591.shtml,最后访问日期:2024 年 4 月 18 日。

② 最高人民检察院:《从筚路蓝缕到满园花开——全国检察机关深入开展公益诉讼司法实践探索纪实》,https://mp.weixin.qq.com/s/jH3nf6tmXr5HDSj9G12VXQ,最后访问日期:2024 年 4 月 18 日。

③ 共产党员网:《习近平致信祝贺第二十二届国际检察官联合会年会暨会员代表大会召开》,https://news.12371.cn/2017/09/11/ARTI1505104322756513.shtml,最后访问日期:2024 年 4 月 18 日。

④ 闫晶晶:《公益诉讼检察:凝聚共识,打造社会治理共同体》,http://www.chinanews.com.cn/gn/2021/11-21/9613315.shtml,最后访问日期:2024 年 4 月 18 日。

⑤ 共产党员网:《中共中央关于加强新时代检察机关法律监督工作的意见》,https://www.12371.cn/2021/08/02/ARTI1627902193154983.shtml,最后访问日期:2024 年 4 月 18 日。

⑥ 人民网:《党的二十大报告,全文来了!》,https://mp.weixin.qq.com/s/dc7pDRPRR9Kscf3n5iG6UQ,最后访问日期:2024 年 4 月 18 日。

⑦ 胡卫列:《检察公益诉讼地方立法研究——以 25 个省级人大常委会关于检察公益诉讼专项决定为样本》,载《国家检察官学院学报》2023 年第 31 期。

度从无到有、从萌芽到完善,充分体现了以习近平同志为核心的党中央对完善检察公益诉讼制度的深刻洞察和坚定决心。[①]

第二,检察公益诉讼制度作为习近平法治思想的重要组成部分,以其独特的理论和实践成果,充分展现了习近平法治思想的真理力量和实践伟力。自2017年检察公益诉讼工作在全国范围内全面展开以来,检察机关积极响应,以习近平法治思想为指导,深入推动检察实践。在这一过程中,全国检察机关依法履行"公共利益代表"这一神圣职责,使得公益诉讼检察制度运行成效显著,为维护社会公共利益、促进法治建设发挥了重要作用。截至2023年12月,我国现行法律覆盖了检察公益诉讼14个法定领域,此外,随着社会的快速发展,检察公益诉讼亦积极拥抱新领域和新业态,包括反电信网络诈骗、个人信息保护、人脸识别、反垄断等,这些新领域的探索得到了社会各界的广泛认同与积极支持。为了进一步规范并提升检察公益诉讼的实践操作,最高人民检察院制定了《人民检察院公益诉讼办案规则》,并与最高人民法院共同颁布了《关于检察公益诉讼案件适用若干问题的解释》。同时,双方还联合发布了系列典型案例,为各级检察机关的实际工作提供了明确、有力的指导和借鉴,促进了检察公益诉讼工作的规范化和专业化发展。此外,自党的十八届四中全会明确提出探索构建检察机关提起公益诉讼制度以来,地方层面亦紧随其后,出台了一系列相关规范性文件,全方位覆盖检察公益诉讼的多个重要环节。29个省级人大常委会制定了加强公益诉讼检察工作的决定,这些举措都彰显了我国对于公益诉讼检察工作的高度重视和支持。[②] 这一系列制度规范和实践措施的出台,为检察公益诉讼的深入发展奠定了坚实的基础,也为维护公共利益、促进社会公正提供了有力的法治保障。为了深化部门间的协同配合,最高人民检察院积极携手三十余家行政执法机关,共同研讨并制定了协同履职的指导文件。检察公益诉讼构建起了一个检察机关、审判机关、行政机

[①] 徐向春:《理论与实践深度融合促推检察公益诉讼立法——2023年公益诉讼检察理论与实践发展综述》,载《人民检察》2024年第2期。

[②] 截至2023年12月31日,全国范围内32个省级(包括省、自治区、直辖市)人大常委会,其中25个已制定专门加强检察公益诉讼的专项决定,具体为:河北、山西、内蒙古、辽宁、吉林、黑龙江、上海、江苏、浙江、安徽、江西、河南、湖北、广东、广西、海南、重庆、四川、云南、西藏、陕西、甘肃、青海、宁夏、新疆。此外,还有4个省级人大常委会出台了涉及加强检察机关法律监督工作的专项决定,这些决定中亦包含了对检察公益诉讼工作的强化内容,具体为:天津、福建、山东、湖南。

关、社会组织等多方共同参与、依法分工合作的制度框架。①

　　第三,检察公益诉讼制度将习近平法治思想在公益保护领域的生动实践和原创性成果法治化、制度化。首先,制定检察公益诉讼法与党中央关于完善公益诉讼制度的决策部署高度契合,彰显了制度设计的初衷。习近平总书记在多个重要场合强调,公益诉讼制度对于制约和监督权力运行、保护公共利益具有不可替代的作用。② 检察机关在提起公益诉讼方面拥有独特优势,能够弥补其他主体在公益诉讼中的不足,从而加强对违法行政行为的司法监督,推动依法行政和法治政府建设。制定检察公益诉讼法,不仅是对习近平总书记关于公益诉讼制度重要论述的贯彻落实,也是完善公益诉讼制度、优化司法职权配置的内在要求。通过立法明确检察机关在公益诉讼中的职能定位,可以更好地发挥其在公益诉讼中的主体作用,提升公益诉讼的效率和效果。对于检察机关而言,我国的检察公益诉讼不仅是一项诉讼活动,更是其在履行法律监督职责中的重要一环,具有重大的意义。因此,检察公益诉讼法的制定,不仅有助于规范司法权力的运行,还能有效加强权力的制约与监督。

　　其次,为适应当前公益诉讼实践中的迫切需求,制定检察公益诉讼法成为一项至关重要的举措。从现实情况来看,随着不断地探索与发展,检察公益诉讼起诉案件已占据全部公益诉讼起诉案件的绝大多数。③ 独特的督促性、协同性以及开放性等特点,使得检察公益诉讼逐步成为与民事诉讼、行政诉讼相区别的独立诉讼形态,彰显了其在公益诉讼体系中的核心地位。④ 这表明检察机关在公益诉讼领域发挥着举足轻重的作用,其职能定位和专业优势得到

---

① 胡卫列:《检察公益诉讼地方立法研究——以25个省级人大常委会关于检察公益诉讼专项决定为样本》,载《国家检察官学院学报》2023年第31期。

② 例如,在中央全面依法治国工作会议上,习近平总书记把"继续完善公益诉讼制度"与"加强司法制约监督"、"规范司法权力运行"等放在同段论述。习近平总书记在十九届中央政治局第三十五次集体学习时强调,"要健全社会公平正义法治保障制度,完善公益诉讼制度,健全执法权、监督权、司法权运行机制,加强权力制约和监督"。党的二十大报告又将"完善公益诉讼制度"放在"加强检察机关法律监督工作"之后并列表述,同属"严格公正司法"项下。

③ 从办理案件数量来看,自2017年7月检察公益诉讼工作全面推开以来,案件办理数量呈现逐年递增的趋势。至2023年年底,全国检察机关积极履行公益诉讼职能,累计办理案件数量已超96万件。

④ 姜昕、徐向春、陶国中等:《"深入探索实践推动检察公益诉讼立法"三人谈》,载《人民检察》2023年第21期。

了充分体现。① 然而,现行的民事诉讼法和行政诉讼法在检察公益诉讼的相关条款上的表述过于简略,难以全面揭示检察公益诉讼的职能特性和内在规律,更难以适应检察公益诉讼在诉前监督、调查核实、诉讼权利义务、裁判执行等多个环节中的特殊程序需求。尽管单行法在一定程度上进行了增补,但多数规定仍属于授权性和原则性内容,缺乏具体而详尽的程序性规范。这种缺失使得检察公益诉讼在实践中遭遇诸多阻碍与挑战,无法充分发挥其应有的效能。因此,制定一部专门的检察公益诉讼法,对于明确检察机关在公益诉讼中的职责和权限,规范其行使权力的程序和行为,保障公益诉讼的顺利进行,具有重要意义。同时,这也将为后续制定统一完备的公益诉讼法提供有益的探索和经验。值得注意的是,制定检察公益诉讼法并不意味着排斥其他主体依法提起公益诉讼。相反,合理的衔接性条款设置,可以鼓励和支持更多的社会组织和个人参与到公益诉讼中来,形成多元化的公益诉讼格局,共同维护公共利益和社会公正。

二、积极回应检察公益诉讼司法实践需求

第一,制定检察公益诉讼法在推动绿色发展,促进人与自然和谐共生方面具有极其重要的深远意义。目前,公益诉讼检察工作已经将生态环境和资源保护列为重点关注的领域,全国各级检察机关积极立案办理大量相关案件,不仅有效应对了诸多环境治理的难题,还为实现生态环境的持续改善提供了有力的法治保障。通过这一举措,有望推动形成绿色发展新格局,为构建人与自然和谐共生的现代化社会奠定坚实基础。通过深化重点领域办案,检察机关聚焦大气、水、土壤等关键问题,积极参与城乡人居环境整治,努力改善生态环境质量。同时,检察机关还加强与行政机关的协同,开展专项监督,从更高层面推动生态环境问题治理。在这一背景下,制定检察公益诉讼法显得尤为重要。制定检察公益诉讼法不仅能够为检察机关在生态环境和资源保护领域提供更加明确、有力的法律支持,推动其在生态环境和资源保护领域发挥更大作用,还能够加强社会对生态环境保护的关注和参与,形成全社会共同保护环境的良好氛围,从而推动绿色发展,促进人与自然和谐共生。②

---

① 景汉朝:《加快推进检察公益诉讼立法进程助力国家治理体系和治理能力现代化》,载《人民检察》2023 年第 21 期。
② 马怀德:《检察公益诉讼立法的三个基本问题》,载《人民检察》2023 年第 21 期。

第二，制定检察公益诉讼法在拓展国财国土领域案件类型、捍卫国家和人民利益方面，具有举足轻重的意义。近年来，全国检察机关在国财国土领域的公益诉讼案件办理中取得了显著的成效，积极立案并处理了众多案件，有力保障了国家财产和土地资源的安全。然而，随着经济社会的发展，国财国土领域案件类型日益复杂多样，对检察机关的办案能力和水平提出了更高的要求。制定检察公益诉讼法能够进一步明确检察机关在国财国土领域公益诉讼中的职责和权限，规范办案程序，提高办案效率。通过立法明确案件类型、线索发现、调查取证等方面的规定，可以为检察机关提供更加有力的法律武器，解决办案中遇到的难题。同时，制定检察公益诉讼法还能够加强检察机关与其他部门的协作配合，形成合力，共同维护国财国土安全。检察机关可以加强与财政、审计、税务等部门的沟通协作，建立信息共享机制，共同发现线索，查处违法行为。通过跨部门合作，可以更好地发挥各自的专业优势，形成监督合力，提高办案效果。此外，制定检察公益诉讼法还能够推动系统治理，形成长效机制。在办案过程中，检察机关不仅注重个案的妥善处理，更致力于通过个案的办理推动类案治理和诉源治理的深化。对于发现的深层次问题，检察机关及时向上级报告，以推动相关部门加大监管力度，进一步完善相关制度，从根本上解决问题。通过立法明确相关制度和机制，可以为国家财产和土地资源的长期安全提供有力保障。[①]

第三，制定检察公益诉讼法对于推动法律监督职能拓展新领域，维护国家和人民利益具有深远意义。随着社会的快速发展，公益诉讼面临着越来越多的挑战和新问题，需要检察机关不断拓宽办案领域，积极履行法律监督职责。检察公益诉讼这一独具中国特色的公益司法保护制度，其创新与发展始终与时代的步伐紧密相随。近年来，检察公益诉讼的法定办案领域呈现出不断拓展的态势，不仅稳固了传统的"4+10"领域，而且积极地迈向无障碍环境建设、文物和文化遗产保护等崭新领域，形成了"4+N"的开放与包容格局。这种拓展不仅有助于解决人民群众急难愁盼的问题，也体现了检察机关对法律监督职能的深刻理解和精准把握。但是，在制定检察公益诉讼法的过程中，仍需要遵循一系列指导原则。首先，在推进检察公益诉讼的过程中，必须始终坚守制度的定位，明确并突出重点，严格把控审批环节，坚决避免过度扩张和大包大

[①] 刘鹏、闵晶晶：《检察公益诉讼单独立法的必要性和路径分析》，载《中国检察官》2023年第7期。

揽的倾向。这意味着检察机关在拓展新领域时，要牢记制度初衷，深刻领会其定位和功能，确保拓展的必要性和现实性。其次，检察机关应立足于法律监督的核心职能，针对那些严重侵害公益或造成重大公益风险的违法行为，精准开展监督办案工作。还需聚焦中央层面改革文件中明确要求探索的新领域，以及全国人大常委会纳入立法工作计划、地方立法先行先试的新领域，确保拓展工作既具有针对性又具备实效性。[1] 此外，为确保新领域拓展的精准度和办案成效，检察机关应实施严谨的审批程序，并始终秉持质量优先的办案理念。在此过程中，各省级检察院扮演着举足轻重的角色，它们在新领域案件的审批与指导方面发挥着关键作用。通过加强指导和监督，各省级检察院能够确保新领域拓展工作的稳步推进，进而为公益司法保护事业贡献更大的力量。

第四，制定检察公益诉讼法对于推动完善法律制度、增强社会共识具有重大意义。随着检察公益诉讼制度价值的日益凸显，社会各界对制定专门法律的呼声日益高涨。从党的二十大报告到全国两会，关于完善公益诉讼制度的议题不断被提及，这充分展示了党中央对检察机关在公益保护中重要作用的深刻认识与高度重视。从实践层面来看，检察公益诉讼已被证实为解决公益保护问题的高效而有力的制度设计。多年来，检察机关已妥善处理了数十万件公益诉讼案件，成功解决了多个复杂领域的公益损害问题，充分展现了其独特的制度价值和实践意义。然而，现行立法虽在一定程度上解决了公益诉讼制度的合法性与诉讼主体适格性问题，但具体到实践操作中的细致流程仍需进一步健全与完善。制定一部专门的检察公益诉讼法，不仅有助于明确检察公益诉讼职权运行的实体规则与程序规范，更能推动检察机关依法行使职权，形成一套规范高效、相互制约的权力运行体系，从而为公益保护事业提供更为坚实而有力的法治保障。[2]

三、构建中国特色公益诉讼话语体系

制定检察公益诉讼法对于推动构建中国特色话语体系具有重大意义。在全球法治文明的广阔舞台上，中国的检察公益诉讼制度以其独特的监督和治

---

[1] 冯玉军：《检察公益诉讼立法的原则定位、现实基础与工作方针》，载《人民检察》2023年第21期。

[2] 刘鹏、闵晶晶：《检察公益诉讼单独立法的必要性和路径分析》，载《中国检察官》2023年第7期。

理特点,彰显了中国特色社会主义制度的显著优越性。通过立法的方式提升这一制度,不仅有助于更好地维护公共利益、实现社会公平正义,更能推动构建具有中国特色的公益诉讼话语体系,提升我国在国际法治领域的影响力和话语权。①

第一,检察公益诉讼制度独具中国特色,其鲜明之处在于其公益保护范围的广泛性和监督治理的明确性。该制度不仅致力于维护国家核心利益,更将社会公共利益置于重要位置,深刻关切着最广大人民的根本利益。通过将检察公益保护纳入法治的轨道,得以运用法治的力量对公益进行全方位、多层次的保护,这充分彰显了人民在社会主义国家中的主体地位,体现了法治精神与人民利益的紧密结合。这种以人民为中心的理念,正是中国特色社会主义法治精神的核心所在。

第二,检察公益诉讼制度在中国展现出其全面性和深入性的特质,具体表现为检察民事公益诉讼与检察行政公益诉讼并存,且后者占据主导地位。这种制度设计不仅确保了公益保护在民事和行政领域均得到有效实施,更凸显了检察机关在公益诉讼中的积极作用。通过检察行政公益诉讼的深入推进,能够更有效地监督行政机关依法行使职权,维护社会公共利益。这种制度安排既能够应对民事领域的公益侵害问题,又能够解决行政领域的公益损害问题,实现了公益保护的全方位覆盖。② 同时,非诉监督与提起诉讼相衔接,以诉前督促行政机关自我纠错为优先目标,体现了预防与纠正并重的原则,有助于提高公益保护的效率和效果。

第三,中国检察公益诉讼制度展现了其多元性和权威性的显著特点。在这一制度下,多个主体均有权提起公益诉讼,形成了多元化的公益保护格局。同时,检察机关作为国家法律监督机关,被赋予了更为重要的责任,凸显了其在公益诉讼中的核心地位。这种制度设计不仅丰富了公益诉讼的提起主体,也强化了检察机关在维护公益方面的权威性和有效性。这种制度安排既能够发挥不同主体的优势,形成公益保护的合力,又能够确保检察机关在公益保护中的主导地位,发挥其法律监督的职能作用。在构建具有中国特色的公益诉

---

① 景汉朝:《加快推进检察公益诉讼立法进程助力国家治理体系和治理能力现代化》,载《人民检察》2023年第21期。

② 应勇:《以习近平法治思想为指引加快推进检察公益诉讼立法》,载《人民检察》2023年第21期。

讼话语体系的过程中，首先应致力于发掘并总结我国公益保护领域的实践经验。通过对这些实践的深入研究，概括提炼出原创性、具有标识性的概念、观点与理论，从而形成独具特色的公益诉讼理论框架。与此同时，还应加强与国际学术界的交流与合作，积极学习借鉴世界公益保护法治文明的先进成果，不断丰富和完善我国的公益诉讼理论体系。在此基础上，努力讲好中国公益保护法治故事，向世界展示我国在公益保护领域的法治成就与贡献，为构建人类命运共同体贡献中国智慧和中国方案。

第二节
检察公益诉讼立法的机遇与挑战

作为新时代司法领域的一项重大革新，检察公益诉讼制度在促进政府依法行政、维护国家利益以及社会公共利益等方面，凸显出了其独特的制度优势与显著的治理成效，不仅强化了检察机关的法律监督职能，更在推动国家治理体系和治理能力现代化进程中发挥了重要作用。然而，随着司法实践的逐步深入，检察公益诉讼立法滞后的问题逐渐显现，立法供给的不足与司法实践日益增长的需求之间的矛盾日益突出，这已成为制约检察公益诉讼制度深入发展的主要症结。因此，根据党的二十大精神，将检察公益诉讼专门立法提上日程已成为国家相关部门刻不容缓的重要任务。

一、检察公益诉讼立法的机遇

（一）检察公益诉讼立法的必要性分析

1.全面贯彻党中央和全国人大决策部署的必然要求

检察公益诉讼制度作为推进国家治理体系和治理能力现代化的核心法治利器，在中国特色社会主义现代化建设的宏伟征程中发挥着不可或缺的作用。因此，深化检察公益诉讼制度的完善工作，切实推进相关立法进程，全面贯彻落实党中央决策部署，特别是深入贯彻党的二十大精神，具有重大的现实意义和深远的历史意义。这一举措对于推进法治国家建设、实现国家治理体系和治理能力现代化具有不可估量的价值和作用。[1]

　　自检察公益诉讼制度诞生以来,党中央在立法工作的引领中扮演了举足轻重的角色,为这一制度的繁荣发展奠定了坚实的基础。在中央立法层面,近年来我国迎来了检察公益诉讼领域法律法规和政策文件的密集出台期,这标志着我国在这一领域取得了显著的立法进展。在全国人大及其常委会的层面,我国已颁布实施了共计14部国家法律,其中对检察公益诉讼进行了详尽而明确的规定,涉及的具体条款共计14项。检察公益诉讼在法定办案领域的布局已确立为"4+10"的格局。这一格局的形成,不仅彰显了检察公益诉讼在法治建设中的重要作用,也进一步明确了其法定办案领域的范围。[2] 这一格局的形成,不仅丰富了检察公益诉讼的内涵,也进一步提升了其在维护社会公共利益方面的作用;既体现了检察公益诉讼工作的全面性和系统性,也为检察机关在更广泛的领域内发挥公益诉讼职能提供了有力支撑。在国家法规层面,我国已经初步构建了一套系统完备的检察公益诉讼规范体系,为检察公益诉讼的实践提供了坚实的法律保障。这一体系以法律规定的专门条款为基础,以检察公益诉讼相关司法解释为主体,辅以部分法律的授权条款作为支撑。[3] 在程序法层面,多部诉讼法的连续修改明确了检察机关提起公益诉讼的法律地位;在实体法层面,多部单行法律陆续引入检察公益诉讼条款,为检察公益诉讼提供了更为全面的法律支撑。[4]

　　在中国特色社会主义的立法体系中,党的领导无疑成为立法工作的鲜明优势,为各项法律制度的完善提供了根本保证。全国人大常委会在"党委领导、人大主导、政府支持、社会参与"的立法工作格局下,不断赋予检察机关开

---

[1] 张轩:《坚持党对检察公益诉讼立法的全面领导推动完善公益诉讼制度》,载《人民检察》2023年第21期。

[2] "4"代表着生态环境和资源保护、食品药品安全、国有财产保护以及国有土地使用权出让这四个领域,它们被诉讼法明确列举,是检察公益诉讼的基石。而"10"则指的是自2018年以来,全国人大常委会通过不断修改和制定相关法律,以单行法的形式进一步拓展了检察公益诉讼的适用范围,新增了包括英雄烈士保护、未成年人保护、军人地位和权益保障、安全生产以及个人信息保护等在内的十个新领域。

[3] 孙佑海、张净雪:《检察公益诉讼专门立法的理论基础和法律框架》,载《国家检察官学院学报》2023年第3期。

[4] 张轩:《坚持党对检察公益诉讼立法的全面领导推动完善公益诉讼制度》载《人民检察》2023年第21期;丁宝同:《专门立法进程下公益诉讼发展进路的系统检视》,载《政治与法律》2024年第3期。

展公益诉讼的职权。这一格局不仅体现了检察机关在公益诉讼中的重要地位,也彰显了我国立法工作的系统性和前瞻性。① 此外,为了积极回应党中央和全国人大的重要部署,满足人民群众的殷切期待,并努力突破制度发展的瓶颈,检察公益诉讼的专项立法工作已正式纳入日程。这一系列举措不仅彰显了党在法治建设中的核心领导地位,也为检察公益诉讼制度的进一步完善与发展奠定了坚实基础。通过加强专项立法工作,将更好地推动检察公益诉讼制度走向成熟。②

2.满足人民群众日益增长的检察公益保护需求的必然要求

立法的人民意志作为法的灵魂与活力之源泉,是不可或缺的基石。在新时代的背景下,人民群众对于民主、法治、公平、正义、安全、环境等方面的期待愈发强烈和深刻,他们的诉求与期望已然达到前所未有的高度。为切实回应这一需求,国家正积极推动改革创新,不断优化履行社会管理职能及维护公共利益的方式。检察机关作为社会公共利益的坚定守护者,重点关注公益保护中的突出问题,攻克那些公益受损严重、社会反响强烈、长期悬而未决以及涉及多部门职能交叉的复杂案件。

3.解决法律规定碎片化和适用统一性问题的必然要求

从检察公益诉讼制度的规范构建层面来看,目前在我国检察公益诉讼立法架构中,实体法主要是通过单行法的形式进行分散授权,以确立各项具体规定。而在程序法层面,则主要依托民事诉讼法和行政诉讼法的相关规定,并通过司法解释的形式,对规范层面进行补充和完善。目前,行政机关、社会组织、检察机关三类主体在公益诉讼中应如何有效配合、如何科学衔接,以及如何建立更为有效的支持协作机制,这些问题尚未得到妥善解决。

在公益诉讼的推进过程中,检察机关的职责定位尚需进一步精准化,其调查取证权的保障措施亦显得不够完善,这在很大程度上制约了公益诉讼治理效能的充分发挥。因此,为确保公益诉讼的顺利进行,检察机关在公益诉讼中应当扮演更加积极且精准的角色。具体而言,检察机关需要明确自身在公益诉讼中的具体职责,积极行使调查取证权,并加强与其他相关主体的协作配

---

① 段文龙、田凯、邱景辉等:《检察公益诉讼专门立法问题研究》,载《人民检察》2023年第8期。
② 田凯等:《人民检察院提起公益诉讼立法研究》,中国检察出版社2017年版,第9页。

合,形成合力,共同推动公益诉讼的深入开展。同时,在检察公益诉讼的推进实践中,还需要正视并积极应对多重关系的协调挑战,这包括积极与稳妥之间的平衡、数量与质效之间的取舍,以及检察权与行政权之间的相互作用。这些错综复杂的关系需要得到更为精细化的规范和管理,以确保检察公益诉讼的稳步前行与健康发展。

(二)检察公益诉讼立法的可行性分析

首先,经过长期的实践检验与探索,党内法规及法律中关于检察公益诉讼的规范,已经积累了相对成熟且富有成效的经验,这为制定专门的检察公益诉讼法提供了有力的支撑。在全国人大及其常委会的层面,已颁布实施了14部国家法律,对检察公益诉讼进行了详尽而明确的规定,涉及的具体条款共计14项。根据这些条款的性质与内容,可将其划分为以下三类:第一类为确立检察公益诉讼制度的基础框架的,有2部[①],分别对检察机关提起行政公益诉讼和民事公益诉讼的适用范围、前提条件、履职方式等基本内容作了规定;第二类为明确公益诉讼检察职能的具体内涵的,有2部[②],从对检察机关的职权配置角度,将"依照法律规定提起公益诉讼"确定为检察机关的法定职权之一;第三类为进一步拓宽检察公益诉讼的适用领域的,有10部[③],逐步扩大检察公益诉讼的适用范围。截至目前,检察公益诉讼在法定办案领域已形成了"4+10"的崭新格局。

深入剖析这些法律条文,其本质上均是对《中华人民共和国民事诉讼法》第58条和《中华人民共和国行政诉讼法》第25条第4款的隐性援引,在公益诉讼制度要素上没有进行实质性的扩充或创新。尽管如此,"4+10"格局的形成无疑为检察公益诉讼的开展提供了更为广阔的舞台,不仅扩大了其适用范

---

① 分别为《中华人民共和国行政诉讼法》第25条第4款和《中华人民共和国民事诉讼法》第58条第2款。

② 分别为《中华人民共和国人民检察院组织法》第20条和《中华人民共和国检察官法》第7条。

③ 《中华人民共和国英雄烈士保护法》第25条第2款、《中华人民共和国未成年人保护法》第106条、《中华人民共和国军人地位和权益保障法》第62条、《中华人民共和国安全生产法》第74条、《中华人民共和国个人信息保护法》第70条、《中华人民共和国反电信网络诈骗法》第47条、《中华人民共和国反垄断法》第60条第2款、《中华人民共和国农产品质量安全法》第79条第2款、《中华人民共和国妇女权益保障法》第77条、《中华人民共和国无障碍环境建设法》第63条。

围,更提升了其在捍卫国家利益和社会公共利益方面的重要作用。① 这些行之有效的规定,在经过进一步的深化与完善后,完全具备上升为专门立法条文的潜力,从而为检察公益诉讼的专门立法奠定坚实的基石,为未来的法治建设提供有力的保障。

其次,在检察公益诉讼领域,最高人民法院和最高人民检察院相继出台了相关的司法解释,这些举措无疑是对公益诉讼程序规范的进一步补充和完善。2012 年修改后的《中华人民共和国民事诉讼法》第 55 条(与 2023 年修订后的《民诉法》第 58 条第 1 款相对应)因其"援引性"逻辑和"超简化"的条款设计遗留了众多程序性问题。当这一条款投入司法实践时,诸如起诉文件的格式与要求、管辖法院的确定、诉讼参与人的资格与地位、诉讼请求的范围界定、撤诉与重诉的条件与后果,以及与私益损害赔偿诉讼之间的关系等程序性问题,便逐一显现,并由于缺乏明确的规则指导,成为阻碍程序顺利进行的难题。为了弥补这一法律条款在实践应用中的不足,最高人民法院和最高人民检察院相继出台了 20 余部司法解释,针对公益诉讼的法律适用问题进行了详细的阐释和规定。这些司法解释在内容上大致可以归为三类,每一类都针对公益诉讼的特定方面进行了补充,为司法实践提供了更为明确和具体的操作指引。② 第一类为针对检察机关提起公益诉讼的专门性规定,明确了检察公益诉讼中检察机关的办案流程和司法机关的审理程序。③ 第二类为针对特定公益案件类型的司法解释,也是检察机关提起公益诉讼的重要规范依据。④ 第三类为在具体规定中涉及检察公益诉讼的司法解释,这些解释中的个别条款细化了检察公益诉讼的适用规则。⑤

这些司法解释的出台,不仅为公益诉讼提供了更为详尽和具体的操作指

---

① 杨寅:《论行政公益诉讼审理制度的完善》,载《政治与法律》2022 年第 5 期。
② 孙佑海、张净雪:《检察公益诉讼专门立法的理论基础和法律框架》,载《国家检察官学院学报》2023 年第 3 期。
③ 例如,《人民检察院公益诉讼办案规则》《最高人民法院、最高人民检察院关于检察公益诉讼案件适用法律若干问题的解释》《最高人民法院、最高人民检察院关于人民检察院提起刑事附带民事公益诉讼应否履行诉前公告程序问题的批复》。
④ 例如,《最高人民法院、最高人民检察院关于办理海洋自然资源与生态环境公益诉讼案件若干问题的规定》《最高人民法院关于审理环境民事公益诉讼案件适用法律若干问题的解释》《最高人民法院关于审理消费民事公益诉讼案件适用法律若干问题的解释》。
⑤ 例如,《关于适用〈中华人民共和国民事诉讼法〉的解释》中的"十三、公益诉讼"部分。

南,也确保了公益诉讼活动在法治轨道上更加规范、有序地进行。值得注意的是,检察公益诉讼的专门立法并非对既有规范的全新创设,而是在充分吸收现有制度精华的基础上,更为系统、深入地梳理、整合与完善。因此,判断专门立法时机是否成熟的一个直接标准,便是检察公益诉讼的现行规范是否已初具规模。经前文深入剖析,不难发现,关于检察公益诉讼的多数适用规则已然形成广泛共识,并以司法解释的形式得以固化。这些规则与解释不仅为立法提供了丰富的素材,也为确保立法的科学性和合理性提供了有力的支撑。[①]

最后,自党的十八届四中全会明确提出探索构建检察机关提起公益诉讼制度以来,地方层面亦紧随其后,出台了一系列相关规范性文件,全方位覆盖检察公益诉讼的多个重要环节。目前,全国范围内29个省、自治区、直辖市针对检察公益诉讼工作制定了规定。[②] 这些法规中的检察公益诉讼条款主要针对特定领域,对检察机关在该领域开展公益诉讼工作进行了授权性规定,[③]不仅涵盖了前文所述的"4+10"法定办案领域,还在此基础上积极探索并扩展公益诉讼的新领域。其中,诸如文物和文化遗产保护、互联网领域乱象治理、弘扬社会主义核心价值观的实践、防灾减灾工作的监督以及应急救援案件的办理等,均被纳入检察公益诉讼的范围之中。

这种趋势已经呈现出一种"4+N"的开放态势,即在原有的四大基础领域之外,不断拓展并纳入更多新的领域,以全面发挥检察公益诉讼在维护社会公共利益、促进法治建设方面的重要作用。其一,这些地方性法规既坚守检察公益诉讼基本定位,又结合当地实际,凸显"地方法"特色。各地更注重根据当地

---

① 孙佑海、张净雪:《检察公益诉讼专门立法的理论基础和法律框架》,载《国家检察官学院学报》2023年第3期。

② 一是省级及设区的市人大常委会制定的专门地方性法规或专项决定,这些法规或决定旨在加强检察公益诉讼工作,重点着眼于程序机制的完善与制度建设的深化,为公益诉讼的实践提供了清晰明确的法律指引;二是省级及设区的市人大常委会制定的其他地方性法规中包含检察公益诉讼条款的部分,这些条款在更广泛的法规体系中融入了检察公益诉讼的要素,共同构成了地方层面检察公益诉讼的法制保障。

③ 例如,《上海市红色资源传承弘扬和保护利用条例》第52条明确规定:"检察机关应当依法在英雄烈士保护、历史风貌区和优秀历史建筑保护等红色资源保护利用相关领域开展公益诉讼工作。"这一规定不仅凸显了检察公益诉讼在特定领域的重要性,也为检察机关在该领域发挥职能提供了法律保障。参见胡卫列:《检察公益诉讼地方立法研究——以25个省级人大常委会关于检察公益诉讼专项决定为样本》,载《国家检察官学院学报》2023年第31期。

经济、社会及文化传统制定的特殊规定,尤其在办案领域,地域特点显著,如上海关注"金融秩序"与"历史建筑保护",福建强调"国防军事"等。此外,多数地方性立法还明确了检察公益诉讼的履职重点,如服务长三角发展、粤港澳大湾区建设等,既体现地方性,也彰显公益诉讼服务当地经济社会的制度价值。其二,这些地方性法规将当地解决检察公益诉讼实践突出问题的经验提炼为制度规范,彰显问题导向与创新意识。如河北和黑龙江针对财产保全、证据保全问题,以"建议"替代"申请"。江西专项决定总结实践探索,明确检察机关可就行政公益诉讼案件普遍问题提出检察建议,必要时附调研报告,同时可向行政机关发送工作提示函,督促其履行职责。① 内蒙古亦将"三检合一"办案模式写入专项决定,固化创新机制。② 其三,这些地方性法规所展现出的前瞻性思维,对于推动实践与制度建设起到了重要的引领作用。不仅融入了中央改革文件的研究探索要求,也为未来的制度建设提供了宝贵的启示与方向。例如,在食品药品安全领域,多个地区明确规定了民事公益诉讼的惩罚性赔偿内容。③ 除此之外,云南等地还对公益损害赔偿金的管理与使用作了具体规定;广东则创新性地提出针对可能损害国家和社会公共利益的风险,检察机关应提出相应的检察建议,以增强预防与治理的效能;湖北、安徽等地则规定了行为保全措施,为公益诉讼提供了更为有力的法律保障。在民事公益诉讼的诉前程序方面,专项决定也进行了探索性的规定,如江苏地区规定在诉前督促侵权人采取相应措施,并在符合条件的情况下与侵权人达成协议并申请司法确认,这一做法为公益诉讼的实践提供了新的思路与方向。④

---

① 如江西的专项决定第15条规定,"检察机关对行政公益诉讼案件涉及的普遍性、行业性、倾向性问题,可以向有关单位和部门提出改进工作、建立健全制度、完善治理的检察建议;必要时,可以附专项调研报告"。第16条还规定,"检察机关办理公益诉讼案件,可以向行政机关等有关单位和部门发送工作提示函,提醒、督促其依法履行职责、落实整改措施",将当地检察机关探索推广的"检察建议+调研报告"以及"工作提示函"的公益诉讼工作创新机制上升为制度规范。

② 即将涉及公益诉讼的刑事、民事、行政案件统一由公益诉讼部门办理的办案模式写入了专项决定。

③ 食品药品安全领域民事公益诉讼惩罚性赔偿是近年来中央倡导和推进的一项改革举措。例如,2019年5月中共中央、国务院发布的《关于深化改革加强食品安全工作的意见》提出"探索建立食品安全民事公益诉讼惩罚性赔偿制度"。

④ 汤维建:《公益诉讼实施机制的生成路径——公益诉讼地方立法述评》,载《人民检察》2021年第11期。

二、检察公益诉讼立法面临的挑战

依据党的二十大报告关于"深化公益诉讼制度改革"的明确指引,从立法的高度出发,系统整合当前分散的公益诉讼制度规则,形成一套统一、协调、高效的检察公益诉讼法律规范体系。这不仅是完善检察公益诉讼制度的必由之路,也是推动法治建设向纵深发展的重要举措。[①] 然而,当前检察公益诉讼制度仍存在一些问题,如立法层次整体偏低,缺乏高位阶的原则性规定,民事与行政公益诉讼规则体系尚不完备,以及检察公益诉讼的特殊规则与传统诉讼法之间的关系尚不明晰等。

(一)检察公益诉讼法的开创性

我国的检察公益诉讼制度独具中国特色,彰显了监督和治理的鲜明特点。为了适应时代发展的需求,亟待制定一部具有里程碑意义的检察公益诉讼法。此举不仅是世界法治史上的首创之举,更堪称法治领域具有标杆意义的盛事。这部法律的出台,将填补相关领域的空白,为公益诉讼的规范运作提供坚实的法律保障,进而推动法治建设迈向新的高度。由于无前例可循,必须在深刻理解和把握检察公益诉讼制度的政治内涵、制度优越性以及治理价值的基础上,通过立法的形式,将这一旨在解决公益保护难题的"中国方案"正式法治化、制度化。这一立法过程并非易事,它涉及诸多利益关系、多方利益主体的平衡与协调。同时,还需要考虑与现有法律体系的协调对接,确保新法与既有法律之间的和谐统一。因此,这需要各方共同努力,凝聚共识,形成合力。在推进检察公益诉讼立法的过程中,应充分发挥中国特色社会主义法治体系的优势,坚持问题导向,立足国情,确保立法符合社会发展的实际需要。同时,还应积极借鉴国内外有益经验,不断完善和创新检察公益诉讼制度,为我国的法治建设贡献更多智慧和力量。

(二)检察公益诉讼程序的独特性

虽然实践已经充分证明,检察公益诉讼已然成为区别于一般民事、行政诉讼的独特法律形态,现有的相关司法解释也对检察公益诉讼与私益诉讼以及其他主体提起的公益诉讼之间的区别进行了明确的体现。然而,如何构建一

[①] 丁宝同:《专门立法进程下公益诉讼发展进路的系统检视》,载《政治与法律》2024年第3期。

套完整且系统的程序体系,确保各方权利义务配置得当,却是一项极具挑战性的任务。具体而言,在诉前督促履职程序中,需要体现监督的谦抑性,确保在维护公益的同时,不过度干涉行政机关的正常履职;在庭审程序中,需要充分发挥检察一体的优势,确保检察机关在公益诉讼中能够发挥主导作用;在执行程序中,需要考虑行政机关的参与,确保公益诉讼的判决能够得到有效地执行。总之,构建完整系统的检察公益诉讼程序体系,需要在各个环节都进行深入地研究和探索,确保各方权利义务得到恰当地配置,从而实现公益诉讼的最大效能。这是一项长期而艰巨的任务,需要不断努力和实践。

(三)检察公益诉讼立法的复杂性

在推进检察公益诉讼专门立法的进程中,一个核心议题是如何深入总结并提炼检察公益诉讼相较于私益诉讼以及其他主体提起的公益诉讼所独具的特点与规律。这一关键步骤不仅涉及如何满足诉前监督、调查核实、诉讼权利义务、裁判执行等检察公益诉讼特殊程序的需求,也是深化对检察公益诉讼制度理解与完善的关键所在。首先,需要明晰检察公益诉讼与其他公益诉讼在诉权基础、诉讼定位以及诉讼权利义务等方面的差异。这种差异不仅体现在诉讼主体的不同,也体现在检察公益诉讼所承载的公益保护使命和特殊的法律地位。同时,检察公益诉讼与私益诉讼的衔接问题也是立法过程中不容忽视的一环。如何在维护个体权益的同时,确保公益利益得到最大程度的保护,是立法者需要深思的问题。此外,检察公益诉讼法还需直面实践中的难点、痛点和堵点,有效回应现实办案需求。例如,如何科学合理地规定检察公益诉讼的受案范围,如何配置检察机关的调查权,以确保公益诉讼的顺利进行,这些都是推进专门立法过程中需要重点关注的"难点"。

(四)如何提升检察公益诉讼办案的"精准性""规范性""可诉讼性"

检察公益诉讼的核心在于强调"精准性"与"规范性",这两大要素不仅深刻揭示了检察公益诉讼办案高质量和高效率的基本特征,也为办案提出了明确且具体的要求。它们共同构成了推动检察公益诉讼向更高质量发展的坚实基础。然而,如何实现这一目标,成为必须深入思考的问题。同时,还需要明确如何准确判断案件的"可诉性",以及"精准性""规范性""可诉性"三者之间究竟存在着怎样的逻辑关系。

首先,在检察公益诉讼中,所谓的"精准性"主要体现在对公益诉讼案件范围的准确把握上。在案件事实的认定及其性质的判定过程中,必须保持高度的准确无误性,既要保证案件与公共利益的标准相吻合,又要确保其准确归入公益诉讼案件的具体范畴。此外,对于不同类型检察公益诉讼案件的认定标准,应予以特别的关注与区分,以确保处理的精准性与合理性。同样,在检察公益诉讼案件的法律规范依据及其适用上,也需达到高度的精准性,以确保法律适用的准确与恰当。通过这样的严谨处理,才能更好地维护公共利益,实现检察公益诉讼的初衷与目标。这包括从法律规范中的概念名称、条款内涵到法律规范适用规则的全面把握,确保每一个环节都准确无误,避免产生任何模棱两可的情况。只有这样,才能确保检察公益诉讼的精准实施,有效维护公共利益,实现法律的公正与公平。①

其次,在检察公益诉讼中,"规范性"所强调的是办案过程必须严谨有序,不仅要"有规可循""有迹可查",还要严格遵循行为准则和案件处理统一流程的要求。实践中出现的一些案件质效不佳的情况,一个关键因素便是相关办案规定未能得到有效落实。检察公益诉讼案件的处理,实质上是对公权力的行使,因此必须遵循公权力运行的统一标准,确保权力的行使与法治精神相符。公权力的行使应当受到严格统一的规范约束,特别是在承载法律监督职能的检察公益诉讼中,这一点尤为重要。必须确保整个办案过程规范、透明,以维护公共利益,实现法律监督的公正与高效。

最后,在深入理解检察公益诉讼办案的"可诉性"时,须将这一核心要素贯穿于整个办案流程的始终。检察公益诉讼的本质在于"诉讼",这不仅是该制度构建的基石,也是其核心价值所在。在检察行政公益诉讼中,应重点关注公益损害性以及行政机关履职违法性这两个核心要素;而检察民事公益诉讼的审查则聚焦于公益损害性、侵权违法性、关系因果性以及检察机关介入的必要性等关键要件。值得注意的是,无论是检察行政公益诉讼还是检察民事公益诉讼,都设有诉前程序,特别是行政公益诉讼,其诉前程序包括磋商、检察建议等递进式的监督方式。然而,这些程序都是为最终"诉讼"服务的,它们构成了整个办案流程的重要组成部分。因此,在办案过程中,"可诉性"不仅应在诉讼阶段受到重视,也应成为诉前程序和诉讼程序中的共同关注点,贯穿始终,以确保检察公益诉讼的准确性和高效性。通过这样全流程的关注,才能更精准地把握检察公益诉讼的"可诉性",进而推动整个办案流程的规范化和优化。

---

① 姜昕、徐向春、陶国中等:《"深入探索实践推动检察公益诉讼立法"三人谈》,载《人民检察》2023年第21期。

第三节
检察公益诉讼法的立法建议

检察公益诉讼是习近平法治思想在公益保护领域的实践与创新成果,不仅充分展现了习近平法治思想的实践伟力与真理力量,更是将这一原创性成果法治化、制度化的关键路径。在制定检察公益诉讼法的过程中,必须深入研究和解决一系列核心问题,包括检察公益诉讼法的准确定位、案件范围的界定、调查权的合理配置,以及审判与执行机制的完善等。这些问题的妥善处理,直接关系到检察公益诉讼立法的成败,对于推进公益诉讼制度的完善与发展具有至关重要的作用。因此,需要对上述问题展开全面而深入的理论分析和阐释,从而为其立法工作提供坚实有力的理论基础。

一、检察公益诉讼立法的基石

制定检察公益诉讼法,实则是一个建立在深厚理论基础之上,对检察公益诉讼实践经验进行全面系统总结,提炼其核心工作规律,并据此形成科学、规范的检察公益诉讼活动准则的过程。这一立法工作必须以检察公益诉讼理论的相对成熟为前提,确保所制定的法律条文具备高度的科学性、系统性和前瞻性,从而有效指导检察公益诉讼活动的实践,推动公益诉讼制度的不断完善与发展。作为具有鲜明中国特色的司法制度,检察公益诉讼在捍卫国家利益和社会公共利益方面扮演着举足轻重的角色。正是基于客观诉讼理论、社会公共利益代表理论以及法律监督理论的支撑,检察公益诉讼的独立性得到了有力的论证与保障。这些理论不仅为检察公益诉讼提供了坚实的理论支撑,也为其在实践中发挥重要作用提供了有力的指导。[1]

(一)基于客观诉讼理论的检察行政公益诉讼

检察公益诉讼中的行政公益诉讼,实质上是一种"官告官"的特殊诉讼形式,这种形式与传统的行政诉讼在诉讼法律关系上展现出了明显的不同。行政公益诉讼的特殊性在于其涉及的是行政机关之间的法律纠纷,从而导致其

---

[1] 吕忠梅:《检察公益诉讼立法应解决的基础理论问题及建议》,载《人民检察》2023年第21期。

在诉讼主体、法律关系以及诉讼目的等方面与传统行政诉讼的显著差异。这种差异不仅体现在诉讼参与者的身份上,还体现在诉讼目的和效果上,行政公益诉讼更加注重对公共利益的维护和行政行为的监督,而传统行政诉讼则更侧重于对公民个人权益的保障。在推进检察公益诉讼立法的过程中,有一个基础理论问题亟待解决,那就是如何从理论上深入剖析检察公益诉讼的法律关系,进而明确其独特性,使之与行政诉讼明确区分。① 此外,准确界定检察行政公益诉讼的内涵也显得尤为重要,这不仅有助于我们更好地理解这一诉讼形式,也能为立法工作提供坚实的理论基础。因此,对于这些基础理论问题的深入探讨和研究,是确保检察公益诉讼立法科学、合理、有效的关键所在。②

客观诉讼理论是由法国学者莱昂·狄骥创立,在德国等大陆法系国家广为传播,成为大陆法系诉讼法学的重要理论。根据诉讼标的的性质不同,可以将诉讼分为主观诉讼和客观诉讼。③ 检察公益诉讼的精髓在于其"客观诉讼"的本质,与之相对的是现行的民事和行政诉讼所体现的"主观诉讼"特性。④ 将客观诉讼的条款生硬地融入主观诉讼的法律框架中,不仅形式显得格格不入,逻辑上也显得不协调、不连贯。这种混合的做法忽视了两种诉讼模式在理念、目的和程序上的本质差异,无法有效地体现检察公益诉讼的独特价值和功能。"应该把公益诉讼的相关条款从民事和行政诉讼法中抽离出来,进行单独立法。"⑤检察行政公益诉讼作为现代法律监督体系的重要组成部分,其理论基础深深扎根于客观诉讼理论。客观诉讼理论强调诉讼的目的不仅在于维护个体权益,更在于保障客观法律秩序和公共利益。在这一理论框架下,检察行政公益诉讼展现出了独特的价值和特点。

首先,检察行政公益诉讼的出发点和落脚点在于维护公共利益。⑥ 这与客观诉讼的核心理念不谋而合。检察机关在发现行政行为存在瑕疵,且这些

---

① 孙佑海、张净雪:《检察公益诉讼专门立法的理论基础和法律框架》,载《国家检察官学院学报》2023年第3期。
② 吕忠梅:《检察公益诉讼立法应解决的基础理论问题及建议》,载《人民检察》2023年第21期。
③ 张嘉军:《公益诉讼法》,中国检察出版社2023年版,第30~31页。
④ 有关客观诉讼和主观诉讼的定义和区分标准等,参见薛刚凌、杨欣:《论我国行政诉讼构造:"主观诉讼"抑或"客观诉讼"》,载《行政法学研究》2013年第4期。
⑤ 马怀德:《检察公益诉讼立法的三个基本问题》,载《人民检察》2023年第21期。
⑥ 张嘉军:《公益诉讼法》,中国检察出版社2023年版,第30~32页。

行为已经或可能损害公共利益时,便会提起行政公益诉讼,旨在通过法律手段纠正违法行政行为,进而维护法律秩序和公共利益。这一过程凸显了检察行政公益诉讼的公共性,使其与以个体权利救济为主旨的主观诉讼形成鲜明对比。

其次,从功能定位的角度审视,检察行政公益诉讼的核心作用在于对法律实施进行有效监督。检察行政公益诉讼的设立,旨在通过法律手段对行政机关的违法行为进行纠正和制约,促进依法行政和法治政府的建设。应当充分认识到检察行政公益诉讼在监督法律实施方面的重要作用。检察机关通过提起行政公益诉讼,对行政机关的履职行为进行监督,确保其依法全面履行职责。这种监督功能不仅体现在对具体行政行为的纠正上,也体现在对法律实施整体状况的维护上。与传统的行政诉讼相比,检察行政公益诉讼的监督特性更加凸显,其目的在于确保行政机关依法行使职权,而非仅仅解决个体之间的权益纠纷。此外,检察行政公益诉讼的诉讼构造独具特色,彰显了客观诉讼的特别之处。在此类诉讼中,检察机关以公益捍卫者的身份出现,并无自身特殊利益诉求,其提起诉讼的权力源自国家法律的特别授权。这一特性使得检察行政公益诉讼在起诉主体层面与传统行政诉讼形成鲜明对比。而法院在审查行政公益诉讼案件时,其关注点亦与其他诉讼类型有所不同,其核心在于深入剖析行政行为的合法性,旨在通过司法监督,引导行政机关依法行使职权,履行法定职责。

综上所述,检察行政公益诉讼无疑是一种典型的客观诉讼形式。它以捍卫公共利益为基石,核心功能在于监督法律的有效实施。此外,其独特的诉讼构造也充分展现了客观诉讼的特质。这些鲜明的特点赋予检察行政公益诉讼在维护法律秩序、保障公共权力健康运行方面不可或缺的重要地位,使其发挥着无可替代的作用。更为重要的是,通过与传统行政诉讼的比较,可以更加清晰地认识到检察行政公益诉讼的独特价值和意义。

(二)基于社会公共利益代表理论的检察民事公益诉讼

检察公益诉讼中的民事公益诉讼,其本质在于"官告民"的法律构造,这一点与传统民事诉讼中的法律关系截然不同。为构建和完善检察公益诉讼制度,首要的理论任务就是从法理层面深入剖析检察公益诉讼的法律关系,明确其与传统民事诉讼的界限,即"此诉讼非彼诉讼"。同时,还需要准确界定检察民事公益诉讼的内涵,包括目的、主体、范围、程序等方面,以确保其在实践中能够发挥应有的作用。因此,立法者在制定相关法律时,必须解决这些基础理论问题,为检察民事公益诉讼的顺利实施提供坚实的理论基础和制度保障。① 检察民事公益诉讼作为维护社会公共利益的重要手段,其理论基础深深根植于社会公共利益代表理论。② 这一理论强调检察机关在涉及社会公共利益的民事案件中,应作为公益的代表提起诉讼,从而实现对社会公益的有效保护。

首先,从制度目的上看,检察民事公益诉讼具有鲜明的公益性质。③ 它不同于传统民事诉讼以化解个体间的私益纠纷为目标,而是旨在维护社会公共利益。无论是在环境保护、食品药品安全还是其他领域,检察民事公益诉讼都致力于打击损害社会公益的行为,确保公共利益不受侵害。④ 这种公益性质使得检察民事公益诉讼在维护社会秩序、促进公平正义方面发挥着不可替代的作用。

其次,从责任基础的角度审视,检察民事公益诉讼鲜明地展现了公法责任的特质。具体而言,那些侵害社会公共利益的行为,往往触及公法秩序的底线,这就必须由作为国家公共利益代表者的检察机关,以国家的名义进行追诉。这种以公法责任承担为基石的诉讼形式,与传统民事诉讼中因私权纠纷而引发的诉讼有着本质的不同。这种差异不仅体现在诉讼目的、程序要求上,也体现在其所承载的法律价值和社会意义。将检察民事公益诉讼纳入公法调整范畴,有助于维护法律体系的统一性和协调性,避免公私不分导致的矛盾冲突。

此外,从诉讼构造上看,检察民事公益诉讼中的检察机关具有特殊的诉讼地位。它不同于传统民事诉讼中的原告,而是作为社会公共利益的代表提起诉讼。⑤ 这一身份使得检察机关在诉讼中享有一定的特权和限制,例如作为"公益诉讼起诉人"而非直接利害关系的原告主体,其处分权也受到一定限制。

---

① 吕忠梅:《检察公益诉讼立法应解决的基础理论问题及建议》,载《人民检察》2023 年第 21 期。

② 孙佑海、张净雪:《检察公益诉讼专门立法的理论基础和法律框架》,载《国家检察官学院学报》2023 年第 3 期。

③ 段厚高、高鹏:《环境民事公益所能够基本理论研究》,复旦大学出版社 2020 年版,第 10~12 页。

④ 韩波:《论民事检察公益诉权的本质》,载《国家检察官学院学报》2020 年第 2 期。

⑤ 孙佑海:《关于建立我国环境公益诉讼制度的几个问题》,载《国家检察官学院学报》2010 年第 3 期。

这种特殊的诉讼构造体现了检察机关在维护公共利益方面的独特作用和责任。

综上所述,检察民事公益诉讼作为一种新型诉讼形式,在维护公共利益方面发挥着重要作用。它以社会公共利益代表理论为基础,通过提起公益诉讼来打击损害社会公益的行为。与传统民事诉讼相比,检察民事公益诉讼在制度目的、责任基础和诉讼构造等方面都表现出显著的区别和特征。随着司法实践的深入和理论研究的不断发展,检察民事公益诉讼制度将进一步完善和发展,为中国特色司法制度的建设贡献力量。

(三)基于法律监督理论的检察公益诉讼

检察公益诉讼作为一种特殊的诉讼形式,不仅在传统行政诉讼、民事诉讼之外开辟了新的司法领域,也以其独特的法律监督属性,区别于其他主体提起的公益诉讼。从制度的深层逻辑来看,检察公益诉讼的独特性源于检察机关的双重身份:既是公益的代表,又是法律监督机关。这一双重身份赋予检察公益诉讼监督性、权威性和能动性的显著特征。[1]

首先,检察公益诉讼的核心属性在于其监督性。作为宪法赋予的法律监督机关,检察机关在公益诉讼中不仅致力于追责与救济,还侧重于对公权力运行的严密监督。一旦行政机关未依法履行其职责,检察机关便通过提出检察建议或提起诉讼等方式,纠正其违法行为,并敦促其依法履职。这种监督职能在维护公共利益的同时,也有效促进了行政机关的依法行政,进一步彰显了检察公益诉讼的重要价值。

其次,检察公益诉讼的权威性源于其法定性和必为性。作为"四大检察"的重要组成部分,依法提起公益诉讼是检察机关的法定职责和权力,一旦案件符合立案条件,检察机关便必须积极作为。这种法定性和必为性不仅增强检察公益诉讼在保护公益方面的全面性和可靠性,也赋予其不可动摇的权威性。

最后,检察公益诉讼的能动性是其显著优势。相较于其他主体提起的公益诉讼,检察机关在维护公益方面拥有更为丰富的手段和更为广阔的作为空间。无论是提出检察建议,还是提起行政公益诉讼,都是检察机关独有的行动方式,体现了其在公益诉讼中的独特地位和作用。此外,随着时代的进步和社会的发展,检察公益诉讼的适用领域也在不断扩大和深化,多部新制定或新修

---

[1] 孙佑海、张净雪:《检察公益诉讼专门立法的理论基础和法律框架》,载《国家检察官学院学报》2023年第3期。

订的法律都明确规定了检察公益诉讼的条款。这种能动性使得检察公益诉讼能够更好地适应社会发展的需求,更有效地保护人民群众的合法权益。[①]

综上所述,检察公益诉讼以其独特的法律监督属性、法定性和必为性,以及丰富的手段和广阔的作为空间,在公益诉讼制度体系内具有相对独立性。展望未来,为了推动检察公益诉讼制度的进一步发展,首先需要深入探究其独立成长的潜在空间。在此基础上,应当采取专门的立法模式,对检察公益诉讼制度进行规范,以确保其在法治轨道上稳健前行。这样,检察公益诉讼才能更好地发挥其维护公共利益、监督公权力运行的作用,为构建法治社会、保障人民权益作出更大的贡献。

二、检察公益诉讼立法的定位

(一)检察公益诉讼法与公益诉讼法的关系

关于当前立法选择,是应直接制定一部综合性的"公益诉讼法",还是先行制定"检察公益诉讼法",是一个值得深入探讨的问题。从某种程度上来说,这两种选择都有其合理的依据。综合性"公益诉讼法"在整体性上具备优势,能够全面覆盖公益诉讼的各个方面;而"检察公益诉讼法"则可能在推进速度上更胜一筹,因为其调整范围相对明确,主要聚焦于检察机关提起的公益诉讼。[②]

持制定综合性"公益诉讼法"的立场者主张,若将立法名称局限于"检察公益诉讼法",则其调整范畴将仅限于检察机关所提起的公益诉讼案件,此举可能将其他主体参与的公益诉讼情形排除在外,进而造成立法资源的非必要消耗。因此,更为妥当的立法名称应为"公益诉讼法",以便将检察机关以及其他主体提起的公益诉讼均纳入法律的调整范畴之内。此外,还应构建检察机关与其他主体在提起公益诉讼时的衔接机制,从而形成以检察公益诉讼为核心,同时包含其他多种公益诉讼形式的综合体系。通过这样的布局,能更好地实现公益诉讼制度的系统性和完整性,从而更有效地保护公共利益。这样的立法设计不仅能够充分发挥检察机关在公益诉讼中的重要作用,也能够使其他

---

① 胡卫列:《国家治理视野下的公益诉讼检察制度》,载《国家检察官学院学报》2020年第2期。

② 巩固:《公益诉讼的属性及立法完善》,载《国家检察官学院学报》2021年第29期。

主体在公益诉讼中的参与权得到有效保障。[1]

认为检察公益诉讼立法优先公益诉讼立法的,其理由如下两个方面。

首先,检察公益诉讼立法在当前的法律实践中具有显著的重要性和紧迫性。从现实情况来看,虽然公益诉讼在中国已有一定实践,但多数案件仍由检察机关提起,其他主体如社会组织的参与相对有限,且相关规则仍处于摸索阶段。因此,制定一部全面涵盖各主体、各类型的公益诉讼法在现阶段尚不成熟,协调工作难度大,周期也可能过长。相比之下,检察公益诉讼的实践经验更为丰富。检察机关作为坚决捍卫社会公共利益的主体,其在公益诉讼领域发挥着举足轻重的作用。实际上,由检察机关提起的公益诉讼案件数量已然占据了主导地位,构建起了相对稳定且高效的公益诉讼格局。这种格局的形成不仅体现了检察机关在公益诉讼领域的专业性与权威性,也彰显了其对于维护社会公共利益的坚定决心与不懈努力。此外,检察机关在公益诉讼方面拥有相对充足的制度资源,包括专业的公益诉讼检察部门和完善的组织架构体系,这为检察公益诉讼专门立法提供了有力支撑。

其次,当前检察公益诉讼的实践与法制短缺之间的矛盾显得尤为尖锐。在我国现行立法中,关于检察公益诉讼的条款往往过于原则化、简略化,具体操作则依赖于层次较低的司法解释,这在很大程度上制约了检察公益诉讼的效用发挥。鉴于此,制定一部专门的检察公益诉讼法以明确规范检察公益诉讼的程序、范围、责任等方面内容,显得刻不容缓。从立法智慧与策略层面出发,人大立法规划将检察公益诉讼专门立法列为优先选项,这不仅契合了当前的实际需求,更展现了急用先立的明智抉择。此举不仅有助于提升检察公益诉讼的法治化水平,更能为公益诉讼的健康发展提供坚实的法律保障。[2] 检察公益诉讼单独立法不仅能够解决当前实践中遇到的难题,还能为完善公益司法保护的中国方案提供关键支撑。通过制定检察公益诉讼法,可以明确检察机关在公益诉讼中的职责、权限和程序,提高公益诉讼的效率和效果,更好地维护社会公共利益。

当然,这并不意味着将来也不需要制定统一的公益诉讼法。随着公益诉讼实践的深入发展,各主体之间的合作共识逐渐达成,制定一部全面规范公益诉讼活动的公益诉讼法的条件将逐渐成熟。但在当前阶段,优先制定检察公

---

[1] 王敬波:《公益诉讼立法的四个基本问题》,载《人民检察》2023年第21期。
[2] 张嘉军:《尽快推进检察公益诉讼专门立法》,载《人民检察》2023年第11期。

益诉讼法是更为合理和可行的选择。综上所述，检察公益诉讼立法优先于公益诉讼立法，是基于当前公益诉讼实践的现实情况和检察公益诉讼的特殊地位而作出的明智决策。通过制定专门的检察公益诉讼法，可以推动检察公益诉讼的规范化、高效化发展，为构建完善的公益诉讼制度奠定坚实基础。

（二）检察公益诉讼法与程序法的关系

检察公益诉讼专门立法需要妥善处理与程序法之间的关系。审视我国当前法律体系的架构，主要有三大诉讼法，即刑事诉讼法、民事诉讼法以及行政诉讼法。那么，当专门制定检察公益诉讼法时，如何界定其与这三大诉讼法之间的关系，尤其是与民事诉讼法和行政诉讼法之间的关联是一个亟待解决的问题。

检察机关作为公益诉讼适格主体的法律地位早已得到法律确认。从立法的初衷审视，民事公益诉讼无疑是民事诉讼体系中的重要一环，而行政公益诉讼亦在行政诉讼体系中占据一席之地。进一步言之，民事公益诉讼应遵循民事诉讼的基本规则与逻辑，确保其与民事诉讼体系的和谐统一；而行政公益诉讼则应遵循行政诉讼的基本规律与原则，以确保其在行政诉讼体系中的有效运行。通过这样的规定与安排，公益诉讼制度在民事诉讼和行政诉讼两大体系中得以有序运行，共同维护社会的公共利益。因此，在检察公益诉讼发展前期有观点认为检察公益诉讼法应为两大诉讼法的特别法。[①]

然而，尽管民事诉讼法与行政诉讼法都包含了对检察公益诉讼的相应规定，但二者在核心属性上仍呈现出显著的差异。主要体现在诉前程序的处理上。在这两部诉讼法中，均未明确规定诉前程序，由此给予当事人充分的自主权，以决定是否启动救济程序。然而，对于检察机关而言，诉前程序的重要性不容忽视。它不仅是检察机关履行法律监督职责的重要一环，而且在实践操作中，高达95%的行政公益诉讼案件的有效解决都得益于这一程序的妥善运用。

当涉及提起诉讼的程序时，虽然审判机关在整个诉讼过程中扮演着主导角色，检察机关同样需要遵循审判规律及其内在机制。然而，需要明确的是，检察机关在公益诉讼中的法律地位与一般当事人有着本质的区别。为了从根本上确保"高质量、高效率地办理每一个公益诉讼案件"的目标得以实现，仍有

---

① 张嘉军：《尽快推进检察公益诉讼专门立法》，载《人民检察》2023年第11期。

必要通过推动检察公益诉讼的专项立法工作,进一步健全和完善公益诉讼制度。[①] 因此,检察公益诉讼法应被视为三大程序法之外的第四域程序法,[②]这主要源于其独特的法律地位和程序设置。相较于行政诉讼法和民事诉讼法以权益利害关系人自主行使救济权利为核心,检察公益诉讼制度则呈现出一种独特的法律构造。在这一制度中,检察机关作为行使法律监督职能的司法机关,扮演着举足轻重的角色。其根本目的在于维护国家利益和社会公共利益,确保国家法律的统一正确实施。检察公益诉讼法在立法过程中,应充分考虑到其特殊性和特色要求,制定具有针对性的程序行为。

在筹划检察公益诉讼法的过程中,应深刻把握"检察"与"公益诉讼"两大核心要素,确保两者在法律框架内实现和谐统一。这一工作需以宪法为基石,深入剖析检察机关的法律监督职能和检察权的本质属性,从而在国家治理职能体系的宏观布局中,为检察机关确立恰当且稳固的地位。同时,还应遵循诉讼的内在规律与法律机理,以诉讼案件所固有的"诉"与"案件"两大要素为出发点,构建逻辑严密、操作便捷的诉讼程序。在检察公益诉讼法的具体内容上,需特别突出其独特的法律特性与特殊要求。例如,法律监督原则应贯穿于整部法律之中,确保检察机关在行使职权时始终坚守法治精神;必要与谦抑原则要求检察机关在介入公益诉讼时,既要积极主动,又要审慎克制,避免过度干预;督促与协同原则强调检察机关应与其他国家机关、社会组织等形成合力,共同推动公益诉讼的顺利开展。此外,还需对诉前程序进行细致规范,明确检察机关在诉前阶段的权限范围及行使方式,以及检察机关与行政机关在诉前程序中的互动关系。通过这些具体的制度设计,可以确保检察公益诉讼法既符合法律逻辑,又贴近实践需求,从而为公益诉讼的健康发展提供坚实的法律保障。这些特殊规定将使检察公益诉讼法在三大程序法之外,形成自己独立的法律领域,为公益诉讼的开展提供更加全面、有效的法律保障。[③] 综上所述,检察公益诉讼法作为第四域程序法,其立法过程应充分体现其特殊性和特色要求。

---

① 最高人民检察院:《最高检:加大办案力度 高质效办好每一个公益诉讼案件》,https://www.spp.gov.cn/spp/zdgz/202308/t20230817_625228.shtml,最后访问日期:2024年4月8日。
② 张嘉军:《尽快推进检察公益诉讼专门立法》,载《人民检察》2023年第11期。
③ 姜昕、徐向春、陶国中等:《"深入探索实践推动检察公益诉讼立法"三人谈》,载《人民检察》2023年第21期。

(三)检察公益诉讼法和实体法的关系

在制定检察公益诉讼专门立法的过程中,另一个关键议题在于是否应在此法中规定实体性内容。目前,民事诉讼法、行政诉讼法以及最高人民法院、最高人民检察院发布的关于检察公益诉讼案件的司法解释,主要集中在对公益诉讼程序性事项的阐释。然而,最高人民法院发布的《关于审理环境民事公益诉讼案件和消费民事公益诉讼案件适用法律若干问题的解释》对公益诉讼的实体性内容作了明确的规范。因此,在构思检察公益诉讼法时,需深入探究是否应将公益诉讼的实体性内容纳入其中。这一决策涉及对法律体系的全面考量,既要确保公益诉讼的程序性规范得到完善,又要防止因实体性内容的纳入而引发的法律冲突或重复。若决定在检察公益诉讼法中设置实体性内容,那么随之而来的问题是,其他单行法律中已有的公益诉讼实体性内容是否应继续保留。进一步地,若将所有实体性内容均纳入检察公益诉讼法,亦需评估此举是否会使该法变得过于繁杂,从而影响其实际操作的便利性与效率。在推进公益诉讼专门立法的过程中,必须确保法律体系的内在逻辑性与协调性,既要考虑到法律的整体性,也要关注到各部分之间的分工与配合,从而确保公益诉讼制度的有效实施。[1]

检察公益诉讼专门立法同时包含程序法和实体法内容,是新时代法治建设的重要体现。在民法典引领各部门法"法典化"的时代背景下,从立法体系化和法典化角度看,这种立法模式显然更具优势。[2] 首先,检察公益诉讼专门立法同时包含程序法和实体法内容,有助于提升法律适用的便捷性和效率。公益诉讼涉及众多领域,包括环境保护、消费者权益保护等,这些领域的公益诉讼案件往往既涉及程序问题,又涉及实体问题。将程序法和实体法内容统一于一部法律之中,可以方便法官和检察官在办案过程中快速查找和引用相关法条,提高办案效率。其次,这种立法模式有助于增强法律的内在逻辑性和系统性。程序法和实体法虽然各有侧重,但二者在公益诉讼中是密不可分的。程序法为实体法的实施提供了操作规范,而实体法则为程序法的运行提供了实体依据。将二者融为一体,可以更好地体现公益诉讼的法律精神和原则,确保法律适用的准确性和一致性。最后,检察公益诉讼专门立法同时包含程序

---

[1] 张嘉军:《尽快推进检察公益诉讼专门立法》,载《人民检察》2023年第11期。
[2] 曹辰、吴勇:《法典化背景下环境公益诉讼立法进路探究》,载《学术探索》2023年第12期。

法和实体法内容,也符合法治建设的发展趋势。随着法治建设的不断深入,各部门法之间的融合和协调成为必然趋势。检察公益诉讼作为公益诉讼的重要组成部分,其立法也应顺应这一趋势,推动程序法和实体法的融合发展。

综上所述,检察公益诉讼专门立法同时包含程序法和实体法内容,是新时代法治建设的必然选择,有助于提升法律适用的便捷性、效率和系统性,推动公益诉讼制度的完善和发展。

(四)检察公益诉讼立法中"诉前"与"诉讼"的关系

在深入探讨检察公益诉讼立法的过程中,诉前程序的问题无疑占据了举足轻重的地位,如何准确理解和把握"诉前"与"诉讼"之间的紧密关联与内在逻辑,这不仅仅关乎检察公益诉讼的"可诉性"这一核心议题,更是对检察机关调查权及检察建议刚性的考量。通过细致探讨这两者间的关系,能进一步明确检察公益诉讼的运作机制,为其立法提供更为坚实的理论支撑。在检察公益诉讼中,"诉前"与"诉讼"的关系是相辅相成、相互补充的,它们共同构成检察机关办理公益诉讼案件的两个不同阶段和方式。

首先,"诉前"阶段作为检察机关公益诉讼的前置程序和必经环节,其重要性不言而喻。在这一阶段,检察机关通过诉前调查、发出检察建议等方式,督促行政机关自我纠错、主动履职,以高效率、低成本的方式争取最佳办案效果。诉前程序的设计体现了检察权对行政权的尊重,同时也展现了检察机关在公益保护中的独特作用。诉前程序的实施,有效解决了多数公益受损问题,凸显了检察公益诉讼在维护公共利益方面的制度优势与价值所在。这一程序不仅切实履行了检察机关的法律监督职责,而且为后续可能展开的诉讼程序奠定了坚实的基础。同时,作为一项独立的法律程序,诉前程序不仅为检察权的行使提供了必要的法律保障,也通过其特定的机制对检察权进行了有效的约束和限制,确保了检察权在公益诉讼中的规范行使。

其次,"诉讼"阶段则是诉前程序的有力保障。当诉前程序无法解决问题时,检察机关便会提起诉讼,通过司法裁判来维护公益、强化保护刚性。诉讼的确认不仅为诉前程序提供了刚性支持,还发挥了公益诉讼裁判的示范意义,体现了司法价值的引领。这种将"诉前"与"诉讼"环节巧妙结合的制度设计,不仅彰显了检察公益诉讼制度的独特魅力,还使其在中国特色社会主义法治体系中占据了重要地位。这种制度设计也充分展现了我国在公益诉讼领域的创新精神和实践智慧,为进一步完善和发展具有中国特色的检察公益诉讼制度奠定了坚实基础。

值得注意的是,诉前程序与诉讼程序在法律关系上有所不同。诉前程序的核心在于构建法律监督机关与被监督者之间的二元关系,这种关系主要侧重于双方的互动与监督。而提起诉讼的过程则进一步扩展了法律关系,形成了审判机关、检察机关与被监督者之间的三元关系,这一转变不仅增强了法律程序的复杂性,也凸显了检察机关在公益诉讼中的独特地位和重要作用。这种关系的转变不仅体现了不同司法权力的运作方式,也展示了检察机关在公益诉讼中多重角色的扮演。[①] 综上所述,正确理解检察公益诉讼中"诉前"和"诉讼"的关系,是把握检察公益诉讼制度精髓的关键。两者相辅相成,彼此衔接补充,共同致力于维护公共利益、推动依法行政。在这一过程中,诉前程序发挥着重要的督促作用,通过其前置性的规范步骤,促使相关主体及时履行义务,从而有效预防和解决公益受损问题。而诉讼程序则提供了坚实的法律保障,确保在公益受损情况无法通过诉前程序解决时,能够依法进行诉讼,追究相关责任,维护公益的完整性和权威性。同时,检察机关在这两大程序中扮演着举足轻重的角色,通过充分运用法律监督职能,发挥其在公益保护体系中的独特而重要的作用,推动公益诉讼制度不断完善和发展。

三、检察公益诉讼专门立法的特殊规则

(一)主体范围

检察公益诉讼中的主体范围认定是确保公益诉讼活动有序、高效进行的关键所在。主体的认定并非简单地套用传统诉讼模式,而是需要充分考虑检察公益诉讼的特殊性及其背后的法理逻辑。

首先,检察机关在公益诉讼中的身份和地位应当被重新界定。两大诉讼法将检察公益诉讼置于"诉讼参加人"章节,这在一定程度上误导人们将检察机关视为传统意义上的"原告"。然而,这种理解忽视了检察机关作为"国家法律监督机关"的宪法定位以及"公益代表人"的诉讼定位。因此,需要明确检察机关在公益诉讼中并非传统意义上的原告,而是以诉的形式履行其法律监督职责。公益诉讼中检察机关所享有的权力和地位,与其所特有的客观诉讼属性密不可分。这种属性赋予检察机关在公益诉讼中一种独

---

① 姜昕、徐向春、陶国中等:《深入探索实践推动检察公益诉讼立法"三人谈》,载《人民检察》2023年第21期。

特的角色,使其不同于传统的原告身份。[①] 其次,对于检察公益诉讼的提起主体,应当明确将其限定在最高人民检察院和地方各级检察院的范围内。当公共利益受损且缺乏适格原告提起诉讼时,检察机关应义不容辞地担当起公益诉讼的提起者角色,这样的规定旨在凸显检察公益诉讼的特殊性。检察机关作为公共利益的坚定捍卫者,其提起公益诉讼不仅是履行法律监督职能的应有之义,也是其诉讼职能的重要体现。相较于其他社会组织和团体,检察机关在提起公益诉讼方面具备诸多显著优势,如权威性、专业性和便利性等。[②]

综上所述,检察公益诉讼中的主体范围认定规则应当充分体现检察机关的特殊地位和职能,同时兼顾其他潜在主体的实际情况和需要。通过明确主体范围,可以确保检察公益诉讼活动在法治轨道上有序进行,为维护公共利益提供有力保障。

(二)案件范围

明确检察公益诉讼案件范围不仅是司法实践中的一项基本要求,也是确保公益诉讼活动有效开展的重要前提。对于法院而言,一个清晰的案件范围有助于其更准确地界定审判管辖的边界,从而确保司法审判的精准和高效;而对于检察机关来说,明确的案件范围则意味着法律监督的界限更为明晰,有助于其更加精准地履行法律监督职责,确保公益诉讼活动的规范与有序。当前,检察公益诉讼在探索新领域时,常因立法不完善而面临挑战。尽管最高人民检察院调整了新领域探索的指导方针,但在实际操作中,部分地区过于追求办案数量,忽视了"稳妥"原则,这不仅可能导致办案范围的过度扩张,还可能损害检察机关的权威和形象。检察公益诉讼案件范围的界定是检察公益诉讼立法的核心问题,涉及立法标准、原则、方式等多个方面。在制定检察公益诉讼法时,应将其置于中国式现代化建设的背景下考量,适当放宽案件范围。然而,当前相关法律规范之间存在不统一、不协调的问题,需要通过先进的立法技术进行整合,同时为未来公益诉讼的发展预留足够的空间。因此,明确检察公益诉讼案件范围不仅是立法上的要求,也是司法实践中的迫切需求。

---

① 刘鹏、闵晶晶:《检察公益诉讼单独立法的必要性和路径分析》,载《中国检察官》2023年第7期。

② 马怀德:《检察公益诉讼立法的三个基本问题》,载《人民检察》2023年第21期。

1.关于案件范围的实践情况及困境

从中央立法层面来看,检察公益诉讼的案件范围已经通过一系列法律和单行法得到了明确和拓展。最高人民法院和最高人民检察院的司法解释和其他文件也为检察机关在证券、文化遗产等领域提起公益诉讼提供了依据。在地方立法层面,各地纷纷通过制定地方性法规、出台专项决定、发布地方政府规章以及规范性文件等形式,积极拓展检察公益诉讼的新领域。这些立法实践不仅进一步厘清了既有的案件范畴,还深入细化了现有领域,并对"等外等"领域进行了富有成效的探索。这些地方立法实践对于推动检察公益诉讼的深入实施与发展发挥了积极的作用。总的来说,无论是中央立法还是地方立法,都在不断拓展检察公益诉讼的案件范围,然而,在检察公益诉讼的案件范围方面,仍然面临着一系列亟待解决的困境。[①]

(1)诉讼法、单行法多法并行的分散式立法规定不一致

目前,检察公益诉讼案件范围的立法呈现出显著的分散性特点,广泛涉及了民事诉讼法、行政诉讼法、单行法以及地方性法规等多个法律层面。这种立法模式的存在,使得不同法律在案件范围的规定上出现了不一致的情况,从而增加了法律之间的调和难度。[②]

首先,必须认识到单行法与民事诉讼法、行政诉讼法之间的关系界定并不明确,这在某种程度上影响了法律的严谨性和实施效果。公益诉讼与私益诉讼在性质上存在着显著的差异,这种差异导致了两者在诉讼权利义务等方面的规定存在较大的不同。目前,民事诉讼法和行政诉讼法主要是为私益诉讼而设计的,其关于诉讼受案范围的判断标准,往往并不完全适用于检察公益诉讼。特别是在检察行政公益诉讼中,当面临单行法关于案件范围的判断困境时,难以直接套用现有的受案范围判断方法。其次,在公共利益的规定上,民事诉讼法、行政诉讼法与单行法之间亦呈现出明显的不一致性。比如单行法对于公共利益的界定往往采取相对概括的方式,而个人信息保护法却将诸多个人利益与公共利益相提并论,这种等同化处理可能在一定程度上限制了检察公益诉讼案件的受理范围。

多法并行、分散式立法的模式,不可避免地导致了各项规定之间存在不一致的问题,这种状况不仅给检察公益诉讼的实践操作带来了诸多困扰和挑战,

---

① 张嘉军:《公益诉讼法》,中国检察出版社2023年版,第79~82页。
② 熊文钊、蒋剑:《检察公益诉讼案件范围立法研究》,载《人民检察》2023年第21期。

也在一定程度上影响了公益诉讼制度的整体统一性和权威性。因此,有必要对当前的立法模式进行深入的反思和改进,构建一个更为统一、协调的公益诉讼法律体系,从而确保公益诉讼能够真正发挥其应有的社会功能和法律效力,维护社会公共利益,促进社会的和谐稳定。

(2)各法具体条款立法技术的限制

检察公益诉讼案件范围目前面临各法具体条款立法技术的限制问题。在两大诉讼法层面,民事诉讼法和行政诉讼法对于公益诉讼的规定存在显著差异。民事诉讼法对公益诉讼的受案范围较为狭窄,仅局限于生态环境和资源保护、食品药品安全等领域,而行政诉讼法虽然列举了多个领域并使用了兜底性规定,但由于公益诉讼与私益诉讼的本质差异,这些规定并不能完全适用于检察行政公益诉讼,导致行政诉讼法关于公益诉讼案件范围的规定相对单薄。在单行法层面,问题同样突出。多数涉及公益诉讼的单行法并未明确界定案件属于民事公益诉讼还是行政公益诉讼,这增加了实践中对公益诉讼类型区分的难度。学者们往往需要通过对具体条款的解读来推测立法意图,但这种方式并不总是准确可靠。例如,个人信息保护法和英雄烈士保护法等单行法在公益诉讼类型的定性上存在一定的模糊性,导致实践和理论之间存在一定的偏差。

这种立法技术上的限制不仅影响了检察公益诉讼的实践效果,也制约了公益诉讼制度的进一步发展。为了更好地发挥检察公益诉讼在维护公共利益方面的作用,需要进一步完善相关立法,明确公益诉讼的受案范围、类型划分以及各法之间的协调机制,确保公益诉讼制度能够更加有效地运行。[①]

2.关于案件范围立法模式的选择

检察公益诉讼专门立法中案件范围的构建规则,是确保公益诉讼制度健康有序发展的关键所在。在社会各界的积极呼吁和期待之下,对于检察公益诉讼立法的需求愈发强烈,当前已形成了广泛而深刻的共识,即需要制定一部专门的检察公益诉讼法。这一举措不仅符合社会发展的需要,也体现了法治建设的深入推进,有助于进一步规范检察公益诉讼活动,保障公益权益,维护社会公平正义。在这一过程中,构建科学合理的案件范围法律规范显得尤为重要。

首先,通过专门立法统一规定案件范围是确保检察公益诉讼案件范围明

---

① 熊文钊、蒋剑:《检察公益诉讼案件范围立法研究》,载《人民检察》2023年第21期。

确、统一的有效途径。当前,民事诉讼法、行政诉讼法以及各单行法中涉及公益诉讼案件范围的条款存在分散、不一致的问题,这不仅影响了公益诉讼的实践效果,也制约了公益诉讼制度的进一步发展。为了形成一套规范且系统的检察公益诉讼案件范围体系,应将现行法律中有关公益诉讼案件范畴的各项条款整合归纳,进而确立明确、统一的案件范围。在专门立法中,应采取体系化的立法技术来规定检察公益诉讼案件范围。具体而言,可以通过概括、列举、兜底等方式对案件范围进行正面规定,以确保案件范围的全面性和准确性。同时,应避免采用排除式的列举方法。尽管排除式立法技术在某些情境下确实有助于遏制滥诉现象,但鉴于检察机关在提起公益诉讼时,其主观动机并非出于追求个人利益,且其拥有强大的法律专业能力,因此滥诉的风险实则相对偏低。更为关键的是,扩大公益诉讼案件范围是党的重要战略部署,对于新制定的检察公益诉讼法而言,应当积极为此提供坚实的规范保障,而非通过排除式的手段来抑制相关主体在拓展案件范围上的积极性。因此,在立法过程中,应审慎考虑排除式立法技术的使用,确保其不与党的战略部署和公益诉讼的初衷相悖,从而真正发挥检察公益诉讼法在维护社会公益、促进法治建设中的积极作用。

其次,在制定检察公益诉讼的专门立法时,应当深入考量民事公益诉讼与行政公益诉讼的特性,进而针对性地界定案件范围。鉴于检察民事公益诉讼与行政公益诉讼在目标、主体、程序等多个维度上呈现出显著的差异,某些领域可能更适宜采用民事公益诉讼的形式,而另一些领域则更适合通过行政公益诉讼来推进。[①] 因此,在专门立法中,有必要设立专门的"案件范围"章节,并通过两条相互独立的条款,分别对检察民事公益诉讼和检察行政公益诉讼的案件范围进行清晰、明确的规定。这样的立法设计不仅能够减少理论上的争议,还能增强实践中的可操作性和实效性,从而更好地发挥检察公益诉讼在维护社会公益、促进法治建设中的积极作用。

在构建案件范围法规范的过程中,还应注重法律条款的灵活性和前瞻性。由于公益诉讼涉及的社会关系复杂多变,新的公益损害问题不断出现。因此,在立法中,应注重设置兜底性条款,为未来的公益诉讼发展预留足够的空间。同时,还应关注公益诉讼实践中的新情况、新问题,及时对法律条款进行修订

---

① 高家伟:《检察行政公益诉讼的理论基础》,载《国家检察官学院学报》2017年第2期。

和完善,以确保公益诉讼制度能够适应社会发展的需要。综上所述,构建科学合理的检察公益诉讼案件范围法规范是确保公益诉讼制度健康有序发展的关键所在。应通过专门立法统一规定案件范围,优化具体法律条款设计,注重法律条款的灵活性和前瞻性,以推动公益诉讼制度不断发展和完善。

(三)诉前程序

诉前程序作为具有司法性的法定环节,享有其固有的法律地位。在这一过程中,检察机关开展调查取证,实质上是在行使其检察职权。因此,被调查对象应当积极配合,不得无理拒绝,否则应视为妨碍司法公务的行为。然而,关于检察机关在调查取证时是否拥有采取查封、扣押等措施的权力,目前学界和实务界尚存争议。[1] 特别值得注意的是,尽管某些行政机关依法具备采取此类强制执法措施的权力,但作为法律监督机关的检察机关在此方面受到一定限制,这一现状确实值得进一步深入探讨和商榷。[2]

(1)检察公益诉讼中检察机关行使调查权的困境

检察公益诉讼中,检察机关的调查权扮演着至关重要的角色,它是构建证据链条、证明公益受损和违法行为事实的关键环节。然而,当前检察机关在行使调查权时存在一些问题。

首先,传统调查取证手段有限,如查阅、调取、复制、勘验等,这些方式不能完全满足复杂多变的公益诉讼办案需求,且往往依赖被调查者的配合程度,一旦遭遇不配合,调查取证工作便难以推进。当前,对于企业、社会团体以及公民个人在民事公益诉讼中的不配合行为,尚缺乏详尽且明确的规范,这直接加剧了调查取证工作的难度。由于缺乏具体的法律指引和制度约束,使得公益诉讼中的调查取证环节面临重重困境。[3]

其次,检察机关在公益诉讼中的调查核实权虽得到法律层面的认可,但实际操作中面临刚性保障不足的问题。《人民检察院公益诉讼办案规则》作为司法解释,其法律效力相对较低,难以对行政机关形成有效制约。其中规定的报

---

[1] 陈武、赵杰、徐芳等:《检察公益诉讼新领域探索若干问题研究》,载《人民检察》2022年第2期。

[2] 姜昕、徐向春、陶国中等:《"深入探索实践推动检察公益诉讼立法"三人谈》,载《人民检察》2023年第21期。

[3] 曹明德:《检察院提起公益诉讼面临的困境和推进方向》,载《法学评论》2020年第1期。

告和通报措施操作复杂、耗时较长,与公益诉讼取证的时效性要求相悖,影响公益保护的及时性。因此,调查核实权强制力的不足已成为制约检察公益诉讼发展的重要瓶颈。[①]

检察公益诉讼案件涉及的待查事项纷繁复杂,对证据的准确性和完整性提出了极高要求。然而,当前检察机关在调查取证方面所享有的权力缺乏足够的强制性保障,导致在取证环节频繁遭遇阻碍,取证工作难以顺利进行。这种权力配置与实践需求之间的显著不匹配,严重制约了检察机关在公益诉讼中有效发挥其应有的作用。因此,在推进检察公益诉讼专门立法的过程中,应当着重强化检察机关的调查取证权,特别是在必要时,赋予其采取强制性措施的权力。通过这一举措,可以确保检察机关在面对复杂案件时,能够有足够的力量和手段获取关键证据,从而有力推进公益诉讼的深入开展。同时,为了防止权力的滥用,还需通过一系列的条件限制和程序规范,确保检察机关在行使强制性调查取证权时能够遵循正当程序,尊重各方当事人的合法权益。这样,既能保障检察机关有效行使职权,又能维护司法公正和公共利益,实现公益诉讼制度的良性运行。

(2)检察公益诉讼中检察机关行使调查权的完善

检察公益诉讼的有效实施离不开检察机关调查权的充分行使。然而,当前检察机关在行使调查权时面临诸多挑战,亟须完善相关法律规定和制度保障。

首先,对于检察机关在公益诉讼中所享有的调查取证权的具体内容和相应的保障措施,有必要进行明确和细化。目前,尽管法律对于这一权力进行了原则性的规定,但缺乏详尽且具有操作性的阐释,这使得在实际应用中,检察机关难以有效地行使这一权力。因此,为了保障公益诉讼的顺利进行,有必要进一步完善相关法律规定,为检察机关的调查取证权提供更为明确的指导。因此,建议在检察公益诉讼立法中细化调查取证权的行使方式,如查阅、调取、复制材料,询问有关人员,收集证据等,并明确其程序要求和保障措施。同时,在紧急情况下,检察机关应采取查封、扣押、冻结财产等强制性措施。

其次,在公益诉讼的推进过程中,应当清晰界定行政机关、相关组织以及

[①] 孙佑海、张净雪:《检察公益诉讼专门立法的理论基础和法律框架》,载《国家检察官学院学报》2023年第3期。

个人在检察机关调查取证工作中的配合义务。检察机关在展开调查取证时，往往需要跨越多个部门和单位，这要求各方能够积极协作，提供必要的支持与协助。通过明确各方在配合上的职责与义务，有助于确保公益诉讼的顺利进行，进而提升司法公正和效率。因此，法律应明确规定相关单位和个人的配合义务，对于不配合、阻挠检察机关调查取证工作的行为，应采取相应的法律措施予以惩处，以保障调查取证工作的顺利开展。

此外，还需要加大调查措施的保障力度。除向人大、监察机关以及上级主管部门进行情况通报外，亦应授予司法警察在特定紧急情况下合理使用警械等权力，以切实保障调查取证工作的安全与高效。同时，亦可汲取各地先进经验，例如江苏省人大常委会所采取的公益诉讼中检察机关先行登记保存取证制度，这些实践做法不仅有助于丰富检察机关的调查手段，还能有效提升调查取证工作的质量和效率。[①]

综上所述，完善检察公益诉讼中检察机关行使调查权的制度保障，对于推动公益诉讼工作的深入开展、维护国家和社会公共利益具有重要意义。未来立法应进一步细化调查取证权的具体内容和保障措施，加大对调查措施的保障力度，以确保检察机关能够充分行使调查权，有效维护公益。

（四）审判程序

在检察公益诉讼案件的审理过程中，检察机关与审判机关作为两大司法机构，需要紧密配合、相互协作。具体而言，检察机关在案件办理中承担着立案调查、诉前程序、提起诉讼及监督等重要职责，而人民法院则负责案件的审理、判决和执行工作。为确保检察机关与审判机关在案件处理过程中能够有序衔接、高效协作，"检察公益诉讼法"有必要对双方的履职活动进行相应调整，以促进司法公正和效率的提升。立法视角在两大机关间适度切换，与《中华人民共和国刑事诉讼法》相似，可借鉴其立法经验。在共性问题上，如管辖，可在同一章节中分别规范双方职责；在特性问题上，则按办案流程设置章节，如诉前程序、诉讼监督等，专门规定检察履职活动。这样的安排有助于两大机关在公益诉讼中更好地发挥各自职能，共同维护社会公益。

相较于诉前程序案件的数量，检察公益诉讼起诉案件的数量相对较少，这引起了最高人民检察院的高度重视。为了提升检察机关对棘手案件的起诉积极性，最高人民检察院通过发布典型案例等方式，为检察机关提供借鉴和参

---

① 王敬波：《公益诉讼立法的四个基本问题》，载《人民检察》2023年第21期。

考,鼓励其勇于担当、敢于监督。同时,为了保障起诉案件的质量,最高人民检察院还注重提升起诉案件的整体水平,对行政公益诉讼起诉数量过低的省份进行专项督导,以推动各地检察机关在公益诉讼工作中均衡发展。此外,对于刑事附带民事公益诉讼的提起,最高人民检察院也进行了严格控制,确保其能够真正体现独立制度价值,避免公益诉讼的滥用和泛化。此外,在典型案例评审中适当倾斜起诉案件,发挥正向激励作用。通过这些措施,最高人民检察院旨在强化公益诉讼的监督效果,推动法治社会的建设进程。[①]

在检察公益诉讼中,坚持"以'诉'的确认体现司法价值引领",[②]需要从公益诉讼制度的源头及其目的出发进行深入探讨。党的十八届四中全会提出的"探索建立检察机关提起公益诉讼制度"奠定了这一制度的基石。这一制度旨在发挥司法权对行政权的监督作用,纠正行政违法和不作为,保护公共利益,推进法治政府建设。在实践中,诉前检察建议虽然是一个重要的环节,但对于一些难以解决或具有示范意义的案件,通过诉讼的方式更能体现公益诉讼的司法属性。诉讼不仅有助于明晰规则、引导履职,还能推动类案治理、诉源治理,实现以"诉"促"治"的目标。相较于诉前程序,起诉更能凸显公益诉讼案件在司法层面的独特性质。公益诉讼程序因其特殊性而备受瞩目,包括起诉期限的设定、诉讼请求的明确以及举证责任的分配等问题,这些均引起了理论界与实务界的广泛讨论。这些讨论不仅深化了对公益诉讼制度的认识,还为其进一步地完善提供了宝贵的实践案例。公益诉讼的这些特性,使其在完善我国诉讼制度的过程中发挥着举足轻重的作用。起诉作为诉前程序的一种补充手段,无疑增强了检察机关监督的刚性。一方面,起诉的引入确保了诉前程序的有效实施,使得多数案件能够在诉前得到妥善解决,从而有效节约了司法资源。另一方面,对于那些经过诉前程序督促但仍未依法履行职责的行政机关,起诉则成为一种更为有力的手段,能够推动其积极整改公益损害事项,保护公共利益不受侵害。

此外,检察公益诉讼起诉案件在凝聚社会共识方面发挥着举足轻重的作用。当诉讼请求得到法院的支持并经过司法程序的确认时,这一结果将深化

[①] 段文龙、田凯、邱景辉等:《检察公益诉讼专门立法问题研究》,载《人民检察》2023年第8期。

[②] 孙佑海、张净雪:《检察公益诉讼专门立法的理论基础和法律框架》,载《国家检察官学院学报》2023年第3期。

当事人和社会公众对公益保护及检察公益诉讼的认知,进而增强其对该制度的感知度和认同度。与此同时,诉讼程序对于提升办案规范化水平亦具有不可忽视的意义。一旦案件进入诉讼阶段,检察机关将更加深入地研究如何更有效地开展调查取证工作、精准确定诉讼请求,以及切实履行出庭职责等,从而确保案件办理的精准性和规范性,提升案件的整体质量。在实践中,应从两个维度着力落实检察公益诉讼的"可诉性"。针对行政机关未依法全面履职的情况,应积极运用诉讼手段履行法律监督职责,以督促其全面依法履职。针对行政机关监管职责不明晰、履职不全面等问题,应通过诉讼来引导执法规则的确立,为法治政府建设提供坚实的保障。在实践中,应充分发挥诉讼在检察公益诉讼中的作用,不断提升司法监督的效能和水平。

(五)执行程序

相较于一般的行政诉讼和民事诉讼,检察公益诉讼中的执行程序在特殊规则上展现出了其独有的特点。公益诉讼的执行过程常伴随着长期的恢复与治理工作,为确保这一过程的顺利进行,必须构建专项基金作为坚实的保障基础。在此基础上,还应依托专业的组织和机构来具体执行这一任务,因为他们具备丰富的经验和专业的技能,能够确保资金的合理使用和项目的有效推进。此外,为了确保资金使用的透明性和合规性,还需辅以完善的检查审计机制,对资金使用情况进行严格的监督和审查,防止任何形式的挪用和浪费。以下是对检察公益诉讼执行程序中特殊规则的深入剖析。

第一,对于公益诉讼的执行程序,现行立法中尚缺乏专门的规定,导致在执行过程中缺乏明确的法律依据。由于民事诉讼法中的执行程序和强制执行法主要聚焦于私益保护,对于公益诉讼的执行程序鲜有涉及,因此,检察公益诉讼立法亟待对公益诉讼的判决执行程序进行专门的规范。这不仅有助于确保执行过程有法可依,还能保障公共利益得到切实维护。

第二,关于执行程序的启动方式,目前存在申请执行和移送执行两种模式。根据相关司法解释,当检察机关提起的公益诉讼案件判决、裁定发生法律效力而被告不履行时,法院应当移送执行。然而,考虑到检察机关作为公共利益的代表,其职能不应局限于起诉阶段,而应积极参与到执行程序中,以便最终实现公共利益的保护。因此,建议检察机关作为申请执行人,直接启动执行程序,从而充分发挥其法律监督的职能作用。

第三,公益诉讼判决的可执行性判断标准与私益诉讼存在显著差异。由于公益诉讼判决的判项往往具有概括性特点,无法简单套用私益诉讼判决的可执行性标准,因此,执行法官需要根据案件的具体情况,进行更为灵活和专业的判断。这种判断需要充分考虑公共利益的保护需求,确保判决得到有效执行。①

第四,在审执分离与审执合一的问题上,鉴于很多公益诉讼判决的执行需要较长的周期和较强的专业性判断,审执合一可能更为适宜。在这种模式下,审判与执行能够更为紧密地结合,从而提高执行效率,确保公共利益得到及时有效的维护。

第五,检察机关在执行程序中的监督作用至关重要。如果检察机关仅负责起诉而不参与执行,那么公共利益的保护很可能无法真正落地。特别是在其他国家机关或社会组织提起的公益诉讼判决执行中,可能会出现规避执行、逃避执行等现象。因此,检察机关作为国家的法律监督机关,应积极履行监督职责,确保公益诉讼判决得到有效执行,从而真正维护公共利益。综上所述,检察公益诉讼中的执行程序具有其独特的规则和特点。为了确保公共利益得到有效维护,需要对这些特殊规则进行深入研究和探讨,不断完善相关立法和制度设计,为公益诉讼的执行提供有力的法律保障。

检察公益诉讼在实践中展现出独特的公益司法保护路径,开创了一条引人瞩目的公益司法保护"中国之路"。检察公益诉讼这一道路不仅充分展示了我国在公益保护领域的坚定决心和积极作为,而且彰显了其在助力国家治理体系的不断完善和治理能力现代化方面的制度效能。与其他国家相比,我国检察公益诉讼的显著特点是检察民事公益诉讼与检察行政公益诉讼并存,并以检察行政公益诉讼为主。这种制度体系不仅有助于解决诸如"九龙治水""公地悲剧"等治理难题,也为我国公益诉讼的发展提供了更为广阔的空间。未来,随着国家治理体系和治理能力现代化的不断推进,检察公益诉讼必将发挥更加重要的作用。同时,从法律供给的视角审视,检察公益诉讼的专门立法显得尤为重要,此举有助于推动具有中国特色的检察公益诉讼制度走向成熟定型,并最大限度地发挥其制度效能。虽然多部单行法已经纳入了检察公益诉讼的相关条款,但这些条款大多属于授权性和原则性的规定,主要聚焦于公益诉讼起诉主体和请求权基础等原则性问题。这些条款在程序性规定方面仍显不足,难以充分反映公益诉讼制度的独特特点和内在规律。因此,需要进一

---

① 肖建国:《检察公益诉讼审判和执行中的特殊规则》,载《人民检察》2023年第21期。

步加强检察公益诉讼的专门立法工作,以弥补现有法律框架中的缺陷,确保检察公益诉讼制度能够在实践中发挥更大的作用,为社会的公平正义和法治建设作出更大的贡献。

附 录

最高人民法院、最高人民检察院
关于检察公益诉讼案件适用法律若干问题的解释[*]

（2018年2月23日最高人民法院审判委员会第1734次会议、2018年2月11日最高人民检察院第十二届检察委员会第73次会议通过，根据2020年12月23日最高人民法院审判委员会第1823次会议、2020年12月28日最高人民检察院第十三届检察委员会第58次会议修正）

一、一般规定

第一条 为正确适用《中华人民共和国民法典》《中华人民共和国民事诉讼法》《中华人民共和国行政诉讼法》关于人民检察院提起公益诉讼制度的规定，结合审判、检察工作实际，制定本解释。

第二条 人民法院、人民检察院办理公益诉讼案件主要任务是充分发挥司法审判、法律监督职能作用，维护宪法法律权威，维护社会公平正义，维护国家利益和社会公共利益，督促适格主体依法行使公益诉权，促进依法行政、严格执法。

第三条 人民法院、人民检察院办理公益诉讼案件，应当遵守宪法法律规定，遵循诉讼制度的原则，遵循审判权、检察权运行规律。

第四条 人民检察院以公益诉讼起诉人身份提起公益诉讼，依照民事诉

---

[*] 本解释自2021年1月1日起施行。

讼法、行政诉讼法享有相应的诉讼权利,履行相应的诉讼义务,但法律、司法解释另有规定的除外。

第五条 市(分、州)人民检察院提起的第一审民事公益诉讼案件,由侵权行为地或者被告住所地中级人民法院管辖。

基层人民检察院提起的第一审行政公益诉讼案件,由被诉行政机关所在地基层人民法院管辖。

第六条 人民检察院办理公益诉讼案件,可以向有关行政机关以及其他组织、公民调查收集证据材料;有关行政机关以及其他组织、公民应当配合;需要采取证据保全措施的,依照民事诉讼法、行政诉讼法相关规定办理。

第七条 人民法院审理人民检察院提起的第一审公益诉讼案件,适用人民陪审制。

第八条 人民法院开庭审理人民检察院提起的公益诉讼案件,应当在开庭三日前向人民检察院送达出庭通知书。

人民检察院应当派员出庭,并应当自收到人民法院出庭通知书之日起三日内向人民法院提交派员出庭通知书。派员出庭通知书应当写明出庭人员的姓名、法律职务以及出庭履行的具体职责。

第九条 出庭检察人员履行以下职责:

(一)宣读公益诉讼起诉书;

(二)对人民检察院调查收集的证据予以出示和说明,对相关证据进行质证;

(三)参加法庭调查,进行辩论并发表意见;

(四)依法从事其他诉讼活动。

第十条 人民检察院不服人民法院第一审判决、裁定的,可以向上一级人民法院提起上诉。

第十一条 人民法院审理第二审案件,由提起公益诉讼的人民检察院派员出庭,上一级人民检察院也可以派员参加。

第十二条 人民检察院提起公益诉讼案件判决、裁定发生法律效力,被告不履行的,人民法院应当移送执行。

二、民事公益诉讼

第十三条 人民检察院在履行职责中发现破坏生态环境和资源保护,食品药品安全领域侵害众多消费者合法权益,侵害英雄烈士等的姓名、肖像、名誉、荣誉等损害社会公共利益的行为,拟提起公益诉讼的,应当依法公告,公告期间为三十日。

公告期满,法律规定的机关和有关组织、英雄烈士等的近亲属不提起诉讼的,人民检察院可以向人民法院提起诉讼。

人民检察院办理侵害英雄烈士等的姓名、肖像、名誉、荣誉的民事公益诉讼案件,也可以直接征询英雄烈士等的近亲属的意见。

第十四条 人民检察院提起民事公益诉讼应当提交下列材料:

(一)民事公益诉讼起诉书,并按照被告人数提出副本;

(二)被告的行为已经损害社会公共利益的初步证明材料;

(三)已经履行公告程序、征询英雄烈士等的近亲属意见的证明材料。

第十五条 人民检察院依据民事诉讼法第五十五条第二款的规定提起民事公益诉讼,符合民事诉讼法第一百一十九条第二项、第三项、第四项及本解释规定的起诉条件的,人民法院应当登记立案。

第十六条 人民检察院提起的民事公益诉讼案件中,被告以反诉方式提出诉讼请求的,人民法院不予受理。

第十七条 人民法院受理人民检察院提起的民事公益诉讼案件后,应当在立案之日起五日内将起诉书副本送达被告。

人民检察院已履行诉前公告程序的,人民法院立案后不再进行公告。

第十八条 人民法院认为人民检察院提出的诉讼请求不足以保护社会公共利益的,可以向其释明变更或者增加停止侵害、恢复原状等诉讼请求。

第十九条 民事公益诉讼案件审理过程中,人民检察院诉讼请求全部实现而撤回起诉的,人民法院应予准许。

第二十条 人民检察院对破坏生态环境和资源保护,食品药品安全领域侵害众多消费者合法权益,侵害英雄烈士等的姓名、肖像、名誉、荣誉等损害社会公共利益的犯罪行为提起刑事公诉时,可以向人民法院一并提起附带民事公益诉讼,由人民法院同一审判组织审理。

人民检察院提起的刑事附带民事公益诉讼案件由审理刑事案件的人民法院管辖。

三、行政公益诉讼

第二十一条 人民检察院在履行职责中发现生态环境和资源保护、食品药品安全、国有财产保护、国有土地使用权出让等领域负有监督管理职责的行政机关违法行使职权或者不作为,致使国家利益或者社会公共利益受到侵害的,应当向行政机关提出检察建议,督促其依法履行职责。

行政机关应当在收到检察建议书之日起两个月内依法履行职责,并书面回复人民检察院。出现国家利益或者社会公共利益损害继续扩大等紧急情形的,行政机关应当在十五日内书面回复。

行政机关不依法履行职责的,人民检察院依法向人民法院提起诉讼。

第二十二条 人民检察院提起行政公益诉讼应当提交下列材料:

(一)行政公益诉讼起诉书,并按照被告人数提出副本;

(二)被告违法行使职权或者不作为,致使国家利益或者社会公共利益受到侵害的证明材料;

(三)已经履行诉前程序,行政机关仍不依法履行职责或者纠正违法行为的证明材料。

第二十三条 人民检察院依据行政诉讼法第二十五条第四款的规定提起行政公益诉讼,符合行政诉讼法第四十九条第二项、第三项、第四项及本解释规定的起诉条件的,人民法院应当登记立案。

第二十四条 在行政公益诉讼案件审理过程中,被告纠正违法行为或者依法履行职责而使人民检察院的诉讼请求全部实现,人民检察院撤回起诉的,人民法院应当裁定准许;人民检察院变更诉讼请求,请求确认原行政行为违法的,人民法院应当判决确认违法。

第二十五条 人民法院区分下列情形作出行政公益诉讼判决:

(一)被诉行政行为具有行政诉讼法第七十四条、第七十五条规定情形之一的,判决确认违法或者确认无效,并可以同时判决责令行政机关采取补救措施;

(二)被诉行政行为具有行政诉讼法第七十条规定情形之一的,判决撤销或者部分撤销,并可以判决被诉行政机关重新作出行政行为;

(三)被诉行政机关不履行法定职责的,判决在一定期限内履行;

(四)被诉行政机关作出的行政处罚明显不当,或者其他行政行为涉及对款额的确定、认定确有错误的,可以判决予以变更;

(五)被诉行政行为证据确凿,适用法律、法规正确,符合法定程序,未超越职权,未滥用职权,无明显不当,或者人民检察院诉请被诉行政机关履行法定职责理由不成立的,判决驳回诉讼请求。

人民法院可以将判决结果告知被诉行政机关所属的人民政府或者其他相关的职能部门。

四、附则

第二十六条 本解释未规定的其他事项,适用民事诉讼法、行政诉讼法以及相关司法解释的规定。

第二十七条 本解释自2018年3月2日起施行。

最高人民法院、最高人民检察院之前发布的司法解释和规范性文件与本解释不一致的,以本解释为准。

最高人民法院关于审理环境民事公益诉讼案件适用法律若干问题的解释*

（2014年12月8日最高人民法院审判委员会第1631次会议通过，根据2020年12月23日最高人民法院审判委员会第1823次会议通过的《最高人民法院关于修改〈最高人民法院关于人民法院民事调解工作若干问题的规定〉等十九件民事诉讼类司法解释的决定》修正）

为正确审理环境民事公益诉讼案件，根据《中华人民共和国民法典》《中华人民共和国环境保护法》《中华人民共和国民事诉讼法》等法律的规定，结合审判实践，制定本解释。

第一条 法律规定的机关和有关组织依据民事诉讼法第五十五条、环境保护法第五十八条等法律的规定，对已经损害社会公共利益或者具有损害社会公共利益重大风险的污染环境、破坏生态的行为提起诉讼，符合民事诉讼法第一百一十九条第二项、第三项、第四项规定的，人民法院应予受理。

第二条 依照法律、法规的规定，在设区的市级以上人民政府民政部门登记的社会团体、基金会以及社会服务机构等，可以认定为环境保护法第五十八条规定的社会组织。

第三条 设区的市、自治州、盟、地区，不设区的地级市，直辖市的区以上人民政府民政部门，可以认定为环境保护法第五十八条规定的"设区的市级以上人民政府民政部门"。

第四条 社会组织章程确定的宗旨和主要业务范围是维护社会公共利益，且从事环境保护公益活动的，可以认定为环境保护法第五十八条规定的"专门从事环境保护公益活动"。

社会组织提起的诉讼所涉及的社会公共利益，应与其宗旨和业务范围具有关联性。

第五条 社会组织在提起诉讼前五年内未因从事业务活动违反法律、法规的规定受过行政、刑事处罚的，可以认定为环境保护法第五十八条规定的"无违法记录"。

---

* 本解释自2021年1月1日起施行。

第六条 第一审环境民事公益诉讼案件由污染环境、破坏生态行为发生地、损害结果地或者被告住所地的中级以上人民法院管辖。

中级人民法院认为确有必要的,可以在报请高级人民法院批准后,裁定将本院管辖的第一审环境民事公益诉讼案件交由基层人民法院审理。

同一原告或者不同原告对同一污染环境、破坏生态行为分别向两个以上有管辖权的人民法院提起环境民事公益诉讼的,由最先立案的人民法院管辖,必要时由共同上级人民法院指定管辖。

第七条 经最高人民法院批准,高级人民法院可以根据本辖区环境和生态保护的实际情况,在辖区内确定部分中级人民法院受理第一审环境民事公益诉讼案件。

中级人民法院管辖环境民事公益诉讼案件的区域由高级人民法院确定。

第八条 提起环境民事公益诉讼应当提交下列材料:

(一)符合民事诉讼法第一百二十一条规定的起诉状,并按照被告人数提出副本;

(二)被告的行为已经损害社会公共利益或者具有损害社会公共利益重大风险的初步证明材料;

(三)社会组织提起诉讼的,应当提交社会组织登记证书、章程、起诉前连续五年的年度工作报告书或者年检报告书,以及由其法定代表人或者负责人签字并加盖公章的无违法记录的声明。

第九条 人民法院认为原告提出的诉讼请求不足以保护社会公共利益的,可以向其释明变更或者增加停止侵害、修复生态环境等诉讼请求。

第十条 人民法院受理环境民事公益诉讼后,应当在立案之日起五日内将起诉状副本发送被告,并公告案件受理情况。

有权提起诉讼的其他机关和社会组织在公告之日起三十日内申请参加诉讼,经审查符合法定条件的,人民法院应当将其列为共同原告;逾期申请的,不予准许。

公民、法人和其他组织以人身、财产受到损害为由申请参加诉讼的,告知其另行起诉。

第十一条 检察机关、负有环境资源保护监督管理职责的部门及其他机关、社会组织、企业事业单位依据民事诉讼法第十五条的规定,可以通过提供法律咨询、提交书面意见、协助调查取证等方式支持社会组织依法提起环境民事公益诉讼。

第十二条 人民法院受理环境民事公益诉讼后,应当在十日内告知对被告行为负有环境资源保护监督管理职责的部门。

第十三条 原告请求被告提供其排放的主要污染物名称、排放方式、排放浓度和总量、超标排放情况以及防治污染设施的建设和运行情况等环境信息,法律、法规、规章规定被告应当持有或者有证据证明被告持有而拒不提供,如果原告主张相关事实不利于被告的,人民法院可以推定该主张成立。

第十四条 对于审理环境民事公益诉讼案件需要的证据,人民法院认为必要的,应当调查收集。

对于应当由原告承担举证责任且为维护社会公共利益所必要的专门性问题,人民法院可以委托具备资格的鉴定人进行鉴定。

第十五条 当事人申请通知有专门知识的人出庭,就鉴定人作出的鉴定意见或者就因果关系、生态环境修复方式、生态环境修复费用以及生态环境受到损害至修复完成期间服务功能丧失导致的损失等专门性问题提出意见的,人民法院可以准许。

前款规定的专家意见经质证,可以作为认定事实的根据。

第十六条 原告在诉讼过程中承认的对己方不利的事实和认可的证据,人民法院认为损害社会公共利益的,应当不予确认。

第十七条 环境民事公益诉讼案件审理过程中,被告以反诉方式提出诉讼请求的,人民法院不予受理。

第十八条 对污染环境、破坏生态,已经损害社会公共利益或者具有损害社会公共利益重大风险的行为,原告可以请求被告承担停止侵害、排除妨碍、消除危险、修复生态环境、赔偿损失、赔礼道歉等民事责任。

第十九条 原告为防止生态环境损害的发生和扩大,请求被告停止侵害、排除妨碍、消除危险的,人民法院可以依法予以支持。

原告为停止侵害、排除妨碍、消除危险采取合理预防、处置措施而发生的费用,请求被告承担的,人民法院可以依法予以支持。

第二十条 原告请求修复生态环境的,人民法院可以依法判决被告将生态环境修复到损害发生之前的状态和功能。无法完全修复的,可以准许采用替代性修复方式。

人民法院可以在判决被告修复生态环境的同时,确定被告不履行修复义务时应承担的生态环境修复费用;也可以直接判决被告承担生态环境修复费用。

生态环境修复费用包括制定、实施修复方案的费用,修复期间的监测、监管费用,以及修复完成后的验收费用、修复效果后评估费用等。

第二十一条　原告请求被告赔偿生态环境受到损害至修复完成期间服务功能丧失导致的损失、生态环境功能永久性损害造成的损失的,人民法院可以依法予以支持。

第二十二条　原告请求被告承担以下费用的,人民法院可以依法予以支持:

(一)生态环境损害调查、鉴定评估等费用;

(二)清除污染以及防止损害的发生和扩大所支出的合理费用;

(三)合理的律师费以及为诉讼支出的其他合理费用。

第二十三条　生态环境修复费用难以确定或者确定具体数额所需鉴定费用明显过高的,人民法院可以结合污染环境、破坏生态的范围和程度,生态环境的稀缺性,生态环境恢复的难易程度,防治污染设备的运行成本,被告因侵害行为所获得的利益以及过错程度等因素,并可以参考负有环境资源保护监督管理职责的部门的意见、专家意见等,予以合理确定。

第二十四条　人民法院判决被告承担的生态环境修复费用、生态环境受到损害至修复完成期间服务功能丧失导致的损失、生态环境功能永久性损害造成的损失等款项,应当用于修复被损害的生态环境。

其他环境民事公益诉讼中败诉原告所需承担的调查取证、专家咨询、检验、鉴定等必要费用,可以酌情从上述款项中支付。

第二十五条　环境民事公益诉讼当事人达成调解协议或者自行达成和解协议后,人民法院应当将协议内容公告,公告期间不少于三十日。

公告期满后,人民法院审查认为调解协议或者和解协议的内容不损害社会公共利益的,应当出具调解书。当事人以达成和解协议为由申请撤诉的,不予准许。

调解书应当写明诉讼请求、案件的基本事实和协议内容,并应当公开。

第二十六条　负有环境资源保护监督管理职责的部门依法履行监管职责而使原告诉讼请求全部实现,原告申请撤诉的,人民法院应予准许。

第二十七条　法庭辩论终结后,原告申请撤诉的,人民法院不予准许,但本解释第二十六条规定的情形除外。

第二十八条　环境民事公益诉讼案件的裁判生效后,有权提起诉讼的其他机关和社会组织就同一污染环境、破坏生态行为另行起诉,有下列情形之一的,人民法院应予受理:

(一)前案原告的起诉被裁定驳回的;

（二）前案原告申请撤诉被裁定准许的，但本解释第二十六条规定的情形除外。

环境民事公益诉讼案件的裁判生效后，有证据证明存在前案审理时未发现的损害，有权提起诉讼的机关和社会组织另行起诉的，人民法院应予受理。

第二十九条 法律规定的机关和社会组织提起环境民事公益诉讼的，不影响因同一污染环境、破坏生态行为受到人身、财产损害的公民、法人和其他组织依据民事诉讼法第一百一十九条的规定提起诉讼。

第三十条 已为环境民事公益诉讼生效裁判认定的事实，因同一污染环境、破坏生态行为依据民事诉讼法第一百一十九条规定提起诉讼的原告、被告均无需举证证明，但原告对该事实有异议并有相反证据足以推翻的除外。

对于环境民事公益诉讼生效裁判就被告是否存在法律规定的不承担责任或者减轻责任的情形、行为与损害之间是否存在因果关系、被告承担责任的大小等所作的认定，因同一污染环境、破坏生态行为依据民事诉讼法第一百一十九条规定提起诉讼的原告主张适用的，人民法院应予支持，但被告有相反证据足以推翻的除外。被告主张直接适用对其有利的认定的，人民法院不予支持，被告仍应举证证明。

第三十一条 被告因污染环境、破坏生态在环境民事公益诉讼和其他民事诉讼中均承担责任，其财产不足以履行全部义务的，应当先履行其他民事诉讼生效裁判所确定的义务，但法律另有规定的除外。

第三十二条 发生法律效力的环境民事公益诉讼案件的裁判，需要采取强制执行措施的，应当移送执行。

第三十三条 原告交纳诉讼费用确有困难，依法申请缓交的，人民法院应予准许。

败诉或者部分败诉的原告申请减交或者免交诉讼费用的，人民法院应当依照《诉讼费用交纳办法》的规定，视原告的经济状况和案件的审理情况决定是否准许。

第三十四条 社会组织有通过诉讼违法收受财物等牟取经济利益行为的，人民法院可以根据情节轻重依法收缴其非法所得、予以罚款；涉嫌犯罪的，依法移送有关机关处理。

社会组织通过诉讼牟取经济利益的，人民法院应当向登记管理机关或者有关机关发送司法建议，由其依法处理。

第三十五条 本解释施行前最高人民法院发布的司法解释和规范性文件，与本解释不一致的，以本解释为准。

最高人民法院关于审理消费民事公益诉讼案件适用法律若干问题的解释[*]

（2016年2月1日最高人民法院审判委员会第1677次会议通过，根据2020年12月23日最高人民法院审判委员会第1823次会议通过的《最高人民法院关于修改〈最高人民法院关于人民法院民事调解工作若干问题的规定〉等十九件民事诉讼类司法解释的决定》修正）

为正确审理消费民事公益诉讼案件，根据《中华人民共和国民事诉讼法》《中华人民共和国民法典》《中华人民共和国消费者权益保护法》等法律规定，结合审判实践，制定本解释。

第一条 中国消费者协会以及在省、自治区、直辖市设立的消费者协会，对经营者侵害众多不特定消费者合法权益或者具有危及消费者人身、财产安全危险等损害社会公共利益的行为提起消费民事公益诉讼的，适用本解释。

法律规定或者全国人大及其常委会授权的机关和社会组织提起的消费民事公益诉讼，适用本解释。

第二条 经营者提供的商品或者服务具有下列情形之一的，适用消费者权益保护法第四十七条规定：

（一）提供的商品或者服务存在缺陷，侵害众多不特定消费者合法权益的；

（二）提供的商品或者服务可能危及消费者人身、财产安全，未作出真实的说明和明确的警示，未标明正确使用商品或者接受服务的方法以及防止危害发生方法的；对提供的商品或者服务质量、性能、用途、有效期限等信息作虚假或引人误解宣传的；

（三）宾馆、商场、餐馆、银行、机场、车站、港口、影剧院、景区、体育场馆、娱乐场所等经营场所存在危及消费者人身、财产安全危险的；

（四）以格式条款、通知、声明、店堂告示等方式，作出排除或者限制消费者权利、减轻或者免除经营者责任、加重消费者责任等对消费者不公平、不合理规定的；

（五）其他侵害众多不特定消费者合法权益或者具有危及消费者人身、财

---

[*] 本解释自2021年1月1日起施行。

产安全危险等损害社会公共利益的行为。

第三条 消费民事公益诉讼案件管辖适用《最高人民法院关于适用〈中华人民共和国民事诉讼法〉的解释》第二百八十五条的有关规定。

经最高人民法院批准,高级人民法院可以根据本辖区实际情况,在辖区内确定部分中级人民法院受理第一审消费民事公益诉讼案件。

第四条 提起消费民事公益诉讼应当提交下列材料:

(一)符合民事诉讼法第一百二十一条规定的起诉状,并按照被告人数提交副本;

(二)被告的行为侵害众多不特定消费者合法权益或者具有危及消费者人身、财产安全危险等损害社会公共利益的初步证据;

(三)消费者组织就涉诉事项已按照消费者权益保护法第三十七条第四项或者第五项的规定履行公益性职责的证明材料。

第五条 人民法院认为原告提出的诉讼请求不足以保护社会公共利益的,可以向其释明变更或者增加停止侵害等诉讼请求。

第六条 人民法院受理消费民事公益诉讼案件后,应当公告案件受理情况,并在立案之日起十日内书面告知相关行政主管部门。

第七条 人民法院受理消费民事公益诉讼案件后,依法可以提起诉讼的其他机关或者社会组织,可以在一审开庭前向人民法院申请参加诉讼。

人民法院准许参加诉讼的,列为共同原告;逾期申请的,不予准许。

第八条 有权提起消费民事公益诉讼的机关或者社会组织,可以依据民事诉讼法第八十一条规定申请保全证据。

第九条 人民法院受理消费民事公益诉讼案件后,因同一侵权行为受到损害的消费者申请参加诉讼的,人民法院应当告知其根据民事诉讼法第一百一十九条规定主张权利。

第十条 消费民事公益诉讼案件受理后,因同一侵权行为受到损害的消费者请求对其根据民事诉讼法第一百一十九条规定提起的诉讼予以中止,人民法院可以准许。

第十一条 消费民事公益诉讼案件审理过程中,被告提出反诉的,人民法院不予受理。

第十二条 原告在诉讼中承认对己方不利的事实,人民法院认为损害社会公共利益的,不予确认。

第十三条 原告在消费民事公益诉讼案件中,请求被告承担停止侵害、排除妨碍、消除危险、赔礼道歉等民事责任的,人民法院可予支持。

经营者利用格式条款或者通知、声明、店堂告示等,排除或者限制消费者权利、减轻或者免除经营者责任、加重消费者责任,原告认为对消费者不公平、不合理主张无效的,人民法院应依法予以支持。

第十四条 消费民事公益诉讼案件裁判生效后,人民法院应当在十日内书面告知相关行政主管部门,并可发出司法建议。

第十五条 消费民事公益诉讼案件的裁判发生法律效力后,其他依法具有原告资格的机关或者社会组织就同一侵权行为另行提起消费民事公益诉讼的,人民法院不予受理。

第十六条 已为消费民事公益诉讼生效裁判认定的事实,因同一侵权行为受到损害的消费者根据民事诉讼法第一百一十九条规定提起的诉讼,原告、被告均无需举证证明,但当事人对该事实有异议并有相反证据足以推翻的除外。

消费民事公益诉讼生效裁判认定经营者存在不法行为,因同一侵权行为受到损害的消费者根据民事诉讼法第一百一十九条规定提起的诉讼,原告主张适用的,人民法院可予支持,但被告有相反证据足以推翻的除外。被告主张直接适用对其有利认定的,人民法院不予支持,被告仍应承担相应举证证明责任。

第十七条 原告为停止侵害、排除妨碍、消除危险采取合理预防、处置措施而发生的费用,请求被告承担的,人民法院应依法予以支持。

第十八条 原告及其诉讼代理人对侵权行为进行调查、取证的合理费用、鉴定费用、合理的律师代理费用,人民法院可根据实际情况予以相应支持。

第十九条 本解释自 2016 年 5 月 1 日起施行。

本解释施行后人民法院新受理的一审案件,适用本解释。

本解释施行前人民法院已经受理、施行后尚未审结的一审、二审案件,以及本解释施行前已经终审、施行后当事人申请再审或者按照审判监督程序决定再审的案件,不适用本解释。

人民检察院公益诉讼办案规则

(2020年9月28日最高人民检察院第十三届检察委员会第五十二次会议通过,2021年6月29日最高人民检察院公告公布,自2021年7月1日起施行)

目 录

第一章 总 则
第二章 一般规定
　第一节 管 辖
　第二节 回 避
　第三节 立 案
　第四节 调 查
　第五节 提起诉讼
　第六节 出席第一审法庭
　第七节 上 诉
　第八节 诉讼监督
第三章 行政公益诉讼
　第一节 立案与调查
　第二节 检察建议
　第三节 提起诉讼
第四章 民事公益诉讼
　第一节 立案与调查
　第二节 公 告
　第三节 提起诉讼
　第四节 支持起诉
第五章 其他规定
第六章 附 则

第一章 总 则

第一条 为了规范人民检察院履行公益诉讼检察职责,加强对国家利益和社会公共利益的保护,根据《中华人民共和国人民检察院组织法》《中华人民共和国民事诉讼法》《中华人民共和国行政诉讼法》等法律规定,结合人民检察院工作实际,制定本规则。

第二条　人民检察院办理公益诉讼案件的任务,是通过依法独立行使检察权,督促行政机关依法履行监督管理职责,支持适格主体依法行使公益诉权,维护国家利益和社会公共利益,维护社会公平正义,维护宪法和法律权威,促进国家治理体系和治理能力现代化。

第三条　人民检察院办理公益诉讼案件,应当遵守宪法、法律和相关法规,秉持客观公正立场,遵循相关诉讼制度的基本原则和程序规定,坚持司法公开。

第四条　人民检察院通过提出检察建议、提起诉讼和支持起诉等方式履行公益诉讼检察职责。

第五条　人民检察院办理公益诉讼案件,由检察官、检察长、检察委员会在各自职权范围内对办案事项作出决定,并依照规定承担相应司法责任。

检察官在检察长领导下开展工作。重大办案事项,由检察长决定。检察长可以根据案件情况,提交检察委员会讨论决定。其他办案事项,检察长可以自行决定,也可以授权检察官决定。

以人民检察院名义制发的法律文书,由检察长签发;属于检察官职权范围内决定事项的,检察长可以授权检察官签发。

第六条　人民检察院办理公益诉讼案件,根据案件情况,可以由一名检察官独任办理,也可以由两名以上检察官组成办案组办理。由检察官办案组办理的,检察长应当指定一名检察官担任主办检察官,组织、指挥办案组办理案件。

检察官办理案件,可以根据需要配备检察官助理、书记员、司法警察、检察技术人员等检察辅助人员。检察辅助人员依照法律规定承担相应的检察辅助事务。

第七条　负责公益诉讼检察的部门负责人对本部门的办案活动进行监督管理。需要报请检察长决定的事项,应当先由部门负责人审核。部门负责人可以主持召开检察官联席会议进行讨论,也可以直接报请检察长决定。

第八条　检察长不同意检察官处理意见的,可以要求检察官复核,也可以直接作出决定,或者提请检察委员会讨论决定。

检察官执行检察长决定时,认为决定错误的,应当书面提出意见。检察长不改变原决定的,检察官应当执行。

第九条 人民检察院提起诉讼或者支持起诉的民事、行政公益诉讼案件,由负责民事、行政检察的部门或者办案组织分别履行诉讼监督的职责。

第十条 最高人民检察院领导地方各级人民检察院和专门人民检察院的公益诉讼检察工作,上级人民检察院领导下级人民检察院的公益诉讼检察工作。

上级人民检察院对下级人民检察院作出的决定,有权予以撤销或者变更;发现下级人民检察院办理的案件有错误的,有权指令下级人民检察院予以纠正。

下级人民检察院对上级人民检察院的决定应当执行。如果认为有错误的,应当在执行的同时向上级人民检察院报告。

第十一条 人民检察院办理公益诉讼案件,实行一体化工作机制,上级人民检察院根据办案需要,可以交办、提办、督办、领办案件。

上级人民检察院可以依法统一调用辖区的检察人员办理案件,调用的决定应当以书面形式作出。被调用的检察官可以代表办理案件的人民检察院履行调查、出庭等职责。

第十二条 人民检察院办理公益诉讼案件,依照规定接受人民监督员监督。

第二章 一般规定

第一节 管 辖

第十三条 人民检察院办理行政公益诉讼案件,由行政机关对应的同级人民检察院立案管辖。

行政机关为人民政府,由上一级人民检察院管辖更为适宜的,也可以由上一级人民检察院立案管辖。

第十四条 人民检察院办理民事公益诉讼案件,由违法行为发生地、损害结果地或者违法行为人住所地基层人民检察院立案管辖。

刑事附带民事公益诉讼案件,由办理刑事案件的人民检察院立案管辖。

第十五条 设区的市级以上人民检察院管辖本辖区内重大、复杂的案件。公益损害范围涉及两个以上行政区划的公益诉讼案件,可以由共同的上一级人民检察院管辖。

第十六条 人民检察院立案管辖与人民法院诉讼管辖级别、地域不对应的,具有管辖权的人民检察院可以立案,需要提起诉讼的,应当将案件移送有管辖权人民法院对应的同级人民检察院。

第十七条 上级人民检察院可以根据办案需要,将下级人民检察院管辖的公益诉讼案件指定本辖区内其他人民检察院办理。

最高人民检察院、省级人民检察院和设区的市级人民检察院可以根据跨区域协作工作机制规定,将案件指定或移送相关人民检察院跨行政区划管辖。基层人民检察院可以根据跨区域协作工作机制规定,将案件移送相关人民检察院跨行政区划管辖。

人民检察院对管辖权发生争议的,由争议双方协商解决。协商不成的,报共同的上级人民检察院指定管辖。

第十八条 上级人民检察院认为确有必要的,可以办理下级人民检察院管辖的案件,也可以将本院管辖的案件交下级人民检察院办理。

下级人民检察院认为需要由上级人民检察院办理的,可以报请上级人民检察院决定。

第二节 回 避

第十九条 检察人员具有下列情形之一的,应当自行回避,当事人、诉讼代理人有权申请其回避:

(一)是行政公益诉讼行政机关法定代表人或者主要负责人、诉讼代理人近亲属,或者有其他关系,可能影响案件公正办理的;

(二)是民事公益诉讼当事人、诉讼代理人近亲属,或者有其他关系,可能影响案件公正办理的。

应当回避的检察人员,本人没有自行回避,当事人及其诉讼代理人也没有申请其回避的,检察长或者检察委员会应当决定其回避。

前两款规定,适用于翻译人员、鉴定人、勘验人等。

第二十条 检察人员自行回避的,应当书面或者口头提出,并说明理由。口头提出的,应当记录在卷。

第二十一条 当事人及其诉讼代理人申请回避的,应当书面或者口头提出,并说明理由。口头提出的,应当记录在卷。

被申请回避的人员在人民检察院作出是否回避的决定前,不停止参与本案工作。

第二十二条 检察长的回避,由检察委员会讨论决定;检察人员和其他人员的回避,由检察长决定。检察委员会讨论检察长回避问题时,由副检察长主持。

第二十三条 人民检察院对当事人提出的回避申请,应当在收到申请后三日内作出决定,并通知申请人。申请人对决定不服的,可以在接到决定时向原决定机关申请复议一次。人民检察院应当在三日内作出复议决定,并通知复议申请人。复议期间,被申请回避的人员不停止参与本案工作。

第三节 立 案

第二十四条 公益诉讼案件线索的来源包括:
(一)自然人、法人和非法人组织向人民检察院控告、举报的;
(二)人民检察院在办案中发现的;
(三)行政执法信息共享平台上发现的;
(四)国家机关、社会团体和人大代表、政协委员等转交的;
(五)新闻媒体、社会舆论等反映的;
(六)其他在履行职责中发现的。

第二十五条 人民检察院对公益诉讼案件线索实行统一登记备案管理制度。重大案件线索应当向上一级人民检察院备案。

人民检察院其他部门发现公益诉讼案件线索的,应当将有关材料及时移送负责公益诉讼检察的部门。

第二十六条 人民检察院发现公益诉讼案件线索不属于本院管辖的,应当制作《移送案件线索通知书》,移送有管辖权的同级人民检察院,受移送的人民检察院应当受理。受移送的人民检察院认为不属于本院管辖的,应当报告上级人民检察院,不得自行退回原移送线索的人民检察院或者移送其他人民检察院。

人民检察院发现公益诉讼案件线索属于上级人民检察院管辖的,应当制作《报请移送案件线索意见书》,报请移送上级人民检察院。

第二十七条 人民检察院应当对公益诉讼案件线索的真实性、可查性等进行评估,必要时可以进行初步调查,并形成《初步调查报告》。

第二十八条 人民检察院经过评估,认为国家利益或者社会公共利益受到侵害,可能存在违法行为的,应当立案调查。

第二十九条 对于国家利益或者社会公共利益受到严重侵害,人民检察院经初步调查仍难以确定不依法履行监督管理职责的行政机关或者违法行为人的,也可以立案调查。

第三十条 检察官对案件线索进行评估后提出立案或者不立案意见的,应当制作《立案审批表》,经过初步调查的附《初步调查报告》,报请检察长决定后制作《立案决定书》或者《不立案决定书》。

第三十一条 负责公益诉讼检察的部门在办理公益诉讼案件过程中,发现涉嫌犯罪或者职务违法、违纪线索的,应当依照规定移送本院相关检察业务部门或者其他有管辖权的主管机关。

第四节 调 查

第三十二条 人民检察院办理公益诉讼案件,应当依法、客观、全面调查收集证据。

第三十三条 人民检察院在调查前应当制定调查方案,确定调查思路、方法、步骤以及拟收集的证据清单等。

第三十四条 人民检察院办理公益诉讼案件的证据包括书证、物证、视听资料、电子数据、证人证言、当事人陈述、鉴定意见、专家意见、勘验笔录等。

第三十五条 人民检察院办理公益诉讼案件,可以采取以下方式开展调查和收集证据:

(一)查阅、调取、复制有关执法、诉讼卷宗材料等;

(二)询问行政机关工作人员、违法行为人以及行政相对人、利害关系人、证人等;

(三)向有关单位和个人收集书证、物证、视听资料、电子数据等证据;

(四)咨询专业人员、相关部门或者行业协会等对专门问题的意见;

(五)委托鉴定、评估、审计、检验、检测、翻译;

(六)勘验物证、现场;

(七)其他必要的调查方式。

人民检察院开展调查和收集证据不得采取限制人身自由或者查封、扣押、冻结财产等强制性措施。

第三十六条 人民检察院开展调查和收集证据,应当由两名以上检察人员共同进行。检察官可以组织司法警察、检察技术人员参加,必要时可以指派或者聘请其他具有专门知识的人参与。根据案件实际情况,也可以商请相关单位协助进行。

在调查收集证据过程中,检察人员可以依照有关规定使用执法记录仪、自动检测仪等办案设备和无人机航拍、卫星遥感等技术手段。

第三十七条 询问应当个别进行。检察人员在询问前应当出示工作证,询问过程中应当制作《询问笔录》。被询问人确认无误后,签名或者盖章。被询问人拒绝签名盖章的,应当在笔录上注明。

第三十八条 需要向有关单位或者个人调取物证、书证的,应当制作《调取证据通知书》和《调取证据清单》,持上述文书调取有关证据材料。

调取书证应当调取原件,调取原件确有困难或者因保密需要无法调取原件的,可以调取复制件。书证为复制件的,应当注明调取人、提供人、调取时间、证据出处和"本复制件与原件核对一致"等字样,并签字、盖章。书证页码较多的,加盖骑缝章。

调取物证应当调取原物,调取原物确有困难的,可以调取足以反映原物外形或者内容的照片、录像或者复制品等其他证据材料。

第三十九条 人民检察院应当收集提取视听资料、电子数据的原始存储介质,调取原始存储介质确有困难或者因保密需要无法调取的,可以调取复制件。调取复制件的,应当说明其来源和制作经过。

人民检察院自行收集提取视听资料、电子数据的,应当注明收集时间、地点、收集人员及其他需要说明的情况。

第四十条 人民检察院可以就专门性问题书面或者口头咨询有关专业人员、相关部门或者行业协会的意见。

口头咨询的,应当制作笔录,由接受咨询的专业人员签名或者盖章。书面咨询的,应当由出具咨询意见的专业人员或者单位签名、盖章。

第四十一条 人民检察院对专门性问题认为确有必要鉴定、评估、审计、检验、检测、翻译的,可以委托具备资格的机构进行鉴定、评估、审计、检验、检测、翻译,委托时应当制作《委托鉴定(评估、审计、检验、检测、翻译)函》。

第四十二条 人民检察院认为确有必要的,可以勘验物证或者现场。

勘验应当在检察官的主持下,由两名以上检察人员进行,可以邀请见证人参加。必要时,可以指派或者聘请有专门知识的人进行。勘验情况和结果应当制作笔录,由参加勘验的人员、见证人签名或者盖章。

检察技术人员可以依照相关规定在勘验过程中进行取样并进行快速检测。

第四十三条 人民检察院办理公益诉讼案件,需要异地调查收集证据的,可以自行调查或者委托当地同级人民检察院进行。委托时应当出具委托书,载明需要调查的对象、事项及要求。受委托人民检察院应当在收到委托书之日起三十日内完成调查,并将情况回复委托的人民检察院。

第四十四条 人民检察院可以依照规定组织听证,听取听证员、行政机关、违法行为人、行政相对人、受害人代表等相关各方意见,了解有关情况。

听证形成的书面材料是人民检察院依法办理公益诉讼案件的重要参考。

第四十五条 行政机关及其工作人员拒绝或者妨碍人民检察院调查收集证据的,人民检察院可以向同级人大常委会报告,向同级纪检监察机关通报,或者通过上级人民检察院向其上级主管机关通报。

第五节 提起诉讼

第四十六条 人民检察院对于符合起诉条件的公益诉讼案件,应当依法向人民法院提起诉讼。

人民检察院提起公益诉讼,应当向人民法院提交公益诉讼起诉书和相关证据材料。起诉书的主要内容包括:

(一)公益诉讼起诉人;

(二)被告的基本信息;

(三)诉讼请求及所依据的事实和理由。

公益诉讼起诉书应当自送达人民法院之日起五日内报上一级人民检察院备案。

第四十七条 人民检察院办理行政公益诉讼案件,审查起诉期限为一个月,自检察建议整改期满之日起计算。

人民检察院办理民事公益诉讼案件,审查起诉期限为三个月,自公告期满之日起计算。

移送其他人民检察院起诉的,受移送的人民检察院审查起诉期限自收到案件之日起计算。

重大、疑难、复杂案件需要延长审查起诉期限的,行政公益诉讼案件经检察长批准后可以延长一个月,还需要延长的,报上一级人民检察院批准,上一级人民检察院认为已经符合起诉条件的,可以依照本规则第十七条规定指定本辖区内其他人民检察院提起诉讼。民事公益诉讼案件经检察长批准后可以延长一个月,还需要延长的,报上一级人民检察院批准。

第四十八条 人民检察院办理公益诉讼案件,委托鉴定、评估、审计、检验、检测、翻译期间不计入审查起诉期限。

第六节 出席第一审法庭

第四十九条 人民检察院提起公益诉讼的案件,应当派员出庭履行职责,参加相关诉讼活动。

人民检察院应当自收到人民法院出庭通知书之日起三日内向人民法院提交《派员出庭通知书》。《派员出庭通知书》应当写明出庭人员的姓名、法律职务以及出庭履行的职责。

人民检察院应当指派检察官出席第一审法庭，检察官助理可以协助检察官出庭，并根据需要配备书记员担任记录及其他辅助工作。涉及专门性、技术性问题，可以指派或者聘请有专门知识的人协助检察官出庭。

第五十条 人民法院通知人民检察院派员参加证据交换、庭前会议的，由出席法庭的检察人员参加。人民检察院认为有必要的，可以商人民法院组织证据交换或者召开庭前会议。

第五十一条 出庭检察人员履行以下职责：

（一）宣读公益诉讼起诉书；

（二）对人民检察院调查收集的证据予以出示和说明，对相关证据进行质证；

（三）参加法庭调查、进行辩论，并发表出庭意见；

（四）依法从事其他诉讼活动。

第五十二条 出庭检察人员应当客观、全面地向法庭出示证据。根据庭审情况合理安排举证顺序，分组列举证据，可以使用多媒体等示证方式。质证应当围绕证据的真实性、合法性、关联性展开。

第五十三条 出庭检察人员向被告、证人、鉴定人、勘验人等发问应当遵循下列要求：

（一）围绕案件基本事实和争议焦点进行发问；

（二）与调查收集的证据相互支撑；

（三）不得使用带有人身攻击或者威胁性的语言和方式。

第五十四条 出庭检察人员可以申请人民法院通知证人、鉴定人、有专门知识的人出庭作证或者提出意见。

第五十五条 出庭检察人员在法庭审理期间，发现需要补充调查的，可以在法庭休庭后进行补充调查。

第五十六条 出庭检察人员参加法庭辩论，应结合法庭调查情况，围绕双方在事实、证据、法律适用等方面的争议焦点发表辩论意见。

第五十七条 出庭检察人员应当结合庭审情况，客观公正发表出庭意见。

第七节　上　诉

第五十八条　人民检察院应当在收到人民法院第一审公益诉讼判决书、裁定书后三日内报送上一级人民检察院备案。

人民检察院认为第一审公益诉讼判决、裁定确有错误的，应当提出上诉。

提出上诉的，由提起诉讼的人民检察院决定。上一级人民检察院应当同步审查进行指导。

第五十九条　人民检察院提出上诉的，应当制作公益诉讼上诉书。公益诉讼上诉书的主要内容包括：

（一）公益诉讼上诉人；

（二）被上诉人的基本情况；

（三）原审人民法院名称、案件编号和案由；

（四）上诉请求和事实理由。

第六十条　人民检察院应当在上诉期限内通过原审人民法院向上一级人民法院提交公益诉讼上诉书，并将副本连同相关证据材料报送上一级人民检察院。

第六十一条　上一级人民检察院认为上诉不当的，应当指令下级人民检察院撤回上诉。

上一级人民检察院在上诉期限内，发现下级人民检察院应当上诉而没有提出上诉的，应当指令下级人民检察院依法提出上诉。

第六十二条　被告不服第一审公益诉讼判决、裁定上诉的，人民检察院应当在收到上诉状副本后三日内报送上一级人民检察院，提起诉讼的人民检察院和上一级人民检察院应当全面审查案卷材料。

第六十三条　人民法院决定开庭审理的上诉案件，提起诉讼的人民检察院和上一级人民检察院应当共同派员出席第二审法庭。

人民检察院应当在出席第二审法庭之前向人民法院提交《派员出庭通知书》，载明人民检察院出庭检察人员的姓名、法律职务以及出庭履行的职责等。

第八节　诉讼监督

第六十四条　最高人民检察院发现各级人民法院、上级人民检察院发现下级人民法院已经发生法律效力的公益诉讼判决、裁定确有错误，损害国家利益或者社会公共利益的，应当依法提出抗诉。

第六十五条　人民法院决定开庭审理的公益诉讼再审案件，与人民法院对应的同级人民检察院应当派员出席法庭。

第六十六条 人民检察院发现人民法院公益诉讼审判程序违反法律规定，或者审判人员有《中华人民共和国法官法》第四十六条规定的违法行为，可能影响案件公正审判、执行的，或者人民法院在公益诉讼案件判决生效后不依法移送执行或者执行活动违反法律规定的，应当依法向同级人民法院提出检察建议。

第三章 行政公益诉讼

第一节 立案与调查

第六十七条 人民检察院经过对行政公益诉讼案件线索进行评估，认为同时存在以下情形的，应当立案：

（一）国家利益或者社会公共利益受到侵害；

（二）生态环境和资源保护、食品药品安全、国有财产保护、国有土地使用权出让、未成年人保护等领域对保护国家利益或者社会公共利益负有监督管理职责的行政机关可能违法行使职权或者不作为。

第六十八条 人民检察院对于符合本规则第六十七条规定的下列情形，应当立案：

（一）对于行政机关作出的行政决定，行政机关有强制执行权而怠于强制执行，或者没有强制执行权而怠于申请人民法院强制执行的；

（二）在人民法院强制执行过程中，行政机关违法处分执行标的的；

（三）根据地方裁执分离规定，人民法院将行政强制执行案件交由有强制执行权的行政机关执行，行政机关不依法履职的；

（四）其他行政强制执行中行政机关违法行使职权或者不作为的情形。

第六十九条 对于同一侵害国家利益或者社会公共利益的损害后果，数个负有不同监督管理职责的行政机关均可能存在不依法履行职责情形的，人民检察院可以对数个行政机关分别立案。

人民检察院在立案前发现同一行政机关对多个同一性质的违法行为可能存在不依法履行职责情形的，应当作为一个案件立案。在发出检察建议前发现其他同一性质的违法行为的，应当与已立案案件一并处理。

第七十条 人民检察院决定立案的，应当在七日内将《立案决定书》送达行政机关，并可以就其是否存在违法行使职权或者不作为、国家利益或者社会公共利益受到侵害的后果、整改方案等事项进行磋商。

磋商可以采取召开磋商座谈会、向行政机关发送事实确认书等方式进行，并形成会议记录或者纪要等书面材料。

第七十一条 人民检察院办理行政公益诉讼案件，围绕以下事项进行调查：

（一）国家利益或者社会公共利益受到侵害的事实；

（二）行政机关的监督管理职责；

（三）行政机关不依法履行职责的行为；

（四）行政机关不依法履行职责的行为与国家利益或者社会公共利益受到侵害的关联性；

（五）其他需要查明的事项。

第七十二条 人民检察院认定行政机关监督管理职责的依据为法律法规规章，可以参考行政机关的"三定"方案、权力清单和责任清单等。

第七十三条 调查结束，检察官应当制作《调查终结报告》，区分情况提出以下处理意见：

（一）终结案件；

（二）提出检察建议。

第七十四条 经调查，人民检察院认为存在下列情形之一的，应当作出终结案件决定：

（一）行政机关未违法行使职权或者不作为的；

（二）国家利益或者社会公共利益已经得到有效保护的；

（三）行政机关已经全面采取整改措施依法履行职责的；

（四）其他应当终结案件的情形。

终结案件的，应当报检察长决定，并制作《终结案件决定书》送达行政机关。

第二节 检察建议

第七十五条 经调查，人民检察院认为行政机关不依法履行职责，致使国家利益或者社会公共利益受到侵害的，应当报检察长决定向行政机关提出检察建议，并于《检察建议书》送达之日起五日内向上一级人民检察院备案。

《检察建议书》应当包括以下内容：

（一）行政机关的名称；

（二）案件来源；

（三）国家利益或者社会公共利益受到侵害的事实；

(四)认定行政机关不依法履行职责的事实和理由;
(五)提出检察建议的法律依据;
(六)建议的具体内容;
(七)行政机关整改期限;
(八)其他需要说明的事项。

《检察建议书》的建议内容应当与可能提起的行政公益诉讼请求相衔接。

第七十六条 人民检察院决定提出检察建议的,应当在三日内将《检察建议书》送达行政机关。

行政机关拒绝签收的,应当在送达回证上记录,把《检察建议书》留在其住所地,并可以采用拍照、录像等方式记录送达过程。

人民检察院可以采取宣告方式向行政机关送达《检察建议书》,必要时,可以邀请人大代表、政协委员、人民监督员等参加。

第七十七条 提出检察建议后,人民检察院应当对行政机关履行职责的情况和国家利益或者社会公共利益受到侵害的情况跟进调查,收集相关证据材料。

第七十八条 行政机关在法律、司法解释规定的整改期限内已依法作出行政决定或者制定整改方案,但因突发事件等客观原因不能全部整改到位,且没有怠于履行监督管理职责情形的,人民检察院可以中止审查。

中止审查的,应当经检察长批准,制作《中止审查决定书》,并报送上一级人民检察院备案。中止审查的原因消除后,应当恢复审查并制作《恢复审查决定书》。

第七十九条 经过跟进调查,检察官应当制作《审查终结报告》,区分情况提出以下处理意见:
(一)终结案件;
(二)提起行政公益诉讼;
(三)移送其他人民检察院处理。

第八十条 经审查,人民检察院发现有本规则第七十四条第一款规定情形之一的,应当终结案件。

第三节 提起诉讼

第八十一条 行政机关经检察建议督促仍然没有依法履行职责,国家利益或者社会公共利益处于受侵害状态的,人民检察院应当依法提起行政公益诉讼。

第八十二条 有下列情形之一的,人民检察院可以认定行政机关未依法履行职责:

(一)逾期不回复检察建议,也没有采取有效整改措施的;

(二)已经制定整改措施,但没有实质性执行的;

(三)虽按期回复,但未采取整改措施或者仅采取部分整改措施的;

(四)违法行为人已经被追究刑事责任或者案件已经移送刑事司法机关处理,但行政机关仍应当继续依法履行职责的;

(五)因客观障碍导致整改方案难以按期执行,但客观障碍消除后未及时恢复整改的;

(六)整改措施违反法律法规规定的;

(七)其他没有依法履行职责的情形。

第八十三条 人民检察院可以根据行政机关的不同违法情形,向人民法院提出确认行政行为违法或者无效、撤销或者部分撤销违法行政行为、依法履行法定职责、变更行政行为等诉讼请求。

依法履行法定职责的诉讼请求中不予载明行政相对人承担具体义务或者减损具体权益的事项。

第八十四条 在行政公益诉讼案件审理过程中,行政机关已经依法履行职责而全部实现诉讼请求的,人民检察院可以撤回起诉。确有必要的,人民检察院可以变更诉讼请求,请求判决确认行政行为违法。

人民检察院决定撤回起诉或者变更诉讼请求的,应当经检察长决定后制作《撤回起诉决定书》或者《变更诉讼请求决定书》,并在三日内提交人民法院。

第四章 民事公益诉讼

第一节 立案与调查

第八十五条 人民检察院经过对民事公益诉讼线索进行评估,认为同时存在以下情形的,应当立案:

(一)社会公共利益受到损害;

(二)可能存在破坏生态环境和资源保护,食品药品安全领域侵害众多消费者合法权益,侵犯未成年人合法权益,侵害英雄烈士等的姓名、肖像、名誉、荣誉等损害社会公共利益的违法行为。

第八十六条 人民检察院立案后,应当调查以下事项:

(一)违法行为人的基本情况;

（二）违法行为人实施的损害社会公共利益的行为；

（三）社会公共利益受到损害的类型、具体数额或者修复费用等；

（四）违法行为与损害后果之间的因果关系；

（五）违法行为人的主观过错情况；

（六）违法行为人是否存在免除或者减轻责任的相关事实；

（七）其他需要查明的事项。

对于污染环境、破坏生态等应当由违法行为人依法就其不承担责任或者减轻责任，及其行为与损害后果之间不存在因果关系承担举证责任的案件，可以重点调查（一）（二）（三）项以及违法行为与损害后果之间的关联性。

第八十七条 人民检察院办理涉及刑事犯罪的民事公益诉讼案件，在刑事案件的委托鉴定评估中，可以同步提出公益诉讼案件办理的鉴定评估需求。

第八十八条 刑事侦查中依法收集的证据材料，可以在基于同一违法事实提起的民事公益诉讼案件中作为证据使用。

第八十九条 调查结束，检察官应当制作《调查终结报告》，区分情况提出以下处理意见：

（一）终结案件；

（二）发布公告。

第九十条 经调查，人民检察院发现存在以下情形之一的，应当终结案件：

（一）不存在违法行为的；

（二）生态环境损害赔偿权利人与赔偿义务人经磋商达成赔偿协议，或者已经提起生态环境损害赔偿诉讼的；

（三）英雄烈士等的近亲属不同意人民检察院提起公益诉讼的；

（四）其他适格主体依法向人民法院提起诉讼的；

（五）社会公共利益已经得到有效保护的；

（六）其他应当终结案件的情形。

有前款（二）（三）（四）项情形之一，人民检察院支持起诉的除外。

终结案件的，应当报请检察长决定，并制作《终结案件决定书》。

第二节 公 告

第九十一条 经调查，人民检察院认为社会公共利益受到损害，存在违法行为的，应当依法发布公告。公告应当包括以下内容：

（一）社会公共利益受到损害的事实；

（二）告知适格主体可以向人民法院提起诉讼，符合启动生态环境损害赔

偿程序条件的案件,告知赔偿权利人启动生态环境损害赔偿程序;

（三）公告期限;

（四）联系人、联系电话;

（五）公告单位、日期。

公告应当在具有全国影响的媒体发布,公告期间为三十日。

第九十二条　人民检察院办理侵害英雄烈士等的姓名、肖像、名誉、荣誉的民事公益诉讼案件,可以直接征询英雄烈士等的近亲属的意见。被侵害的英雄烈士等人数众多、难以确定近亲属,或者直接征询近亲属意见确有困难的,也可以通过公告的方式征询英雄烈士等的近亲属的意见。

第九十三条　发布公告后,人民检察院应当对赔偿权利人启动生态环境损害赔偿程序情况、适格主体起诉情况、英雄烈士等的近亲属提起民事诉讼情况,以及社会公共利益受到损害的情况跟进调查,收集相关证据材料。

第九十四条　经过跟进调查,检察官应当制作《审查终结报告》,区分情况提出以下处理意见:

（一）终结案件;

（二）提起民事公益诉讼;

（三）移送其他人民检察院处理。

第九十五条　经审查,人民检察院发现有本规则第九十条规定情形之一的,应当终结案件。

第三节　提起诉讼

第九十六条　有下列情形之一,社会公共利益仍然处于受损害状态的,人民检察院应当提起民事公益诉讼:

（一）生态环境损害赔偿权利人未启动生态环境损害赔偿程序,或者经过磋商未达成一致,赔偿权利人又不提起诉讼的;

（二）没有适格主体,或者公告期满后适格主体不提起诉讼的;

（三）英雄烈士等没有近亲属,或者近亲属不提起诉讼的。

第九十七条　人民检察院在刑事案件提起公诉时,对破坏生态环境和资源保护,食品药品安全领域侵害众多消费者合法权益,侵犯未成年人合法权益,侵害英雄烈士等的姓名、肖像、名誉、荣誉等损害社会公共利益的违法行为,可以向人民法院提起刑事附带民事公益诉讼。

第九十八条　人民检察院可以向人民法院提出要求被告停止侵害、排除妨碍、消除危险、恢复原状、赔偿损失等诉讼请求。

针对不同领域案件,还可以提出以下诉讼请求:

(一)破坏生态环境和资源保护领域案件,可以提出要求被告以补植复绿、增殖放流、土地复垦等方式修复生态环境的诉讼请求,或者支付生态环境修复费用,赔偿生态环境受到损害至修复完成期间服务功能丧失造成的损失、生态环境功能永久性损害造成的损失等诉讼请求,被告违反法律规定故意污染环境、破坏生态造成严重后果的,可以提出惩罚性赔偿等诉讼请求;

(二)食品药品安全领域案件,可以提出要求被告召回并依法处置相关食品药品以及承担相关费用和惩罚性赔偿等诉讼请求;

(三)英雄烈士等的姓名、肖像、名誉、荣誉保护案件,可以提出要求被告消除影响、恢复名誉、赔礼道歉等诉讼请求。

人民检察院为诉讼支出的鉴定评估、专家咨询等费用,可以在起诉时一并提出由被告承担的诉讼请求。

第九十九条 民事公益诉讼案件可以依法在人民法院主持下进行调解。调解协议不得减免诉讼请求载明的民事责任,不得损害社会公共利益。

诉讼请求全部实现的,人民检察院可以撤回起诉。人民检察院决定撤回起诉的,应当经检察长决定后制作《撤回起诉决定书》,并在三日内提交人民法院。

第四节 支持起诉

第一百条 下列案件,人民检察院可以支持起诉:

(一)生态环境损害赔偿权利人提起的生态环境损害赔偿诉讼案件;

(二)适格主体提起的民事公益诉讼案件;

(三)英雄烈士等的近亲属提起的维护英雄烈士等的姓名、肖像、名誉、荣誉的民事诉讼案件;

(四)军人和因公牺牲军人、病故军人遗属提起的侵害军人荣誉、名誉和其他相关合法权益的民事诉讼案件;

(五)其他依法可以支持起诉的公益诉讼案件。

第一百零一条 人民检察院可以采取提供法律咨询、向人民法院提交支持起诉意见书、协助调查取证、出席法庭等方式支持起诉。

第一百零二条 人民检察院在向人民法院提交支持起诉意见书后,发现有以下不适合支持起诉情形的,可以撤回支持起诉:

(一)原告无正当理由变更、撤回部分诉讼请求,致使社会公共利益不能得到有效保护的;

(二)原告撤回起诉或者与被告达成和解协议,致使社会公共利益不能得到有效保护的；

（三）原告请求被告承担的律师费以及为诉讼支出的其他费用过高，对社会公共利益保护产生明显不利影响的；

（四）其他不适合支持起诉的情形。

人民检察院撤回支持起诉的，应当制作《撤回支持起诉决定书》，在三日内提交人民法院，并发送原告。

第一百零三条　人民检察院撤回支持起诉后，认为适格主体提出的诉讼请求不足以保护社会公共利益，符合立案条件的，可以另行立案。

第五章　其他规定

第一百零四条　办理公益诉讼案件的人民检察院对涉及法律适用、办案程序、司法政策等问题，可以依照有关规定向上级人民检察院请示。

第一百零五条　本规则所涉及的法律文书格式，由最高人民检察院统一制定。

第一百零六条　各级人民检察院办理公益诉讼案件，应当依照有关规定及时归档。

第一百零七条　人民检察院提起公益诉讼，不需要交纳诉讼费用。

第六章　附　则

第一百零八条　军事检察院等专门人民检察院办理公益诉讼案件，适用本规则和其他有关规定。

第一百零九条　本规则所称检察官，包括检察长、副检察长、检察委员会委员、检察员。

本规则所称检察人员，包括检察官和检察辅助人员。

第一百一十条　《中华人民共和国军人地位和权益保障法》《中华人民共和国安全生产法（2021修正）》等法律施行后，人民检察院办理公益诉讼案件的范围相应调整。

第一百一十一条　本规则未规定的其他事项，适用民事诉讼法、行政诉讼法及相关司法解释的规定。

第一百一十二条　本规则自2021年7月1日起施行。

最高人民检察院以前发布的司法解释和规范性文件与本规则不一致的，以本规则为准。

最高人民法院、最高人民检察院关于办理海洋自然资源与生态环境公益诉讼案件若干问题的规定*

(法释〔2022〕15号)

为依法办理海洋自然资源与生态环境公益诉讼案件,根据《中华人民共和国海洋环境保护法》《中华人民共和国民事诉讼法》《中华人民共和国刑事诉讼法》《中华人民共和国行政诉讼法》《中华人民共和国海事诉讼特别程序法》等法律规定,结合审判、检察工作实际,制定本规定。

第一条 本规定适用于损害行为发生地、损害结果地或者采取预防措施地在海洋环境保护法第二条第一款规定的海域内,因破坏海洋生态、海洋水产资源、海洋保护区而提起的民事公益诉讼、刑事附带民事公益诉讼和行政公益诉讼。

第二条 依据海洋环境保护法第八十九条第二款规定,对破坏海洋生态、海洋水产资源、海洋保护区,给国家造成重大损失的,应当由依照海洋环境保护法规定行使海洋环境监督管理权的部门,在有管辖权的海事法院对侵权人提起海洋自然资源与生态环境损害赔偿诉讼。

有关部门根据职能分工提起海洋自然资源与生态环境损害赔偿诉讼的,人民检察院可以支持起诉。

第三条 人民检察院在履行职责中发现破坏海洋生态、海洋水产资源、海洋保护区的行为,可以告知行使海洋环境监督管理权的部门依据本规定第二条提起诉讼。在有关部门仍不提起诉讼的情况下,人民检察院就海洋自然资源与生态环境损害,向有管辖权的海事法院提起民事公益诉讼的,海事法院应予受理。

第四条 破坏海洋生态、海洋水产资源、海洋保护区,涉嫌犯罪的,在行使海洋环境监督管理权的部门没有另行提起海洋自然资源与生态环境损害赔偿诉讼的情况下,人民检察院可以在提起刑事公诉时一并提起附带民事公益诉讼,也可以单独提起民事公益诉讼。

第五条 人民检察院在履行职责中发现对破坏海洋生态、海洋水产资源、

---

* 本规定自 2022 年 5 月 15 日起施行。

海洋保护区的行为负有监督管理职责的部门违法行使职权或者不作为,致使国家利益或者社会公共利益受到侵害的,应当向有关部门提出检察建议,督促其依法履行职责。

有关部门不依法履行职责的,人民检察院依法向被诉行政机关所在地的海事法院提起行政公益诉讼。

第六条 本规定自 2022 年 5 月 15 日起施行。

参考文献

一、中文著作

1. 周枏:《罗马法原论》(上册),商务印书馆2001年版。
2. 伍玉功:《公益诉讼制度研究》,湖南师范大学出版社2006年版。
3. 颜运秋:《公益诉讼理念与实践研究》,法律出版社2019年版。
4. 张艳芯:《民事公益诉讼制度研究:兼论民事诉讼机能的扩大》,北京大学出版社2007年版。
5. 吴汉东:《私法研究》(第1卷),中国政法大学出版社2002年版。
6. 韩志红、阮大强:《新型诉讼——经济公益诉讼的理论与实践》,法律出版社1999年版。
7. 江必新:《新民事诉讼法理解适用与实务指南》,法律出版社2015年版。
8. 沈宗灵:《现代西方法理学》,北京大学出版社1992年版。
9. 赵震江:《法律社会学》,北京大学出版社1998年版。
10. 王名扬:《美国行政法》,中国法制出版社1995年版。
11. 王曦:《美国环境法概论》,武汉大学出版社1992年版。
12. 王明远:《环境侵权法律救济制度》,中国法制出版社2001年版。
13. 汪劲:《环境法学》,北京大学出版社2014版。
14. 中国大百科全书编辑部:《中国大百科全书》(第10卷),中国大百科全书出版社2009年版。
15. 蔡守秋:《生态文明建设的法律和制度》,中国法制出版社2017年版。
16. 陈阳:《检察机关环境公益诉讼原告资格及其限制》,山东人民出版社2009年版。
17. 环境保护部宣传教育中心:《环境保护基础教程》,中国环境出版社2014年版。
18. 吕忠梅:《环境法原理》,复旦大学出版社2017年版。
19. 韩君玲:《简明中国法治文化辞典(公民读本)》,商务印书馆出版社2018年版。
20. 杨三省:《科学发展观全书》,陕西人民出版社出版2009年版。
21. 王树义:《环境法学基础理论》,中国社会科学出版社2023年版。

22.刘刚编译:《风险规制:德国的理论与实践》,法律出版社 2012 年版。

23.王灿发:《环境与自然资源法案例教程》,知识产权出版社 2006 年版。

24.李昌麒:《经济法学》,法律出版社 2008 年版。

25.颜运秋:《公益诉讼法律制度研究》,法律出版社 2008 年版。

26.肖乾刚:《自然资源法》,法律出版社 1992 年版。

27.常治:《西方四大名著》,天津人民出版社 1998 年版。

28.汪劲:《环境法律的理念与价值追求》,法律出版社 2000 年版。

29.尹田:《中国海域物权的理论与实践》,中国法制出版社 2004 年版。

30.周永坤:《法理学——全球视野》,法律出版社 2000 年版。

31.张根大:《法律效力论》,法律出版社 1999 年版。

32.张卫平:《民事诉讼法》,中国人民大学出版社 2015 年版。

33.吴应甲:《中国环境公益诉讼主体多元化研究》,中国检察出版社 2017 年版。

34.别涛主编:《环境公益诉讼》,法律出版社 2007 年版。

35.张文显:《法学基本范畴研究》,中国政法大学出版社 1993 年版。

36.王胜明:《中华人民共和国侵权责任法解读》,中国法制出版社 2010 年版。

37.王利明:《侵权责任法研究上卷》,中国人民大学出版社 2011 年版。

38.王利明:《合同法新问题研究》(修订版),中国社会科学出版社 2011 年版。

39.刘雪婷:《现代生态环境保护与环境法研究》,北京工业大学出版社 2023 年版。

40.金瑞林:《环境法学》,北京大学出版社 2006 年版。

41.张新宝:《侵权责任法》,中国人民大学出版社 2006 年版。

42.余耀军、张宝、张敏纯:《环境污染责任:争点与案例》,北京大学出版社 2014 年版。

43.信春鹰:《中华人民共和国环境保护法释义》,法律出版社 2014 年版。

44.侯佳儒:《中国环境侵权责任法基本问题研究》,北京大学出版社 2014 年版。

45.韩德培:《环境保护法教程》,法律出版社 2015 年版。

46.李浩:《民事诉讼法学》,法律出版社 2014 年版。

47.肖建华:《民事诉讼当事人研究》,中国政法大学出版社 2002 年版。

48.江伟:《民事诉讼法》,中国人民大学出版社 2001 年版。

49.江必新:《民事诉讼新制度讲义》,法律出版社 2013 年版。

50.宋宗宇:《环境民事责任研究》,重庆大学出版社 2005 年版。

51.毕玉谦:《民事证明责任研究》,法律出版社 2007 年版。

52.白绿铉:《日本新民事诉讼法》,中国法制出版社 2000 年版。

53.崔伟、李强:《检察机关民事行政公诉论》,中国检察出版社 2010 年版。

54.最高人民检察院民事行政检察厅:《检察机关提起公益诉讼实践与探索》,中国检察出版社 2018 年版。

55.张艳蕊:《民事公益诉讼制度研究——兼论民事诉讼技能的扩大》,北京大学出版社 2007 年版。

56.肖建国、包建华:《证明责任——事实判断的辅助方法》,北京大学出版社 2012 年版。

57.陈小平、潘善斌、潘志成等:《环境民事公益诉讼的理论与实践探索》,法律出版社 2016 年版。

58.杨立新:《侵权责任法》,北京大学出版社 2014 年版。

59.孙谦:《人民检察制度的历史变迁》,中国检察出版社 2014 年版。

60.孙谦:《检察理论研究综述(1979—1989)》,中国检察出版社 2000 年版。

61.王桂五:《中华人民共和国检察制度研究》,法律出版社 1991 年版。

62.王桂五:《王桂五论检察》,中国检察出版社 2008 年版。

63.王玄玮:《中国检察权转型问题研究》,法律出版社 2013 年版。

64.毛泽东:《毛泽东选集·第一卷》,人民出版社 1991 年第 2 版。

65.龙宗智:《论检察》,中国检察出版社 2013 年版。

66.邓子滨:《刑事诉讼原理》,北京大学出版社 2019 年版。

67.蔡守秋:《生态文明建设的法律和制度》,中国法制出版社 2017 年版。

68.蔡运龙:《自然资源学原理》,科学出版社 2007 年版。

69.陈德敏:《资源法原理专论》,法律出版社 2011 年版。

70.陈海嵩:《国家环境保护义务论》,北京大学出版社 2015 年版。

71.陈华彬:《物权法论》,中国政法大学出版社 2018 年版。

72.陈永文:《自然资源学》,华东师范大学出版社 2002 年版。

73.陈玉秋:《水资源资产权制度探索与创新》,中国财政经济出版社 2018 年版。

74.陈家宏等:《自然资源权益交易法律问题研究》,西安交通大学出版社 2012 年版。

75.《现代汉语词典》,商务印书馆 2014 年版。

76.俄军:《文物法学概论》,兰州大学出版社 2006 年版。

77.李晓东:《文物学》,学苑出版社 2005 年版。

78.杨临宏:《立法学:原理、制度和技术》,中国社会科学出版社 2016 年版。

79.田凯等:《人民检察院提起公益诉讼立法研究》,中国检察出版社 2017 年版。

80.张嘉军:《公益诉讼法》,中国检察出版社 2023 年版。

81.段厚高、高鹏:《环境民事公益所能够基本理论研究》,复旦大学出版社 2020 年版。

82.李挚萍:《环境基本法比较研究》,中国政法大学出版社 2013 年版。

83.李旭东等:《生态保护》,中国环境科学出版社 2005 年版。

84.彭诚信:《现代权利理论研究》,法律出版社 2017 年版。

85.秦前红:《监察改革中的法治工程》,译林出版社 2020 年版。

86.邱秋:《中国自然资源国家所有权制度研究》,科学出版社 2010 年版。

87.屈茂辉:《用益物权制度研究》,中国方正出版社 2005 年版。

88.申卫星:《物权法原理》,中国人民大学出版社 2016 年第 2 版。

89.桑东莉:《可持续发展与中国自然资源物权制度之变革》,科学出版社 2006 年版。

90.施志源:《生态文明背景下的自然资源国家所有权研究》,法律出版社 2015 年版。

91.施志源:《绿色发展与环境资源法律制度创新》,法律出版社 2018 年版。

92.汪劲:《环境法治的中国路径:反思与探索》,中国环境科学出版社 2011 年版。

93.夏慧琳:《自然资源资产收益分配——理论演绎、机理分析与路径选择》,东北财经大学出版社 2018 年版。

94.肖国兴:《破解"资源诅咒"的法律回应》,法律出版社 2017 年版。

95.谢高地:《自然资源总论》,高等教育出版社 2009 年版。

96.信春鹰:《中华人民共和国环境保护法释义》,法律出版社 2014 年版。

97.徐晋涛:《水资源与水权问题经济分析》,中国社会科学出版社 2019 年版。

98.许可:《国家主体功能区战略协同的绩效评价与整体性治理机制研究》,知识产权出版社 2015 年版。

99.薛姣:《论所有权的限制》,中国政法大学出版社 2017 年版。

100.叶知年:《生态文明构建与物权制度变革》,知识产权出版社 2010 年版。

101.于波涛:《生态服务及森林碳汇市场化研究》,科学出版社 2014 年版。

102.于法稳:《中国生态环保督察:实践与对策》,中国社会科学出版社 2022 年版。

103.翟志勇:《代议制的基本原理》,中央编译出版社 2015 年版。

104.赵栩:《自然资源资产负债表的编制与应用》,经济管理出版社 2017 年版。

105.张建文:《转型时期的国家所有权问题研究:面向公共所有权的思考》,法律出版社 2008 年版。

106.张梓太:《自然资源法学》,北京大学出版社 2007 年版。

107.张璐:《自然资源损害救济机制类型化研究——以权利与损害的逻辑关系为基础》,法律出版社 2015 年版。

108.张牧遥:《国有自然资源特许使用权研究》,中国社会科学出版社 2018 年版。

109.张挺:《环境侵权中侵害排除理论研究——以中日法比较为视角》,中国社会科学出版社 2015 年版。

110.郑永流、朱庆育等:《中国法律中的公共利益》,北京大学出版社 2014 年版。

111.邹雄等:《环境侵权法疑难问题研究》,厦门大学出版社 2010 年版。

112.周柯:《我国民法典制定中的环境法律问题》,知识产权出版社 2011 年版。

113.周其仁:《产权与制度变迁:中国改革的经验研究(增订本)》,北京大学出版社 2004 年版。

114.中共中央文献研究室:《习近平关于社会主义生态文明建设论述摘编》,中央文献出版社 2017 年版。

115.中共中央党史和文献研究院:《习近平关于网络强国论述摘编》,中央文献出版社2021年版。

116.《自然资源执法监察政策文件汇编》编写组:《自然资源执法监察政策文件汇编》,地质出版社2020年版。

117.最高人民检察院民事行政检察厅:《检察机关提起公益诉讼实践与探索》,中国检察出版社2017年版。

118.吕忠梅:《超越与保守:可持续发展视野下的环境法创新》,法律出版社2003年版。

二、中文连续出版物

1.米健:《略论罗马万民法产生的历史条件和思想渊源》,载《厦门大学学报(哲学社会科学版)》1984年第1期。

2.王晋新:《古典文明的终结与地中海世界的裂变:对西方文明形成的重新审视》,载《东北师大学报(哲学社会科学版)》2020年第1期。

3.徐国栋:《罗马法中的四大民众发动程序》,载《法学研究》2009年第1期。

4.刘秀明、廖中洪:《民事缺席判决制度溯源:古罗马时期缺席判决制度考》,载《人大法律评论》2010年第1期。

5.杨立新:《新中国民事行政检察发展前瞻》,载《河南省政法管理干部学院学报》1999年第2期。

6.宋朝武:《论公益诉讼的十大基本问题》,载《中国政法大学学报》2010年第1期。

7.赵许明:《公益诉讼模式比较与选择》,载《比较法研究》2002年第2期。

8.杨海坤:《中国公益诉讼的基本理论和制度》,载《法治论丛》2005年第6期。

9.马守敏:《公益诉讼亟待开放》,载《人民法院报》2001年6月15日第B01版。

10.朱晓飞:《公益诉讼语境下的"公益"涵义解析》,载《环球法律评论》2008年第3期。

11.韩志红:《公益诉讼制度:公民参加国家事务管理的新途径》,载《中国律师》1999年第11期。

12.李增刚、董丽娃:《土地征收中的公共利益:程序、补偿和效率》,载《财经问题研究》2014年第7期。

13.张方华:《公共利益阐释困境的突围与达成》,载《教学与研究》2019年第3期。

14.张方华:《国家治理与公共利益的达成》,载《中共福建省委党校学报》2019年第5期。

15.梁上上:《公共利益与利益衡量》,载《政法论坛》2016年第6期。

16.赵入坤、曹海洋:《市民社会论:概念演进与现实意义》,载《求索》2008年第9期。

17.李虹、项松林:《在洛克、孟德斯鸠与黑格尔之间——苏格兰启蒙思想家论市民社会与国家》,载《湖南师范大学社会科学学报》2012年第2期。

18.何增科:《市民社会概念的历史演变》,载《中国社会科学》1994年第5期。

19. 俞可平：《马克思的市民社会理论及其历史地位》，载《中国社会科学》1993 年第 4 期。

20. 俞可平：《国家利益与政府行为》，载《社会科学》1992 年第 2 期。

21. 岳成浩：《"国家理由"的现代意蕴》，载《西北大学学报（哲学社会科学版）》2011 年第 3 期。

22. 俞可平：《略论"国家利益"》，载《天津社会科学》1992 年第 5 期。

23. 肖建国：《利益交错中的环境公益诉讼原理》，载《中国人民大学学报》2016 年第 2 期。

24. 王轶、董文军：《论国家利益——兼论我国民法典中民事权利的边界》，载《吉林大学社会科学学报》2008 年第 3 期。

25. 张平华：《恶意串通法律规范的合理性》，载《中国法学》2017 年第 4 期。

26. 张平华、候圣贺：《环境民事公益诉讼中的利益结构问题探讨》，载《山东警察学院学报》2018 年第 2 期。

27. 陈延辉：《国家利益与社会公共利益的认定——以环境公益诉讼为视角》，载《人民检察》2020 年第 1 期。

28. 孙笑侠：《论法律与社会利益》，载《中国法学》1995 年第 4 期。

29. 薛海燕等：《江苏响水"3·21"事故善后工作全面展开》，载《经济日报》2019 年 3 月 26 日第 4 版。

30. 邓思清：《论建立公益诉讼制度的必要性和可行性》，载《西南政法大学学报》2007 年第 1 期。

31. 陈泉生：《环境权之辨析》，载《中国法学》1997 年第 2 期。

32. 谢小剑：《限制与激励我国民事公诉程序改革中的两个维度》，载《广西政法管理干部学院学报》2004 年第 3 期。

33. 曹明德、王凤远：《美国和印度 ENGO 环境公益诉讼制度及其借鉴意义》，载《河北法学》2009 年第 9 期。

34. 胡云红：《比较法视野下的域外公益诉讼制度研究》，载《中国政法大学学报》2017 年第 4 期。

35. 薄晓波：《环境民事公益诉讼救济客体之厘清》，载《中国地质大学学报（社会科学版）》2009 年第 3 期。

36. 徐祥民：《2012 修订的〈民事诉讼法〉没有实现环境公益诉讼"入法"》，载《清华法学》2019 年第 3 期。

37. 孔祥稳、王玎、余积明：《检察机关提起环境行政公益诉讼试点工作调研报告》，载《行政法学研究》2017 年第 5 期。

38. 张锋：《检察环境公益诉讼之诉前程序研究》，载《政治与法律》2018 年第 11 期。

39. 王晶：《环境保护禁止令之适用审视》，载《甘肃政法学院学报》2019 年第 2 期。

40.秘明杰、展振宇:《检察机关在环境公益诉讼中的角色定位》,载《人民论坛》2020年第14期。

41.张忠民:《检察机关试点公益诉讼的回溯与反思》,载《甘肃政法学院学报》2018年第6期。

42.陈晓景:《新时期检察环境公益诉讼发展定位及优化进路》,载《政法论丛》2019年第6期。

43.张剑斌、章其彦:《检察队伍专业化建设的路径》,载《人民检察》2012年第22期。

44.李亚菲:《检察机关提起环境行政公益诉讼的制度困境及其回应》,载《社会科学家》2020年第2期。

45.王秀哲:《我国环境保护公众参与立法保护研究》,载《北方法学》2018年第2期。

46.樊华中:《检察公益诉讼的调查核实权研究》,载《中国政法大学学报》2019年第3期。

47.赵贝贝:《检察机关提起刑事附带民事公益诉讼问题研究》,载《湖北经济学院学报(人文社会科学版)》2019年第12期。

48.姜保忠、姜新平:《检察机关提起刑事附带民事公益诉讼问题研究》,载《河南财经政法大学学报》2019年第2期。

49.石晓波、梅傲寒:《检察机关提起刑事附带民事公益诉讼制度的检视与完善》,载《政法论丛》2019年第6期。

50.聂友伦:《刑事附带民事公益诉讼的理论反思》,载《安徽大学学报(哲学社会科学版)》2023年第5期。

51.龙婧婧:《检察机关提起刑事附带民事公益诉讼的探索与发展》,载《河南财经政法大学学报》2019年第2期。

52.田雯娟:《刑事附带环境民事公益诉讼的实践与反思》,载《苏州学刊》2019年第9期。

53.刘加良:《刑事附带民事公益诉讼的困局与出路》,载《政治与法律》2019年第10期。

54.谢小剑:《刑事附带民事公益诉讼:制度创新与实践突围》,载《中国刑事法杂志》2019年第5期。

55.王栋:《刑事附带民事公益诉讼也应注重客观公正义务》,载《检察日报》2018年5月30日第3版。

56.张雪樵:《〈关于检察公益诉讼案件适用法律若干问题的解释〉的理解与适用》,载《人民检察》2018年第7期。

57.张贵才、董芹江:《公益诉讼调查核实程序有待完善》,载《检察日报》2016年9月18日第3版。

58.王智杰:《刑事附带民事公益诉讼中调解的适用与展开》,载《常州大学学报(社会科学版)》2023年第4期。

59.张昌明:《刑事附带民事公益诉讼模式初探》,载《上海法学研究》(集刊)2019年第20卷。

60.王泽、姚婷婷:《公益性惩罚性赔偿的实践分析与制度完善》,载《中国检察官》2023年第21期。

61.余怡然:《扩张与限制:检察刑事附带民事公益诉讼的案件范围》,载《周口师范学院学报》2019年第4期。

62.郭小冬:《检察机关提起刑事附带民事公益诉讼的实践争议及理论回应》,载《法律科学(西北政法大学学报)》2023年第5期。

63.杨红梅:《修复生态环境责任刑民衔接的困境与完善路径》,载《学海》2023年第6期。

64.王英芳:《公益诉讼诉后监督应予重视》,载《检察调研与指导》2018年第6期。

65.张旭东:《预防性环境公益诉讼程序规则思考》,载《法律科学(西北政法大学学报)》2017年第4期。

66.巩固:《2015年中国环境民事公益诉讼的实证分析》,载《法学》2016年第9期。

67.孙茜:《我国环境公益诉讼制度的司法实践与反思》,载《法律适用》2016年第7期。

68.肖建国:《环境公益诉讼基本问题研究》,载《法律适用》2014年第4期。

69.杜群、梁春艳:《我国环境公益诉讼单一模式及比较视域下的反思》,载《法律适用》2016年第1期。

70.李禾:《环境公益诉讼"破冰"艰难》,载《科技日报》2016年第4期。

71.张旭东:《预防性环境公益诉讼程序规则思考》,载《西北政法大学学报》2017年第4期。

72.胡中华:《论美国环境公益诉讼中的环境损害救济方式及保障制度》,载《武汉大学学报》2010年第6期。

73.李艳芳、李斌:《我国环境民事公益诉讼制度的构建与创新》,载《法学家》2006年第5期。

74.张志勋、郑小波:《论风险预防原则在我国环境法中的适用及完善》,载《江西社会科学》2010年第10期。

75.唐瑭、王普:《生态环境风险预防原则的法律构造及其功能阐释》,载《浙江工商大学学报》2024年第1期。

76.于文轩:《风险预防原则的生态环境法治意蕴及其展开》,载《吉林大学社会科学学报》2023年第3期。

77.赵卫民:《环境民事公益诉讼的比较研究》,载《人民法院报》2014年10月15日第8版。

78.邓海峰:《海洋油污损害之国家索赔主体资格与索赔范围研究》,载《法学评论》2013

年第 1 期。

79. 段厚省：《海洋环境公益诉讼四题初探——从浦东环保局诉密斯姆公司等船舶污染损害赔偿案谈起》，载《东方法学》2016 年第 5 期。

80. 胡锦光、王锴：《论公共利益概念的界定》，载《法学论坛》2005 年第 1 期。

81. 韩波：《公益诉讼制度的力量组合》，载《当代法学》2013 年第 1 期。

82. 高志宏：《公共利益的独立性及当代表达》，载《学术界》2013 第 11 期。

83. 肖建国：《利益交错中的环境公益诉讼原理》，载《中国人民大学学报》2016 年第 2 期。

84. 张卫平：《民事公益诉讼原则的制度化及实施研究》，载《清华法学》2013 年第 4 期。

85. 郭海蓝、陈德敏：《省级政府提起生态环境损害赔偿诉讼的制度困境与规范路径》，载《中国人口·资源与环境》2018 年第 3 期。

86. 程雪阳：《中国宪法上国家所有的规范含义》，载《法学研究》2015 年第 4 期。

87. 巩固：《自然资源国家所有权公权说》，载《法学研究》2013 年第 4 期。

88. 税兵：《自然资源国家所有权双阶构造说》，载《法学研究》2013 年第 4 期。

89. 王涌：《自然资源国家所有权三层结构说》，载《法学研究》2013 年第 4 期。

90. 聂凤峻：《论目的与手段的相互关系》，载《文史哲》1998 年第 6 期。

91. 李建华、许中缘：《论私法自治与我国民法典——兼评《中华人民共和国民法（草案）》第 4 条的规定》，载《法制与社会发展》2003 年第 3 期。

92. 陶传进：《中国环境保护民间组织：行动的价值基础》，载《学海》2005 年第 2 期。

93. 许国庆、李文军、王秀梅：《检察机关参与环境公益诉讼的构想》，载《中国检察官》2014 年第 4 期。

94. 李晖、杨雷：《生态环境损害赔偿制度研究——兼论其与环境公益诉讼的衔接》，载《西部法学评论》2018 年第 3 期。

95. 王小钢：《为什么环保局不宜做环境公益诉讼原告？》，载《环境保护》2010 年第 1 期。

96. 肖建国：《民事公益诉讼的基本模式研究——以中、美、德三国为中心的比较法考察》，载《中国法学》2007 年第 5 期。

97. 郭云忠、常艳、杨新京：《检察权谦抑性的法理基础》，载《国家检察官学院学报》2007 年第 5 期。

98. 俞可平：《让国家回归社会——马克思主义关于国家与社会的观点》，载《理论视野》2013 年第 9 期。

99. 甘力、张旭东：《环境民事公益诉讼程序定位及立法模式选择研究》，载《重庆大学学报（社会科学版）》2018 年第 4 期。

100. 傅郁林：《民事诉讼法修改的价值取向论评》，载《华东政法大学学报》2012 年第 4 期。

101. 侯佳儒:《环境公益诉讼的美国蓝本与中国借鉴》,载《交大法学》2015 年第 4 期。
102. 许冬琳:《环境公益诉讼概念之厘清》,载《武夷学院报》2019 年第 1 期。
103. 周永坤:《法律责任论》,载《法学研究》1991 年第 3 期。
104. 张宝:《环境侵权归责原则之反思与重构——基于学说和实践的视角》,载《现代法学》2011 年第 4 期。
105. 周佑勇:《行政不作为构成要件的展开》,载《中国法学》2001 年第 5 期。
106. 高利红、张艺萍:《生物多样性行政不作为的司法审查》,载《北京理工大学学报(社会科学版)》2022 年第 2 期。
107. 周佑勇:《行政不作为构成要件的展开》,载《中国法学》2001 年第 5 期。
108. 丁海俊:《预防型民事责任》,载《政法论坛》2005 年第 4 期。
109. 吴真:《企业环境责任确立的正当性分析——以可持续发展理念为视角》,载《当代法学》2007 年第 5 期。
110. 许丹丹:《论侵权法的功能》,载《长治学院学报》2013 年第 5 期。
111. 吕忠梅:《中国环境法的转型——从后果控制到风险预防》,载《中国环境监察》2019 年第 2 期。
112. 张辉:《论环境民事公益诉讼的责任承担方式》,载《法学论坛》2014 年第 6 期。
113. 蔡守秋:《论环境公益诉讼的几个问题》,载《昆明理工大学学报(社会科学版)》2009 年第 9 期。
114. 陈为永、赵岩:《利益救济视域下环境民事公益诉讼责任承担方式》,载《中国检察官》2019 年第 7 期。
115. 朱士琳:《环境民事公益诉讼民事责任承担方式探讨》,载《合作经济与科技》2016 年第 15 期。
116. 朱丽:《美国环境公共利益司法保护制度与实践及对我国的启示》,载《环境保护》2017 年第 21 期。
117. 徐本鑫、刘清轩:《制度需求与供给视角下生态损害赔偿的法律进路》,载《昆明理工大学学报(社会科学版)》2015 年第 5 期。
118. 李兴宇:《论我国环境民事公益诉讼中的"赔偿损失"》,载《政治与法律》2016 年第 10 期。
119. 邓海峰:《海洋油污损害之国家索赔主体资格与索赔范围研究》,载《法学评论》2013 年第 1 期。
120. 马新彦、邓冰宁:《论惩罚性赔偿的损害填补功能——以美国侵权法惩罚性赔偿制度为启示的研究》,载《吉林大学社会科学学报》2012 年第 3 期。
121. 杜伟伟:《环境民事公益诉讼适用惩罚性赔偿研究》,载《长江大学学报(社会科学版)》2019 年第 6 期。

122. 刘琳：《"蓝碳"在环境公益诉讼中的规范化适用》，载《中国软科学》2024 年第 2 期。

123. 王利明：《惩罚性赔偿研究》，载《中国社会科学》2000 年第 4 期。

124. 李挚萍：《环境修复的司法裁量》，载《中国地质大学学报（社会科学版）》2014 年第 4 期。

125. 吴鹏：《生态修复法律责任之偏见与新识》，载《中国政法大学学报》2017 年第 1 期。

126. 石春雷：《论环境民事公益诉讼中的生态环境修复——兼评最高人民法院司法解释相关规定的合理性》，载《郑州大学学报（哲学社会科学版）》2017 年第 2 期。

127. 竺效：《论中国环境法基本原则的立法发展与再发展》，载《华东政法大学学报》2014 年第 3 期。

128. 游中川、谭中平、范京川：《侵害生态环境公益诉讼的责任承担》，载《人民司法》2017 年第 29 期。

129. 王盼：《生态修复责任主体研究》，载《太原师范学院学报（社会科学版）》2016 年第 6 期。

130. 冯一帆：《生态修复法律责任实现主体研究》，载《中原工学院学报》2018 年第 5 期。

131. 周丽：《完善企业环境法律责任制度》，载《中外企业家》2015 年第 10 期。

132. 崔彩娜：《企业环境法律责任问题研究》，载《哈尔滨师范大学社会科学学报》2014 年第 3 期。

133. 蒋莉、马飞：《企业环境社会责任刍议》，载《云南行政学院学报》2012 年第 6 期。

134. 陈艳艳、周国模、田信桥：《气候变化背景下污染者负担原则的适用》，载《生态经济》2011 年第 11 期。

135. 胡卫：《民法中恢复原状的生态化表达与调适》，载《政法论丛》2017 年第 3 期。

136. 万挺：《环境民事公益诉讼民事责任承担方式探析》，载《人民法院报》2014 年 12 月 31 日第 8 版。

137. 刘超：《环境行政公益诉讼判决形式的疏失及其完善——从试点期间典型案例切入》，载《浙江工商大学学报》2018 年第 5 期。

138. 陈思融：《行政诉讼撤销并责令补救判决论》，载《四川师范大学学报（社会科学版）》2014 年第 2 期。

139. 何海波：《论行政行为"明显不当"》，载《法学研究》2016 年第 3 期。

140. 程丹丹：《行政诉讼司法变更权的新发展——兼评〈行政诉讼法〉第 77 条之规定》，载《安徽行政学院学报》2015 年第 5 期。

141. 胡静：《环保组织提起的公益诉讼之功能定位——兼评我国环境公益诉讼的司法解释》，载《法学评论》2016 年第 4 期。

142.马秀梅:《从民事公诉看检察机关的法律地位》,载《检察日报》2002年11月12日第6版。

143.齐树洁:《我国公益诉讼主体之界定——兼论公益诉讼当事人适格之扩张》,载《河南财经政法大学报》2013年第1期。

144.朱汉卿:《检察机关的行政公益诉讼原告人的资格探讨——以民事诉讼法修正案的颁布、公益诉讼的确立为契机》,载《汉江大学学报(社会科学版)》2013年第1期。

145.王治国、郑博超:《正式建立检察机关提起公益诉讼制度的时机已经成熟》,载《检察日报》2018年6月23日第8版。

146.傅贤国:《环境民事公益诉讼证明责任分配研究》,载《甘肃政法学院学报》2015年第3期。

147.刘先辉:《环境公益诉讼中原告、归责原则与举证责任——以河南省首例环境公益诉讼为对象》,载《河南科技大学学报(社会科学版)》2017年第5期。

148.胡东海:《民事证明责任分配的实质性原则》,载《中国法学》2016年第4期。

149.吕忠梅、张忠民、熊晓青:《中国环境司法现状调查——以千份环境裁判文书为样本》,载《法学》2011年第4期。

150.王忠华、吴志朋:《环境民事公益诉讼举证责任探析——以最高检指导性案例28号为视角》,载《深化依法治国实践背景下的检察权运行——第十四届国家高级检察官论坛论文集》2018年版。

151.行军安、李婧:《环境民事公益诉讼证明责任倒置规则探讨》,载《中国律师》2016年第10期。

152.郭颂彬、刘显鹏:《危害型环境公益诉讼证明责任分配探析》,载《大连海事大学学报》2017年第6期。

153.黄业晞:《论环境民事侵权诉讼中初步因果关系的成立要件》,载《中国环境资源法学研究会2015年年会暨2015年全国环境资源法学研讨会》2015年版。

154.樊华中:《检查公益诉讼的调查核实权研究——基于目的主义视角》,载《中国政法大学学报》2019年第3期。

155.裴苍龄:《论证明标准》,载《法学研究》2010年第3期。

156.孙洪坤、翁如强:《论环境公益诉讼证明标准的认定——以"天价环境污染赔偿案"为例》,载《环境保护》2016年第10期。

157.张卫平:《证明标准建构的乌托邦》,载《法学研究》2003年第4期。

158.龙宗智:《中国法语境中的检察官客观义务》,载《法学研究》2009年第4期。

159.宋宗宇、郭金虎:《扩展与限制:我国环境民事公益诉讼原告资格之确立》,载《法学评论》2013年第6期。

160.王曦、张岩:《论美国环境公民诉讼制度》,载《交大法学》2015年第4期。

161. 刘艺：《美国私人检察诉讼演变及其对我国的启示》，载《行政法学研究》2017 年第 5 期。

162. 刘冰、董萍萍：《关于民事举证责任分配原则的研究》，载《学习与研究》2005 年第 4 期。

163. 王胜男：《环境民事公益诉讼证明责任研究》，西南政法大学 2016 年硕士学位论文。

164. 王以真：《英美刑事证据法中的证明责任问题》，载《中国法学》1991 年第 4 期。

165. 张旭东：《环境民事公私益诉讼并行审理的困境与出路》，载《中国法学》2018 年第 5 期。

166. 晋海、周龙：《德国环境责任法因果关系推定制度及对我国环境立法的启示》，载《东南学术》2014 年第 2 期。

167. 杨素娟：《论环境侵权诉讼中的因果关系推定》，载《法学评论》2003 年第 4 期。

168. 胡学军：《环境侵权中的因果关系及其证明问题评析》，载《中国法学》2013 年第 5 期。

169. 田海鑫：《论环境民事公益诉讼证明责任之分配》，载《民事程序法研究》2013 年第 2 期。

170. 刘英明：《环境侵权证明责任倒置合理性论证》，载《北方法学》2010 年第 4 期。

171. 徐淑琳、冷罗生：《反思环境公益诉讼中的举证责任倒置——以法定原告资格为视角》，载《中国地质大学学报（社会科学版）》2015 年第 1 期。

172. 张颖、曾罡吉：《环境公益诉讼的举证责任分配规则》，载《文史博览（理论）》2016 年第 10 期。

173. 郑世保：《环境民事诉讼举证责任分配之重构》，载《求索》2008 年第 7 期。

174. 王秀卫：《我国环境民事公益诉讼举证责任分配的反思与重构》，载《法学评论》2019 年第 2 期。

175. 徐淑琳、冷罗生：《反思环境公益诉讼中的举证责任倒置——以法定原告资格为视角》，载《中国地质大学学报（社会科学版）》2015 年第 1 期。

176. 张式军、田捷：《环境公益诉讼基本概念、范围的界定与原告类型的设定》，载《生态文明与环境资源法——2009 年全国环境资源法学研讨会论文集》，2009 年版。

177. 薄晓波：《倒置与推定：对我国环境污染侵权中因果关系证明方法的反思》，载《中国地质大学学报（社会科学版）》2014 年第 6 期。

178. 袁小荣：《举证责任倒置在环境侵权诉讼中的适用》，载《人民司法》2011 年第 2 期。

179. 叶锋：《新司法解释视域下环境侵权责任因果关系的反思与重构——以 120 份民事判决书为分析样本》，载《法律适用》2016 年第 4 期。

公益诉讼的理论与实践

180. 王炜:《检察机关提起公益诉讼的理论与实践》,载《中国青年社会科学》2018 年第 1 期。

181. 沈岿:《检察机关在行政公益诉讼中的请求权和政治责任》,载《中国法律评论》2017 年第 5 期。

182. 梅宏:《由新〈民事诉讼法〉第 55 条反思检察机关公益诉讼的法律保障》,载《中国海洋大学学报(社会科学版)》2013 年第 2 期。

183. 杜建勋、王永祥:《我国环境民事公益诉讼中证据收集制度研究——以证据收集方法为视角》,载《西部法学评论》2016 年第 5 期。

184. 江必新:《中国环境公益诉讼的实践发展及制度完善》,载《法律适用》2019 年第 1 期。

185. 陈国庆:《〈人民检察院检察建议工作规定(试行)〉解读》,载《人民检察》2010 年第 1 期。

186. 徐日丹、闫晶晶、史兆琨:《试点两年检察机关办理公益诉讼案件 9053 件》,载《检察日报》2017 年 7 月 1 日第 2 版。

187. 姜伟、杨隽:《检察建议法制化的历史、现实和比较》,载《政治与法律》2010 年第 10 期。

188. 张晋邦:《论检察建议的监督属性——以行政公益诉讼中行政机关执行检察建议为视角》,载《四川师范大学学报(社会科学版)》2018 年第 6 期。

189. 封蔚然:《行政公益诉讼检察建议的制度完善》,载《江西社会科学》2020 年第 8 期。

190. 韩成军:《检察建议的本质属性与法律规制》,载《河南大学学报(社会科学版)》2014 年第 5 期。

191. 吕涛:《检察建议的法理分析》,载《法学论坛》2010 年第 2 期。

192. 李立景:《协同赋权:新时代中国检察建议的范式转型与重构》,载《湖南社会科学》2020 年第 5 期。

193. 张晓飞、潘怀平:《行政公益诉讼检察建议:价值意蕴、存在问题和优化路径》,载《理论探索》2018 年第 6 期。

194. 许世腾:《论检察建议的规范与完善》,载《理论学刊》2014 年第 2 期。

195. 周长军、杨丹:《检察建议的刚性提升与范围控制》,载《人民检察》2018 年第 16 期。

196. 桂萍、贾飞林:《检察机关提起行政公益诉讼制度刍议》,载《行政与法》2019 年第 6 期。

197. 卢护锋:《检察建议的柔性效力及其保障》,载《甘肃社会科学》2017 年第 5 期。

198. 谭安民:《多维监督"修炼"检察建议刚性》,载《人民法治》2018 年第 19 期。

199. 汤维建:《检察建议规范化改革展望》,载《人民检察》2018 年第 16 期。

200.王国飞:《环境行政公益诉讼诉前检察建议:功能反思与制度拓新——基于自然保护区生态环境修复典型案例的分析》,载《南京工业大学学报(社会科学版)》2020 年第 3 期。

201.刘加良、李畅:《行政公益诉讼诉前检察建议的规则调适》,载《河北法学》2023 年第 11 期。

202.吴凯杰、赵仙凤:《行政公益诉讼检察建议与社会治理检察建议之界分——基于生态环境保护典型检察建议的分析》,载《南京工业大学学报(社会科学版)》2023 年第 4 期。

203.关保英:《行政公益诉讼中检察建议援用法律研究》,载《法学评论》2021 年第 2 期。

204.张晓飞、潘怀平:《行政公益诉讼检察建议:价值意蕴、存在问题和优化路径》,载《理论探索》2018 年第 6 期。

205.胡卫列、田凯、薛国骏:《检察公益诉讼可持续发展之匙:制度、实践与理论三向互动良性循环》,载《检察日报》2019 年 7 月 22 日第 3 版。

206.韩成军:《检察建议的本质属性与法律规制》,载《河南大学学报(社会科学版)》2014 年第 5 期。

207.曲春光:《浅谈检察机关非诉讼监督形式的完善》,载《山东法学》1995 年第 2 期。

208.卢护锋:《检察建议的柔性效力及其保障》,载《甘肃社会科学》2017 年第 5 期。

209.佚名:《检察建议要做成刚性做到刚性》,载《检察日报》2018 年 9 月 25 日第 1 版。

210.曹俊:《关于检察权的法理思考》,载《理论视野》2018 年第 10 期。

211.姜伟、杨隽:《检察建议法制化的历史、现实和比较》,载《政治与法律》2010 年第 10 期。

212.秦前红、王雨亭:《检察建议类型的制度反思及功能性重构》,载《中南民族大学学报(人文社会科学版)》2023 年第 6 期。

213.王斌:《检察建议研究》,载《中国刑事法杂志》2009 年第 11 期。

214.张智辉:《论检察机关的建议权》,载《西南政法大学学报》2007 年第 2 期。

215.高景峰、吴孟栓、米蓓:《〈人民检察院检察建议工作规定〉理解与适用》,载《人民检察》2019 年第 8 期。

216.高家伟:《检察行政公益诉讼的理论基础》,载《国家检察官学院学报》2017 年第 2 期。

217.曹俊:《关于检察权的法理思考》,载《理论视野》2018 年第 10 期。

218.沈岿:《检察机关在行政公益诉讼中的请求权和政治责任》,载《中国法律评论》2017 年第 5 期。

219.张晓飞、潘怀平:《行政公益诉讼检察建议:价值意蕴、存在问题和优化路径》,载《理论探索》2018 年第 6 期。

220.高翼飞:《检察机关的调查核实权及其实现路径》,载《检察日报》2019 年 3 月 18 日第 3 版。

221.周长军、杨丹:《检察建议的刚性提升与范围控制》,载《人民检察》2018年第16期。

222.任学强:《检察建议的理论与实践——以检察机关社会综合治理职能为视角》,载《社会科学论坛》2014年第10期。

223.林中明:《规范专业的检察建议才有力量》,载《检察日报》2018年8月10日第1版。

224.张新:《对完善检察建议立法的实证思考》,载《河北法学》2010年第11期。

225.张仁平、陈艺华、陈建忠:《让监督硬起来效果显出来》,载《检察日报》2018年6月4日第2版。

226.陈瑞华:《论检察机关的法律职能》,载《政法论坛》2018年第1期。

227.熊正、肖宏武:《检察建议书与纠正违法通知书应用区别适用》,载《检察日报》2008年10月15日第3版。

228.何明田、魏茂华、芝春燕:《完善检察建议制发的对策分析》,载《人民检察》2015年第8期。

229.冯建:《建立公告宣告制度、增强检察建议刚性》,载《人民检察》2018年第16期。

230.庄永廉、刘荣军、张相军、段连才、刘传稿:《如何探索建立检察宣告制度》,载《人民检察》2018年第5期。

231.姜洪:《最高检组建十个业务机构、突出系统性整体性重构性》,载《检察日报》2019年1月4日第1版。

232.左卫民:《"诉讼爆炸"的中国应对:基于W区法院近三十年审判实践的实证分析》,载《中国法学》2018年第4期。

233.方明、王斌:《检察监督与人大监督的协调配合机制初探》,载《人民检察》2011年第1期。

234.欧阳雪梅:《努力走出一条符合国情的文物保护利用之路——习近平总书记文化遗产观研究》,载《湖南社会科学》2018年第6期。

235.凌波:《文物价值简论》,载《中国博物馆》2002年第2期。

236.赵然:《文物保护的"价值导向"探讨》,载《中国文物报》2019年4月2日第3版。

237.程章灿:《文物:朱熹对石刻的文化利用与转化》,载《南京大学学报(哲学·人文科学·社会科学)》2018年第5期。

238.陈敏:《文物保护宜纳入公益诉讼范围》,载《检察日报》2018年6月3日第3版。

239.刘武俊:《文化遗产保护呼唤公益诉讼支撑》,载《人民法院报》2012年6月7日第2版。

240.胡锦光、王锴:《论公共利益概念的界定》,载《法学论坛》2005年第1期。

241.刘连泰:《"公共利益"的解释困境及其突围》,载《文史哲》2006年第2期。

242.王万华:《完善检察机关提起行政公益诉讼制度的若干问题》,载《法学杂志》2018

年第 1 期。

243. 晋宏逵:《中国文物价值观及价值评估》,载《中国文化遗产》2019 年第 1 期。

244. 徐全兵:《检察机关提起行政公益诉讼的职能定位与制度构建》,载《行政法学研究》2017 年第 5 期。

245. 王万华:《完善检察机关提起行政公益诉讼制度的若干问题》,载《法学杂志》2018 年第 1 期。

246. 胡卫列:《国家治理视野下的公益诉讼检察制度》,载《国家检察官学院学报》2020 年第 2 期。

247. 孙佑海、张净雪:《检察公益诉讼专门立法的理论基础和法律框架》,载《国家检察官学院学报》2023 年第 3 期。

248. 胡卫列:《检察公益诉讼地方立法研究——以 25 个省级人大常委会关于检察公益诉讼专项决定为样本》,载《国家检察官学院学报》2023 年第 31 期。

249. 刘艺:《论国家治理体系下的检察公益诉讼》,载《中国法学》2020 年第 2 期。

250. 张轩:《坚持党对检察公益诉讼立法的全面领导推动完善公益诉讼制度》载《人民检察》2023 年第 21 期。

251. 丁宝同:《专门立法进程下公益诉讼发展进路的系统检视》,载《政治与法律》2024 年第 3 期。

252. 杨寅:《论行政公益诉讼审理制度的完善》,载《政治与法律》2022 年第 5 期。

253. 梁鸿飞:《预防型行政公益诉讼:迈向"过程性规制"的行政法律监督》,载《华中科技大学学报(社会科学版)》2020 年第 4 期。

254. 李小健:《汇集代表智慧力量,做好新时代立法工作——全国人大常委会召开列席代表座谈会》,载《中国人大》2023 年第 13 期。

255. 汤维建:《公益诉讼实施机制的生成路径——公益诉讼地方法述评》,载《人民检察》2021 年第 11 期。

256. 姜昕、徐向春、陶国中等:《"深入探索实践推动检察公益诉讼立法"三人谈》,载《人民检察》2023 年第 21 期。

257. 段文龙、田凯、邱景辉等:《检察公益诉讼专门立法问题研究》,载《人民检察》2023 年第 8 期。

258. 张轩:《坚持党对检察公益诉讼立法的全面领导推动完善公益诉讼制度》,载《人民检察》2023 年第 21 期。

259. 巩固:《公益诉讼专门立法必要性刍议》,载《人民检察》2022 年第 5 期。

260. 易小斌、胡玉婷:《生态环境公益诉讼立法的路径分野与规范协同》,载《人民检察》2023 年第 12 期。

261. 湛中乐:《检察公益诉讼立法应把握好五对关系》,载《人民检察》2023 年第 21 期。

262. 刘鹏、闵晶晶:《检察公益诉讼单独立法的必要性和路径分析》,载《中国检察官》

2023 年第 7 期。

263.薛志远:《行政公益诉讼的制度建构及完善建议》,载《行政与法》2016 年第 9 期。

264.冯玉军:《检察公益诉讼立法的原则定位、现实基础与工作方针》,载《人民检察》2023 年第 21 期。

265.吕忠梅:《检察公益诉讼立法应解决的基础理论问题及建议》,载《人民检察》2023 年第 21 期。

266.薛刚凌、杨欣:《论我国行政诉讼构造:"主观诉讼"抑或"客观诉讼"》,载《行政法学研究》2013 年第 4 期。

267.马怀德:《检察公益诉讼立法的三个基本问题》,载《人民检察》2023 年第 21 期。

268.韩波:《论民事检察公益诉权的本质》,载《国家检察官学院学报》2020 年第 2 期。

269.孙佑海:《关于建立我国环境公益诉讼制度的几个问题》,载《国家检察官学院学报》2010 年第 3 期。

270.巩固:《公益诉讼的属性及立法完善》,载《国家检察官学院学报》2021 年第 29 期。

271.王敬波:《公益诉讼立法的四个基本问题》,载《人民检察》2023 年第 21 期。

272.张嘉军:《尽快推进检察公益诉讼专门立法》,载《人民检察》2023 年第 11 期。

273.姜昕、徐向春、陶国中等:《"深入探索实践推动检察公益诉讼立法"三人谈》,载《人民检察》2023 年第 21 期。

274.曹辰、吴勇:《法典化背景下环境公益诉讼立法进路探究》,载《学术探索》2023 年第 12 期。

275.张雪樵:《深化公益诉讼理论研究推动检察公益诉讼立法》,载《人民检察》2023 年第 21 期。

276.熊文钊、蒋剑:《检察公益诉讼案件范围立法研究》,载《人民检察》2023 年第 21 期。

277.陈武、赵杰、徐芳等:《检察公益诉讼新领域探索若干问题研究》,载《人民检察》2022 年第 2 期。

278.曹明德:《检察院提起公益诉讼面临的困境和推进方向》,载《法学评论》2020 年第 1 期。

279.肖建国:《检察公益诉讼审判和执行中的特殊规则》,载《人民检察》2023 年第 21 期。

280.徐向春:《理论与实践深度融合促推检察公益诉讼立法——2023 年公益诉讼检察理论与实践发展综述》,载《人民检察》2024 年第 2 期。

281.应勇:《以习近平法治思想为指引加快推进检察公益诉讼立法》,载《人民检察》2023 年第 21 期。

282.景汉朝:《加快推进检察公益诉讼立法进程助力国家治理体系和治理能力现代化》,载《人民检察》2023 年第 21 期。

三、译著

1. [美]菲利普·范·内斯·迈尔斯:《罗马史》,卢东民、宋雪莹译,天地出版社 2019 年版。
2. [意]彼德罗·彭梵得:《罗马法教科书》,黄风译,中国政法大学出版社 1992 年版。
3. [英]边沁:《道德与立法原理导论》,时殷弘译,商务印书馆 2000 年版,第 58 页。
4. [美]博登海默:《法理学——法律哲学与法律方法》,邓正来译,中国政法大学出版社 1998 年版。
5. [美]玛莎·芬妮莫尔:《国际社会中的国家利益》,袁正清译,上海人民出版社 2012 年版。
6. [英]威廉·韦德:《行政法》,徐炳等译,中国大百科全书出版社 1997 年版。
7. [英]丹宁:《法律的训诫》,杨百揆等译,法律出版社 1999 年版。
8. [美]罗斯科·庞德:《法理学》,廖德宇译,法律出版社 2007 年版。
9. [古希腊]亚里士多德:《政治学》,吴寿彭译,商务印书馆 1965 年版。
10. [德]乌尔里希·贝克:《风险社会》,何博闻译,译林出版社 2004 年版。
11. [美]托马斯·潘恩:《潘恩选集》,马清槐等译,商务印书馆 1981 年版。
12. [美]理查德·波斯纳:《法理学问题》,苏力译,中国政法大学出版社 1994 年版。
13. [法]卢梭:《社会契约论》,李平沤译,商务印书馆 1998 年版。
14. [美]约翰·麦克里兰:《西方政治思想史》,彭淮栋译,海南出版社 2003 年版。
15. [德]莱奥·罗森贝克:《证明责任论》,庄敬华译,中国法制出版社 2002 年版。
16. [德]汉斯·普维庭:《现代证明责任问题》,吴越译,法律出版社 2006 年版。
17. [日]谷口安平:《程序的正义和诉讼》,王亚新、刘荣军译,中国政法大学出版社 2002 年版。
18. [德]威廉·魏特林等:《和谐与自由的保证》,孙则明译,商务印书馆 2017 年版。
19. [英]哈耶克:《经济、科学与政治——哈耶克思想精粹》,冯克利译,江苏人民出版社 2000 年版,第 393 页。
20. [英]艾琳·麦克哈格等:《能源与自然资源中的财产和法律》,胡德胜编译,北京大学出版社 2014 年版。
21. [美]阿兰·兰德尔:《资源经济学:从经济角度对自然资源和环境政策的探讨》,施以正译,商务印书馆 1989 年版。
22. [澳]艾伦·查尔默斯:《科学究竟是什么?》,邱仁宗译,河北科学技术出版社 2002 年版。
23. [美]彼得·S.温茨:《环境正义论》,朱丹琼、宋玉波译,上海人民出版社 2007 年版。
24. [美]戴维·H.格奇斯:《水法精要(第 4 版)》,陈晓景、王莉译,南开大学出版社 2016 年版。
25. [美]丹尼尔·D.查尔斯、约翰·P.瑞纳德:《自然资源保护与生活》,黄永梅、段雷等译,电子工业出版社2016年版。

26.[美]丹尼尔·H.科尔:《污染与财产权:环境保护的所有权制度比较研究》,严厚福、王社坤译,北京大学出版社2009年版。

27.[日]加藤雅信:《"所有权"的诞生》,郑芙蓉译,法律出版社2012年版。

28.[美]罗纳德·H.科斯:《财产权利与制度变迁——产权学派与新制度学派译文集》,刘守英等译,上海人民出版社2014年版。

29.[美]理查德·波斯纳:《法律的经济分析》,蒋兆康译,中国大百科全书出版社1997年版。

30.[美]理查德·拉萨路斯:《环境法的形成》,庄汉译,中国社会科学出版社2017年版。

31.[英]迈克·费恩塔克:《规制中的公共利益》,戴昕译,中国人民大学出版社2014年版。

32.[美]马克·金泽:《自然资源与环境:经济、法律、政治和制度》,余星涤等译,商务印书馆2023年版。

33.[俄]M.H.马尔琴科:《国家与法的理论》,徐晓晴译,中国政法大学出版社2010年版。

34.[日]美浓部达吉:《宪法学原理(中国近代法学译丛)》,欧宗祐、何作霖译,中国政法大学出版社2003年版。

35.[日]日本律师协会:《日本环境诉讼典型案例与评析》,皇甫景山译,中国政法大学出版社2011年版。

36.[美]斯蒂芬·布雷耶:《规制及其改革》,李洪雷等译,北京大学出版社2008年版。

37.[美]汤姆·蒂坦伯格、琳恩·刘易斯:《环境与自然资源经济学》,王晓霞、杨鹂、石磊译,中国人民大学出版社2011年版。

38.[英]休·柯林斯:《马克思主义与法律》,邱昭继译,法律出版社2012年版。

39.[美]约翰·伊特韦尔等:《新帕尔格雷夫经济学大辞典第4卷》,陈岱孙译,经济科学出版社1992年版。

40.[美]约拉姆·巴泽尔:《国家理论——经济权利、法律权利与国家范围》,钱勇、曾咏梅译,上海财经大学出版社2006年版。

41.[日]原田尚彦:《诉的利益》,石龙谭译,中国政法大学出版社2014年版。

42.[英]朱迪·丽丝:《自然资源:分配、经济学与政策》,蔡运龙等译,商务印书馆2002年版。

43.《意大利民法典》,陈国柱译,中国人民大学出版社2010年版。

44.《德国民法典》(第4版),陈卫佐译,法律出版社2015年版。

45.《俄罗斯联邦民法典》,黄道秀译,北京大学出版社2007年版。

46.《越南社会主义共和国民法典(2005年版)》,吴远富译,厦门大学出版社2007年版。

47.《瑞士民法典》,于海涌、赵希璇译,法律出版社2016年版。

48.《奥地利普通民法典(2012年7月25日修改)》,周友军、杨垠红译,清华大学出版社2013年版。

49.《巴西新民法典》,齐云译,中国法制出版社2009年版。

50.[日]加藤雅信:《日本民法典修正案(Ⅰ)》,朱晔、张挺译,北京大学出版社2017年版。

后 记

2018年4月19日,泉州市人民检察院与福建师范大学法学院共建检察机关公益诉讼实践研究基地启动仪式顺利举行,时任泉州市副市长肖汉辉、时任泉州市人民检察院检察长高扬捷和时任福建师范大学法学院院长林旭霞共同为"福建师范大学法学院泉州检察机关公益诉讼实践研究基地"揭牌。自此,检校合作推动公益诉讼领域法学理论研究与司法实务工作同步发展的序幕正式拉开。早期的检察公益诉讼大多聚焦于环境资源领域,作为从事环境资源法研究的笔者临危受命,组建了福建师范大学法学院检察公益诉讼研究团队,福建师范大学的杨垠红教授、刘方权教授、邓晓东副教授、朱良好副教授等专家、学者成为本团队的核心成员,法学院的部分研究生也积极参与了团队的研究工作。

福建师范大学法学院检察公益诉讼团队建设得到了时任泉州市人民检察院检察长高扬捷、时任福建师范大学法学院院长林旭霞的大力支持和指导,检察公益诉讼的理论与司法实践研究很快走上了正轨。在三年的建设周期内,团队为泉州市检察院开设了多场学术讲座,协助泉州市人民检察院开展检察公益诉讼案例专题评审活动,双方共同举办了民法典下公益诉讼的理论发展与实践创新研讨会等高端学术论坛,就检察公益诉讼实践中遇到的难题(如泉港碳九泄漏事件、文物保护纳入公益诉讼等)展开专题论证,并定期编制《检察公益诉讼的理论与实践(内刊)》,供泉州市检察系统开展公益诉讼工作参鉴。团队的研究成果也获得了相关部门的高度肯定,关于检察公益诉讼范围拓展的相关研究报告入选最高人民检察院在无锡召开的专题研讨会,笔者应邀参会并作主题发言;福建师范大学法学院与泉州市检察院联合课题组完成的研究报告《文物保护纳入公益诉讼范围的实践探索与制度完善》获得第十四届中国法学家论坛优秀奖。这些点滴收获,都是团队不断前进的动力。

后 记

随着检察公益诉讼理论研究与实践探索的不断深入,团队将近年来的研究成果进行凝练和提升,经过五年多的努力,形成了本书。本书由福建师范大学施志源教授负责框架设计和组织撰写,部分教师、研究生、司法机关工作人员参与撰写,最后由施志源教授统稿、审定。本书撰写的人员具体分工如下:第一章(李思锐,福建师范大学博士研究生),第二章(曹书瑞,河北省廊坊市中级人民法院),第三章(朱良好,福建师范大学法学院副教授;高雅,河南省固始县人民法院),第四章(朱良好,福建师范大学法学院副教授;陈宗慧,福建师范大学经济学院教师),第五章(邓晓东,福建师范大学法学院副教授),第六章(庄嘉伟,西南政法大学博士研究生),第七章(福建师范大学法学院与泉州市人民检察院联合课题组完成的研究成果,初稿执笔人:施志源,福建师范大学法学院教授;刘方权,福建师范大学法学院教授;朱良好,福建师范大学法学院副教授;陈世炎,泉州市人民检察院副检察长;尤君泽,泉州市惠安县人民检察院副检察长;杨姝毅,泉州市人民检察院检察官。修改与完善由福建师范大学博士研究生张伟铭协助完成),第八章(朱一博,福建师范大学博士研究生)。

本书的出版,得益于福建师范大学生态环境治理的政策与法律创新研究团队的出版经费支持,得益于福建师范大学法学院与泉州市检察院联合检察机关公益诉讼实践研究基地打下的坚实基础,得益于厦门大学出版社李宁编辑的卓越工作,得益于本书稿全体成员的共同努力与辛劳付出!

公益诉讼是生态环境治理司法保障的重要组成部分,本书是福建省财政科研项目"生态环境治理的司法保障研究"(闽财指〔2022〕840号)的阶段性成果。在团队研究的过程中,还得到了众多学界前辈的指导与帮助,在此一并表示诚挚的谢意!检察公益诉讼的理论研究永无止境,相关的实践探索也正如火如荼地开展,我们的研究难免存在疏漏或者偏差,敬请各位同仁批评指正!

施志源
于福建省福州市福建师范大学旗山校区
2024年4月